APELAÇÃO

Daniel Amorim Assumpção Neves

APELAÇÃO

2ª Edição
Revista e atualizada

2025

EDITORA JusPODIVM
www.editorajuspodivm.com.br

EDITORA *Jus*PODIVM
www.editorajuspodivm.com.br

Rua Canuto Saraiva, 131 – Mooca – CEP: 03113-010 – São Paulo – São Paulo
Tel: (11) 3582.5757
• Contato: https://www.editorajuspodivm.com.br/central-de-relacionamento

Copyright: Edições *Jus*PODIVM

Diagramação: Equipe *Jus*PODIVM

Capa: Maitê Coelho *(maitescoelho@yahoo.com.br)*

N518a Neves, Daniel Amorim Assumpção

Apelação/Daniel Amorim Assumpção Neves – 2.ed., rev. e atual. – São Paulo: Editora JusPodivm, 2025.

400 p.

ISBN: 978-85-442-5704-3.

1. Direito processual Civil. 2. Apelação. I. Neves, Daniel Amorim Assumpção. II. Título.

CDD 341.46

BIBLIOTECÁRIA RESPONSÁVEL

Ana Carolina Ribeiro Mois – CRB7 – RJ 007348/0

DEDICATÓRIA

Este livro dedico a um grande amigo que o Processo Civil me deu: Rodrigo da Cunha Lima Freire. Já fui coautor com ele num Código de Processo Civil comentado, já dividimos turmas em cursos preparatórios, coordenamos juntos uma pós-graduação. Nos falamos com frequência e temos uma espécie de amizade interessante. Não somos próximos, de frequentar a casa um do outro ou de viajarmos juntos, mas sabemos – pelos menos eu sei – que podemos contar um com o outro. Confiamos um no outro, e isso, no final, é o que mais importa.

Desconfio que nossa amizade deriva de uma identidade. De várias, na verdade. Somos muito parecidos, afinal, e não somente pelo sofrimento futebolístico, eu com a minha Portuguesa de Desportos, ele, com o seu América de Natal, muito além disso me vejo nele em muitas das minhas qualidades, de minhas fraquezas e minhas imperfeições.

Já passamos por dificuldades, juntos e separados, e superamos todas. E tantas outras se apresentarão e, novamente, serão superadas. Algumas são mais fáceis e rapidamente ficam para trás. Já outras tardam mais para passar. Porém todas, mais cedo ou mais tarde, serão parte do passado. Disso estou certo.

Nem sempre estivemos e nem sempre estaremos em nosso melhor momento, e por vezes até imaginaremos como definitivas as palavras de Camões, para quem "pouco sabe da tristeza quem, sem remédio para ela, diz ao triste que se alegre; pois não vê que alheios contentamentos a um coração descontente, não lhe remediando o que sente, lhe dobram o que padece".

Pode até ser, mas prefiro ver de outra forma, me apoiando em outro grande escritor português. Fico, portanto, com José Saramago, que, em Memorial do Convento, bem nos lembra que "se não houvesse tristeza nem miséria, se em todo lugar corressem águas sobre as pedras, se cantassem aves, a vida podia ser apenas estar sentado na erva, segurar um malmequer e não lhe arrancar as pétalas, por serem já sabidas as respostas, ou por serem estas de tão pouca importância, que descobri-las não valeria a vida duma flor".

Por isso, amigo, o professor das frases inesquecíveis, desde o "esfericamente equivocado", para mostrar um pensamento errado sob qualquer ângulo de análise, até o "nem estrutural, nem processo", para se referir ao processo estrutural, estamos juntos. Pro que der e vier. E obrigado pelos anos de amizade e por tantos mais que estão à nossa frente.

E, mantendo as citações a autores portugueses, encerro com Fernando Pessoa com uma frase que espelha perfeitamente minha reação toda vez que lhe encontro: "E a minha alma alegra-se com seu sorriso, um sorriso amplo e humano, como o aplauso de uma multidão."

AGRADECIMENTO

Gostaria de fazer um agradecimento não muito usual – ao menos para mim. Um agradecimento à minha família. Simplesmente por existirem, para os maus e bons momentos, para ajudar e atrapalhar, para me alegrar e me aborrecer, para me relaxar e me preocupar, para me onerar e para me aliviar, para me amar e para me odiar. Quem tem família sabe que nem sempre é como na propaganda de margarina, mas não me vejo vivendo sem ela. Simples assim.

Todos os exemplos utilizados no presente livro têm como personagens meus familiares vivos. Minha esposa Aline, meus filhos Joaquim e Fernando, minha mãe Jussara, minha tia Eliane, meu irmão Carlos, sua esposa Regiane e seu filho Victor, minha irmã Marina, seu marido Peter e suas filhas Amaia e Mila, minha cunhada Fernanda, seu marido João e suas filhas Stela e Olívia, meu cunhado Felipe e sua esposa Mariana, e seus filhos Santiago e Martina, meus sogros Edison e Marilena.

E, certamente quanto a isso, só eles mesmos compreenderão plenamente que todos os exemplos têm como base alguma experiência de vida que passamos juntos ou uma característica deles que reputo divertida e/ou importante.

Uma singela homenagem a todos e, em especial, um agradecimento por fazerem parte da minha vida.

APRESENTAÇÃO

Conforme já havia apontado na apresentação do meu livro anterior, "Teoria Geral dos Recursos", meu objetivo a partir dali era escrever sobre os recursos em espécie. A presente obra é o primeiro passo desse longo caminho.

Sempre me questionei sobre a pouca atenção que a doutrina nacional dá ao recurso de apelação, com raríssimas monografias a seu respeito. Temos muitas obras sobre agravo, embargos de declaração e ainda mais sobre os recursos especial e extraordinário. O que não deixa de ser curioso, considerando-se que, salvo, quem sabe, os embargos de declaração, a apelação é provavelmente o recurso mais frequentemente interposto na praxe forense.

Pretendo com o presente livro, portanto, contribuir com os operadores do Direito e com os estudantes de Direito na compreensão e adequada utilização de tão importante espécie recursal em nosso dia a dia forense. Tomando como base as monografias sobre espécies recursais, notei uma constante em sua maioria: são livros de teoria geral com um capítulo destinado à espécie recursal. Não é, definitivamente, o caso do presente livro.

Já tendo escrito uma obra sobre teoria geral dos recursos, senti praticamente durante todo o tempo de elaboração do livro a dificuldade – que provavelmente me assombrará em todo meu pretendido percurso de escrever uma obra para cada espécie recursal – de não transformar o livro de apelação em um livro de teoria geral dos recursos. Dificuldade reforçada em razão da natureza de recurso padrão que a apelação exerce no sistema, com regras legais aplicáveis a todas as espécies recursais.

O leitor não encontrará, portanto, capítulos descrevendo os pressupostos de admissibilidade, os princípios recursais ou os efeitos recursais. Esses estão em outra obra. A eventual repetição de temas tratados no "*Teoria geral dos Recursos*", entretanto, foi em alguma medida inevitável, em especial na parte relacionada ao efeito devolutivo e, parcialmente, aos efeitos suspensivo e expansivo. Ainda assim, houve nesses casos uma especificação maior da aplicação de tais efeitos ao recurso de apelação.

No mais, o livro foi estruturado de forma diferente do que tradicionalmente se esperaria. O objetivo foi, confesso, fugir de uma estrutura que parte de temas de teoria geral para tratar de apelação. Tentei fazer exatamente o contrário: partir de temas caros à apelação e, incidentalmente, tratar de temas de teoria geral dos recursos, quando necessário. Se consegui, caberá ao leitor julgar.

Mais uma vez, o trabalho de planejamento, escrita, pesquisa doutrinária e jurisprudencial foi solitário, daí sendo minha culpa exclusiva todas as falhas decorrentes deste trabalho. Na revisão tive a ajuda infalível do amigo Marco e da competente equipe da Editora Juspodivm, representada por Patrícia Pravatti, Miriam Leite, Barbara Revelles, Claudia Guarnieri, Marcelo Oliveira, Maitê Coelho e Sabrina Moriki, para quem deixo uma palavra especial de agradecimento, pelo capricho e dedicação na produção desta obra.

Espero sinceramente que gostem deste livro. Enquanto estiverem lendo, estarei escrevendo minha próxima obra: Os Agravos no Processo Civil.

Daniel Amorim Assumpção Neves

SUMÁRIO

1

CABIMENTO

Sumário: 1.1. Introdução; 1.1.1. Conceito de Sentença; 1.1.1.1. Definição de Sentença; 1.1.1.2. Dificuldades Concretas na Distinção entre Decisão Interlocutória e Sentença; 1.1.1.2.1. Decisão Ilíquida; 1.1.1.2.2. Procedimentos Especiais; 1.1.2. Cabimento contra Sentença; 1.1.2.1. Introdução; 1.1.2.2. Recurso Ordinário Constitucional; 1.1.2.3. Embargos Infringentes; 1.1.2.4. Recurso Inominado; 1.1.2.5. São Justificáveis as Exceções Legais ao Cabimento de Apelação contra Sentença?; 1.1.3. Cabimento contra Decisão Interlocutória; 1.1.3.1. Introdução; 1.1.3.2. Decisões Interlocutórias Recorríveis por Agravo de Instrumento; 1.1.3.2.1. Rol Legal; 1.1.3.2.2. Decisões Interlocutórias Previstas Fora do Art. 1.015 do CPC; 1.1.3.2.3. Decisões Interlocutórias Previstas no Art. 1.015 do CPC; 1.1.3.2.3.1. Tutela provisória; 1.1.3.2.3.2. Decisões de mérito; 1.1.3.2.3.3. Rejeição da alegação de convenção de arbitragem; 1.1.3.2.3.4. Incidente de desconsideração da personalidade jurídica; 1.1.3.2.3.5. Rejeição do pedido de gratuidade da justiça ou acolhimento do pedido de sua revogação; 1.1.3.2.3.6. Exibição ou posse de documento ou coisa; 1.1.3.2.3.7. Exclusão de litisconsorte; 1.1.3.2.3.8. Rejeição do pedido de limitação do litisconsórcio; 1.1.3.2.3.9. Admissão ou inadmissão de intervenção de terceiros; 1.1.3.2.3.10. Concessão, modificação ou revogação do efeito suspensivo aos embargos à execução; 1.1.3.2.3.11. Redistribuição do ônus da prova; 1.1.3.2.3.12. Processos e procedimentos "retrôs"; 1.1.3.2.3.13. "Taxatividade mitigada"; 1.1.3.3. Decisões Interlocutórias Recorríveis por Apelação ou Contrarrazões de Apelação; 1.1.3.3.1. Introdução; 1.1.3.3.2. Interposição de Apelação para impugnar a Sentença e a Decisão Interlocutória; 1.1.3.3.3. Apelação apenas para impugnar Decisão Interlocutória; 1.1.3.3.4. Recorribilidade de Decisão Interlocutória em Contrarrazões; 1.1.3.3.5. Há Uma Escolha da Parte em apelar ou impugnar da Decisão Interlocutória em Contrarrazões?; 1.1.3.3.6. A Condicionalidade do Julgamento da Pretensão Recursal Contida nas Contrarrazões e a Desistência de Má-fé da Apelação; 1.1.3.3.7. O Art. 1.009, § 1º, do CPC e a Apelação Adesiva; 1.1.3.3.7.1. Introdução; 1.1.3.3.7.2. Impugnação de decisão interlocutória em contrarrazões de apelação principal e/ou em apelação adesiva; 1.1.3.3.7.3. Impugnação de decisão interlocutória em contrarrazões de recurso adesivo; 1.1.3.3.8. Preclusão Temporal e Impugnação da Decisão Interlocutória nos Termos do Art. 1.009, § 1º, do CPC; 1.1.3.3.9. Não Interposição de Agravo de Instrumento em Hipótese de Cabimento de tal Recurso; 1.1.3.3.10. Sentença objetivamente Complexa; 1.1.3.3.11. Julgamento Antecipado do Mérito.

1.1. INTRODUÇÃO

O art. 1.009, *caput*, do CPC prevê que da sentença cabe apelação. Não difere em nada da previsão em termos de conteúdo do art. 513 do CPC/1973. Há, entretanto, entre os dois diplomas legais uma diferença substancial. Enquanto no diploma legal revogado o artigo que tratava do cabimento da apelação não tinha parágrafos, o atual tem dois. A diferença não é meramente estética ou redacional.

Na vigência do diploma processual revogado, havia uma recorribilidade praticamente plena das decisões interlocutórias pelo recurso de agravo. Afirmo que a recorribilidade era praticamente plena em razão das poucas hipóteses de decisões interlocutórias irrecorríveis. Fora essas raríssimas exceções, essas espécies de decisão eram recorríveis imediatamente por agravo de instrumento ou retido.

Com o advento do atual diploma processual, o cenário de impugnabilidade das decisões interlocutórias modificou-se radicalmente. Sendo a presente obra destinada ao estudo do recurso de apelação, não me parece ser o momento adequado de tecer comentários a respeito dessa opção legislativa.

O dado objetivo é que, além de manter no sistema poucas decisões interlocutórias irrecorríveis, o legislador criou um rol – alargado pelo Superior Tribunal de Justiça pela criação da teoria da "taxatividade mitigada"[1] – de decisões interlocutórias recorríveis por agravo de instrumento. As demais decisões interlocutórias passaram a ter uma recorribilidade postergada, passando a ser objeto de impugnação em sede de apelação ou contrarrazões, nos termos do art. 1.009, § 1º, do CPC.

Significa dizer que, a partir do sistema recursal inaugurado pelo Código de Processo Civil de 2015, a apelação deixou de ser o recurso cabível apenas contra sentença, passando a ser também o recurso cabível contra as decisões interlocutórias não recorríveis por agravo de instrumento. Nesse sentido, o estudo do presente capítulo será dividido nesse duplo cabimento.

[1] STJ, Corte Especial, REsp 1.696.396/MT, Rel. Min. Nancy Andrighi, j. 05.12.2018, DJe 19.12.2018 (Recurso Especial repetitivo tema 988).

1.1.1. *Conceito de Sentença*

1.1.1.1. Definição de Sentença

A partir do momento que o art. 1.009, *caput*, do CPC prevê ser a apelação o recurso cabível contra a sentença, torna-se imperiosa ao operador do Direito a capacidade de identificação no caso concreto da decisão judicial como uma sentença. Parto aqui de duas premissas óbvias e que não devem gerar problemas no caso concreto. E, caso o gerem, o operador estará diante de sérios problemas de formação jurídica.

A primeira é que só existirão sentenças em processos de competência de juízo de primeiro grau. O próprio art. 203 do CPC, quando conceitua despacho, decisão interlocutória e sentença, fala expressamente em seu *caput* em "pronunciamentos do juiz", deixando para o art. 204 a menção ao acórdão como "julgamento colegiado proferido pelos tribunais". Não que o dispositivo não mereça sérias críticas, porque decisões interlocutórias e despachos não são pronunciamentos exclusivos de juízes de primeiro grau, como ele ao menos insinua. Além disso, não há no dispositivo nenhuma menção às decisões monocráticas finais dos relatores. De qualquer forma, é suficiente para a conclusão de só existir sentença em primeiro grau.

A segunda premissa é que não se afigura plausível confundir um despacho com uma sentença. Concordo com a possível confusão entre despacho e decisão interlocutória, até mesmo porque há uma dificuldade prática e acadêmica na definição do tal "conteúdo mínimo decisório" de um pronunciamento para defini-lo como um ou outro. Essa dificuldade, contudo, não ultrapassa essas duas espécies de pronunciamentos e, portanto, não interessam ao objeto da presente obra. Não me parece crível a interposição de uma apelação contra um despacho...

O único problema sério, portanto, de identificação de pronunciamento do juízo de primeiro grau para a interposição de apelação é se a decisão proferida é uma sentença ou uma decisão interlocutória. Para um leitor mais desavisado, essa definição poderia apenas importar na hipótese de a decisão interlocutória ser recorrível por agravo de instrumento porque, não sendo esse o caso, ainda que o intérprete se confunda, o recurso será no mesmo caso a apelação. As coisas, todavia, não são bem assim.

Mesmo que a decisão interlocutória seja recorrível por apelação, confundi-la com uma sentença trará problemas para a parte no caso concreto por conta do momento da interposição do recurso. A decisão interlocutória apelável (art. 1.009, § 1º, CPC) não é recorrível imediatamente, mas somente após a prolação da sentença, de forma que, se a parte a confundir com uma sentença, interporá uma apelação prematuramente. Significa dizer, portanto, que, independentemente da espécie recursal cabível contra a decisão interlocutória, é sempre imprescindível distingui-la da sentença no caso concreto.

O art. 203, § 1º, do CPC prevê que, ressalvadas as disposições expressas dos procedimentos especiais, sentença é o pronunciamento por meio do qual o juiz, com fundamento nos arts. 485 e 487, põe fim à fase cognitiva do procedimento comum, bem como extingue a execução.

Começo pela ressalva constante do dispositivo legal e, com isso, revejo um entendimento a seu respeito. Num primeiro momento, tive a impressão de que o dispositivo levava os procedimentos especiais a uma espécie de limbo jurídico porque os afastava do conceito legal de sentença sem propor outro a tomar o seu lugar. E assim o fazia porque em algumas espécies de procedimentos especiais havia previsões expressas de sentenças que não se adéquam ao conceito previsto no art. 203, § 1º, do CPC. São exemplos: ação de divisão de terras particulares (art. 572 do CPC); ação de demarcação de terras particulares (arts. 581, 582 e 587 do CPC); ação de inventário (arts. 654 e 655 do CPC); ação de habilitação (art. 692); embargos da ação monitória (art. 702, § 9º, do CPC); ação de homologação de penhor legal (art. 706, § 2º, do CPC); ação de regulação de avaria grossa (art. 710, § 1º).

Pensando melhor sobre o dispositivo, concluo que na verdade o objetivo do legislador foi outro, bem mais tímido e controlado: afastar o conceito legal tão somente naquelas hipóteses expressas de previsão de sentença com ele incompatíveis. Uma autoautorização para, ocasionalmente, prever uma sentença sem que tal decisão extinga a fase de conhecimento e ainda assim ser considerada sentença sem ofender texto legal ou criar polêmica doutrinária.

Fora dessas hipóteses de previsão expressa, o conceito legal continua plenamente aplicável aos procedimentos especiais, o que significa dizer que na maioria dos casos ter-se-ão sentenças em tais procedimentos nas mesmas condições que se têm no procedimento comum (por exemplo, consignação em pagamento, exigir contas, possessórias, embargos de terceiro, restauração de autos, oposição etc.).

Quanto ao conceito legal em si, o legislador valeu-se de um critério híbrido, de forma que a decisão, para ser considerada uma sentença, deve ter determinado conteúdo e gerar certo efeito no processo.

Como o conceito de decisão interlocutória previsto no art. 203, § 2º, do CPC é residual – decisão interlocutória é todo pronunciamento judicial de natureza decisória que não se enquadre no § 1º –, qualquer pronunciamento do juiz de primeiro grau que não se encaixe em qualquer um desses dois critérios não será sentença e, por consequência, será uma decisão interlocutória. Em termos recursais, será imediatamente agravável ou recorrível por apelação/contrarrazões de apelação após a prolação da sentença.

O primeiro critério a ser considerado é o conteúdo da decisão, devendo ter como fundamento uma das matérias previstas nos arts. 485 ou 487 do CPC. No primeiro caso, serão decisões terminativas e, no segundo, decisões de mérito, estando excluídas desse rol as decisões que resolvem questões incidentais, tais como valor da causa, concessão de gratuidade de justiça, pedido de dilação de prazo, deferimento de prova, pedido de suspensão do processo, levantamento de guia, adiamento de audiência, pedido de sustentação oral.

Há, portanto, um primeiro critério que já é suficiente para afastar a natureza de sentença da decisão de primeiro grau e, com isso, eliminar o cabimento de apelação contra ela, ao menos o cabimento imediato de apelação. As decisões que resolvem questões meramente incidentais, não previstas, portanto, nos arts. 485 e 487 do CPC, são interlocutórias e, dessa forma, serão imediatamente agraváveis ou posteriormente recorríveis por apelação/contrarrazões de apelação (art. 1.009, § 1º, CPC).

Contudo, ainda que a decisão tenha conteúdo de sentença, ou seja, tenha como conteúdo uma das matérias previstas nos arts. 485 ou 487 do CPC, ela poderá ser uma decisão interlocutória se não gerar o efeito previsto no art. 203, § 1º, do mesmo diploma legal: a extinção da fase cognitiva do procedimento comum. A extinção naturalmente deve ser considerada em primeiro grau, levando-se em conta a possibilidade de interposição de apelação.

O legislador foi cauteloso em não exigir a extinção do processo porque atualmente, em razão do processo sincrético, a maioria das sentenças não extingue processo algum, apenas põe fim à fase de conhecimento e permite o início da fase de execução (cumprimento de sentença). É possível, entretanto, que, ocasionalmente, essa extinção da fase de conhecimento coincida com a extinção do processo (desde que não haja interposição de apelação porque com ela o processo não será extinto, tendo continuidade em segundo grau).

Sentenças terminativa e de improcedência, por exemplo, *a priori* não serão seguidas por uma fase de cumprimento de sentença. Afinal, não haverá qualquer obrigação reconhecida a ser satisfeita numa fase executiva. Digo *a priori* porque sempre pode haver algum capítulo acessório na sentença referente a verbas sucumbenciais e/ou à fixação de alguma multa processual a ensejar um cumprimento de sentença de obrigação de pagar quantia certa. O mesmo se diga de sentenças constitutivas e meramente declaratórias, salvo aquelas que tenham como objeto da declaração a existência de uma dívida. Seja como for, a coincidência apontada é absolutamente irrelevante, porque para a decisão ser considerada uma sentença basta que coloque fim à fase cognitiva do processo.

Existe outro efeito que, conjugado ao conteúdo já analisado, tornará a decisão uma sentença: a extinção da execução, tanto do processo como da fase de cumprimento de sentença.

Havendo, portanto, a conjugação desses dois fatores, conteúdo previsto nos arts. 485 e 487 do CPC e extinção da fase cognitiva do processo, colocando fim ou não a ele, ou da execução, a decisão proferida pelo juízo de primeiro grau será uma sentença e, nos termos do art. 1.009, *caput*, do CPC, é recorrível por apelação.

1.1.1.2. Dificuldades Concretas na Distinção entre Decisão Interlocutória e Sentença

1.1.1.2.1. Decisão Ilíquida

Neste tópico, sou obrigado a alertar o leitor, logo de início, que meu entendimento é absolutamente contrário à realidade consolidada em nossa praxe forense. Pode-se, inclusive, qualificá-lo de exótico. Ainda assim, nada do que estudei sobre o tema conseguiu me afastar de minhas conclusões. Começo, portanto, expondo aquilo que é como tudo efetivamente ocorre em nosso dia a dia forense.

É proferida uma decisão condenando o réu ao pagamento de uma obrigação ilíquida, nos termos do art. 491 do CPC, e tal decisão é considerada uma sentença recorrível por apelação. É nesse sentido, inclusive, a previsão do art. 509 do CPC (aliás, de todo o Capítulo XIV), que ao tratar do instituto da liquidação sempre se refere à sentença. A doutrina majoritária concorda com o entendimento.

A essa decisão, considerada sentença, segue-se uma fase procedimental de liquidação de sentença que, uma vez encerrada de maneira típica, finaliza-se por uma decisão que a doutrina majoritária e a jurisprudência de forma unânime entendem ser interlocutória, recorrível por agravo de instrumento. Afirma-se como fim normal a decisão que fixa o valor devido e à qual segue-se um cumprimento de sentença. Se, de modo anômalo, a decisão extinguir o processo, sem que haja o seguimento por cumprimento de sentença, haverá consenso de sua natureza de sentença e sua recorribilidade por apelação.

Esse panorama absolutamente tranquilo nunca me convenceu. E, embora não me veja como um rebelde, avesso aos entendimentos consolidados, simplesmente gostaria de deixar consignado o meu pensamento sobre o tema. Se não com outro propósito, pelo menos para permitir suscitar alguma dúvida naqueles que nunca pensaram poder existir "outro lado".

É tranquilo na doutrina o entendimento de que a fase de liquidação de "sentença" tem natureza de conhecimento[2], não se confundindo com a fase de cumprimento de sentença, de natureza executiva. Não resta dúvida de que a atividade desenvolvida na liquidação tem natureza cognitiva, uma vez que nela não são praticados atos de execução, com essa não se confundindo[3], limitando-se o juiz a desenvolver atividade cognitiva na busca da fixação do valor devido. Na realidade, excepcionalmente, a atividade cognitiva é dividida em duas fases: na primeira há a fixação do *an debeatur* e na segunda, do *quantum debeatur*. A divisão dessa atividade em duas fases não é, naturalmente, capaz de afastar da liquidação sua natureza jurídica cognitiva.

Daí surge um primeiro problema para o entendimento consolidado: se a fase de liquidação é de conhecimento e a decisão para ser sentença precisa pôr fim à fase cognitiva, exatamente como pode a decisão que colocou fim tão somente a uma etapa da fase de conhecimento, mas não a toda ela, ser considerada uma sentença?

Grosso modo, o julgamento antecipado parcial do mérito, previsto no art. 356 do CPC, ocorre quando uma parcela dele está pronta para imediato julgamento e a outra ainda demanda alguma atividade cognitiva para ser julgada. Como o dispositivo remete às hipóteses do art. 355 do mesmo diploma legal, quando aplicável o inciso II de tal dispositivo, tal atividade cognitiva será a probatória. Em outros termos, se uma parcela do mérito estiver pronta para julgamento e outra depender de produção de prova para ser julgada, aplica-se o art. 356 do CPC.

Pergunta-se: a prolação de decisão ilíquida não se dá exatamente em tais circunstâncias? Decide-se o *an debeatur* e remete-se a decisão do *quantum debeatur*, por conveniência ou necessidade, para um momento posterior. Há uma nítida cisão do julgamento de

---

2 NERY JR., Nelson; NERY, Rosa Maria Andrade. Comentários ao Código de Processo Civil. São Paulo: RT, 2015. p. 1.246; ZAVASCKI, Teori Albino. Título executivo e liquidação. 2. ed. São Paulo: RT, 2001. p. 169; RODRIGUES, Marcelo Abelha. Manual de direito processual civil. 6. ed. Rio de Janeiro: Forense, 2016. p. 706.

3 STJ, 2ª Turma, REsp 894.911/RJ, Rel. Min. Mauro Campbell Marques, j. 21.06.2011, DJe 29.06.2011.

mérito. Por que tal técnica de julgamento não é caracterizada como julgamento antecipado parcial do mérito?

Como não consigo explicar tal forma de julgamento de outro modo senão à luz do previsto no art. 356 do CPC, entendo que essa primeira decisão, que condena o réu ao pagamento de obrigação ilíquida, é uma decisão interlocutória de mérito recorrível por agravo de instrumento.

A liquidação de sentença será decidida e, chegando a um fim normal, fixará um valor devido e com a obtenção da liquidez da obrigação, o credor finalmente poderá dar início ao cumprimento de sentença. A fase de conhecimento, que fora fragmentada em duas etapas, finalmente terá chegado a um fim, e por isso tal decisão deverá ser considerada uma sentença, nos termos do art. 203, § 1º, do CPC, sendo recorrível por apelação.

No entanto, não é isso o que ocorre para a ampla maioria da doutrina, que vem se manifestando praticamente em uníssono no sentido de ter natureza de decisão interlocutória a decisão que julga a liquidação fixando o valor devido[4], sendo poucos os que defendem, corretamente, sua natureza de sentença e sua recorribilidade pela apelação[5]. Tem-se como justificativa principal de tal entendimento o previsto no art. 1.015, parágrafo único, do CPC[6].

Como regra fundamental de hermenêutica jurídica, o parágrafo deve ser interpretado à luz do *caput*, o que no caso significa que apenas as interlocutórias proferidas na liquidação serão agraváveis, e não todas as decisões. As sentenças, naturalmente, continuarão a

---

4 RODRIGUES, Marcelo Abelha. Manual de direito processual civil. 6. ed. Rio de Janeiro: Forense, 2016. p. 707; SOUZA E SILVA, Rinaldo Mouzalas de; TERCEIRO NETO, João Otávio; MADRUGA, Eduardo. Processo civil: volume único. 8. ed. Salvador: Juspodivm, 2016. p. 652.

5 DIDIER JR., Fredie; CUNHA, Leonardo Carneiro da. Curso de direito processual civil. 13. ed. Salvador: Juspodivm, 2016. v. 3, p. 208.

6 MARINONI, Luiz Guilherme; ARENHART, Sérgio Cruz; MITIDIERO, Daniel. Novo Código de Processo Civil. São Paulo: RT, 2016. p. 521; CÂMARA, Alexandre Freitas. *O novo processo civil brasileiro*. São Paulo: Atlas, 2015. p. 354; NERY JR., Nelson; NERY, Rosa Maria Andrade. Comentários ao Código de Processo Civil. São Paulo: RT, 2015. p. 1.256; SOUZA E SILVA, Rinaldo Mouzalas de; TERCEIRO NETO, João Otávio; MADRUGA, Eduardo. Processo civil: volume único. 8. ed. Salvador: Juspodivm, 2016. p. 652; BUENO, Cassio Scarpinella. Comentários ao Código de Processo Civil. São Paulo: Saraiva, 2018. v. X, p. 66.

ser recorríveis por apelação. Em outras palavras, o dispositivo não tem força para transformar a natureza jurídica de decisões, sendo somente uma regra de cabimento recursal.

Voltando à terra. Sei dos problemas que meu entendimento gera e suas consequências. Uma bem interessante é a extinção de nosso sistema jurídico da figura da "sentença ilíquida". Quem sabe os tribunais não queiram discutir seriamente o tema e muito menos lidar com suas repercussões. Faz parte. Para os operadores que leem a presente obra o que importa é a atuação profissional com segurança em prol do interesse dos clientes, de modo que é mais prudente continuarem a apelar da "sentença" que condena o réu a pagar obrigação ilíquida e a agravar de instrumento da "decisão interlocutória" que fixa o valor devido na liquidação de sentença.

1.1.1.2.2. Procedimentos Especiais

Conforme apontado no tópico 1.1.1.1, o legislador se autoliberou, no art. 203, § 1º, do CPC, do conceito legal de sentença que ele mesmo criou nos procedimentos especiais. Logo, permitiu-se prever de forma expressa sentenças que, pelo critério legal, não o seriam sem que com isso sequer se possa apontar qualquer violação ao dispositivo legal. Sendo o mais objetivo possível: se em um procedimento especial estiver previsto que determinada decisão é uma sentença, em nada importa o seu conteúdo ou o efeito que ela gera no procedimento. Ela será uma sentença. E tudo isso dentro da mais absoluta legalidade.

Para os objetivos da presente obra, haverá a segurança de, existindo a previsão expressa de sentença, ser cabível o recurso de apelação. Entretanto, isso não afasta problemas práticos a respeito do cabimento dessa espécie recursal nos procedimentos especiais. E isso porque, também conforme já firmado no tópico 1.1.1.1, os conceitos legais de sentença e de decisão interlocutória previstos nos §§ 1º e 2º do art. 203 do CPC aplicam-se, ainda que subsidiariamente, aos procedimentos especiais e, nestes, tais como no procedimento comum, pode surgir dúvida a respeito de determinada decisão ser de uma espécie ou de outra.

Tome-se como exemplo a decisão que resolve a primeira fase do procedimento especial da ação de exigir contas.

Não se descarta a possibilidade de uma decisão terminativa, com fundamento no art. 485 do CPC, encerrando a primeira fase do processo sem a condenação do réu à prestação das contas. Da mesma forma, o pedido do autor pode ser rejeitado, nos termos do art. 487, I, do CPC, proferindo-se decisão de mérito sem que também haja a condenação do réu a prestar as contas.

Por terem como fundamento um dos incisos do art. 485 ou o inciso I do art. 487 (rejeição do pedido), e por colocarem fim ao processo, ao menos em primeiro grau, a doutrina de forma uníssona vem apontando para sua natureza de sentença, nos termos do art. 203, § 1º, do CPC[7]. E, tratando-se de sentença, não resta dúvida a respeito do cabimento de apelação, nos termos do art. 1.009, *caput*, do CPC.

A polêmica instaura-se com a decisão que acolhe o pedido do autor e condena o réu a prestar as contas. Quanto a essa, inclusive, houve uma alteração terminológica, porquanto no art. 915, § 2º, do CPC 1973 o pronunciamento era expressamente chamado de "sentença" e atualmente é nomeado como "decisão" pelo art. 550, § 5º, do CPC.

Se é verdade que a manutenção da nomenclatura antiga teria evitado a presente discussão, não me parece que a alteração seja suficiente para definir uma solução. Apresenta-me bastante defensável que o legislador tenha tido como objetivo, com a mudança legislativa, a alteração da natureza da decisão de sentença para interlocutória. Senão, por qual razão teria modificado o termo?

Entretanto, ao prever que o pronunciamento é uma decisão, o legislador valeu-se de um termo que representa um gênero do qual, no primeiro grau de jurisdição, existem duas espécies: sentença e

7 THEODORO JR., Humberto. *Curso de direito processual civil.* 50. ed. Rio de Janeiro: Forense, 2009. v. II, n. 61, p. 89; SILVA, Ricardo Alexandre da; LAMY, Eduardo. Comentários ao Código de Processo Civil. São Paulo: RT, 2016. v. IX, p. 163; SANTOS, Evaristo Aragão. Comentários aos arts. 550-553. *In*: WAMBIER, Teresa Arruda Alvim; DIDIER JR., Fredie; TALAMINI, Eduardo; DANTAS, Bruno (coord.). *Breves comentários ao Novo Código de Processo Civil.* 2. ed. São Paulo: RT, 2016. p. 1.506; PEIXOTO, Ravi. Comentários aos arts. 374 a 380. *In*: STRECK, Lenio Luiz; NUNES, Dierle; CUNHA, Leonardo Carneiro da (org.). *Comentários ao Código de Processo Civil.* São Paulo: Saraiva, 2016. p. 789.

decisão interlocutória, ou seja, ao invés de esclarecer, o legislador somente confundiu.

A modificação levou à divergência doutrinária. Enquanto parcela continuou a defender a natureza de sentença[8], outra passou a entender pela natureza de decisão interlocutória de mérito[9], identificando-se também a divergência em tribunais de segundo grau.

O Superior Tribunal de Justiça sempre considerou tratar-se de decisão interlocutória de mérito, mas, reconhecendo a séria divergência a respeito do tema, admitia e determinava a aplicação do princípio da fungibilidade recursal quando a parte, partindo da premissa de tratar-se a decisão de uma sentença, contra ela interpunha apelação[10]. Essa realidade, contudo, mudou, porque o tribunal passou a entender que, após mais de quatro anos com o entendimento consolidado no sentido do cabimento de agravo de instrumento – por se tratar a decisão de interlocutória –, a interposição de apelação deveria passar a ser reputada erro grosseiro[11].

---

[8] MARCATO, Antonio Carlos. Procedimentos especiais. 16. ed. São Paulo: Atlas, 2016. p. 114; DIDIER JR., Fredie; BRAGA, Paula Sarno; OLIVEIRA, Rafael Alexandria de. Curso de direito processual civil. 12. ed. Salvador: Juspodivm, 2017. v. 2, p. 347; CUNHA, Leonardo Carneiro da. Comentários ao Código de Processo Civil. São Paulo: RT, 2016. v. III, p. 105; WAMBIER, Teresa Arruda Alvim; CONCEIÇÃO, Maria Lúcia Lins; RIBEIRO, Leonardo Ferres da Silva; MELLO, Rogério Licastro Torres de. Primeiros comentários ao novo Código de Processo Civil. 2. ed. São Paulo: RT, 2016. p. 1.003; HARTMANN, Rodolfo Kronemberg. Curso completo do novo processo civil. 3. ed. Niterói: Impetus, 2016. p. 423.

[9] MARINONI, Luiz Guilherme; ARENHART, Sérgio Cruz; MITIDIERO, Daniel. Novo curso de processo civil. 2. ed. São Paulo: RT, 2016. v. 3, p. 149; BUENO, Cassio Scarpinella. Manual de direito processual civil. 2. ed. São Paulo: Saraiva, 2016. p. 484; THEODORO JR., Humberto. *Curso de direito processual civil.* 50. ed. Rio de Janeiro: Forense, 2009. v. II, n. 61, p. 88; ARAÚJO, Fábio Caldas de. Comentários aos arts. 550 a 553. In: ALVIM, Angélica Arruda; ASSIS, Araken de; ALVIM, Eduardo Arruda; LEITE, George Salomão (coord.). Comentários ao Código de Processo Civil. São Paulo: Saraiva, 2016. p. 677; PEIXOTO, Ravi. Comentários aos arts. 374 a 380. *In*: STRECK, Lenio Luiz; NUNES, Dierle; CUNHA, Leonardo Carneiro da (org.). *Comentários ao Código de Processo Civil.* São Paulo: Saraiva, 2016. p. 789: decisão interlocutória e fungibilidade; RODRIGUES, Marcelo Abelha. Manual de direito processual civil. 6. ed. Rio de Janeiro: Forense, 2016. p. 799; SANTOS, Evaristo Aragão. Comentários aos arts. 550-553. *In*: WAMBIER, Teresa Arruda Alvim; DIDIER JR., Fredie; TALAMINI, Eduardo; DANTAS, Bruno (coord.). *Breves comentários ao Novo Código de Processo Civil.* 2. ed. São Paulo: RT, 2016. p. 1.428; SANTOS, Welder Queiroz dos. Comentários aos arts. 550 a 553. *In*: CABRAL, Antonio do Passo; CRAMER, Ronaldo (coord.). *Comentários ao Novo Código de Processo Civil.* 2. ed. Rio de Janeiro: Forense, 2016. p. 892.

[10] STJ, 4ª Turma, AgInt no AREsp 1.973.027/RJ, Rel. Min. Antonio Carlos Ferreira, j. 14.11.2022, DJe 21.11.2022.

[11] STJ, 3ª Turma, REsp 2.055.241/SP, Rel. Min. Nancy Andrighi, j. 13.06.2023, DJe 16.06.2023.

E vem exatamente do Superior Tribunal de Justiça um precedente extremamente preocupante e, em minha percepção, absolutamente contraditório com o entendimento consagrado anteriormente exposto[12]. Em tal precedente o tribunal considerou que a decisão que julga a primeira fase do procedimento especial da ação de dissolução parcial de sociedade – essa também não identificada como sentença ou interlocutória pela lei – é uma sentença, recorrível por apelação. Por uma questão de coerência, entendo que não há como essa decisão ser tipificada como sentença e aquela proferida na primeira fase da ação de exigir contas como decisão interlocutória.

E para encerrar com "chave de ouro", o precedente do Superior Tribunal de Justiça afasta o princípio da fungibilidade recursal afirmando que a interposição de agravo de instrumento contra tal decisão configura erro grosseiro. Ao assim fazer, o tribunal despreza a divergência doutrinária a respeito do tema, considerando-se haver aqueles que entendem tratar-se a decisão de sentença[13], de interlocutória[14], e aqueles que defendem uma variação de natureza a depender de o réu contestar ou não o pedido[15].

1.1.2. Cabimento contra Sentença

1.1.2.1. Introdução

A previsão do art. 1.009, *caput*, do CPC, sem qualquer limitação quanto ao cabimento de apelação quando proferida sentença, serve justamente para que tais limitações não sejam levantadas. Havendo uma sentença, seja ela terminativa (art. 485 do CPC) ou definitiva

[12] Informativo 771/STJ, AgInt no AgInt no REsp 1.922.029/DF, 4ª Turma, Rel. Min. Marco Buzzi, por unanimidade, j. 18.04.2023.

[13] NERY JR., Nelson; NERY, Rosa Maria de Andrade. *Código de Processo Civil comentado*. 10. ed. São Paulo: RT, 2008. p. 1.423; ROQUE, Andre Vasconcelos. Comentários ao CPC de 2015. 2 ed. São Paulo: Método, 2018. v. 2, p. 1.017.

[14] ALVIM, Teresa Arruda. ALVIM, Teresa Arruda. Os agravos no CPC de 2015. 5. ed. Curitiba: EDC, 2021. p. 138; SACCO NETO, Fernando. Comentários aos arts. 599 a 609. *In*: WAMBIER, Teresa Arruda Alvim; DIDIER JR., Fredie; TALAMINI, Eduardo; DANTAS, Bruno (coord.). *Breves comentários ao Novo Código de Processo Civil*. São Paulo: RT, 2015. p. 1.677.

[15] THEODORO JR., Humberto. *Curso de direito processual civil*. 56. ed. Rio de Janeiro: Forense, 2022. v. II, n. 142, p. 195.

(art. 487 do CPC), proferida em um processo ou fase de cognição ou executiva, em procedimento comum ou especial, o recurso cabível será a apelação.

O cabimento, porém, que parece em um primeiro momento ser amplo e irrestrito, na verdade tem três exceções. Três hipóteses nas quais o legislador optou, por diferentes razões, por prever outras espécies recursais como forma adequada para a impugnação da sentença. Duas dessas hipóteses são previstas em legislação extravagante e uma delas no próprio Código Processo Civil.

1.1.2.2. Recurso Ordinário Constitucional

Antes propriamente de tratar do cabimento recursal, uma breve nota a respeito do nome do recurso previsto no art. 994, V, do CPC, arts. 102, II, e 105, II, da CF. O nome dado pela lei é *recurso ordinário*, mas isso pode ser um problema, considerando-se que o termo *recurso ordinário* também se presta a designar um gênero recursal, qual seja, os recursos que têm como objeto mediato a tutela do interesse das partes[16].

Diante disso, prefiro chamar a espécie recursal ora analisada de recurso ordinário constitucional, em razão de sua fonte constitucional. O prefixo ROC, aliás, é comumente utilizado nos tribunais superiores. A nomenclatura, de qualquer forma, é questão de menor relevância.

Diz o art. 1.027, II, "b", do CPC que cabe recurso ordinário constitucional contra sentença proferida em processo em que forem partes, de um lado, organismo internacional – por exemplo, ONU, BID, Unesco – ou Estado estrangeiro e, de outro, Município brasileiro ou pessoa residente ou domiciliada no Brasil, existindo doutrina a compreender tratar-se tanto de pessoa física como jurídica[17]. O texto é suficientemente claro para se concluir que independe de em

---

[16] NEVES, Daniel Amorim Assumpção. *Teoria geral dos recursos*. Salvador: Juspodivm, 2023. n. 1.3.1, p. 43-46.

[17] SOUZA, Bernardo Pimentel. *Introdução aos recursos cíveis e à ação rescisória*. 5. ed. São Paulo: Saraiva, 2008. n. 15.2, p. 409.

quais dos polos estarão os sujeitos descritos, desde que estejam em polos adversos[18].

Nesse caso, a demanda seguirá em primeiro grau de jurisdição perante a Justiça Federal (art. 109, II, da CF) e, sendo proferida sentença de qualquer natureza - terminativa ou definitiva - e independentemente de seu resultado - procedência, improcedência, homologatória -, será cabível o recurso ordinário constitucional, afastando-se a regra geral prevista pelo art. 1.009, *caput*, do CPC.

A identificação da sentença recorrível por recurso ordinário constitucional não parece criar maiores dificuldades práticas aos operadores do Direito. São dados objetivos a serem analisados facilmente. Por conta disso, tanto a doutrina[19] quanto a jurisprudência[20] são tranquilas em inadmitir a fungibilidade na hipótese de interposição de apelação contra a sentença.

Uma dica prática, ainda que sinceramente entenda de difícil utilidade real. Imagine-se uma hipótese na qual o advogado esteja em real dúvida a respeito do cabimento de apelação ou recurso ordinário constitucional porque realmente não consegue identificar em seu processo a qualificação de causa internacional ou não. Claro que num mundo ideal, e sendo real a dúvida, seria motivo suficiente para a aplicação do princípio da fungibilidade recursal. No entanto, no mundo real, já havendo jurisprudência consolidada em sentido contrário, é seguro dizer que tal singularidade muito provavelmente seria ignorada e um eventual erro não seria perdoado.

Dito isso, vale a pena a parte "criar" um agravo de instrumento diante de qualquer decisão interlocutória que venha a ser proferida no processo, independentemente da real perspectiva de seu cabimento. Digo isso porque, segundo entendimento doutrinário e jurisprudencial, esse agravo de instrumento, sendo a causa internacional, deve

18 BUENO, Cassio Scarpinella. *Curso sistematizado de direito processual civil.* 4. ed. São Paulo: Saraiva, 2013. v. 5, p. 229.

19 ASSIS, Araken de. *Manual dos recursos*. 18. ed. São Paulo: RT, 2018. n. 76.1, p. 646; FUX, Luiz. *Curso de direito processual civil.* 2. ed. Rio de Janeiro: Forense, 2004. p. 1.225.

20 STJ, 4ª Turma, AgInt no RO 233/SP, Rel. Min. Antonio Carlos Ferreira, j. 25.10.2021, DJe 28.10.2021; STJ, 2ª Turma, AC 47/RS, Rel. Min. Herman Benjamin, j. 20.02.2018, DJe 14.11.2018.

ser interposto perante o próprio Superior Tribunal de Justiça[21]. O entendimento é corroborado pelo § 2º do art. 1.028 do CPC que, ao prever a interposição perante o tribunal de origem, refere-se apenas aos recursos previstos nos incisos I e II, alínea "a", do art. 1.027 do mesmo diploma legal.

A decisão sobre a competência para o julgamento do agravo de instrumento criará um precedente que trará a segurança necessária à parte para determinar, no futuro, a interposição de apelação ou recurso ordinário constitucional contra a sentença.

1.1.2.3. Embargos Infringentes

O art. 34, *caput*, da Lei de Execuções Fiscais prevê que das sentenças de primeira instância proferidas em execuções de valor igual ou inferior a 50 Obrigações Reajustáveis do Tesouro Nacional (ORTN) só se admitirão embargos infringentes e de declaração. O dispositivo claramente tem como pretensão afastar o cabimento da apelação contra a sentença nas condições previstas, afinal, os embargos de declaração são cabíveis contra toda e qualquer decisão, e nesse caso não seria diferente.

Como se pode notar do dispositivo legal, há dois fatores que devem ser considerados para o cabimento do recurso de embargos infringentes. O primeiro é a espécie de procedimento no qual a sentença será proferida: a execução fiscal. Entretanto, aqui cabe uma importante observação: tratando-se a execução fiscal de forma executiva de título executivo extrajudicial, mais precisamente da certidão da dívida ativa (CDA), ter-se-á um processo de execução, de forma que a defesa típica cabível será embargos à execução, uma ação incidental de conhecimento.

A consideração é importante porque, no mais das vezes, a sentença referida no art. 34, *caput*, da LEF não será proferida propriamente na ação de execução fiscal, mas sim na ação de embargos à execução incidentalmente a ela proposta. Não há dúvida, entretanto, da aplicabilidade

21 Informativo 537/STJ, Corte Especial, EREsp 275.615/SP, Rel. Min. Ari Pargendler, j. 13.03.2014. Na doutrina: ASSIS, Araken de. *Manual dos recursos*. 18. ed. São Paulo: RT, 2018. n. 76.2, p. 658; CÂMARA, Alexandre Freitas. *Lições de direito processual civil*. 7. ed. Rio de Janeiro: Lumen Juris, 2003. v. 2, p. 114.

do disposto legal quanto à tal decisão. Por outro lado, não se pode desconsiderar a possibilidade de prolação de sentença na própria execução fiscal, em virtude da sobrevivência da exceção de pré-executividade em tal espécie executiva, decorrente da exigência da garantia de juízo como condição de admissibilidade dos embargos à execução.

Resumidamente, a sentença recorrível pelo recurso nominado como embargos infringentes pelo art. 34 da LEF é tanto aquela proferida na própria execução fiscal, extinguindo-a em razão do acolhimento de exceção de pré-executividade, quanto aquela que julga embargos à execução opostos em sede de execução fiscal.

O segundo fator que determina o cabimento dos embargos infringentes é o valor das execuções fiscais, sendo notoriamente a espécie recursal ora analisada destinada a pretensões executivas de pequeno valor. A ORTN, indicada na norma legal como critério de cálculo, deixou de existir faz tempo, e desde 2001 há um precedente vinculante do Superior Tribunal de Justiça determinando um valor – "R$ 328,27 (trezentos e vinte e oito reais e vinte e sete centavos), corrigido pelo IPCA-E a partir de janeiro de 2001, valor esse que deve ser observado à data da propositura da execução"[22] – das execuções sujeitas à recorribilidade do art. 34 da LEF.

Trata-se novamente de uma opção legislativa que afasta o cabimento da apelação e, por oferecer outra espécie de recurso como cabível contra sentença, torna aquela espécie incabível. Diferente do recurso ordinário constitucional, todavia, nesse caso a escolha entre a apelação e os embargos infringentes demandará da parte a elaboração de um cálculo, com base num critério legal que nem sequer existe mais. Logo, há certamente maior dificuldade prática na definição do recurso cabível, o que faz com que a doutrina defenda a possível aplicação do princípio da fungibilidade[23], rejeitado, entretanto, pelo Superior Tribunal de Justiça[24].

---

[22] STJ, 1ª Seção, REsp 1.168.625/MG, Rel. Min. Luiz Fux, j. 09.06.2010, DJe 1º.07.2010 (REsp repetitivo tema 395).

[23] THEODORO JR., Humberto. Lei de execução fiscal. 10. ed. São Paulo: Saraiva, 2007. p. 183; ASSIS, Araken de. *Manual dos recursos*. 18. ed. São Paulo: RT, 2018. n. 532.2, p. 1.511.

[24] STJ, 2ª Turma, AgRg no AREsp 727.807/RJ, Rel. Min. Herman Benjamin, j. 1º.03.2016, DJe 19.05.2016.

Quanto a isso vejo duas situações distintas, ainda que fatalmente levando a um mesmo resultado. Uma primeira será a interposição de embargos infringentes fora de uma execução fiscal, isto é, numa execução comum. Nesse caso, o erro é mais do que grosseiro, e nenhuma fungibilidade seria sequer considerável. Outra possibilidade seria, numa execução fiscal, um erro no cálculo levar a um equívoco quanto à espécie de recurso a ser interposto. Evidentemente, nesse caso, o erro é bem menos grosseiro. De qualquer forma, tratando-se de cálculo meramente aritmético, não me parece suficiente para ser perdoado pelo princípio da fungibilidade.

1.1.2.4. Recurso Inominado

Comecemos pelo nome dessa espécie recursal, onde estará, ao menos no meu entendimento, a maior polêmica do recurso previsto pelo art. 42 da Lei 9.099/1995. Pelo que se nota do título do presente tópico, chamei tal recurso de inominado, o que por si só, reconheço, é bastante esquisito. Afinal, chamar algo de inominado é uma contradição em termos...

A verdade é que o legislador simplesmente previu um recurso contra a sentença proferida no processo que tramita nos Juizados Especiais e não atribuiu qualquer nome a tal espécie recursal. Simples assim. Substancialmente, previu um recurso contra sentença – salvo a que homologa transação e laudo arbitral, que são irrecorríveis –, a ser interposto no prazo de dez dias, de competência do Colégio Recursal.

Há, é verdade, uma corrente doutrinária que defende tratar-se tal recurso de apelação, inclusive porque na esfera penal a própria lei dos Juizados, em seu art. 82, chama de apelação o recurso cabível contra a sentença[25]. Outros apontam tratar-se ontologicamente do recurso de apelação[26]. E há aqueles que, apesar de não gostarem da expressão "recurso inominado", reconhecendo nela verdadeira an-

---

25 CÂMARA, Alexandre Freitas. Juizados especiais cíveis estaduais e federais: uma abordagem crítica. 5. ed. Rio de Janeiro: Lumen Juris, 2009. n. 19.1.1, p. 137-138.

26 FIGUEIRA JÚNIOR, Joel Dias. Manual dos Juizados Especiais Cíveis Estaduais e Federais. São Paulo: RT, 2006. n. 16.1.1., p. 273.

tonomásia, utilizam-na a contragosto e lamentam o legislador não ter utilizado a expressão "apelação"[27].

O que parece importante, neste momento, é deixar claro que a adoção de nome distinto de apelação é uma opção para distinguir as duas espécies recursais quanto às suas diferenças procedimentais, exatamente como ocorre com os embargos infringentes do art. 34 da LEF e com o recurso ordinário constitucional do art. 1.027 do CPC. Nesses dois casos, os recursos também poderiam se chamar apelação, porque há muitas semelhanças entre eles, mas são justamente suas diferenças que levaram o legislador a criar distintas espécies recursais para impugnar as sentenças em peculiares hipóteses. Nos Juizados Especiais não é diferente, e a falha do legislador em deixar de atribuir um nome ao recurso não autoriza a doutrina simplesmente a passar a chamá-lo de apelação.

Até porque não é uma apelação. Uma apelação não tem prazo de dez dias[28]. Uma apelação não é julgada por juízes de primeiro grau[29]. Numa apelação, o preparo não é provado até 48 horas após a interposição do recurso[30]. Não se pode dizer que seria uma apelação com singularidades. Não é disso que se trata. Trata-se de outra espécie recursal. O fato de ser também cabível contra a mesma espécie de decisão recorrível por apelação não é o suficiente para tornar tal recurso uma apelação. Como também não o é para tornar os embargos infringentes do art. 34 da LEF, tampouco o recurso ordinário constitucional do art. 1.027 do CPC.

É, portanto, uma espécie recursal distinta da apelação, não podendo a infelicidade do legislador em não lhe ter atribuído um nome com a consequente adoção do não menos infeliz nome "recurso inominado" ser suficiente para afastar essa realidade.

E o que acontecerá se, no caso concreto, a parte interpuser uma apelação diante de sentença proferida em sede de processo que tramite nos Juizados Especiais?

---

27 ROCHA, Fellipe Borring. Manual dos Juizados Especiais Estaduais: teoria e prática. 11. ed. São Paulo: Atlas, 2021. n. 1.5, p. 274.

28 Art. 42, *caput*, da Lei 9.099/1995.

29 Art. 43, § 1º, da Lei 9.099/1995.

30 Art. 43, § 2º, da Lei 9.099/1995.

Poder-se-ia, *a priori*, pensar num erro grosseiro, suficiente para afastar a aplicação do princípio da fungibilidade recursal, mas isso numa hipótese na qual o recorrente realmente estiver interpondo uma apelação, nos termos do art. 1.009, *caput*, do CPC, ou seja, se a interposição se der com o recorrente ignorando por completo as previsões dos arts. 41 e 42 da Lei 9.099/1995.

Nesse caso, além do erro grosseiro, é possível que o recorrente tenha que enfrentar o problema da tempestividade, porque tendo aproveitado aquele prazo que imaginava ser o do recurso cabível – 15 dias – interpôs o recurso quando a sentença já havia transitado em julgado. E um princípio da fungibilidade estaria, nesse caso, obstado pelo requisito do prazo menor que, embora muito criticável sob o aspecto técnico, continua a ser entendimento consolidado no Superior Tribunal de Justiça[31].

No entanto, ainda que tenha exercido o seu direito recursal no prazo de dez dias, se realmente tiver interposto um recurso de apelação, tê-lo-á dirigido ao tribunal de segundo grau. Uma maior permissividade com o erro, entretanto, pode resultar na desconsideração da vontade do recorrente e no encaminhamento ao Colégio Recursal.

Quanto ao preparo, ao menos no tocante ao recolhimento, não haverá risco, porque, se cumprir a regra da comprovação imediata exigida para a apelação, terá adiantado o tempo exigido para o recurso inominado. Qualquer diferença eventual de valor, contudo, poderá levar à deserção pela inexplicável inaplicação do art. 1.007 do CPC no âmbito dos Juizados Especiais[32].

Situação bem distinta tem-se quando o recorrente simplesmente entende que, na falta de nome atribuído pelo legislador ao recurso previsto no art. 41 da Lei 9.099/1995, deve dar a ele, no caso concreto, o nome de apelação.

A utilização do nome "apelação" nesse recurso, ainda que se entenda equivocada, não deve levar à sua inadmissão, tampouco ensejar

---

31 STJ, 3ª Turma, AgInt nos EDcl no AREsp 937.037/PR, Rel. Min. Marco Aurélio Bellizze, j. 11.11.2020, DJe 16.11.2020; STJ, 2ª Turma, AgInt no AREsp 1.357.016/RJ, Rel. Min. Mauro Campbell Marques, j. 12.02.2019, DJe 19.02.2019.

32 Enunciado 168 do FONAJE.

a necessidade de aplicação do princípio da fungibilidade recursal. Conforme corretamente já entendeu o Superior Tribunal de Justiça, apenas trocar o nome "apelação" por "recurso inominado" não é o suficiente para a inadmissão recursal, desde que os pressupostos de admissibilidade tenham sido todos preenchidos[33].

1.1.2.5. São Justificáveis as Exceções Legais ao Cabimento de Apelação contra Sentença?

O presente livro é sobre apelação. Dito isso, e sendo o presente capítulo destinado ao estudo do cabimento da apelação, as análises feitas anteriormente a respeito das exceções quanto ao cabimento de tal espécie recursal diante da prolação da sentença parecem bastar. Entretanto, sem aprofundar o tema, quero tratar da justificativa do legislador em criar três hipóteses nas quais não será cabível apelação contra sentença.

Sempre me chamou a atenção essa opção do legislador. O estudo dessas três hipóteses fez-me notar que as razões de afastar o cabimento da apelação eram diferentes, ainda que nas três hipóteses exista um elemento comum, já que em nenhuma delas o recurso será julgado por um Tribunal de Justiça ou um Tribunal Regional Federal, órgãos competentes para o julgamento da apelação. No mais, ora há identidades, ora há diferenças.

Procedimentalmente, dos três recursos que funcionam como sucedâneo da apelação o que tem maior proximidade com ela é o recurso ordinário constitucional. O art. 1.028, *caput*, do CPC prevê a aplicação a tal espécie recursal dos requisitos de admissibilidade e do procedimento da apelação. Até a teoria da causa madura, consagrada no art. 1.013, § 3º, do CPC, é aplicável ao recurso ordinário constitucional, por expressa previsão do art. 1.027, § 2º, do CPC. A semelhança procedimental, portanto, decorre da própria previsão legal.

A diferença resta somente no órgão competente para o julgamento do recurso: no recurso ordinário constitucional, o Superior Tribunal de Justiça, o que gera duas singularidades. A primeira é o julgamento em via recursal por tribunal de superposição de uma decisão proferida

---

[33] STJ, 3ª Turma, REsp 1.822.640/SC, Rel. Min. Nancy Andrighi, j. 12.11.2019, DJe 19.11.2019.

por decisão de primeiro grau; a segunda é um tribunal de superposição julgar um recurso com ampla devolutividade, ou seja, ter a possibilidade, em grau recursal, de rever matéria de fato ou de direito.

O recurso de embargos infringentes também tem grande semelhança com a apelação, ainda que, diferentemente do recurso ordinário constitucional, não exista nenhuma previsão legal que determine a aplicação das regras de uma espécie recursal a outra. Em realidade, o procedimento é bastante simplificado, estando previsto nos §§ 1º e 2º do art. 34 da LEF. Interposição em dez dias para o próprio juízo de primeiro grau (com a possibilidade de instrução com novos documentos); intimação da parte contrária; mesmo prazo para contrarrazões; e julgamento no prazo impróprio de 20 dias, com a manutenção ou reforma da sentença.

A par da diferença de prazo de interposição e de contrarrazões, o que certamente mais chama a atenção nos embargos infringentes é o seu julgamento ocorrer pelo próprio juízo prolator da sentença recorrida. Os embargos infringentes são, portanto, um genuíno pedido de reconsideração personificado num recurso. Se tomarmos por base o que costuma acontecer com os embargos de declaração, o recorrente não deve ficar muito esperançoso ao interpor tal espécie recursal.

Certamente o mais diferente dos três é o recurso inominado dos Juizados Especiais: tem um prazo diferente (dez dias); o julgamento é realizado por juízes de primeiro grau (Colégio Recursal); e tem uma regra de comprovação de recolhimento de preparo bem distinta da comprovação imediata consagrada no art. 1.007 do CPC. Essas são diferenças procedimentais impostas por previsões legais que resultaram de opções legislativas.

Além delas, existem outras que decorrem de entendimentos, muitos deles criticáveis e sem qualquer embasamento técnico, consagrados pela jurisprudência formada nos Juizados Especiais. Assim, o juízo de admissibilidade ser realizado pelo juízo sentenciante[34] e não ser admitida a forma adesiva de interposição do recurso inominado[35].

---

[34] Enunciado 166 do FONAJE – "Nos Juizados Especiais Cíveis, o juízo prévio de admissibilidade do recurso será feito em primeiro grau".

[35] Enunciado 88 do FONAJE – "Não cabe recurso adesivo em sede de Juizado Especial, por falta de expressa previsão legal".

1.1.3. Cabimento contra Decisão Interlocutória

1.1.3.1. Introdução

Nos termos do art. 1.009, § 1º, do CPC, as decisões interlocutórias não recorríveis por agravo de instrumento o serão por apelação ou contrarrazões de apelação. A chamada recorribilidade postergada – ou diferida – da decisão interlocutória trouxe inúmeros desafios doutrinários ao sistema recursal, muitos deles ainda não resolvidos. Tornou, certamente, muito mais complexa a recorribilidade das decisões interlocutórias.

Por outro lado, cumpriu o seu papel de diminuir o número de agravos de instrumento e, com isso, o volume de trabalho dos tribunais de segundo grau.

Numa obra destinada ao estudo do recurso de apelação, pode parecer estranho analisar as decisões interlocutórias recorríveis por agravo de instrumento, estudo aparentemente mais apropriado para um livro que verse sobre tal espécie recursal.

A impressão, entretanto, é equivocada. A partir do momento que a apelação passou a ser também o recurso cabível contra decisões interlocutórias, a definição de quais delas são recorríveis por agravo nos apresentará, residualmente, o cabimento que interessa ao objeto da presente obra. Afinal, somente as interlocutórias não agraváveis são passíveis de ser recorríveis nos termos do art. 1.009, § 1º, do CPC.

1.1.3.2. Decisões Interlocutórias Recorríveis por Agravo de Instrumento

1.1.3.2.1. Rol Legal

O legislador, optando por abandonar a recorribilidade ampla das decisões interlocutórias por agravo de instrumento, tinha duas opções: prever as decisões que não poderiam ser recorridas por tal espécie recursal ou, ao contrário, prever as recorríveis. Optou, infelizmente, pelo segundo caminho.

Dessa forma, criou-se um rol legal de decisões interlocutória recorríveis por agravo de instrumento. O art. 1.015, XIII, do CPC admite o cabimento de agravo de instrumento contra determinadas decisões interlocutórias, além das hipóteses previstas em lei, significando que o rol legal de decisões interlocutórias recorríveis por agravo de instrumento é restritivo, mas não o rol previsto no art. 1.015 do CPC, considerando a possibilidade de o próprio Código de Processo Civil e de leis extravagantes preverem outras decisões interlocutórias impugnáveis pelo agravo de instrumento que não estejam estabelecidas pelo disposto legal.

1.1.3.2.2. Decisões Interlocutórias Previstas Fora do Art. 1.015 do CPC

No art. 354, parágrafo único, do CPC, há previsão de cabimento de agravo de instrumento contra decisão terminativa que diminui objetivamente a demanda e, no art. 1.037, § 13, I, do mesmo diploma legal, há previsão de cabimento de agravo de instrumento contra decisão interlocutória que decidir pedido de afastamento do sobrestamento do processo determinada em razão de julgamento repetitivo de recurso especial ou extraordinário.

Há outras previsões no Código de Processo Civil desnecessárias, porque preveem pontualmente o cabimento do agravo de instrumento contra decisão interlocutória em hipóteses já contempladas pelo art. 1.015 do CPC. O art. 356, § 5º, do CPC prevê cabimento de agravo de instrumento contra a decisão interlocutória que julgar parcialmente o mérito, em hipótese já contemplada pelo art. 1.015, II, do CPC. Por sua vez, o art. 101, *caput*, do CPC prevê o cabimento de agravo de instrumento contra decisão interlocutória que indeferir a gratuidade ou que acolher pedido de sua revogação, em hipótese já contemplada no art. 1.015, V, do mesmo diploma legal.

Nas legislações extravagantes, há normas que preveem a recorribilidade por agravo de instrumento de todas as decisões interlocutórias proferidas no processo, tais como o art. 17, § 21, da Lei 8.429/1992 (ação de improbidade administrativa) e o art. 189, § 1º, II, da Lei 11.101/2005 (processo concursal). O art. 19, § 1º, da LAP possui regra no mesmo sentido, tendo o Superior Tribunal de Justiça entendido que à luz do microssistema coletivo tal norma teria aplicabilidade a todos os processos coletivos, em especial à ação civil pública[36].

1.1.3.2.3. Decisões Interlocutórias Previstas no Art. 1.015 do CPC

1.1.3.2.3.1. Tutela provisória

O inciso I do art. 1.015 do CPC admite o cabimento do recurso contra as decisões interlocutórias sobre tutela provisória, ou seja, qualquer decisão que conceder, negar, modificar ou revogar tutela dessa espécie (antecipada, cautelar e da evidência). Nessa hipótese de cabimento, não bastará a natureza interlocutória da decisão, importando também sua autonomia, pois, se a tutela antecipada for decidida na sentença, o recurso cabível será a apelação, nos termos do art. 1.013, § 5º, do CPC[37].

A combinação literal do *caput* e do inciso I do art. 1.015 resulta na imediata recorribilidade de toda decisão interlocutória que verse sobre tutela provisória, o que permite a conclusão de que toda decisão que tenha como objeto tal espécie de tutela, isto é, que de alguma forma trate desse assunto, será recorrível por agravo de instrumento.

Não se deve, portanto, limitar-se a recorribilidade ora estudada às hipóteses mais tradicionais e por isso mais lembradas de decisões que versam sobre tutela provisória: as que concedem, modificam e revogam. Há muitas outras formas de tratar a tutela provisória além dessas.

Assim, por exemplo, a decisão que posterga a análise do pedido de tutela provisória feito liminarmente para momento posterior, invariavelmente após a contestação[38]. Registre-se que nessa decisão

---

[36] STJ, 2ª Turma, REsp 1.925.492/RJ, Rel. Min. Herman Benjamin, j. 04.05.2021, DJe 1º.07.2021; STJ, 1ª Turma, AgInt no REsp 1.875.150/SE, Rel. Min. Regina Helena Costa, j. 11.11.2020, DJe 13.11.2020.

[37] DIDIER JR., Fredie; CUNHA, Leonardo Carneiro da. Curso de direito processual civil. 13. ed. Salvador: Juspodivm, 2016. v. 3, p. 213.

[38] MARINONI, Luiz Guilherme; ARENHART, Sérgio Cruz; MITIDIERO, Daniel. Novo curso de processo civil. 2. ed. São Paulo: RT, 2016. v. 3., p. 946; ASSIS, Araken de. *Manual dos recursos*. 18. ed. São Paulo: RT, 2018. n. 49.1, p. 616; CÂMARA, Alexandre Freitas. *O novo processo civil brasileiro*. São Paulo: Atlas, 2015. p. 521. Enunciado 70 da I Jornada de direito processual civil do CJF: "É

o juízo está parcialmente indeferindo o pedido da parte, que não só requereu uma tutela provisória, como também requereu sua concessão imediatamente, o que não obteve. No mesmo sentido, a decisão que condiciona a concessão da tutela antecipada a alguma providência a ser adotada pelo autor[39], por exemplo, a prestação de uma caução ou a apresentação de um documento.

O Superior Tribunal de Justiça segue esse entendimento e tem interessante precedente no sentido de estarem abrangidas no conceito de decisão interlocutória que versa sobre tutela provisória

> [...] as decisões que examinam a presença ou não dos pressupostos que justificam o deferimento, indeferimento, revogação ou alteração da tutela provisória e, também, as decisões que dizem respeito ao prazo e ao modo de cumprimento da tutela, a adequação, suficiência, proporcionalidade ou razoabilidade da técnica de efetiva da tutela provisória e, ainda, a necessidade ou dispensa de garantias para a concessão, revogação ou alteração da tutela provisória[40].

1.1.3.2.3.2. Decisões de mérito

O inciso II do dispositivo ora analisado prevê o cabimento de agravo de instrumento contra decisão interlocutória de mérito, independentemente de seu conteúdo, ou seja, tendo qualquer dos conteúdos previstos no art. 487 do CPC[41]. O dispositivo é importante porque o julgamento antecipado parcial do mérito (art. 356 do CPC) se dá por meio de decisão interlocutória, sendo tal decisão recorrível por agravo de instrumento, inclusive conforme já previsto no art. 356, § 5º, do CPC. Também a decisão interlocutória que afasta a prescrição ou decadência é recorrível por agravo de instrumento, nos termos do dispositivo ora examinado[42].

---

agravável o pronunciamento judicial que postergar a análise de pedido de tutela provisória ou condicioná-la a qualquer exigência".

39 ALVIM, Teresa Arruda. Os agravos no CPC de 2015. 5. ed. Curitiba: EDC, 2021. p. 130.

40 STJ, 3ª Turma, REsp 1.752.049/PR, Rel. Min. Nancy Andrighi, j. 12.03.2019, DJe 15.03.2019.

41 NERY JR., Nelson; NERY, Rosa Maria de Andrade. *Código de Processo Civil comentado*. 10. ed. São Paulo: RT, 2008. p. 2.084.

42 STJ, 3ª Turma, REsp 1.738.756/MG, Rel. Min. Nancy Andrighi, j. 19.02.2019, DJe 22.02.2019; STJ, 2ª Turma, REsp 1.695.936/MG, Rel. Min. Herman Benjamin, j. 21.11.2017, DJe 19.12.2017.

O Superior Tribunal de Justiça tem precedente no sentido de ser agravável de instrumento a decisão que fixa data da separação de fato do casal para efeitos da partilha dos bens por considerá-la de mérito[43] e a decisão que indefere a homologação de acordo extrajudicial[44].

Discordo de corrente doutrinária no sentido de que a decisão interlocutória que aplica multa processual seja agravável à luz do inciso II do art. 1.015 do CPC[45], havendo, inclusive, precedente do Superior Tribunal de Justiça no sentido aqui defendido[46].

Afirma-se que a criação de um incidente por meio do qual se amplia o mérito do processo é premissa que pode tornar o rol legal de cabimento de agravo de instrumento meramente exemplificativo. Afinal, em toda questão incidental criada no processo é possível sustentar que existem a forma e o conteúdo, e, sendo a decisão que resolve o conteúdo da questão uma decisão de mérito, ter-se-ia que admitir o agravo de instrumento em diversas hipóteses que claramente não são alcançadas pelo art. 1.015, II, do CPC.

1.1.3.2.3.3. Rejeição da alegação de convenção de arbitragem

No inciso III do art. 1.015 do CPC está prevista a recorribilidade da decisão que rejeita a alegação de convenção de arbitragem, sendo nesse caso determinante o conteúdo da decisão, até porque se o juiz acolher a alegação extinguirá o processo por meio de sentença terminativa, nos termos do art. 485, VII, do CPC, hipótese em que será cabível o recurso de apelação[47]. Uma interpretação extensiva razoável do dispositivo legal ora analisado é admitir o agravo de instrumento de decisão interlocutória que, mesmo diante do re-

---

43 STJ, 3ª Turma, REsp 1.798.975/SP, Rel. Min. Nancy Andrighi, j. 02.04.2019, DJe 04.04.2019.

44 Informativo 712/STJ, 1ª Turma, REsp 1.817.205/SC, Rel. Min. Gurgel de Faria, por unanimidade, j. 05.10.2021.

45 DIDIER JR., Fredie; CUNHA, Leonardo Carneiro da. Curso de direito processual civil. 13. ed. Salvador: Juspodivm, 2016. v. 3, p. 214.

46 STJ, 4ª Turma, AgInt no RMS 56.422/MS, Rel. Min. Raul Araújo, j. 08.06.2021, DJe 16.06.2021.

47 ASSIS, Araken de. *Manual dos recursos*. 18. ed. São Paulo: RT, 2018. n. 49.3, p. 617; CÂMARA, Alexandre Freitas. *O novo processo civil brasileiro*. São Paulo: Atlas, 2015. p. 521.

conhecimento pelo árbitro de sua competência, não reconhece tal decisão e dá continuidade ao processo[48].

Como se pode notar da leitura do art. 485, VII, do CPC, há duas formas de o processo ser extinto em razão da arbitragem: acolhimento da alegação de convenção de arbitragem pelo réu em preliminar de contestação e reconhecimento do juízo arbitral de sua competência. Não há sentido lógico nem jurídico de não tratar as duas hipóteses de forma homogênea, uma vez que a consequência de o juiz rejeitar a alegação de convenção de arbitragem e de rejeitar a decisão do juízo arbitral é a mesma.

Com relação ao inciso do art. 1.015 do CPC ora analisado, há corrente doutrinária que defende uma interpretação no sentido de alcançar a decisão interlocutória que anula o negócio jurídico processual[49]. Acredito que o mais adequado é defender a recorribilidade de tal decisão por agravo de instrumento à luz da teoria da taxatividade mitigada consagrada pelo Superior Tribunal de Justiça, devidamente analisada no tópico 1.1.3.2.3.13.

1.1.3.2.3.4. Incidente de desconsideração da personalidade jurídica

No inciso IV do art. 1.015 do CPC vem prevista a decisão interlocutória que versa sobre incidente de desconsideração da personalidade jurídica. Nos termos do art. 136, *caput*, do CPC, o incidente será decidido em primeiro grau por meio de decisão interlocutória, recorrível por agravo de instrumento por força do dispositivo ora analisado. Consoante ensina a melhor doutrina, tanto a decisão que inadmite o incidente quanto aquela que o julga no mérito, para acolher ou rejeitar o requerimento da parte ou do Ministério Público, são recorríveis por agravo de instrumento[50].

No tocante ao inciso ora analisado, deve-se alertar para a excepcional hipótese de o incidente de desconsideração da personalidade

---

[48] Enunciado 435 do FPPC (Fórum Permanente de Processualistas Civis): "Cabe agravo de instrumento contra decisão do juiz que, diante do reconhecimento de competência pelo juízo arbitral, se recursar a extinguir o processo judicial sem resolução do mérito".

[49] NEVES, Daniel Amorim Assumpção. Manual de direito processual civil. 15. ed. Salvador: Juspodivm, 2023. n. 73.2.1.4, p. 1.164.

[50] ASSIS, Araken de. *Manual dos recursos*. 18. ed. São Paulo: RT, 2018. n. 49.4, p. 617.

jurídica ser decidido em sentença, quando será cabível o recurso de apelação. Embora o incidente suspenda o processo (art. 134, § 3º, do CPC), sendo cabível a qualquer tempo do procedimento (art. 134, *caput*, do CPC), é possível sua instauração em momento em que o processo já esteja pronto para julgamento. Nesse caso, a instauração impedirá o sentenciamento do processo, mas, quando o incidente estiver pronto para ser resolvido, é possível que o juiz profira apenas uma decisão, que resolverá a questão da desconsideração da personalidade jurídica e o mérito do processo. Nessa hipótese, ter-se-á uma sentença recorrível por apelação.

Por outro lado, é curioso notar que o legislador não fez uma expressa previsão de que a decisão interlocutória recorrível por agravo de instrumento seja a que decide o incidente, visto que não há tal previsão no art. 1.015, IV, do CPC.

Existe, inclusive, corrente doutrinária que defende que toda decisão interlocutória proferida no incidente, de sua instauração a seu julgamento, seja recorrível por agravo de instrumento[51]. A interpretação faz sentido porque, diferente de outras interlocutórias, não haverá aqui uma sentença ao final para ser recorrida por apelação ou contrarrazões, em que seriam impugnadas tais decisões, considerando justamente que o incidente será decidido por uma decisão interlocutória agravável[52].

A corrente doutrinária crítica a esse entendimento, por sua vez, tem uma fundamentação sólida: se decisões interlocutórias que em um procedimento principal não são agraváveis, tais como aquelas que versam sobre prova, por qual razão lógica o seriam no incidente ora analisado? O caminho seria adaptar o art. 1.009, § 1º do CPC, aplicando-o ao agravo de instrumento a ser interposto contra a decisão que julga o incidente, que passaria a ser também cabível contra as interlocutórias não agraváveis proferidas durante o procedimento.[53]

---

[51] OLIVEIRA JR., Zulmar Duarte de. Comentários ao CPC de 2015. 2. ed. São Paulo: Método, 2018. v. 3, p. 1.033.

[52] Teresa Arruda Alvim, Os agravos no CPC de 2015, 5ª ed., Curitiba, EDC, 2021, p. 143.

[53] LEMOS, Vinícius Silva. Recursos e processos nos tribunais. 6. ed. Salvador: Juspodivm, 2023. n.10.2.1.4, p. 391.

1.1.3.2.3.5. Rejeição do pedido de gratuidade da justiça ou acolhimento do pedido de sua revogação

Quanto à gratuidade de justiça, o art. 1.015, V, do CPC prevê o cabimento de agravo de instrumento da decisão de rejeição do pedido e de acolhimento do pedido de sua revogação.

Como se pode notar, da decisão que acolhe o pedido não cabe agravo de instrumento, o que é compreensível porque compete nesse caso à parte contrária formular perante o órgão julgador requerimento de revogação da gratuidade.

O que mais me incomoda é a ausência de previsão no inciso em questão da decisão que rejeita o requerimento de revogação da gratuidade, até porque, se o *caput* do art. 1.015 do CPC prevê *decisão que versa sobre*, e o inciso V complementa *acolhimento do pedido de sua revogação*, pode-se concluir que também está incluída a decisão que rejeita tal pedido[54]. Por outro lado, parece haver uma quebra de isonomia oferecer agravo de instrumento somente a uma das partes. O Superior Tribunal de Justiça, entretanto, tem precedente entendendo não ser cabível agravo de instrumento contra tal decisão[55].

Conforme leciona abalizada doutrina, a rejeição do pedido e a revogação da gratuidade anteriormente concedida também se representam na hipótese de o juiz conceder à parte uma gratuidade menos ampla da pretendida ou mesmo diferente daquela desejada[56]. Dessa forma, postulada a gratuidade integral e concedido um desconto, ou um pagamento parcelado, caberá agravo de instrumento, bem como na hipótese de a parte requerer a concessão de parcelamento e o juiz determinar o desconto no pagamento das custas. Basicamente,

---

[54] GRECO, Leonardo. *Instituições de direito processual civil.* Rio de Janeiro: Forense, 2016. v. III, p. 158; BUENO, Cassio Scarpinella. *Curso sistematizado de direito processual civil.* 13. ed. São Paulo: Saraiva, 2024. v. 2, p. 622. Contra, entendendo que não cabe agravo de instrumento: ALVIM, Teresa Arruda. Os agravos no CPC de 2015. 5. ed. Curitiba: EDC, 2021. p. 147; OLIVEIRA JR., Zulmar Duarte de. *Comentários ao CPC de 2015.* 2. ed. São Paulo: Método, 2018. v. 3, p. 1.033.

[55] STJ, 3ª Turma, AgInt no REsp 1.844.906/MG, Rel. Min. Marco Aurélio Bellizze, j. 08.03.2021, DJe 15.03.2021.

[56] CÂMARA, Alexandre Freitas. *O novo processo civil brasileiro.* São Paulo: Atlas, 2015. p. 521; ASSIS, Araken de. *Manual dos recursos.* 18. ed. São Paulo: RT, 2018. n. 49.5, p. 618; DIDIER JR., Fredie; CUNHA, Leonardo Carneiro da. Curso de direito processual civil. 13. ed. Salvador: Juspodivm, 2016. v. 3, p. 219-220.

havendo sucumbência da parte que pretende a gratuidade, caberá agravo de instrumento.

1.1.3.2.3.6. Exibição ou posse de documento ou coisa

O inciso VI do art. 1.015 prevê a recorribilidade por agravo de instrumento da decisão interlocutória que versa sobre exibição ou posse de documento ou coisa. Nesse caso, tanto as decisões de indeferimento e de deferimento do pedido bem como a que determina de ofício a exibição devem ser consideradas como incluídas na recorribilidade prevista no dispositivo ora analisado.

Interessante notar o conflito entre o art. 382, § 4º, e o art. 1.015, VI, do CPC, quando a ação probatória autônoma tiver como objeto uma exibição de coisa ou documento. Afinal, enquanto um dispositivo prevê a irrecorribilidade das interlocutórias, o outro dispõe sobre o cabimento do recurso de agravo de instrumento. Acredito que no procedimento especial da produção autônoma da prova prevalece a regra específica, que torna a decisão interlocutória irrecorrível. Essa irrecorribilidade, registre-se, facilita a admissão de mandado de segurança contra a decisão.

Numa interpretação extensiva do dispositivo legal, entendo que a quebra de sigilo bancário determinada por decisão interlocutória durante a instrução probatória possa ser recorrida por agravo de instrumento. Afinal, ao se quebrar um sigilo bancário, as informações sigilosas serão disponibilizadas ao juízo por meio da exibição de documentos.

Há precedente do Superior Tribunal de Justiça no sentido de ser agravável a decisão que resolve o incidente processual de exibição instaurado em face de parte, a decisão que resolve a ação incidental de exibição instaurada em face de terceiro e, ainda, a decisão interlocutória que defere ou indefere a exibição por simples requerimento de expedição de ofício feito pela parte no próprio processo, sem a instauração de incidente processual ou de ação incidental[57]. Discordo apenas quanto à decisão que resolve ação incidental de exibição porque, nesse caso, parece-me haver uma sentença recorrível por apelação.

[57] STJ, 3ª Turma, REsp 1.798.939/SP, Rel. Min. Nancy Andrighi, j. 12.11.2019, DJe 21.11.2019.

Importante registrar que o Superior Tribunal de Justiça tem precedente no sentido de não admitir agravo de instrumento ou mandado de segurança contra decisão interlocutória que versa sobre instrução probatória[58], de forma a serem tais decisões recorríveis nos termos do art. 1.009, § 1º, do CPC. A hipótese ora analisada e aquela descrita no inciso XI do art. 1.015 do CPC são as duas únicas exceções.

1.1.3.2.3.7. Exclusão de litisconsorte

No inciso VII do art. 1.015 do CPC há previsão que não deve gerar maiores controvérsias. A decisão que exclui um litisconsorte do processo, ainda que tenha conteúdo de sentença terminativa (art. 485, VI, do CPC) por não ter como efeito a extinção da fase de conhecimento nem da execução, é considerada uma decisão interlocutória, sendo recorrível por agravo de instrumento[59]. Eventual interposição de apelação nesse caso, diante da inexistência de dúvida objetiva a respeito do recurso cabível, não admite a aplicação da fungibilidade recursal[60].

Fica, entretanto, o questionamento a respeito da recorribilidade da decisão que indefere o pedido de exclusão de litisconsorte do processo, que, para a doutrina majoritária, não será recorrível por agravo de instrumento[61], entendimento já adotado pelo Superior Tribunal de Justiça[62].

A exclusão do litisconsorte tem como fundamento, em regra, sua ilegitimidade de parte, mas há outros motivos aptos a gerarem a mesma consequência, por exemplo, a decisão que desmembra o litisconsórcio facultativo multitudinário. Interessante precedente do

---

58 Informativo 715/STJ, RMS 65.943/SP, Rel. Min. Mauro Campbell Marques, por unanimidade, j. 26.10.2021.

59 NERY JR., Nelson; NERY, Rosa Maria Andrade. Comentários ao Código de Processo Civil. São Paulo: RT, 2015. p. 2.084.

60 STJ, 3ª Turma, AgInt no AREsp 1.632.625/PR, Rel. Min. Ricardo Villas Bôas Cueva, j. 08.03.2021, DJe 12.03.2021.

61 ASSIS, Araken de. *Manual dos recursos*. 18. ed. São Paulo: RT, 2018. n. 49.7, p. 619.

62 STJ, 2ª Turma, AgInt no REsp 1.918.169/RS, Rel. Mauro Campbell Marques, j. 24.05.2021, DJe 27.05.2021; STJ, 3ª Turma, REsp 1.724.453/SP, Rel. Min. Nancy Andrighi, j. 19.03.2019, DJe 22.03.2019.

Superior Tribunal de Justiça entende que é irrelevante a motivação judicial da decisão interlocutória que exclui o litisconsorte, importando somente a consequência de exclusão[63].

1.1.3.2.3.8. Rejeição do pedido de limitação do litisconsórcio

Em mais uma demonstração de que o conteúdo da decisão interlocutória pode determinar, ao menos nos termos da lei, o cabimento ou não do agravo de instrumento, o art. 1.015, VIII, do CPC prevê que apenas a decisão que rejeita o pedido de limitação do litisconsórcio (litisconsórcio multitudinário, disposto no art. 113, §§ 1º e 2º, do CPC) é agravável, não estabelecendo, portanto, a recorribilidade por agravo de instrumento da decisão que acolhe o pedido[64].

Para parcela da doutrina, essa irrecorribilidade por agravo é justificável porque a decisão que acolhe o requerimento de limitação do litisconsórcio não causa qualquer prejuízo ao demandante[65]. Não concordo com esse entendimento porque o cabimento recursal independe de prejuízo, que compõe outro pressuposto de admissibilidade, o interesse recursal. No entanto, discordo principalmente porque o prejuízo aos demandantes é claro, pois, se havia um litisconsórcio formado, a expectativa dos autores era litigarem em conjunto num mesmo processo, tendo sucumbido diante do acolhimento do pedido do réu para a limitação no número de litisconsortes.

Além de o dispositivo violar o princípio da isonomia, por tratar diferentemente sem qualquer justificativa plausível as partes do processo, acredito que o legislador não tenha conseguido alcançar seu objetivo de afastar o cabimento do agravo de instrumento da decisão que acolhe o pedido de limitação no número de litisconsortes. Isso

---

[63] STJ, 4ª Turma, REsp 1.772.839/SP, Rel. Min. Antonio Carlos Ferreira, j. 14.05.2019, DJe 23.05.2019.

[64] Pelo não cabimento do agravo de instrumento: NERY JR., Nelson; NERY, Rosa Maria Andrade. Comentários ao Código de Processo Civil. São Paulo: RT, 2015. p. 2.084; ALVIM, Teresa Arruda. Os agravos no CPC de 2015. 5. ed. Curitiba: EDC, 2021. p. 149.

[65] DIDIER JR., Fredie; CUNHA, Leonardo Carneiro da. Curso de direito processual civil. 13. ed. Salvador: Juspodivm, 2016. v. 3, p. 222; ASSIS, Araken de. *Manual dos recursos*. 18. ed. São Paulo: RT, 2018. n. 49.8, p. 620.

porque, com tal acolhimento, haverá o desmembramento da ação, de forma a serem gerados novos processos com o número máximo de autores determinado pelo juiz. Haverá, portanto, exclusão de litisconsortes do processo, sendo tal decisão recorrível por agravo de instrumento por força do inciso VII do art. 1.015 do CPC[66].

1.1.3.2.3.9. Admissão ou inadmissão de intervenção de terceiros

A decisão sobre admissão ou inadmissão de intervenção de terceiros é sempre interlocutória, sendo recorrível por agravo de instrumento nos termos do art. 1.015, IX, do CPC. É natural que nem toda decisão interlocutória com esse conteúdo seja proferida em primeiro grau, de forma que, sendo proferida em tribunal, não será cabível agravo de instrumento, podendo ser cabível agravo interno se a decisão for monocrática ou outro recurso cabível na hipótese de decisão colegiada.

O Superior Tribunal de Justiça já teve a oportunidade de decidir que, havendo mudança de competência em razão de decisão sobre a intervenção de terceiros, caberá agravo de instrumento[67].

1.1.3.2.3.10. Concessão, modificação ou revogação do efeito suspensivo aos embargos à execução

Na mais expressiva demonstração de quebra de isonomia de todo o rol legal do art. 1.015, seu inciso X prevê o cabimento de agravo de instrumento da decisão interlocutória que concede, modifica ou revoga o efeito suspensivo aos embargos à execução. Inacreditavelmente não consta do dispositivo legal a decisão interlocutória que indefere o pedido do executado-embargante para a concessão de efeito suspensivo aos embargos à execução.

Nesse caso, ao tratar de forma diferente as partes, dando ao exequente o acesso imediato ao tribunal por meio do agravo de instrumento e remetendo o executado ao recurso de apelação ou

---

66 BUENO, Cassio Scarpinella. Manual de direito processual civil. 2. ed. São Paulo: Saraiva, 2016. p. 142.

67 STJ, 3ª Turma, REsp 1.797.991/PR, Rel. Min. Nancy Andrighi, j. 18.06.2019, DJe 21.06.2019.

contrarrazões, o legislador, além de violar o princípio da isonomia, criou hipótese em que claramente impugnar a decisão interlocutória por meio de apelação ou contrarrazões é incapaz de reverter a sucumbência suportada pela parte. O juiz indefere o pedido de efeito suspensivo, os embargos seguem e são sentenciados, e somente aí o executado impugnará a decisão que indeferiu seu pedido de efeito suspensivo?! Caso o Tribunal entenda que realmente deveria ter ficado suspenso o processo de execução durante o trâmite dos embargos à execução, qual será a utilidade prática? Nenhuma.

Defendo a interpretação extensiva pela preservação da isonomia, mas também porque entendo que a hipótese pode ser tipificada à luz do art. 1.015, I, do CPC[68]. O pedido de efeito suspensivo aos embargos à execução tem indubitavelmente natureza de tutela provisória de urgência, sendo, inclusive, exigidos os mesmos requisitos: probabilidade do direito e perigo de lesão em razão do tempo. Concordo que tal interpretação torna letra morta o inciso X do art. 1.015 do CPC, porque todas as hipóteses nele previstas podem ser tipificadas no inciso I do mesmo dispositivo legal, mas essa parece ser uma consequência aceitável para se corrigir o absurdo legislativo operado em referido dispositivo legal[69].

1.1.3.2.3.11. Redistribuição do ônus da prova

A decisão que versa sobre redistribuição do ônus da prova é recorrível por agravo de instrumento nos termos do art. 1.015, XI, do CPC. Como o dispositivo acertadamente não se refere ao conteúdo dessa decisão interlocutória, qualquer decisão que versa sobre a distribuição do ônus da prova é agravável: decisão que indefere ou acolhe requerimento de redistribuição[70], decisão que determina

[68] DIDIER JR., Fredie; CUNHA, Leonardo Carneiro da. Curso de direito processual civil. 13. ed. Salvador: Juspodivm, 2016. v. 3, p. 223; Informativo 617/STJ, 2ª Turma, REsp 1.694.667/PR, Rel. Min. Herman Benjamin, j. 05.12.2017, DJe 18.12.2017.

[69] Enunciado 71 da I Jornadas de Direito Processual Civil do CJF: "É cabível o recurso de agravo de instrumento contra a decisão que indefere o pedido de atribuição de efeito suspensivo a Embargos à Execução, nos termos do art. 1.015, X, do CPC".

[70] Enunciado 72 da I Jornadas de Direito Processual Civil do CJF: "É admissível a interposição de agravo de instrumento tanto para a decisão interlocutória que rejeita a inversão do ônus da prova, como para a que a defere".

a redistribuição de ofício, decisão que posterga a análise da distribuição do ônus da prova.

O Superior Tribunal de Justiça já entendeu ser cabível agravo de instrumento contra decisão interlocutória que atribua o ônus da prova de forma distinta da regra geral[71] e com fundamento legal distinto do art. 373, § 1º, do CPC, apesar de o dispositivo legal fazer, indevidamente, remissão a tal dispositivo legal[72].

1.1.3.2.3.12. Processos e procedimentos "retrôs"

Conforme já adiantado, por uma opção legislativa voltada à diminuição do número de agravos de instrumento, o diploma processual atual limitou as decisões interlocutórias recorríveis por agravo de instrumento. Diferente do que ocorria no diploma processual revogado, no qual a recorribilidade das interlocutórias por agravo de instrumento era generalizada.

Essa realidade, entretanto, não desapareceu por completo, porque ainda existem processos e procedimentos nos quais toda e qualquer decisão interlocutória, independentemente de seu conteúdo, são recorríveis por agravo de instrumento.

No parágrafo único do art. 1.015 do CPC, há previsão de cabimento de agravo de instrumento contra decisão interlocutória proferida na liquidação de sentença, cumprimento de sentença, processo de execução e inventário. Há, porém, uma exceção: nas execuções fiscais cujo valor não supera 50 ORTN, as decisões interlocutórias não são recorríveis por agravo de instrumento[73].

A previsão deve ser saudada porque parte da correta premissa de que nas circunstâncias descritas dificilmente há interesse recursal contra a sentença, o que acabaria tornando a decisão interlocutória irrecorrível na prática[74].

---

[71] STJ, 3ª Turma, REsp 1.729.110/CE, Rel. Min. Nancy Andrighi, j. 02.04.2019, DJe 04.04.2019.

[72] STJ, 3ª Turma, REsp 1.831.257/SC, Rel. Min. Nancy Andrighi, j. 19.11.2019, DJe 22.11.2019.

[73] Informativo 745/STJ, 2ª Turma, AREsp 1.751.847/SP, Rel. Min. Francisco Falcão, por unanimidade, j. 16.08.2022.

[74] ASSIS, Araken de. *Manual dos recursos*. 18. ed. São Paulo: RT, 2018. n. 49.13, p. 626; THEODORO JR., Humberto. *Curso de direito processual civil*. 56. ed. Rio de Janeiro: Forense, 2022. v. II, n. 784, p. 1.042.

O Superior Tribunal de Justiça, por meio de sua Corte Especial, consolidou o entendimento de que todas as interlocutórias nos processos indicados no dispositivo ora analisado são recorríveis por agravo de instrumento[75].

1.1.3.2.3.13. "Taxatividade mitigada"

A Corte Especial do Superior Tribunal de Justiça, em sede de recurso especial repetitivo, fixou uma tese com eficácia vinculante que ficou conhecida com o nome de "taxatividade mitigada" quanto ao cabimento do agravo de instrumento[76]. Para o tribunal, além das hipóteses previstas em lei, a urgência da situação concreta também permite a interposição de agravo de instrumento, sendo, nesse caso, a urgência compreendida como a necessidade de imediata resposta pelo tribunal de segundo grau em razão da inutilidade prática de se impugnar a decisão interlocutória por meio de apelação ou contrarrazões, nos termos do art. 1.009, § 1º, do CPC.

É natural que o critério adotado pelo Superior Tribunal de Justiça possa trazer alguma insegurança, considerando-se a necessidade de análise casuística para aferição do cabimento do agravo de instrumento fora do rol legal. Alguns exemplos parecem fáceis, como a decisão interlocutória que indefere o pedido de segredo de justiça, a que indefere o pedido de suspensão do processo, a que indefere a designação de audiência de conciliação[77], ou a que anula o negócio jurídico processual celebrado entre as partes. Há, de qualquer forma, espaço para uma "zona cinzenta" de cabimento.

Nesse "rol paralelo" a ser criado no dia a dia forense, apenas uma certeza: decisão que versa sobre competência é recorrível por agravo de instrumento porque os dois recursos especiais paradigmas que levaram o Superior Tribunal de Justiça a criar a "taxatividade mitigada" tinha a essa matéria como objeto. Existe, inclusive, precedente da Corte Especial do tribunal nesse sentido[78].

---

[75] STJ, Corte Especial, REsp 1.803.925/SP, Rel. Min. Nancy Andrighi, j. 1º.08.2019, DJe 06.08.2019.

[76] STJ, Corte Especial, REsp 1.704.520/MT, Rel. Min. Nancy Andrighi, j. 05.12.2018.

[77] Informativo 684/STJ, 3ª Turma, RMS 63.202-MG, Rel. Min. Marco Aurélio Bellizze, Rel. Acd. Min. Nancy Andrighi, por maioria, j. 1º.12.2020, DJe 18.12.2020.

[78] Informativo 705/STJ, Corte Especial, EREsp 1.730.436/SP, Rel. Min. Laurita Vaz, por unanimidade, j. 18.08.2021.

No mesmo julgamento o Superior Tribunal de Justiça, demonstrando preocupação com a segurança jurídica em razão de sua decisão, resolveu duas importantes questões: primeiro definiu que a inadmissão de agravo de instrumento por entender o tribunal como recurso incabível não impede que a parte volte a impugnar a decisão interlocutória em sede de apelação ou contrarrazões, o que afasta do caso concreto a incidência do princípio recursal da consumação; e, segundo, determina uma modulação para a eficácia vinculante da tese fixada, com eficácia *ex nunc*, ou seja, a partir da publicação do acórdão.

Em razão da adoção da "taxatividade mitigada" quanto ao rol de decisões interlocutórias recorríveis imediatamente por agravo de instrumento, parece adequado o entendimento que não vê mais espaço para o cabimento de mandado de segurança contra decisão interlocutória[79], uma vez que as hipóteses que em tese seriam contempladas por tal via de irresignação sempre se adequarão à tese da taxatividade mitigada.

1.1.3.3. Decisões Interlocutórias Recorríveis por Apelação ou Contrarrazões de Apelação

1.1.3.3.1. Introdução

O art. 1.009, § 1º, do CPC prevê dois meios de recorribilidade da decisão interlocutória não agravável: (a) apelação e (b) contrarrazões de apelação. Há, no dispositivo, uma inovação digna de nota: as contrarrazões de apelação passam a ser um ato processual de natureza híbrida, funcionando ao mesmo tempo como uma defesa da parte como recorrida e um ataque como recorrente.

No presente capítulo, analisar-se-ão todas as variantes possíveis de recorribilidade nos termos do dispositivo legal.

1.1.3.3.2. Interposição de Apelação para impugnar a Sentença e a Decisão Interlocutória

Se tanto a decisão interlocutória não agravável quanto a sentença gerarem sucumbência à mesma parte, haverá interesse recursal para

[79] Informativo 684/STJ, 3ª Turma, RMS 63.202/MG, Rel. Min. Marco Aurélio Bellizze, Rel. Acd. Min. Nancy Andrighi, por maioria, j. 1º.12.2020, DJe 18.12.2020.

ela apelar de ambas as decisões. E o comum é que assim o faça porque, já que vai apelar da sentença, aproveitará o ato processual para também impugnar a decisão interlocutória. É claro que algum fato superveniente pode desestimular a parte a tanto, fazendo com que a sucumbência suportada no passado já não seja mais tão relevante no presente, a ponto até mesmo de desistir da impugnação.

De qualquer maneira, essa forma de recorribilidade dupla não traz muitas complicações. À parte basta deixar claro em sua peça recursal que em realidade está elaborando um combo recursal, um genuíno "dois em um" (ou às vezes até mais, a depender do número de decisões interlocutórias recorridas).

A forma pela qual o recurso será elaborado parece não ter maior relevância prática. O legislador certamente não mostrou nenhuma preocupação quanto ao assunto, uma vez que não há qualquer regra regulamentando o tema, mas apenas uma menção, no art. 1.009, § 1º, do CPC, não muito técnica, à alegação em "preliminar de apelação".

Conforme ensina a melhor doutrina, preliminares de apelação são matérias processuais referentes ao próprio recurso de apelação, tais como o preparo, o prazo, a legitimidade e outros pressupostos de admissibilidade. A impugnação da decisão interlocutória nada tem a ver com tais matérias, podendo ser entendida como preliminar à impugnação da sentença apenas porque deve ser enfrentada antes da impugnação à sentença pelo órgão julgador[80].

Há, na verdade, mais uma relação de subsidiariedade do que propriamente de preliminaridade entre as duas impugnações recursais elaboradas nesse tipo de apelação. Afinal, o acolhimento da impugnação da decisão interlocutória, por conta do efeito expansivo objetivo externo, anulará o processo desde a decisão interlocutória reformada ou anulada, tornando dessa forma a parcela da apelação que impugnava a sentença prejudicada.

> Martina apelou da sentença impugnando a decisão interlocutória que indeferiu a produção de prova pericial que havia requerido e da sen-

[80] DINAMARCO, Cândido Rangel. *Instituições de direito processual civil*. Salvador: Juspodivm, 2022. v. V, n. 2.302, p. 213.

> tença que julgou o seu pedido improcedente. O Tribunal, reconhecendo o cerceamento do direito de defesa, deu provimento ao recurso na parte em que impugnou a decisão interlocutória e, com isso, anulou o processo desde aquele momento, determinando a devolução dos autos ao primeiro grau para a devida produção da prova e, a partir da daí, a continuidade regular do procedimento. Naturalmente que, nesse caso, não houve o julgamento da apelação na parte em que impugnou a sentença.

A prejudicialidade, ainda que sempre presente, pode, mesmo que eventualmente, não levar à perda de objeto da apelação na parte em que impugna a sentença. Basta ao tribunal aplicar analogicamente o previsto no art. 938, § 1º, do CPC. Com isso, poderá eventualmente dar provimento à apelação na parte em que impugnou a decisão interlocutória, reconhecendo um vício procedimental e saneá-lo sem a necessidade de anular outros atos processuais ou devolver os autos ao primeiro grau[81]. Dessa forma, serão atendidos os princípios da duração razoável do processo e da economia processual.

> Carlos interpôs apelação por meio da qual, além de impugnar a sentença, impugnou decisão interlocutória que rejeitou sua impugnação à concessão aos benefícios à gratuidade de justiça concedida a Peter, seu adversário, que ao final se sagrou vitorioso no processo. O tribunal, no julgamento da primeira pretensão recursal, entendeu que Peter não merecia a gratuidade e deu provimento ao recurso de Carlos, determinado a intimação de Peter ao recolhimento das custas processuais devidas, o que efetivamente veio a ocorrer. Diante de tal fato, o julgamento da apelação prosseguiu para a análise da impugnação quanto à sentença.

Seja como for, no tocante especificamente à elaboração da peça, o ideal é apenas que a impugnação da decisão interlocutória seja elaborada antes da impugnação da sentença, de forma bem identificada para facilitar o trabalho do órgão julgador. E, como já notado pelo querido e saudoso amigo palestrino Rodrigo Barioni, nem isso

[81] BARIONI, Rodrigo. Preclusão diferida, o fim do agravo retido e a ampliação do objeto da apelação no novo Código de Processo Civil. In: ALVIM, Teresa Arruda; DIDIER JR., Fredie. Doutrinas essenciais: novo processo civil. Processos nos tribunais e meios de impugnação das decisões judiciais. 2018. v. 7, p. 835; DIDIER JR., Fredie; CUNHA, Leonardo Carneiro da. Curso de direito processual civil. 19. ed. Salvador: Juspodivm, 2021. v. 3, n. 2.4.3, p. 231.

é essencial, uma vez que a inversão de tal ordem deve ser perdoada à luz do princípio da instrumentalidade das formas[82].

O essencial, naturalmente, é que o recorrente não se deixe levar pela literalidade da norma e apenas suscite a questão resolvida pela decisão interlocutória não agravável. Exige-se, como em qualquer pretensão recursal, uma impugnação específica dos fundamentos de tal decisão, bem como um pedido recursal[83], idealmente antes dos fundamentos e pedidos referentes ao conteúdo propriamente sentencial, mas isso é o menos importante, conforme já adiantado. O que realmente importa é estarem presentes na apelação a devida fundamentação e o adequado pedido.

1.1.3.3.3. Apelação apenas para impugnar Decisão Interlocutória

A parte pode ter interesse recursal de apelar da sentença apenas para impugnar uma decisão interlocutória[84]. Para tanto, basta que a sua vitória derivada do resultado do processo não tenha absorvido a sucumbência gerada pela decisão interlocutória. Em outras palavras, caso a situação de desvantagem gerada pela decisão interlocutória persista no plano prático, apesar da vitória da parte, haverá interesse recursal em apelar para impugnar apenas a decisão interlocutória.

Olívia propôs demanda judicial contra Santiago alegando ter sido trapaceada e pedindo indenização. Tendo sido designada au-

---

82 BARIONI, Rodrigo. Preclusão diferida, o fim do agravo retido e a ampliação do objeto da apelação no novo Código de Processo Civil. In: ALVIM, Teresa Arruda; DIDIER JR., Fredie. Doutrinas essenciais: novo processo civil. Processos nos tribunais e meios de impugnação das decisões judiciais. 2018. v. 7, p. 830.

83 ALMEIDA, Diogo Rezende de. Recursos cíveis. 2. ed. Salvador: Juspodivm, 2020. n. 4.1.2, p. 203; MARINONI, Luiz Guilherme; MITIDIERO, Daniel. *Comentários ao Código de Processo Civil*. São Paulo: RT, 2017. v. XVI, p. 195.

84 É essa a opinião da doutrina amplamente majoritária: BARIONI, Rodrigo. Preclusão diferida, o fim do agravo retido e a ampliação do objeto da apelação no novo Código de Processo Civil. In: ALVIM, Teresa Arruda; DIDIER JR., Fredie. Doutrinas essenciais: novo processo civil. Processos nos tribunais e meios de impugnação das decisões judiciais. 2018. v. 7, p. 832; ALVIM, Teresa Arruda. Os agravos no CPC de 2015. 5. ed. Curitiba: EDC, 2021. n. 2.5, p. 180; BUENO, Cassio Scarpinella. *Curso sistematizado de direito processual civil*. 8. ed. São Paulo: Saraiva, 2019. v. 2, p. 597; NERY JR., Nelson; ABBOUD, Georges. Direito processual civil: novo CPC. São Paulo: RT, 2015. p. 537; ARRUDA ALVIM, José Manoel de. *Manual de direito processual civil*. 20. ed. São Paulo: RT, 2021. n. 33.5.5, p. 1.443.

diência de conciliação e mediação, deixou injustificadamente de comparecer, sendo apenada com a multa prevista no art. 334, § 8º, do CPC. Ao final do processo, seu pedido foi totalmente acolhido. Diante da sentença de total procedência, Olívia não tinha interesse de recorrer porque não sucumbiu, mas a multa fixada no passado continuava a lhe gerar sucumbência, de forma que apelou da sentença para impugnar a decisão interlocutória que a fixou.

Garantir à parte o direito de apelar da sentença para impugnar a decisão interlocutória nessas circunstâncias é a única forma de garantir o seu acesso ao tribunal para rediscutir a decisão que fixou a multa caso a parte contrária não apele da sentença. Partindo-se da premissa de a decisão interlocutória não ser agravável e de a parte contrária não apelar, apontar para o não cabimento da apelação para a parte que sofreu a multa seria claramente uma violação ao seu exercício de ampla defesa[85].

Por outro lado, é possível que a vitória da parte no processo faça com que a sucumbência experimentada anteriormente pela decisão interlocutória perca o objeto, ou seja, simplesmente deixe de existir. Ela é absorvida pela vitória e, dessa forma, não há mais interesse recursal da parte em impugnar a decisão interlocutória em apelação.

> Marina requereu a produção de prova testemunhal porque entendia que a única forma de convencer o juiz de suas alegações seria por essa via. A prova foi indeferida por decisão interlocutória. Para sua surpresa, entretanto, o juiz na sentença se deu por convencido pela prova documental juntada por ela e acolheu totalmente o seu pedido. A total procedência, nesse caso, fez com que a sucumbência suportada pelo indeferimento do pedido de produção da prova desaparecesse, não fazendo qualquer sentido prático ou lógico recorrer dessa sentença reclamando a produção da prova. Até porque eventual acolhimento desse pedido viria a anular a sentença que é favorável à Marina...

[85] FERREIRA, William Santos. In: BUENO, Cassio Scarpinella (coord.). Comentários ao Código de Processo Civil. São Paulo: Saraiva, 2017. v. 4, p. 424. O autor dá interessante exemplo: "o autor obteve integralmente o pleito, contudo o réu foi beneficiário da justiça gratuita. Como o agravo de instrumento é cabível apenas nas hipóteses de indeferimento da gratuidade ou de sua revogação (art. 101 e art. 1.015, V), 'caberá apelação para a impugnação 'exclusiva' da decisão interlocutória que concedeu a justiça gratuita' (art. 1.009, § 1º). Trata-se de decisão importantíssima, pois o autor não poderá exigir as verbas sucumbenciais se não reformada a decisão de concessão de gratuidade ou ocorrer a sua revogação por mudança das condições financeiras do réu".

Um registro importante a respeito do tema. Tudo o que aqui foi exposto parte de uma premissa clara: a irrecorribilidade da decisão interlocutória por agravo de instrumento. No caso da decisão interlocutória que fixa multa por qualquer ato de violação à boa-fé, entendo não ser cabível tal espécie recursal[86]. Nem por interpretação das hipóteses do rol legal[87], nem pela via da taxatividade mitigada. Daí por que o interesse recursal em apelar da decisão interlocutória.

Num outro exemplo lembrado pela doutrina, a parte vencedora apela da sentença para impugnar tão somente a decisão interlocutória que decidiu a impugnação ao valor da causa porque os honorários advocatícios foram calculados com base nesse critério[88]. Discordo da doutrina que aponta que nesse caso caberia impugnação da própria sentença no capítulo que fixou os honorários[89], porque, sendo efetivamente o caso da adoção do critério do valor da causa e estando o percentual aplicado correto, não há qualquer vício da sentença a ser apontado. O problema, na verdade, não está na sentença, mas sim na decisão interlocutória que fixou o valor da causa inadequadamente[90].

E há mais. Mesmo que a parte tenha sucumbido tanto pela decisão interlocutória quanto pela sentença, tendo, portanto, interesse recursal para impugnar ambas, pode simplesmente optar por impugnar apenas uma delas. Se a escolha recair na sentença, a decisão interlocutória preclui, mas se a opção for pela decisão interlocutória, haverá uma condição impeditiva de preclusão da sentença,

---

86 Enunciado 67 da I Jornadas de Direito Processual Civil do CJF: "Há interesse recursal no pleito da parte para impugnar a multa do art. 334, § 8º, do CPC por meio de apelação, embora tenha sido vitoriosa na demanda".

87 Há doutrina que defende o cabimento de agravo de instrumento em interpretação do art. 1.015, II, do CPC: DIDIER JR., Fredie; CUNHA, Leonardo Carneiro da. *Curso de direito processual civil*. 19. ed. Salvador: Juspodivm, 2021. v. 3, n. 2.4.2.2, p. 279-280. A tese já foi rejeitada pelo Superior Tribunal de Justiça: STJ, 3ª Turma, REsp 1.762.957/MG, Rel. Min. Paulo de Tarso Sanseverino, j. 10.03.2020, DJe 18.03.2020.

88 BARIONI, Rodrigo. Preclusão diferida, o fim do agravo retido e a ampliação do objeto da apelação no novo Código de Processo Civil. In: ALVIM, Teresa Arruda; DIDIER JR., Fredie. Doutrinas essenciais: novo processo civil. Processos nos tribunais e meios de impugnação das decisões judiciais. 2018. v. 7, p. 835.

89 DIDIER JR., Fredie; CUNHA, Leonardo Carneiro da. *Curso de direito processual civil*. 19. ed. Salvador: Juspodivm, 2021. v. 3, p. 227.

90 No sentido do texto, ARRUDA ALVIM, José Manoel de. *Manual de direito processual civil*. 20. ed. São Paulo: RT, 2021. n. 33.5.5, p. 1.443.

até porque, a depender do resultado do julgamento da apelação, ela poderá ser anulada por conta do efeito expansivo objetivo externo.

O que importa neste momento da análise é notar que, dependendo a interposição do recurso da vontade da parte e sendo a apelação o recurso cabível contra sentença (art. 1009, *caput*, do CPC) e contra decisão interlocutória não agravável (art. 1.009, § 1º, do CPC), sempre será possível no caso concreto a interposição de apelação apenas para impugnar a decisão interlocutória quando houver interesse recursal.

Tratar-se-á no caso de uma espécie de recurso parcial, em termos analógicos ao previsto no art. 1.002 do CPC. Verdade que o dispositivo trata de recurso que deixa de impugnar a decisão como um todo, mas a melhor doutrina alerta que aquilo que define ser o recurso total ou parcial é a relação entre o impugnado e o sucumbido[91]. Se a impugnação cobre toda a parcela da decisão que gerou sucumbência à parte, o recurso é total; caso contrário, é parcial. A única adaptação necessária, portanto, é considerar tratar-se de mais de uma decisão.

> Amaia teve um pedido de produção de prova pericial indeferido e seu pedido julgado improcedente. Diante do quadro probatório, convenceu-se de que o juiz acertou em sua decisão e que teria pouca chance de sucesso numa apelação contra sentença. Contudo, como estava convicta de que tinha o direito à produção da prova e que teve seu direito ilegalmente cerceado, resolve apelar para apenas impugnar a decisão interlocutória. Uma vitória nessa apelação tem a capacidade de anular o processo desde o momento do ilegal indeferimento do pedido probatório que, naturalmente, incluirá a sentença.

Registro apenas uma última consideração de caráter eminentemente prático: não oriento nenhum advogado do contencioso, tendo interesse recursal para apelar de uma sentença e de uma decisão interlocutória não agravável, a se limitar a impugnar a segunda decisão. E isso por mais convencido que esteja do acerto do juízo

[91] NEVES, Daniel Amorim Assumpção. *Teoria geral dos recursos*. Salvador: Juspodivm, 2023, n. 1.3.3, p. 49-51.

quanto à sentença. Haverá, afinal, ainda que sem muita expectativa, sempre algo a ser levantado para apreciação do tribunal.

A indicação à impugnação dupla, registre-se, fica longe de incentivar uma litigiosidade desnecessária e abusiva. Afinal, haverá uma apelação de qualquer forma a ser encaminhada ao tribunal. A impugnação também da sentença apenas cumpre a expectativa do próprio tribunal, que certamente estranhará, e muito, uma apelação impugnando exclusivamente uma decisão interlocutória nessas condições. No dia a dia forense, quanto mais "feijão com arroz" for a atuação do advogado, mais eficazes costumam ser os resultados.

1.1.3.3.4. Recorribilidade de Decisão Interlocutória em Contrarrazões

A previsão de impugnação de decisão interlocutória por meio de contrarrazões de apelação cria uma grande inquietação, porque, enquanto aparentemente torna esse ato processual um ato híbrido, com ao menos uma parcela tendo natureza recursal, não vem previsto como uma nova espécie recursal pelo art. 994 do CPC.

Quem sabe por isso haja corrente doutrinária a defender que o recorrido em realidade esteja a apelar dentro das contrarrazões quando impugna decisão interlocutória, como um réu que apresenta reconvenção dentro de uma contestação[92]. Dessa maneira, estaria equacionado o problema do rol recursal do art. 994 do CPC e se poderia afirmar que a decisão interlocutória será agravável ou apelável, e nessa segunda hipótese a forma impugnativa varia conforme o caso (como tópico de apelação ou de contrarrazões).

Reconhecer essa natureza recursal na pretensão da parte em sede de contrarrazões quando impugna a decisão interlocutória não agravável parece-me o essencial. O que mais importa, portanto, é compreender que o apelado, além de se defender da pretensão do apelante, vale-se das contrarrazões também para veicular uma pretensão recursal contra decisão interlocutória. O próprio legislador reconhece tal natureza recursal ao prever, no § 2º do art. 1.009 do

---

[92] DIDIER JR., Fredie; CUNHA, Leonardo Carneiro da. *Curso de direito processual civil*. 19. ed. Salvador: Juspodivm, 2021. v. 3, n. 2.4.1, p. 225.

CPC, a intimação do recorrente para manifestação em 15 dias. Só faltou disposição – ou coragem – de chamar as coisas pelo que são – visto que essa manifestação é claramente contrarrazões.

Acreditar que essa pretensão recursal tenha natureza de apelação, ainda que formalmente elaborada como tópico de contrarrazões, pode servir na análise de seus pressupostos de admissibilidade e efeitos[93]. Uma lei de organização judiciária, por exemplo, a cobrar um preparo para contrarrazões nesse caso faz todo sentido.

O que precisa ficar claro quanto a essa espécie de impugnação recursal é que, no mais das vezes, até por estar a parte contrarrazoando uma apelação, ela terá se sagrado vitoriosa no processo, ou seja, não terá suportado sucumbência pela sentença. A única sucumbência será aquela gerada pela decisão interlocutória proferida durante o procedimento.

Muito comumente, essa sucumbência terá sido absorvida pela vitória no processo, deixando de ter qualquer relevância prática. A parte, na verdade, não se incomodaria em manter a decisão interlocutória íntegra se a sentença transitasse em julgado, porque, se isso acontecesse, ela não teria nenhum prejuízo concreto no plano prático. Entretanto, isso não vai acontecer porque a parte contrária interpôs a apelação contra a sentença.

Nesse caso, a parte sabe que uma inadmissão ou não provimento da apelação da parte contrária, com a consequente manutenção da sentença, volta a lhe tirar qualquer interesse em reformar ou anular aquela decisão interlocutória que lhe gerou sucumbência. O raciocínio é simples. Garantida a vitória final, a sucumbência passageira estará novamente absorvida e simplesmente desaparecerá.

O problema, naturalmente, é que a parte não tem como prever o resultado da apelação da parte contrária, e, sendo tal resultado o provimento, haverá interesse no reexame da decisão interlocutória que lhe prejudicou. Até porque se, sabendo que ao final será derrotada, uma eventual reforma ou anulação da decisão interlocutória,

---

93 ALMEIDA, Diogo Rezende de. Recursos cíveis. 2. ed. Salvador: Juspodivm, 2020. n. 4.1.2, p. 204.

por conta do efeito expansivo objetivo externo, evitará tal derrota. Ainda que não garanta uma vitória, dos males o menor.

Como a parte não tem bola de cristal, tampouco poderes mediúnicos, não tem como saber, no momento de apresentar as contrarrazões, qual será o resultado do julgamento da apelação. Só sabe que, se deixar de impugnar a decisão interlocutória, ela precluiu. O ideal nesse caso é trabalhar com o interesse recursal condicionado.

A parte impugna a decisão interlocutória nas contrarrazões, mas expressamente informa ao tribunal que pretende que o julgamento de sua pretensão recursal só se realize na hipótese de provimento da apelação[94]. Trata-se de interessante utilização do interesse recursal porque com ele haverá uma inversão da ordem de julgamento, uma vez que primeiro será julgada a apelação e somente depois, se for o caso, as contrarrazões em sua parte recursal. Mais do que isso, é possível que, a depender do resultado do julgamento das contrarrazões, ocorra a anulação do julgamento da apelação que acabou de acontecer.

> Aline teve um requerimento de prova testemunhal indeferido e ao final venceu o processo. Martina apelou da sentença e Aline, em contrarrazões, recorreu da decisão interlocutória valendo-se da tese do interesse condicionado. O tribunal deu provimento à apelação de Martina e, na sequência, deu provimento às contrarrazões de Aline, entendendo ter havido cerceamento ao seu direito de defesa. Por conta do efeito expansivo objetivo externo dessa decisão, o processo foi anulado desde a decisão interlocutória reformada, inclusive a decisão que o tribunal acabara de proferir, dando provimento à apelação de Martina.

Essa condicionalidade é o que também explica a subordinalidade das contrarrazões à apelação. Uma inadmissão da apelação leva à inadmissão das contrarrazões não porque esta seja subordinada àquela, mas simplesmente porque com a inadmissão da apelação não haverá interesse recursal no julgamento das contrarrazões em sua

[94] THEODORO JR., Humberto. *Curso de direito processual civil*. 55. ed. Rio de Janeiro: Forense, 2022. v. III, n. 765, p. 868; ALMEIDA, Diogo Rezende de. Recursos cíveis. 2. ed. Salvador: Juspodivm, 2020. n. 4.1.2, p. 205.

parte recursal[95]. Afinal, esse tipo de julgamento da apelação mantém a vitória da parte apelada.

Nesse ponto, portanto, discordo de parcela doutrinária que, equiparando as contrarrazões – em sua parcela principal – ao recurso adesivo, veem-nos ambos como subordinados ao "recurso principal". Não me parece que assim o seja quando a parte não tinha interesse autônomo para apelar da decisão interlocutória, só passando a ter tal interesse, ainda que de forma condicionada, com a apelação interposta pela parte contrária.

Há, para mim, uma diferença essencial. No recurso de forma adesiva, a parte, por ter interesse recursal, poderia ter recorrido de forma principal, mas escolhe conscientemente absorver algum grau de sucumbência na expectativa de a outra parte não recorrer. Na hipótese tratada é diferente porque a sucumbência outrora sofrida pela decisão interlocutória desapareceu com a sentença, de maneira que não há opção por não apelar da sentença.

Por outro lado, sob a ótica do interesse recursal, também há uma diferença importante. Enquanto na hipótese do recurso adesivo, havendo a sucumbência recíproca, a parte tem interesse em recorrer de forma principal, apenas optando em não o fazer na esperança do trânsito em julgado da decisão, na hipótese ora analisada a sucumbência anteriormente suportada pela decisão interlocutória desapareceu por conta da sentença, de forma a não haver interesse recursal na interposição da apelação.

Por isso não parece adequado que a pretensão recursal da parte veiculada em contrarrazões seja subordinada à apelação. Se essa é a única forma de expor a sua pretensão recursal, por que torná-la subordinada ao destino do exercício da pretensão recursal da parte contrária?

O que precisa ocorrer no caso concreto é simplesmente haver um interesse recursal não condicionado ao julgamento dessa preten-

---

95 Segundo corretamente apontado por ARRUDA ALVIM (*Manual de direito processual civil*. 20. ed. São Paulo: RT, 2021. n. 33.5.2, p. 1.438), "essa subordinação é determinada pela natureza das coisas".

são recursal, ou seja, a vontade do apelado de julgamento de suas contrarrazões independentemente do resultado do julgamento da apelação da parte contrária. E para isso é preciso que exista hipótese na qual, mesmo mantida sua vitória no processo em segundo grau, ainda permaneça o interesse em reformar ou anular uma decisão interlocutória que lhe gerou sucumbência e que não lhe criou acarretou interesse recursal para a interposição de apelação.

Entretanto, é aí que as coisas, na prática, se complicam. Não acredito que essa situação abstratamente descrita possa se concretizar. Simplesmente não consigo imaginar tal hipótese, porque, se a sentença fez a sucumbência gerada pela decisão interlocutória desaparecer, a ponto de retirar o interesse recursal na propositura da apelação, como haverá interesse de julgar as contrarrazões se o resultado do processo for mantido no julgamento da apelação? É materialmente impossível.

O que pode ocorrer é a interposição de contrarrazões pela parte vencedora impugnando uma decisão interlocutória que poderia ter sido objeto de apelação, considerando-se haver interesse recursal para tanto. Contudo, essa seria outra situação, a ser tratada no próximo tópico.

1.1.3.3.5. Há Uma Escolha da Parte em apelar ou impugnar da Decisão Interlocutória em Contrarrazões?

Como já afirmado no tópico 1.1.3.3.3, existe um interesse recursal autônomo da parte em recorrer da decisão interlocutória em apelação, mesmo quando ela se sagre vitoriosa na demanda, desde que tal vitória não elimine a sucumbência gerada pela decisão proferida no caminho procedimental.

Caso, entretanto, a parte deixe de apelar, poderá em contrarrazões de apelação impugnar a decisão interlocutória?[96] Ou teria nesse caso havido uma preclusão temporal?

---

96 Para Zulmar Duarte de Oliveira Jr. (Execução e recursos: comentários ao CPC de 2015. 2. ed. São Paulo: Método, 2018. p. 988): "Sempre que o vencedor tiver um interesse jurídico imediato (independente), presente ao tempo da sentença, ele deverá interpor recurso principal ou adesivar o da parte contrária (art. 997)".

A redação do art. 1.009, § 1º, do CPC sugere uma alternatividade entre as duas formas impugnativas, ao prever a apelação ou as contrarrazões como formas recursais. A simplicidade redacional, entretanto, não é o suficiente para sustentar de maneira segura uma resposta ao questionamento feito.

Exigir da parte, nesse caso, a interposição de apelação somente para impugnar a decisão interlocutória tem um problema prático que decorre do descompasso da maioria dos regimentos internos dos tribunais e leis de organização judiciária com a novidade legislativa. Simplesmente por não ter havido qualquer adaptação, o valor do preparo dessa apelação desconsidera que o objeto da impugnação não é a sentença, mas sim uma decisão interlocutória, o que pode tornar economicamente pouco interessante, e no limite inviável, o exercício do direito recursal.

O exemplo utilizado da decisão interlocutória que fixa multa por ato de litigância de má-fé é emblemático. Muitas vezes o valor do preparo recursal da apelação é significativamente maior que o valor da própria multa, o que cria um natural desestímulo na interposição da apelação.

Reconheço, entretanto, que uma falha do legislador e de nossos tribunais, levando a uma situação paradoxal tal como a descrita, não pode ser justificativa para legitimar qualquer conclusão a respeito da questão ora enfrentada.

Minha percepção de que exista uma escolha da via impugnativa entre apelação e contrarrazões vai por outro caminho. Tem inspiração em analogia na justificativa de existência do recurso adesivo, ou seja, num incentivo à não interposição de recurso da parte que, embora não esteja totalmente satisfeita com a sua situação atual, concorda com o fim do processo caso não haja recurso da parte contrária. A fonte principiológica do entendimento, portanto, é a duração razoável do processo e a economia processual.

No entanto, a opção sugerida naturalmente traz como consequência a sujeição das contrarrazões, em sua parte recursal, ao destino da apelação. Essa subordinação se justifica pela possibilidade que a parte teve de ter apelado da decisão interlocutória, quando então teria total controle sobre o destino de seu recurso. Ao optar por esperar a postura a ser adotada pela parte contrária, condiciona o destino de seu recurso (contrarrazões) ao recurso interposto por ela (apelação)[97].

Pode-se questionar, nesse caso, no que as contrarrazões nessa circunstância seriam diferentes de um recurso adesivo. Afinal, estaríamos diante de uma espécie recursal interposta no prazo de contrarrazões e cujo julgamento está condicionado ao julgamento do mérito do recurso interposto no prazo recursal. Realmente, há coincidência nesses dois pontos. E tais coincidências levam a um questionamento: haveria nesse caso três vias recursais à disposição da parte: apelação, contrarrazões e apelação adesiva?

Não se chega a tanto. Apesar das características procedimentais comuns, o recurso adesivo, nos termos do art. 997, § 1º, do CPC, exige que sejam vencidos autor e réu, dando claramente a entender que haja, numa mesma decisão, sucumbência recíproca às partes. Não é, naturalmente, o que se dá na presente hipótese, quando, apesar de se admitir uma sucumbência recíproca, ela não deriva de uma mesma decisão, no caso, a sentença[98].

Tampouco me parece que a interposição de apelação adesiva, com a impugnação da decisão interlocutória não agravável, possa atrair nesse caso o princípio da fungibilidade, de maneira a ser recebida como contrarrazões da apelação principal[99]. Trata-se, afinal, de erro grosseiro, porque, nesse caso, ainda que a apelação seja forma recursal cabível para a impugnação de decisão interlocutória não agravável, a sua forma adesiva exige uma sucumbência recíproca gerada pela mesma decisão que já tenha sido impugnada pelo recurso principal.

---

97 FERREIRA, William Santos. In: BUENO, Cassio Scarpinella (coord.). Comentários ao Código de Processo Civil. São Paulo: Saraiva, 2017. v. 4, p. 425. MEDINA, José Miguel Garcia. Código de Processo Civil comentado. 8. ed. São Paulo: RT, 2022. p. 1.237.

98 Em sentido contrário: OLIVEIRA JR., Zulmar Duarte de. Execução e recursos: comentários ao CPC de 2015. 2. ed. São Paulo: Método, 2018. p. 989-991.

99 LEMOS, Vinícius Silva. *Recursos e processos nos tribunais*. 6. ed. Salvador: Juspodivm, 2023. n. 9.1.2.5, p. 334.

Uma observação final parece-me necessária diante da corrente doutrinária que defende a autonomia das contrarrazões que veicule pretensão recursal, nos termos do art. 1.009, § 1º, do CPC[100].

Não vejo viável tal autonomia por que de duas uma: ou (a) a parte impugnou a decisão interlocutória em contrarrazões com interesse recursal condicionado, de forma que não tem qualquer interesse em ver tal pretensão recursal julgada diante da inadmissão da apelação; ou (b) a parte poderia ter apelado para impugnar a decisão interlocutória e ao não fazê-lo, assumiu o risco da adesividade da impugnação em sede de contrarrazões.

1.1.3.3.6. A Condicionalidade do Julgamento da Pretensão Recursal Contida nas Contrarrazões e a Desistência de Má-fé da Apelação

Conforme defendido no tópico anterior, sempre que existir um interesse recursal autônomo na impugnação da decisão interlocutória não agravável em contrarrazões, a parte poderia ter impugnado tal decisão por meio de apelação. Por ter sido vencedora na causa, preferiu suportar a sucumbência gerada pela decisão interlocutória "em troca" do trânsito em julgado da sentença. Como o trânsito em julgado não veio em razão da interposição de apelação pela parte contrária, veio a impugnação da decisão interlocutória em contrarrazões.

Por não ter impugnado a decisão por meio de apelação, a pretensão recursal da parte passa a estar condicionada ao destino da apelação interposta pela parte contrária, a exemplo do que ocorre com o recurso interposto na forma adesiva, atraindo a hipótese a regra prevista no art. 997, § 2º, III, do CPC.

Essa realidade traz ao tema em debate uma discussão bastante interessante desenvolvida à luz do recurso adesivo a respeito da

[100] BUENO, Cassio Scarpinella. *Curso sistematizado de direito processual civil.* 8. ed. São Paulo: Saraiva, 2019. v. 2, p. 597; ALVIM, Teresa Arruda. Os agravos no CPC de 2015. 5. ed. Curitiba: EDC, 2021. n. 2.6, p. 182; GRANADO, Daniel Willian. Recurso de apelação no novo Código de Processo Civil. São Paulo: RT, 2017. n. 2.3.1.1., p. 112; LEMOS, Vinícius Silva. *Recursos e processos nos tribunais.* 6. ed. Salvador: Juspodivm, 2023. n. 9.1.2.5, p. 334.

desistência de má-fé do recorrente principal e do eventual afastamento de tal regra legal como forma de preservar o princípio da boa-fé processual.

O debate é extensível para a hipótese de o apelante, de má-fé, desistir da apelação para evitar o julgamento da pretensão recursal contida nas contrarrazões. Contudo, há uma consideração importante: a chance de isso ocorrer na apelação-contrarrazões com natureza híbrida é consideravelmente menor do que na apelação principal-apelação adesiva.

No recurso principal e adesivo há uma sucumbência recíproca derivada da decisão recorrida por ambas as partes, de forma que o risco que o recorrente principal corre no julgamento do recurso adesivo sempre será maior daquele que corre quando comparado com o julgamento da parte recursal das contrarrazões de apelação. Por outro lado, tendo sucumbido integralmente na sentença, desistir da apelação sempre será uma jogada mais arriscada do que desistir de um recurso principal na hipótese de haver recurso adesivo, quando a impugnação se deu de apenas uma parcela da decisão recorrida.

Seja como for, ainda que a tendência seja o apelante não desistir da apelação apenas para evitar o julgamento da pretensão recursal contida nas contrarrazões, é possível que ocorra e vale a pena analisar a situação.

Inicialmente, é importante registrar, e nesse sentido há correto precedente do Superior Tribunal de Justiça, que a eventual má-fé do recorrente principal ao desistir de seu recurso jamais poderá ser presumida, dependendo sempre de prova suficiente à formação do convencimento do juiz[101]. O mesmo, naturalmente, exigir-se-á no caso concreto do apelante quando existir impugnação de decisão interlocutória com interesse recursal autônomo em contrarrazões.

Entendo que a mera probabilidade de o apelante vir a ser derrotado, ao mesmo tempo que se mostra o provimento da pretensão recursal do apelado em suas contrarrazões, não deve ser

[101] STJ, 2ª Turma, AgInt na DESIS no REsp 1.494.486/DF, Rel. Min. Og Fernandes, j. 21.02.2017, DJe 02.03.2017.

compreendida como causa suficiente para impedir a homologação da desistência e o julgamento dos recursos. Consoante o Superior Tribunal de Justiça já teve oportunidade de decidir no âmbito do recurso adesivo, a existência de entendimento jurisprudencial em favor do recorrente adesivo só reforça a tese de que ele deveria ter recorrido de forma principal[102].

Contudo, existe outro precedente do mesmo Tribunal que indica outro entendimento[103]. No caso concreto, fora concedida tutela antecipada ao recurso adesivo, o que, segundo o Tribunal, permitiu ao recorrente principal antever que o resultado do julgamento dos recursos ser-lhe-ia desfavorável. Com fundamento na boa-fé processual, o Tribunal considerou inadequados a rejeição da desistência do recurso principal e o julgamento com o recurso adesivo.

Nota-se, portanto, no ambiente do recurso adesivo, que pode perfeitamente ser transportado para a situação ora analisada de apelação e contrarrazões com capítulo recursal com interesse autônomo, que há divergência no Superior Tribunal de Justiça no tocante ao fator probabilidade de sucesso nos julgamentos como determinante na qualificação da má-fé na conduta do recorrente na desistência de seu recurso.

É claro que, tomando-se o exemplo do caso concreto decidido pelo Superior Tribunal de Justiça, com a concessão de tutela antecipada ao recurso adesivo, aumentou concretamente a probabilidade de o recorrente adesivo ter seu recurso provido, e o mesmo ocorreria com o apelado se tivesse obtido uma tutela de urgência em sua pretensão recursal no caso concreto.

Não me parece adequado, entretanto, que o grau de probabilidade de vitória ou derrota do recorrente sirva para fundamentar a existência ou não de má-fé no ato do recorrente de desistir de seu recurso. Mais ou menos provável, estaremos sempre no campo da probabilidade, não sendo possível se valer de prova da má-fé uma

---

[102] STJ, 2ª Turma, AgInt na DESIS no REsp 1.494.486/DF, Rel. Min. Og Fernandes, j. 21.02.2017, DJe 02.03.2017.

[103] STJ, 3ª Turma, REsp 1.285.405/SP, Rel. Min. Marco Aurélio Bellizze, j. 16.12.2014, DJe 19.12.2014.

maior probabilidade do resultado do julgamento dos recursos de apelação ou contrarrazões em seu capítulo recursal.

Entendo, inclusive, que, mesmo iniciado o julgamento dos recursos e já tendo sido proferido voto em desfavor do apelante, ainda assim é admissível o pedido de desistência, que pode, ao menos conforme o entendimento consagrado no Superior Tribunal de Justiça, ser elaborado até o encerramento do julgamento[104]. Nesse caso, a probabilidade de derrota do apelante é ainda maior do que aquela gerada por uma concessão de tutela antecipada ao apelado, mas mesmo assim estaremos no campo da probabilidade.

A questão a ser respondida a respeito da probabilidade de determinado resultado dos recursos é a possível chance de derrota do apelante ser tão grande a justificar imputar-lhe conduta de má-fé no pedido de desistência de seu recurso. Existe mesmo uma probabilidade tão intensa que crie no espírito do apelante uma certeza de derrota, mesmo que juridicamente ela ainda não exista?

Imaginemos algumas circunstâncias: a existência de jurisprudência contra o apelante e/ou a favor do apelado. Há uma probabilidade que ainda dependerá da análise de eventual distinção ou superação e do respeito que os julgadores têm pela jurisprudência: a concessão de tutela antecipada pelo relator em favor do apelado. Há uma probabilidade de o relator confirmar a tutela em seu voto, mas isso tanto pode não ocorrer como os demais julgadores podem contrariar o entendimento do relator. O relator já proferiu voto contra o apelante, mas ainda faltam os votos dos demais julgadores e do próprio relator, que antes do encerramento do julgamento pode reformar seu voto, nos termos do art. 941, § 1º, do CPC.

Nas situações supradescritas, há diferentes graus de probabilidade do insucesso do apelante e/ou do sucesso do apelado. Em nenhuma delas parece-me haver prova, por si só, da má-fé do apelante ao

[104] STJ, 4ª Turma, PET no AREsp 2.973/PE, Rel. Min. Luis Felipe Salomão, j. 13.12.2011, DJe 19.12.2011; STJ, 1ª Turma, AgInt no AREsp 1.732.374/RJ, Rel. Min. Gurgel de Faria, j. 28.06.2021, DJe 1º.07.2021. O Supremo Tribunal Federal entende que o termo final da desistência é o início do julgamento do recurso: STF, Tribunal Pleno, ARE 1.349.823 AgR-ED, Rel. Min. Luiz Fux, j. 14.03.2022, DJ 11.04.2022.

desistir do julgamento de sua insurgência e dessa forma impedir também a análise do capítulo recursal contido nas contrarrazões.

Todavia, existe outra situação, na qual a probabilidade de derrota do apelante é tão intensa que sua desistência deverá ser considerada como conduta violadora do princípio da boa-fé objetiva.

Quando há duas pretensões recursais a serem julgadas – apelação e capítulo recursal em contrarrazões –, o julgamento começa pelo julgamento da apelação. Nessa primeira fase do julgamento, há negativa de seu provimento por unanimidade e, quando o órgão colegiado está julgando o capítulo recursal contido nas contrarrazões, ou seja, a impugnação da decisão interlocutória não agravável, com voto já favorável ao apelado, há um pedido de vista, que impede o encerramento do julgamento.

Nesse caso, é possível alegar, nos termos do art. 941, § 1º, do CPC, que os votos já proferidos na apelação podem ser modificados, mas a probabilidade de que isso aconteça é mínima, porque na continuidade do julgamento os julgadores não estarão mais analisando a apelação, apenas e tão somente a impugnação da decisão interlocutória contida nas contrarrazões. E nesse julgamento há voto do relator favorável ao apelado... Claro que se pode imaginar uma situação excepcional, na qual nessa análise surja algum elemento que justifique a alteração dos votos já proferidos na apelação, mas aí se enveredará para o folclore processual.

A motivação da desistência nessas circunstâncias parece-me clara. Diante da muito provável derrota na apelação, o recorrente já não tem mais como melhorar a sua situação, correndo a partir de então exclusivamente um risco de tê-la piorada por conta do possível provimento da pretensão recursal contida nas contrarrazões. Desistir da apelação, nessa conjuntura, evidencia que o objetivo é exclusivamente não permitir o julgamento de tal pretensão recursal, e essa conduta não pode ser prestigiada.

Registro, finalmente, que, diferente do que já entendeu o Superior Tribunal de Justiça sobre o tema, a constatação de ser a desistência do recurso principal fruto de má-fé da parte não deve impedir que o seu recurso seja extinto por desistência, mas que essa inadmissão não afete excepcionalmente o julgamento do recurso adesivo. Significa dizer que não se deve nesse caso excepcionar o disposto no art. 200, *caput*, do CPC, mas o previsto no art. 997, § 2º, III, do mesmo diploma processual. Julga-se o recurso adesivo, ainda que o recurso principal tenha sido inadmitido por desistência[105].

O mesmo raciocínio deve ser aplicável à hipótese ora analisada. Sendo a desistência da apelação considerada ato de má-fé, só não pode prejudicar o apelado. Deve, portanto, ter efeitos limitadamente a quem praticou o ato. A apelação, dessa forma, deve ser inadmitida em razão da desistência, mas a impugnação da decisão interlocutória contida nas contrarrazões deve ser julgada normalmente.

1.1.3.3.7. O Art. 1.009, § 1º, do CPC e a Apelação Adesiva

1.1.3.3.7.1. Introdução

A apelação é uma das formas recursais que admite a interposição em sua forma adesiva, nos termos do art. 997, § 2º, II, do CPC. Questiona-se a possibilidade de a parte, em sede de apelação na forma adesiva, impugnar, além da sentença, a decisão interlocutória não agravável. Ademais, cabe o questionamento a respeito da mesma recorribilidade em sede de contrarrazões à apelação adesiva, ou seja, da possibilidade de a parte, em sede de contrarrazões da apelação adesiva, impugnar uma decisão interlocutória não agravável.

1.1.3.3.7.2. Impugnação de decisão interlocutória em contrarrazões de apelação principal e/ou em apelação adesiva

Essa primeira hipótese me parece extremamente complexa.

Uma das partes sucumbe diante de uma decisão interlocutória e ao final sucumbe novamente, na sentença, de forma parcial. Ainda que haja essa dupla sucumbência – eventualmente até tripla, quádrupla etc., a depender da quantidade de decisões interlocutórias não agraváveis contrárias à parte proferidas pelo caminho –, o fato é

---

105 STJ, 3ª Turma, REsp 1.285.405/SP, Rel. Min. Marco Aurélio Bellizze, j. 16.12.2014, DJe 19.12.2014.

que a parte deixou de apelar, dando a entender que aceita suportar a sucumbência sofrida.

Com a apelação interposta pela parte contrária, a parte que havia concordado em suportar a sucumbência coloca-se na situação delicada de risco em ter tal sucumbência aumentada, na hipótese de provimento do recurso da parte contrária, e sem chance de melhorar a sua própria situação, por conta da proibição da *reformatio in pejus*. Diante disso, decide interpor a apelação na forma adesiva para reverter a sucumbência suportada e, nesse caso, é natural que pretenda que tal reversão seja total, significando voltar-se tanto contra a decisão interlocutória não agravável quanto contra a sentença.

Não vejo qualquer impedimento lógico ou jurídico para tal recorribilidade. Contudo, naturalmente, a análise da impugnação da decisão interlocutória nesse caso, como também no da sentença, estará condicionada ao julgamento do mérito da apelação da parte contrária, nos termos do art. 997, § 2º, II, do CPC.

Poder-se-ia questionar se não seria mais interessante para a parte, nesse caso, impugnar a decisão interlocutória em sede de contrarrazões de apelação e, de alguma forma, escapar dessa subsidiariedade própria do recurso adesivo. Ou ainda, naquilo que já se anuncia algo no mínimo exótico à luz do princípio da consumação, impugnar a decisão interlocutória tanto nas contrarrazões da apelação principal quanto na apelação adesiva.

É preciso fazer uma distinção inicial em nossa análise. A decisão interlocutória se referir a todo o objeto processual ou a apenas parte dele, de forma a afetar somente o capítulo que gerou sucumbência a cada uma das partes.

Numa hipótese que parece se resolver de forma mais simples, a decisão interlocutória se refere exclusivamente a um capítulo determinado do processo, que, não tendo sido objeto da apelação principal, porque não associado a capítulo que gerou sucumbência ao recorrente, não pode ser impugnado em contrarrazões. Afinal, se a decisão interlocutória refere-se exclusivamente a um capítulo da sentença ainda não impugnado, a única forma de ela ser analisada pelo tribunal será pela devolução de tal capítulo, o que dependerá da interposição de uma apelação adesiva e da impugnação em tal recurso da decisão interlocutória não agravável.

> Eliane ingressou com demanda judicial contra Jussara na qual cumulou pedidos indenizatórios por dano moral e por dano material. No momento de especificação de provas, requereu de forma expressa prova oral para demonstrar o dano moral e prova pericial para demonstrar o dano material. O juiz deferiu os pedidos de prova e ao final condenou Jussara a pagar o dano material e julgou improcedente o pedido de dano moral. Somente Jussara apelou impugnando sua condenação ao pagamento de dano material. Caso Eliane, em suas contrarrazões, pretenda impugnar a decisão interlocutória que indeferiu a prova, apenas terá interesse em fazê-lo quanto à prova pericial, porque somente esse meio de prova se refere à espécie de dano versado na apelação.

Como existe essa necessária vinculação, a impugnação em sede de contrarrazões segue o roteiro já traçado no tópico 1.1.3.3.4, sendo deduzida com base no interesse condicionado e, nesse caso, não é capaz de aumentar o objeto da impugnação quanto à sentença. Logo, o capítulo da sentença, que gerou sucumbência à parte que não apelou, só poderá ser objeto de impugnação por meio da apelação adesiva, oportunidade em que a parte poderá impugnar a decisão interlocutória não agravável referente àquele capítulo que lhe gerou sucumbência.

> Eliane, além de apresentar contrarrazões à apelação de Jussara, apela adesivamente, impugnando a sentença na parte em que julgou improcedente o seu pedido de condenação em dano moral e a decisão interlocutória que indeferiu o seu pedido de produção de prova testemunhal.

Fica mais complexa a situação quando a decisão interlocutória agravável afeta todo o objeto do processo, ou seja, tanto ao capítulo impugnado pela apelação principal como pela apelação adesiva. Porque nesse caso a parte que não apela de forma principal teria em tese duas oportunidades para impugnar a decisão interlocutória – contrarrazões da apelação principal e apelação adesiva –, mas em cada uma delas seu interesse recursal funcionaria de forma distinta: enquanto na primeira o interesse seria condicionado, na segunda seria autônomo.

Acredito que a primeira questão que deve ser respondida é se uma única impugnação, em qualquer uma das vias, seria apta a aproveitar a ambas. Ou melhor: o eventual acolhimento da pretensão recursal necessariamente afetaria os dois recursos de apelação, poderia afetar ambos ou afetaria somente o recurso ao qual está relacionado?

Seria possível que, acolhida a impugnação à decisão interlocutória não agravável impugnada apenas em contrarrazões da apelação principal ou em apelação adesiva, essa decisão se limite a anular ou reformar tal decisão apenas para aquele recurso, mantendo íntegra a decisão para o julgamento do outro recurso? Ou a unicidade da decisão impediria tal ocorrência, sendo materialmente impossível que a decisão interlocutória conserve-se íntegra para parcela do pedido e ao mesmo tempo deixe de existir ou tenha seu conteúdo alterado para outra parcela?

Entendo que não existe qualquer impedimento jurídico à limitação dos efeitos do provimento da impugnação da decisão interlocutória à apelação à qual ela esteja vinculada. Um certo desconforto lógico, mas nada que não possa ser superado. Em realidade, o mesmo sentimento que haveria na hipótese de não ter sido interposto o recurso adesivo e a decisão interlocutória ser mantida com relação ao capítulo não impugnado, não obstante reformada ou anulada em razão do provimento das contrarrazões.

> Eliane requereu a produção de prova oral para demonstrar dano moral e material. O juiz indeferiu a produção de prova e ao final julgou o pedido de dano moral improcedente e condenou Jussara a pagar pelo dano material suportado por Eliane. Jussara apelou e Eliane, em contrarrazões, valendo-se da tese do interesse condicionado, impugnou a decisão interlocutória que indeferiu a produção da prova. O tribunal, ao dar provimento ao recurso de apelação de Jussara, passou ao julgamento das contrarrazões de Elaine e, entendendo ter havido cerceamento de defesa, reformou a decisão interlocutória. Essa reforma, naturalmente, não se operou para o capítulo da sentença que julgou o pedido de dano moral.

Essa limitação, inclusive, pode evitar uma indesejada ampliação dos efeitos do resultado do julgamento da pretensão recursal. Basta imaginar que a parte tenha optado pela impugnação em sede de apelação adesiva justamente porque só tem interesse em reformar ou anular a decisão interlocutória como forma de corroborar sua pretensão recursal quanto ao capítulo que lhe gerou sucumbência na sentença. Não quer, portanto, usar de tal fundamento nas contrarrazões em que se limita a defender a manutenção da parte da sentença que lhe favoreceu.

Defender a tese da limitação, por outro lado, leva a parte que pretende dela se afastar a impugnar duas vezes a mesma decisão, por duas vias distintas. Primeiro nas contrarrazões ao recurso adesivo e depois na apelação adesiva. E mais, sempre com a lembrança de que nesses dois momentos atuará com interesses recursais distintos. No primeiro, o interesse é condicionado e no segundo, autônomo.

Trata-se de interessante situação. Como o interesse de julgamento da impugnação da decisão interlocutória na apelação adesiva é autônomo, a parte pretende seu julgamento de forma preliminar, antes mesmo de sua impugnação à sentença. Contudo, tratando-se de recurso interposto na forma adesiva, seu julgamento estará condicionado ao julgamento de mérito da apelação principal.

No julgamento da apelação principal, caso o tribunal entenda pela negativa de provimento, a impugnação à decisão interlocutória perde o objeto e, dessa forma, passa-se ao julgamento da apelação adesiva. Nesse cenário, o eventual provimento da impugnação à decisão interlocutória formulada na apelação adesiva naturalmente estará limitado ao objeto impugnado da sentença em tal recurso. Em outras palavras, a anulação ou reforma da decisão interlocutória só afetará o capítulo da sentença impugnado pela apelação adesiva.

Por outro lado, caso no julgamento da apelação principal o tribunal entenda por dar provimento a tal recurso, terá que enfrentar a impugnação à decisão interlocutória contida nas contrarrazões. Se rejeitar a impugnação, manterá o provimento da apelação principal e esse julgamento já serve para também rejeitar a mesma impugnação em sede de apelação adesiva, de forma que ao tribunal restará apenas julgar a impugnação à sentença elaborada nesse recurso. Caso acolha a impugnação à decisão interlocutória, ela será anulada ou reformada, e tal decisão serve tanto à apelação principal quanto à adesiva, sendo o processo anulado desde a decisão interlocutória recorrida e sendo ambas as apelações anuladas pelo efeito expansivo objetivo externo.

1.1.3.3.7.3. Impugnação de decisão interlocutória em contrarrazões de recurso adesivo

Essa segunda hipótese pode num primeiro momento parecer mais simples que a primeira. Mas as aparências enganam.

No tópico 1.1.3.3.5, defendi que a parte, mesmo tendo interesse recursal para apelar de uma sentença apenas para impugnar uma decisão interlocutória, poderia optar por fazê-lo em sede de contrarrazões de apelação interposta pela parte contrária. Embora uma visão mais tradicional pudesse me levar a outra conclusão, considerando-se que, havendo um interesse recursal e um recurso cabível, o não exercício recursal geralmente leva a uma preclusão temporal.

Nesse caso, entretanto, seja pela previsão do art. 1.009, § 1º, do CPC, que pode ser interpretada no sentido de haver uma opção de vias recursais para a parte, seja por uma questão de incentivo à não recorribilidade, seja por razões principiológicas (duração razoável do processo e economia processual), defendi a possibilidade de a parte que não apela impugnar a decisão interlocutória em contrarrazões de apelação.

A situação presente, entretanto, é diferente. Ainda que em ambas a parte esteja contrarrazoando uma apelação, o que atende à literalidade do art. 1.009, § 1º, do CPC, na hipótese de contrarrazões de apelação adesiva, a parte que contrarrazoa é a mesma que já interpôs o recurso de forma principal. E, nesse caso, a questão que se coloca é porque não impugnou, nesse momento, a decisão interlocutória? Não teria com a sua omissão perdido sua oportunidade? Não seria, por conta disso, hipótese de preclusão temporal?

Parece-me que, mais uma vez, será necessário dividir a análise tomando-se como ponto de partida a abrangência da eficácia da decisão interlocutória no objeto do processo e, consequentemente, do decidido na sentença.

Num primeiro momento, considerar-se-á que a decisão interlocutória tem eficácia limitada apenas à parcela do processo, afetando e interessando somente o capítulo que tenha gerado sucumbência a uma das partes. Nesse caso, é importante notar que a parte que apelou e deixou de impugnar a decisão interlocutória, se o fez com relação à decisão referente ao capítulo da sentença impugnado por sua apelação, certamente não poderá impugná-la nas contrarrazões da apelação adesiva da parte contrária, não pela preclusão temporal, porque não terá interesse recursal, considerando-se que tal decisão interlocutória não guarda qualquer relação com o objeto daquele recurso adesivo.

Por outro lado, caso a decisão interlocutória refira-se somente ao capítulo da sentença impugnado pela apelação adesiva, parece tranquilo concluir pela sua recorribilidade em sede de contrarrazões. Afinal, não havia interesse na impugnação de tal decisão em sede de apelação principal, por tal decisão não guardar qualquer relação com o objeto da impugnação da sentença em tal recurso[106].

E como serão as coisas diante de uma decisão interlocutória que afeta todo o objeto do processo, interessando e vinculando a todos os capítulos da sentença? O fato de o apelante principal ter deixado de impugnar a decisão interlocutória em seu recurso parece-me o suficiente para tornar a decisão preclusa dentro dos limites de tal recurso, mas seria também o suficiente para impedi-lo de impugná-la em sede de contrarrazões do recurso adesivo?

Como defendido no tópico anterior, não vejo impedimento para que a decisão interlocutória seja mantida para um capítulo da sentença e reformada ou anulada para outro. Não seria essa circunstância, portanto, um impedimento para uma a possibilidade de impugnação da decisão interlocutória nos termos indicados.

A doutrina que já teve a oportunidade de se manifestar sobre o tema defende a impossibilidade de impugnação, firme no entendimento de que, com a interposição do recurso de apelação na forma principal, qualquer exercício de pretensão recursal posterior, em sede de apelação adesiva ou contrarrazões, seria uma maneira de complementação do recurso já interposto e, com isso, uma forma de burla da preclusão consumativa[107].

---

106 Parece-me nesse sentido as lições de José Miguel Garcia Medina (Código de Processo Civil comentado. 8. ed. São Paulo: RT, 2022. p. 1.236), quando afirma que "o interesse em suscitar a questão pode surgir apenas em virtude da outra parte ter recorrido adesivamente".

107 ALMEIDA, Diogo Rezende de. Recursos cíveis. 2. ed. Salvador: Juspodivm, 2020. n. 4.1.2, p. 207.

Diferente da hipótese em que a parte impugna a decisão interlocutória em contrarrazões e/ou apelação adesiva, nesse caso o procedimento recursal instaurou-se por iniciativa da parte, que vai contrarrazoar a apelação adesiva. Enquanto naquele caso sempre haverá a justificativa de a parte estar reagindo a um recurso da parte contrária, que se não tivesse sido interposto teria levado a sentença ao trânsito em julgado, neste a parte foi a responsável por evitar o trânsito em julgado ao interpor apelação contra a sentença.

Essa diferença me parece fundamental quando a decisão interlocutória não agravável é daquelas que mantêm a sucumbência à parte mesmo quando ela é vitoriosa no processo, de forma parcial ou total. Porque nesse caso a parte nunca se mostrou disposta a arcar com a sucumbência suportada "em troca" do trânsito em julgado, tanto que recorreu da decisão. E, ao deixar de impugnar a decisão interlocutória nessa apelação, parece-me lógico sustentar ter precluído seu direito recursal.

> Mila teve aplicada a multa prevista no art. 334, § 8º, do CPC por ter deixado de comparecer injustificadamente à audiência de conciliação e mediação. Em sentença, teve seu pedido de revisão contratual julgado procedente e seu pedido declaratório de nulidade de instrumento de confissão improcedente. Mila interpõe apelação contra o capítulo de improcedência, havendo interposição de apelação adesiva por Fernando impugnado o capítulo de procedência. Em contrarrazões de apelação, Mila já não pode mais impugnar a decisão interlocutória que a condenou a pagar multa.

Situação distinta verifica-se se a decisão interlocutória é daquelas que têm sua sucumbência absorvida pela vitória da parte. Nesse cenário, quando a parte interpõe a apelação principal, cabe a ela impugnar a decisão interlocutória, porque, caso não o faça, para aquele capítulo impugnado, a decisão restará preclusa. Contudo, quanto ao capítulo que não lhe gerou sucumbência, até a interposição de apelação adesiva, nada terá a fazer. Pode até o próprio apelante adesivo impugnar a decisão interlocutória, mas, caso não o faça, pode o apelado adesivo impugnar em contrarrazões valendo-se do interesse recursal condicionado.

> Edison teve pedido de produção de prova indeferido e julgado pedido de despejo procedente e de pagamento de aluguéis improcedente.

Interpôs apelação impugnando a interlocutória de indeferimento de prova e o capítulo que julgou improcedente o pedido de condenação a pagar. Regiane interpôs apelação adesiva impugnando o capítulo da sentença que julgou procedente o despejo. Edison, em contrarrazões, impugnou novamente a decisão interlocutória requerendo o julgamento de sua pretensão recursal somente na hipótese de a apelação adesiva ser provida.

1.1.3.3.8. Preclusão Temporal e Impugnação da Decisão Interlocutória nos Termos do Art. 1.009, § 1º, do CPC

Conforme indicado no tópico 1.1.3.2.3.13, no julgamento repetitivo, no qual o Superior Tribunal de Justiça fixou a tese da "taxatividade mitigada"[108], afastou-se excepcionalmente o princípio da consumação, permitindo-se dessa forma que a parte recorra duas vezes da mesma decisão. Primeiro, por meio do agravo de instrumento, que será inadmitido pelo não cabimento; segundo, pela apelação ou contrarrazões.

Essa realidade, entretanto, não aproveita a todas as hipóteses de inadmissão de agravo de instrumento, não sendo correto concluir que o princípio da consumação tenha sido excluído por completo de tal espécie recursal.

Comecemos pelo óbvio. Um julgamento do mérito recursal naturalmente impedirá uma renovação da impugnação da decisão interlocutória nos termos do art. 1.009, § 1º, do CPC. Além do princípio da consumação, acredito ser aplicável o disposto no art. 505, *caput*, do CPC, que veda uma mesma questão ser resolvida mais de uma vez num mesmo processo.

Sigo numa outra hipótese que também me parece levar a uma conclusão óbvia. Uma inadmissão por fundamento distinto do não cabimento, ou seja, o agravo de instrumento é considerado o recurso cabível contra a decisão no caso concreto, mas o tribunal reconhece um vício formal que impede o seu julgamento de mérito. Dessa forma, por exemplo, uma deserção, uma falta de interesse de

[108] STJ, Corte Especial, REsp 1.696.396/MT, Rel. Min. Nancy Andrighi, j. 05.12.2018, DJe 19.12.2018 (Recurso Especial repetitivo tema 988).

agir, uma intempestividade, uma ausência de impugnação específica dos fundamentos da decisão recorrida. Nesse caso, parece-me clara a impossibilidade de renovar a impugnação da decisão em sede de apelação ou contrarrazões.

Há, entretanto, uma situação mais intrigante. A inadmissão de um agravo de instrumento interposto de decisão interlocutória fora das hipóteses hipoteticamente acobertadas pela tese da "taxatividade mitigada". A grande questão, a meu ver, para definir tal hipótese será definir, com o máximo de objetividade possível, por uma necessidade de segurança jurídica, quais seriam os tipos de decisões interlocutórias.

Uma primeira hipótese seria a existência de tese pelo não cabimento fixada em súmula de tribunal superior ou do próprio tribunal local, ou de precedente vinculante formado em julgamento de casos repetitivos ou incidente de assunção de competência, sempre que, naturalmente, a eficácia vincule o tribunal local no qual o agravo de instrumento for interposto. Nessa circunstância, haveria até mesmo um abuso no direito de recorrer por meio de agravo de instrumento pela parte, e permitir a interposição de nova espécie recursal contra a mesma decisão, seria premiar um litigante de má-fé. O que, evidentemente, não faz qualquer sentido.

Uma segunda hipótese que me parece possível, ainda que claramente mais insegura, de atração do princípio da consumação, é a interposição do agravo de instrumento sem qualquer menção do agravante ao cabimento derivado da tese da "taxatividade mitigada". Nesse caso, o recorrente simplesmente recorre, fora das hipóteses legais de cabimento, e simplesmente não apresenta qualquer justificativa para o excepcional cabimento de seu recurso. Entendo que seja o suficiente para, diante da inadmissão pelo não cabimento, que se opere a preclusão consumativa e que o recorrente não possa mais recorrer da mesma decisão.

Significa dizer, portanto, que, tendo a parte interposto o recurso de agravo de instrumento fora das hipóteses legais de cabimento, basta justificar a interposição com base na teoria da "taxatividade mitigada". Não havendo precedente vinculante que contrarie a sua tese, a sua rejeição pelo tribunal local, com a consequente inadmissão do recurso, reserva à parte nova impugnação da mesma decisão pelas vias recursais previstas no art. 1.009, § 1º, do CPC.

1.1.3.3.9. Não Interposição de Agravo de Instrumento em Hipótese de Cabimento de tal Recurso

Numa hipótese de cabimento de agravo de instrumento, a não interposição de tal recurso torna a decisão interlocutória preclusa?

A mera literalidade do art. 1.009, § 1º, do CPC parece responder de forma satisfatória a pergunta ao condicionar o cabimento da apelação e das contrarrazões de apelação às decisões interlocutórias, desde que não sejam recorríveis por agravo de instrumento.

Essa mera literalidade, entretanto, resolve o problema apenas para aquelas hipóteses de cabimento previstas no rol legal, quando cabem à parte a leitura da lei e, naturalmente, alguma interpretação da norma legal para determinar o cabimento de recurso imediatamente após a prolação da decisão interlocutória. Se perder essa oportunidade, não poderá querer se aproveitar de nova oportunidade após a prolação da sentença. Ter-se-á operado, portanto, a preclusão temporal.

Com relação às decisões interlocutórias recorríveis por agravo de instrumento em virtude da aplicação da tese da "taxatividade mitigada", criada em precedente vinculante do Superior Tribunal de Justiça, seria legítima a aplicação do mesmo raciocínio?

Poder-se-ia alegar que, nesse caso, a parte foi fiel à lei ao deixar de agravar, porque a decisão interlocutória não constava de uma das hipóteses legais de recorribilidade imediata. Por essa razão, não pode ser prejudicada com a perda do direito de recorrer nos termos do art. 1.009, § 1º, do CPC. Por outro lado, pode-se alegar que o precedente vinculante, se não tem força normativa, chega próximo disso, daí a omissão da parte em agravar deve levar às mesmas consequências da não interposição do agravo contra decisões interlocutórias presentes no rol legal.

Acredito que a discussão pode ser redirecionada. A partir do momento que o Superior Tribunal de Justiça protege a parte que recorre indevidamente da decisão interlocutória com base na tese da "taxatividade mitigada", permitindo a interposição de novo recurso contra a mesma decisão, haverá quebra de isonomia em não permitir que a parte que deixa de recorrer imediatamente, por entender não aplicável tal tese no caso concreto, não o possa fazer por meio da apelação ou contrarrazões.

Se é o próprio Tribunal que reconhece haver uma zona nebulosa de cabimento do agravo de instrumento por conta da tal "taxatividade mitigada", não parece correto prejudicar a parte que interpõe ou deixa de interpor agravo de instrumento acreditando ser ou não aplicável a referida teoria. A isonomia, portanto, é o que basta para garantir à parte o direito de recorrer, nessas circunstâncias, da decisão interlocutória por apelação ou contrarrazões.

É preciso registrar, nesse tocante, que no voto da Ministra relatora Nancy Andrighi, no célebre julgamento que consagrou a tese da "taxatividade mitigada", há todo um tópico destinado a afastar qualquer espécie de preclusão para a hipótese de não interposição de agravo de instrumento para tal situação. Algum grau de segurança jurídica deve advir daí.

A garantia de recorribilidade em apelação ou contrarrazões, entretanto, está longe de resolver todos os problemas. Conforme devidamente analisado no tópico 1.1.3.2.3.13, a razão de ser da tese da "taxatividade mitigada" é a urgência, qualificada pelo Superior Tribunal de Justiça, pela impossibilidade prática de a parte esperar pelo momento previsto no art. 1.009, § 1º, do CPC, para impugnar a decisão interlocutória. E essa impossibilidade prática decorre, literalmente, da "inutilidade do julgamento da questão no recurso de apelação".

Aí está o "X" da questão. Se era realmente caso de aplicação da tese da "taxatividade mitigada" e a parte não agravou de instrumento, de nada adiantará apelar ou impugnar a decisão interlocutória nas contrarrazões da apelação. Tais formas recursais poderão até ser cabíveis, por não ter havido preclusão pela não interposição do agravo de instrumento, mas faltará interesse recursal à parte, considerando a inutilidade de seu recurso. Afinal, a via recursal escolhida por ela é materialmente incapaz de reverter de forma eficaz a sucumbência suportada pela decisão recorrida.

Essa solução, que fique claro, é o teste definitivo da tese da "taxatividade mitigada". Se a apelação ou contrarrazões se mostrar útil, demonstrando no caso concreto que seu provimento consegue materialmente se traduzir numa vantagem prática real ao recorrente, então afinal a decisão interlocutória não deveria mesmo ter sido recorrida por agravo de instrumento. Caso contrário, a omissão da parte ter-lhe-á custado a tutela jurisdicional, mas isso não em razão da criação da tese da "taxatividade mitigada", porque sem ela tudo seria ainda pior; a parte simplesmente nem sequer teria tido a oportunidade de recorrer de forma adequada para buscar uma tutela efetiva.

1.1.3.3.10. Sentença objetivamente Complexa

Não é incomum na praxe forense a prolação de sentença em que, além do capítulo no qual é decidido o pedido formulado pelo autor, são decididas outras questões incidentais que poderiam, em outras circunstâncias, terem sido decididas anteriormente por meio de decisões interlocutórias. Tudo, na realidade, depende do caso concreto. Uma decisão de indeferimento de prova, sobre o valor da causa, sobre um pedido de antecipação de tutela, sobre a exclusão de um litisconsorte, pode tanto vir numa decisão interlocutória como num capítulo de sentença.

O fato de estarem incluídas numa sentença não modifica sua natureza, ou seja, são capítulos de sentença de natureza interlocutória. Poderiam, nesse caso, a depender de seu conteúdo, ser objeto de agravo de instrumento, em vez de apelação? A resposta deve ser dada à luz do princípio da unirrecorribilidade.

Tal princípio, também chamado de princípio da singularidade, admite tão somente uma espécie recursal como meio de impugnação de cada decisão judicial. Em decisões objetivamente complexas, nas quais o juiz enfrenta e decide diferentes questões de distintas naturezas, a sobrevivência do princípio depende da desconsideração dos capítulos da decisão para fins de recorribilidade, sempre levando-se em conta a decisão como um todo indivisível[109]. Esse é, inclusive, o entendimento consagrado do Superior Tribunal de Justiça[110].

[109] NERY JR., Nelson. Teoria geral dos recursos. 6. ed. São Paulo: RT, 2004. p. 122; JORGE, Flávio Cheim. Teoria geral dos recursos cíveis. 3. ed. São Paulo: RT, 2007. p. 167.

[110] Informativo 403/STJ: 4ª Turma, REsp 1.035.169/BA, Rel. Min. João Otávio de Noronha, j. 20.08.2009.

Conforme já adiantado, não é raro a sentença conter capítulo interlocutório, isto é, além de decidir o pedido do autor (e eventualmente também do réu se houver um pedido de natureza reconvencional), o juízo, no mesmo ato processual, decide antes alguma questão incidente. O fato de tal questão ter sido decidida numa sentença não modifica a sua natureza interlocutória, que se estabelece pelo conteúdo, e não pelo momento de sua prolação da decisão. De qualquer forma, se o capítulo interlocutório está circunstancialmente dentro de uma sentença, o único recurso cabível será o de apelação.

Ilustre-se a hipótese com um exemplo: julgado o pedido de concessão dos benefícios da assistência judiciária na sentença, é cabível apenas o recurso de apelação, ainda que o capítulo que decidiu essa questão incidental seja indiscutivelmente interlocutório[111].

Não teria sentido admitir um agravo de instrumento contra capítulo da sentença que afastou uma preliminar (questão incidente) e, concomitante a esse recurso, admitir a interposição de apelação contra o capítulo que acolheu ou rejeitou o pedido. A despeito da nítida diferença de natureza entre os dois capítulos decisórios, tomando-se a decisão como una e indivisível e adotando-se o *caráter finalístico* de conceituação dos pronunciamentos judiciais, não há como deixar de classificar a decisão como uma sentença, recorrível tão somente por apelação.

Na verdade, ainda que não exista qualquer interesse em impugnar qualquer dos capítulos não interlocutórios presentes na sentença, o simples fato de o capítulo interlocutório estar nela presente já atrai o cabimento da apelação. Nesse sentido, precedente do Superior Tribunal de Justiça entendeu erro grosseiro a interposição de agravo de instrumento por leiloeiro como terceiro prejudicado para impugnar capítulo acessório de sentença sobre sua comissão.[112]

Essa realidade vem consagrada no art. 1.009, § 3º, do CPC ao prever expressamente que, mesmo quando questões mencionadas

[111] Informativo 523/STJ: 4ª Turma, AgRg no AREsp 9.653/SP, Rel. Min. Luis Felipe Salomão, j. 02.05.2013.

[112] STJ, 4ª Turma, AgRg no Ag 1.261.873/RJ, Rel. Min. Maria Isabel Gallotti, j. 12.04.2021, DJe 14.04.2021.

no art. 1.015 (decisões interlocutórias impugnáveis por agravo de instrumento) integrem a sentença, será cabível o recurso de apelação. Acredito que a regra geral já seria suficiente para mostrar que, ainda quando a sentença decide sobre a tutela provisória, o único recurso cabível será a apelação, sendo, por essa razão, desnecessária a regra específica prevista no art. 1.013, § 5º, do CPC no sentido de ser impugnável por apelação o capítulo da sentença que confirma, concede ou revoga a tutela provisória.

Por fim, uma consideração à luz de um peculiar precedente do Superior Tribunal de Justiça[113]. Diante de uma decisão que condenou o réu a prestar contas, encerrando a primeira fase do procedimento especial de exigir contas, houve a interposição sucessiva de apelação e agravo de instrumento. A parte autora insurgiu-se alegando violação ao princípio da unirrecorribilidade, embora em meu entendimento o mais apropriado seria alegar violação ao princípio da consumação. Seja como for, como o Superior Tribunal de Justiça entende que nesse caso aplica-se a fungibilidade recursal, recebeu o primeiro recurso – incabível – pelo cabível, tutelando-se o recorrente.

1.1.3.3.11. Julgamento Antecipado do Mérito

O art. 356 do CPC prevê o julgamento antecipado parcial do mérito, com o que haverá uma cisão do julgamento do mérito quando, substancialmente, uma parcela do mérito estiver pronta para imediato julgamento e outra ainda demandar a tomada de certas providências preparatórias para ser julgada.

Não cabe nesse momento uma análise aprofundada dessa técnica de julgamento. O que interessa aos limites da presente obra é que a decisão que julga a parcela do mérito de forma antecipada é uma decisão interlocutória, recorrível por agravo de instrumento (art. 356, § 5º, do CPC). Quanto à parcela do mérito restante, que ainda não está madura para ser decidida, quando o momento chegar, será decidida por sentença recorrível por apelação (art. 1.009, *caput*, do CPC).

---

113 STJ, 3ª Turma, AgInt no AgInt no AREsp 1.887.209/RJ, Rel. Min. Moura Ribeiro, j. 12.09.2022, DJe 14.09.2022.

Significa dizer que, com relação àquela parcela do mérito decidida em primeiro lugar no processo, não haverá prolação de sentença e, por consequência, não será cabível apelação, tampouco existirão contrarrazões de tal espécie recursal. Em resumo, será inaplicável o art. 1.009 do CPC, tanto em seu *caput* quanto em seus parágrafos. Diante disso, pergunta-se: como a parte deve impugnar uma decisão interlocutória não agravável que se vincule à parcela do mérito julgada antecipadamente por meio da decisão interlocutória recorrível por agravo de instrumento, nos termos do art. 356, § 5º, do CPC?

A doutrina que já teve a oportunidade de enfrentar o tema parece ter dado a correta solução ao apontar para uma aplicação analógica do art. 1.009, § 1º, do CPC ao agravo de instrumento, de forma a permitir tanto ao agravante quanto ao agravado a impugnação da decisão interlocutória não agravável como "preliminar" de seu agravo ou contrarrazões[114].

Claro que, paradoxalmente, nesse caso a decisão interlocutória não será, concretamente, não agravável, porque no final das contas será impugnada em sede de agravo de instrumento. No entanto, continuará a não ter recorribilidade imediata por agravo de instrumento, sendo sua recorribilidade por tal espécie recursal apenas circunstancial, diferida, derivada da aplicação de uma técnica de julgamento em virtude das especificidades do caso concreto.

A solução, como fica claro, é a única capaz de preservar o direito recursal da parte. Sendo a decisão interlocutória não agravável relacionada apenas à parcela do mérito decidido pela decisão interlocutória de mérito agravável nos termos do art. 356, § 5º, do CPC, não faz qualquer sentido defender a recorribilidade de tal decisão em sede de apelação ou contrarrazões de apelação. Isso porque, nesse momento, o objeto de cognição recursal será limitado ao mérito decidido na sentença e às decisões interlocutórias não agraváveis a ele associadas.

---

[114] BONDIOLI, Luiz Guilherme Aidar. Comentários ao Código de Processo Civil. 2. ed. São Paulo: Saraiva, 2017. v. XX, p. 92; ARAÚJO, José Henrique Mouta. A recorribilidade das interlocutórias no novo CPC. In: ALVIM, Teresa Arruda; DIDIER JR., Fredie. Doutrinas essenciais: novo processo civil. Processos nos tribunais e meios de impugnação das decisões judiciais. 2018. v. 7, p. 895. OLIVEIRA, Pedro Miranda de. O regime especial do agravo de instrumento contra decisão parcial (com ou sem decisão de mérito). Revista de Processo, v. 42, n. 264, versão eletrônica, p. 50, 2017.

A doutrina que comunga da tese ora defendida levanta outro argumento que parece ser bastante definitivo. Aponta que, sendo o julgamento da parcela do mérito uma decisão de mérito, uma vez que transite em julgada, há formação de coisa julgada material, de forma que as decisões interlocutórias associadas a essa parcela do mérito jamais poderiam ser modificadas pelo provimento de uma apelação ou contrarrazões[115]. Daí por que tais decisões nem sequer poderiam ser impugnadas nesse momento procedimental, por estarem protegidas pela coisa julgada material.

Esse entendimento, entretanto, deve ser considerado com reservas, porquanto é possível que exista no processo decisão interlocutória que não se vincule exclusivamente à parcela do mérito julgado antecipadamente, mas a todo o objeto do processo. E, nesse caso, o debate sobre a forma e momento de sua recorribilidade torna-se sensivelmente mais complexo.

Parece-me natural aceitar que as partes impugnem tal decisão no agravo de instrumento (ou contrarrazões) interposto contra a decisão parcial de mérito. Afinal, se tal decisão interlocutória se refere a tal parcela do mérito, há interesse recursal – autônomo ou condicionado, a depender da circunstância – a impugná-la nesse momento procedimental. Eventual decisão a seu respeito, inclusive, no sentido de reformá-la ou anulá-la, vincula a outra parcela do mérito, ainda não decidida.

> Olivia ingressou com demanda judicial contra Fernando cumulando pedido de rescisão contratual e danos materiais, dando à causa o valor de R$ 500.000,00. Fernando contestou e, entre outras matérias de defesa, impugnou o valor da causa, suscitando o exagero da indicação e apontando um valor de R$ 10.000,00. O juiz rejeitou a impugnação ao valor da causa e depois de algum tempo julgou procedente a rescisão de forma antecipada, condenado Fernando ao pagamento de 10% de honorários calculados sobre o valor da causa. Fernando agravou da decisão de mérito que julgou o pedido de rescisão e da decisão interlocutória que rejeitou a impugnação ao valor da causa. Seu recurso foi duplamente provido, tendo sido o valor da causa reajustado para R$ 10.000,00. No final do processo, em sentença, Fernando foi condenado

---

115 BONDIOLI, Luiz Guilherme Aidar. Comentários ao Código de Processo Civil. 2. ed. São Paulo: Saraiva, 2017. v. XX, p. 91.

ao pagamento de danos morais, devendo tal valor ser considerado se a condenação em honorários tomar como critério o valor da causa.

Contudo, o que acontece se a decisão interlocutória não agravável deixar de ser impugnada nesse momento procedimental? Será adequado considerar a ocorrência de preclusão?

Não me parece correto falar em preclusão total nesse caso porque, se a decisão interlocutória não agravável vincula-se a todo objeto do processo, as partes mantêm o interesse de impugná-la em sede de apelação e contrarrazões de apelação. A preclusão, portanto, será somente parcial, limitada à parcela do mérito já decidida. Essa limitação prestigia a ideia central do julgamento antecipado parcial do mérito, que é a de cisão do julgamento[116].

As partes, ao deixarem de impugnar a decisão interlocutória quando do julgamento parcial do mérito, restringem o resultado dessa impugnação, de forma que o seu julgamento terá alcance limitado, alcançando somente a parcela do mérito decidido na sentença[117].

Essa limitação, inclusive, pode ser decorrência natural do trânsito em julgado da decisão parcial do mérito. Afinal, caso tal decisão já tenha trânsito em julgado, uma eventual afetação pela solução da decisão interlocutória viria a ter natureza rescisória, o que obviamente não se pode admitir. A formação da coisa julgada material, insisto, não é necessária, bastando a preclusão pelo fato de não ter ocorrido a devida impugnação da decisão interlocutória, mas pode servir como reforço de argumentação.

> Marina cumulou pedidos de dano moral e dano material contra Felipe, requerendo a produção de prova oral. O juiz indeferiu a prova, saneou o processo e julgou improcedente, de forma antecipada, o pedido de dano moral improcedente. Marina agravou de tal decisão apenas

116 BUFULIN, Augusto Passamani; ARAÚJO, Caio Souto. Julgamento conforme o estado do processo no Código de Processo Civil de 2015 – Parte 1: da extinção do processo ao julgamento antecipado parcial do mérito. Revista de Processo, v. 47, n. 326, versão eletrônica, p. RR-2.4, 2022.

117 ARAÚJO, José Henrique Mouta. A recorribilidade das interlocutórias no novo CPC. In: ALVIM, Teresa Arruda; DIDIER JR., Fredie. Doutrinas essenciais: novo processo civil. Processos nos tribunais e meios de impugnação das decisões judiciais. 2018. v. 7, p. 896; ARAÚJO, Luciano Vianna. O julgamento antecipado parcial sem ou com resolução do mérito no CPC/2015. Revista de Processo, São Paulo, v. 43, n. 286, versão eletrônica, p. RR-2.4., p. RR 9.11, 2018.

> impugnando tal decisão e o recurso não foi provido, tendo a decisão transitado em julgado. Posteriormente, o pedido de dano material foi rejeitado e Marina apelou e impugnou a decisão interlocutória alegando cerceamento de defesa, tendo sua alegação sido acolhida. O processo será anulado desde a decisão interlocutória, mas só será retomado no tocante ao dano material, até porque quanto ao dano moral operou-se o trânsito em julgado com formação de coisa julgada material.

Conforme defendido no tópico 3.2.4, ainda que não seja o cenário ideal, não vejo problemas lógicos, tampouco jurídicos, em uma mesma decisão interlocutória ser mantida para parcela do processo ou para determinado sujeito processual e reformada ou anulada para outra parcela ou outro sujeito. Tudo a depender de como, quando ou quem a impugna.

Finalizo o presente tópico registrando que todas as considerações feitas até aqui a respeito do julgamento antecipado parcial do mérito são aplicáveis à prolação de decisão interlocutória terminativa, com fundamento no art. 485 do CPC. Nesse aspecto, também será decidida parcela do objeto do processo por meio de decisão interlocutória recorrível por agravo de instrumento, ainda que sem solução de mérito, e poderá haver, antes disso, a prolação de decisão interlocutória não agravável relacionada a tal parcela do processo ou comum a todo o seu objeto. As diferentes formas de recorribilidade de tal decisão são as mesmas do julgamento antecipado parcial do mérito.

2

PROCEDIMENTO

PRIMEIRO GRAU

SEGUNDO GRAU

2.1. TEMPESTIVIDADE

2.1.1. Termo Inicial

nos termos do art. 1.003, *caput*, do CPC, o termo inicial do prazo recursal é a data em que o advogado, sociedade de advogados, a Advocacia Pública, a Defensoria Pública ou o Ministério Público são intimados da decisão.

Trata-se de regra específica para o ato recursal que repete a regra geral estabelecida no art. 230 do CPC para a prática de atos processuais em geral.

Em regra, a intimação do advogado ou da sociedade de advogados dar-se-á por meio eletrônico, nos termos do art. 270 do CPC. Essa intimação é regulada pelos arts. 4º e 5º da Lei 11.419/2006, sendo o primeiro desses artigos voltado à publicação por meio do Diário Oficial eletrônico, uma feliz realidade, e o segundo, à intimação em portal próprio, nos endereços eletrônicos fornecidos pelas próprias partes. De acordo com o Superior Tribunal de Justiça, em aplicação do art. 4º, § 2º, da Lei 11.419/2006, a intimação eletrônica substitui qualquer outro meio e publicação oficial para quaisquer efeitos legais, à exceção dos casos que, por lei, exigem intimação ou vista pessoal[1].

O Superior Tribunal de Justiça pacificou o entendimento de que, havendo duplicidade de publicações – por publicação por meio eletrônico e pelo portal –, deve prevalecer a publicação realizada via portal eletrônico[2].

Não sendo possível a intimação por meio eletrônico por qualquer motivo, ela deve ocorrer pela publicação na imprensa oficial. Nesse caso, pode ser requerido que a intimação se dê na pessoa da sociedade de advogados à qual pertença o patrono que atua no processo, desde que tal sociedade esteja devidamente registrada na Ordem dos Advogados do Brasil, o que se demonstra no caso concreto com a indicação de seu número de inscrição.

Também se admite que haja pedido para que a intimação seja dirigida a advogado indicado, sendo nula, nesse caso, a intimação em nome de outro advogado, ainda que constante da procuração (art. 272, § 5º, do CPC)[3]. Havendo pluralidade de advogados e não sendo feito

---

1 STJ, 4ª Turma, AgRg no AREsp 418.019/RJ, Rel. Min. Marco Buzzi, j. 17.12.2013, *DJe* 04.02.2014.

2 *Informativo* 697/STJ: Corte Especial, EAREsp 1.663.952/RJ, Rel. Min. Raul Araújo, por maioria, j. 19.05.2021.

3 STJ, Corte Especial, MS 20.490/DF, Rel. Min. Sidnei Beneti, rel. p/ acórdão Min. Og Fernandes, j. 03.09.2014, *DJe* 23.09.2014.

pedido expresso para que a publicação ocorra em advogado determinado, não é necessário que da publicação conste o nome de todos os advogados constituídos, bastando para a regularidade do ato a inclusão do nome de um deles[4]. Por outro lado, havendo o requerimento para que a intimação seja feita em nome de mais de um advogado, a ausência de intimação a qualquer um deles gera nulidade[5].

Em situação rara do dia a dia forense, o art. 273 do CPC prevê que, não sendo viável a intimação por meio eletrônico e não havendo na localidade publicação em órgão oficial, caberá ao escrivão ou chefe de secretaria a intimação dos advogados das partes de todos os atos praticados no processo. Os incisos do dispositivo ora comentado contêm uma incorreção, dando a entender que a intimação pessoal do advogado só tem lugar quando ele tiver seu domicílio profissional na sede do juízo. Na realidade, a intimação será pessoal também na hipótese prevista no inciso II, ou seja, quando tiver domicílio profissional fora do juízo em que tramita o processo. Na primeira hipótese, a intimação se dará por oficial de justiça; na segunda, por carta com aviso de recebimento, mas em ambos os casos a intimação será pessoal.

Por fim, nos termos do § 6º do art. 272 do CPC, a retirada dos autos do cartório ou da secretaria em carga implicará intimação de qualquer decisão contida no processo retirado, ainda que pendente de publicação. Na realidade, não é só a retirada dos autos de cartório[6], mas também o comparecimento espontâneo da parte aos autos é capaz de fazer com que a parte se dê por intimada[7]. O Superior Tribunal de Justiça tem entendimento de que a habilitação de advogado em autos eletrônicos não é suficiente para a presunção de ciência inequívoca das decisões[8].

---

4 STJ, 6ª Turma, HC 75.640/BA, Rel. Min. Rogério Schietti Cruz, j. 03.02.2015, *DJe* 09.02.2015; STJ, Corte Especial, AgRg nos EREsp 700.245/PE, Rel. Min. Laurita Vaz, j. 02.08.2010, *DJe* 23.08.2010.

5 STJ, 2ª Seção, EAREsp 1.306.464/SP, Rel. Min. Nancy Andrighi, j. 25.11.2020, *DJe* 09.03.2021.

6 STJ, 4ª Turma, AgRg no Ag 1.314.771/DF, Rel. Min. João Otávio de Noronha, j. 17.02.2011, *DJe* 25.02.2011.

7 STJ, 1ª Turma, AgRg no AREsp 590.678/RS, Rel. Min. Benedito Gonçalves, j. 03.03.2015, *DJe* 11.03.2015.

8 STJ, 4ª Turma, AgInt nos EDcl no REsp 1.841.380/MT, Rel. Min. Luis Felipe Salomão, j. 23.08.2021, *DJe* 26.08.2021; STJ, 3ª Turma, AgInt no REsp 1.592.443/PR, Rel. Min. Paulo de Tarso Sanseverino, j. 17.12.2018, *DJe* 1º.02.2019.

A carga dos autos do cartório pode ser realizada pelo advogado, havendo precedente no sentido de não ser considerada realizada a intimação quando feita por alguém sem capacidade postulatória[9]. Tendo sido elaborado pedido expresso nesse sentido, a publicação só se considerará válida se realizada na pessoa do advogado indicado para tal fim (art. 272, § 5º, do CPC). O Superior Tribunal de Justiça entende que no caso de publicação em nome de advogado determinado, a retirada dos autos de cartório por outro advogado não enseja a dispensa da publicação, que a partir da indicação de advogado determinado para ser intimado passa a ter caráter personalíssimo[10].

O Ministério Público (art. 180, *caput*, do CPC), a Advocacia Pública (art. 183, *caput*, do CPC) e a Defensoria Pública (art. 186, § 1º, do CPC) têm a prerrogativa da intimação pessoal, que poderá, nos termos do art. 183, § 1º, do CPC, ocorrer por carga, remessa ou meio eletrônico.

Nesses casos, a contagem do prazo tem início com o recebimento dos autos pela Instituição, e não pela sua chegada ao setor competente ou pelo pronunciamento do promotor, defensor público ou advogado público atestando seu recebimento[11].

Caso a sentença seja proferida em audiência, todos os sujeitos previstos no art. 1.003, *caput*, do CPC – advogados, sociedades de advogados, Advocacia Pública, Defensoria Pública e Ministério Público – considerar-se-ão intimados (§ 1º). Significa dizer que o ato de audiência servirá, também, como ato de intimação desses sujeitos de eventual decisão que venha a ser proferida em referida audiência.

A regra no sentido de se reputarem os sujeitos intimados a comparecer à audiência – a presença é irrelevante[12] –, intimados de

---

9 STJ, 3ª Turma, AgInt no REsp 1.653.304/RS, Rel. Min. Ricardo Villas Bôas Cueva, j. 28.08.2018, *DJe* 05.09.2018.

10 STJ, 4ª Turma, REsp 1.412.938/SP, Rel. Min. Maria Isabel Gallotti, j. 16.12.2014, *DJe* 10.02.2015.

11 STJ, 5ª Turma, AgRg no AREsp 160.742/DF, Rel. Min. Marco Aurélio Bellizze, j. 26.11.2013, *DJe* 04.12.2013; *Informativo* 507/STJ, 3.ª Turma, REsp 1.278.239/RJ, Rel. Min. Nancy Andrighi, j. 23.10.2012.

12 STJ, 2ª Turma, AgRg no AREsp 226.951/GO, Rel. Min. Humberto Martins, j. 09.10.2012, *DJe* 19.10.2012.

decisões nela proferidas, não é nova, constando inclusive do diploma processual revogado (art. 242, § 1º). A novidade do art. 1.003, § 1º, do CPC foi a inclusão nessa forma específica de intimação de sujeitos que têm a prerrogativa da intimação pessoal.

Entendo que essa é uma forma específica de intimação pessoal, direcionada exclusivamente para intimação de decisões proferidas em audiência, que dessa maneira viria a se somar à intimação por carga, remessa e meio eletrônico. O Superior Tribunal de Justiça, entretanto, entendeu de modo diferente, definindo que, mesmo sendo tais sujeitos intimados em audiência da decisão, o termo inicial de seu prazo recursal é o da entrada dos autos na repartição administrativa do órgão[13].

2.1.2. Prazo

O prazo de interposição da apelação é de 15 dias, seguindo o prazo-padrão recursal previsto no art. 1.003, § 5º, do CPC. Era de esperar, considerando-se a característica da apelação de recurso-modelo. Trata-se de prazo processual, de forma que sua contagem se dá apenas em dias úteis, nos termos do art. 219, *caput*, do CPC.

Excepcionalmente, o prazo será de 30 dias quando o recorrente tiver a prerrogativa do prazo em dobro, como é o caso do Ministério Público (art. 180, *caput*, CPC), da Advocacia Pública (art. 180, *caput*, CPC) e da Defensoria Pública (art. 186, *caput*, CPC). Também será em dobro o prazo caso preenchidos os requisitos do art. 229 do CPC, hipótese tratada no tópico 3.3.1.

Na vigência do CPC/1973, o Superior Tribunal de Justiça consolidou o entendimento de que não se cumulam hipóteses de contagem diferenciada de prazos[14], sendo tal entendimento totalmente aplicável no atual Código de Processo Civil. Não há, portanto, prazos

---

[13] STJ, 3ª Seção, REsp 1.349.935/SE, Rel. Min. Rogério Schietti Cruz, j. 23.08.2017, *DJe* 14.09.2017; STJ, 2.ª Turma, AgInt no REsp 1.719.656/RO, Rel. Min. Assusete Magalhães, j. 29.04.2020, *DJe* 05.05.2020.

[14] STJ, 1ª Turma, AgRg no AREsp 8.510/ES, Rel. Min. Benedito Gonçalves, j. 27.09.2011, *DJe* 30.09.2011.

em quádruplos, que supostamente seriam derivados da conjugação de diferentes normas que preveem o prazo em dobro.

> Martina e a Fazenda Pública são litisconsortes passivos em processo que tramita em autos físicos. Sendo intimados de sentença que julgou totalmente procedente o pedido do autor, terão o prazo de 30 dias para a interposição da apelação. O recurso interposto por qualquer um dos réus no prazo de 60 dias (soma dos arts. 180 e 229, *caput*, ambos do CPC) será intempestivo.

O operador do Direito deve ter atenção redobrada em sua atuação quando lidar com o art. 198, II, do ECA, que estabelece um prazo de dez dias para todos os recursos (o que obviamente inclui a apelação), já havendo precedente do Superior Tribunal de Justiça no sentido de continuar a ser o prazo da apelação, quando aplicado o Estatuto da Criança e do Adolescente.[15]

Compreendo o precedente do tribunal em seu aspecto técnico, no sentido de norma específica preferir a norma geral, mas me pergunto se não teria sido preferível o tribunal ter levado em consideração uma perspectiva mais pragmática na solução do tema, valendo-se do critério da preferência da norma mais recente.

Minha visão parte da absoluta ausência de qualquer vantagem prática na diminuição de cinco dias no prazo dos recursos em geral, e da apelação em específico, nos processos que tramitam à luz do ECA, em contrapartida com a armadilha criada aos advogados que não estejam acostumados a trabalhar nesses tipos de processos. A uniformização de prazos, sem qualquer prejuízo ao andamento procedimental, traria segurança jurídica, com efetiva tutela dos direitos materiais defendidos, o que deveria ser a maior preocupação do processo.

Isso, naturalmente, sem mencionar eventual processo no qual possa surgir divergência exatamente a respeito da incidência ou não da aplicação das normas do ECA ao caso concreto. É claro que nessa hipótese um advogado diligente apelará da sentença em dez dias para não correr qualquer risco, mas, estando em debate a própria

[15] STJ, 6ª Turma, HC 475.610/DF, Rel. Min. Rogerio Schietti Cruz, j. 26.03.2019, *DJe* 03.04.2019.

aplicabilidade do ECA ao caso concreto e sendo interposta a apelação em 15 dias, afinal sendo decidido na apelação pela aplicação do Estatuto, é legítimo considerar a apelação intempestiva? E como isso exatamente seria feito? Afinal, a inadmissão nesse caso teria como fundamento uma matéria de mérito recursal, ou seja, qual norma legal deve ser aplicada para resolver a crise de direito material.

Claramente, os perigos e possíveis problemas não justificam a especialidade da norma, mas na prática, diante da jurisprudência do Superior Tribunal de Justiça, cabe aos advogados atenção máxima ao prazo de dez dias previsto no art. 198, II, do ECA.

2.1.3. Perigos Gerados pelos Embargos de Declaração

A sentença, além de recorrível por apelação, ao menos na maioria dos casos, também é recorrível por embargos de declaração, recurso cabível contra qualquer espécie de decisão, conforme a literalidade do art. 1.022, *caput*, do CPC. Num livro destinado ao recurso de apelação naturalmente não cabe aprofundar a análise de outra espécie recursal, mas é importante enfrentar o tema de como a interposição dos embargos de declaração pode afetar o prazo da apelação no caso concreto.

Caso a parte sucumbente tenha interposto o recurso de embargos de declaração contra a sentença, interrompendo dessa forma o prazo da apelação, nos termos do art. 1.026 do CPC, o ideal é simplesmente esperar o seu julgamento e, depois de ser intimado, contar o prazo de 15 dias e interpor a apelação.

Algo que o embargante não pode fazer em nenhuma hipótese é, antes do julgamento do seu recurso de embargos de declaração, interpor a apelação. O Superior Tribunal de Justiça tem entendimento consagrado no sentido de que o recurso interposto nessas condições pela parte que embargou e não esperou a decisão de tal recurso será inadmitido em razão do princípio da unirrecorribilidade e da preclusão consumativa[16]. Isso significará o trânsito em julgado da sentença.

---

[16] STJ, 4ª Turma, AgInt no REsp 1.797.696/AL, Rel. Min. Antonio Carlos Ferreira, j. 30.09.2019, *DJe* 03.10.2019; NERY JR., Nelson. *Teoria geral dos recursos*. 6. ed. São Paulo: RT, 2004. n. 2.4, p. 138.

Por outro lado, caso o embargante pretenda desistir dos embargos, o que pode fazer a qualquer tempo antes de seu julgamento – para o Superior Tribunal de Justiça até o encerramento do julgamento[17] e para o Supremo Tribunal Federal até o seu início[18] –, precisa considerar o entendimento do Superior Tribunal de Justiça no sentido de que com tal desistência afasta-se o efeito interruptivo do recurso subsequente.[19]

Significa dizer que, se a desistência vier depois de já decorrido o prazo de 15 dias da intimação da sentença, ela transitará em julgado. Caso ocorra antes desse prazo, caberá à parte levar em conta que não terá a devolução da íntegra do prazo de 15 dias para apelar, devendo considerar como perdidos todos os dias já transcorridos desde a intimação da sentença.

É tranquilo o entendimento de que a interrupção do prazo recursal previsto pelo art. 1.026 do CPC aproveita a todos os sujeitos processuais[20], de forma que, mesmo o embargado tendo sucumbido na sentença, pode esperar o julgamento dos embargos para só depois apelar. Há, ao menos em tese, um receio: o efeito interruptivo ser afastado no caso concreto. Risco que aumenta com o crescimento de hipóteses em que se verifica tal ocorrência.

Começou com os embargos manifestamente intempestivos, passou a ser qualquer intempestividade[21], ainda que não manifesta[22], daí vieram a irregularidade formal[23], o recurso manifestamente in-

---

17 STJ, 4ª Turma, PET no AREsp 2.973/PE, Rel. Min. Luis Felipe Salomão, j. 13.12.2011, *DJe* 19.12.2011; STJ, 1.ª Turma, AgInt no AREsp 1.732.374/RJ, Rel. Min. Gurgel de Faria, j. 28.06.2021, *DJe* 1º.07.2021.

18 STF, Tribunal Pleno, ARE 1.349.823 AgR-ED, Rel. Min. Luiz Fux, j. 14.03.2022, *DJ* 11.04.2022.

19 STJ, 3ª Turma, REsp 1.833.120/SP, Rel. Min. Ricardo Villas Bôas Cueva, j. 18.10.2022, *DJe* 24.10.2022.

20 DINAMARCO, Cândido Rangel. *Instituições de direito processual civil*. Salvador: Juspodivm, 2022. v. V, n. 2.435, p. 388.

21 STJ, 1ª Turma, AgInt nos EDcl no AREsp 2.295.869/SC, Rel. Min. Sérgio Kukina, j. 13.11.2023, *DJe* 17.11.2023.

22 STJ, 5ª Turma, AgRg no REsp 2.053.622/RO, Rel. Min. Joel Ilan Paciornik, j. 30.10.2023, *DJe* 08.11.2023.

23 STJ, 3ª Turma, EDcl no REsp 1.236.276/MG, Rel. Min. João Otávio de Noronha, j. 18.11.2014, *DJe* 24.11.2014; STJ, 4ª Turma, AgRg nos EDcl no REsp 989.542/MG, Rel. Min. Isabel Gallotti, j. 20.10.2011, *DJe* 03.11.2011.

cabível[24], até um precedente da Corte Especial que menciona se os "embargos forem intempestivos ou incabíveis ou quando deixarem de indicar os vícios próprios de embargabilidade".[25]

Apesar de haver um precedente não muito recente do Superior Tribunal de Justiça, que inclusive tem bastante lógica, no sentido de mesmo no caso de embargos intempestivos haver interrupção do prazo para o embargado, que não deu causa ao vício e por isso não pode ser prejudicado[26], ainda assim sempre existe o considerável risco de ser atingido pela não interrupção e simplesmente perder o prazo de apelar.

A verdade é que não vale a pena correr o risco. A interposição de apelação, mesmo já tendo sido interpostos embargos de declaração pela parte contrária, evita qualquer surpresa desagradável. Se os embargos forem rejeitados, na admissibilidade ou mérito, mantendo a sentença inalterada, nem sequer reiterar a apelação será preciso, nos termos do art. 218, § 4º, do CPC. Caso haja provimento apenas para melhorar a qualidade formal da decisão, sem alteração substancial de seu conteúdo, também não haverá nada a fazer. Sendo gerado efeito modificativo ou infringente e, por conta disso, suportando a parte que já apelou uma sucumbência superveniente, poderá no prazo de 15 dias complementar a apelação já interposta nos limites de tal sucumbência.

> Jussara formulou três pedidos no processo que promoveu contra Victor: (a) rescisão contratual; (b) dano material; (c) dano moral. Na sentença, os pedidos (a) e (b) foram julgados procedentes e o juiz deixou indevidamente de decidir o pedido (c). Contra a sentença Victor interpôs apelação impugnando a sentença quanto ao pedido (a) e Jussara interpôs embargos de declaração alegando a omissão quanto ao pedido (c), que foram providos com o julgamento de procedência de tal pedido. Intimado da decisão dos embargos, Victor complementou

---

24 STJ, 4ª Turma, AgRg no REsp 1.476.689/GO, Rel. Min. Luis Felipe Salomão, j. 05.05.2015, *DJe* 13.05.2015; STJ, 6ª Turma, AgRg no Ag 1.315.699/SP, Rel. Min. Vasco Della Giustina, j. 08.05.2012, *DJe* 10.05.2012.

25 STJ, Corte Especial, AgRg nos EDcl nos EREsp 1.961.507/PR, Rel. Min. Raul Araújo, j. 24.10.2023, *DJe* 31.10.2023.

26 STJ, 2ª Turma, REsp 1.299.821/PB, Rel. Min. Mauro Campbell Marques, j. 07.08.2012, *DJe* 14.08.2012.

a apelação já interposta, passando a impugnar os pedidos (b) e (c), o que fez parcialmente de forma ilegal, porque a complementação não poderia contemplar o pedido (b), que não fez parte da sucumbência superveniente gerada pelo julgamento dos embargos de declaração opostos por Jussara.

2.2. INTERPOSIÇÃO

2.2.1. Peça ou Peças de Interposição

É curioso notar que, pela redação do art. 1.010, *caput*, do CPC, a apelação deveria ser interposta em apenas uma peça processual, enquanto na praxe forense o mais comum é a existência de duas peças, sendo uma de interposição, dirigida ao juízo de primeiro grau, e outra de razões recursais, destinada ao tribunal de segundo grau.[27]

Não se sabe precisar o porquê do surgimento desse hábito, mas é presumível que guarde relação com o procedimento bifásico caraterístico da apelação. Como tal espécie recursal tem um procedimento que se inicia perante o juiz prolator da sentença recorrida, de primeiro grau, para o qual a peça recursal é endereçada, mas que não tem competência para julgar o mérito de tal recurso, passou-se a fazer parte da praxe forense a elaboração de uma segunda peça, voltada ao tribunal de segundo grau, contendo as razões recursais.

O raciocínio é de fácil compreensão. Se o juízo de primeiro grau não tem competência para o julgamento de tal recurso, a ele em nada interessam as razões recursais, de tal modo que seria mais racional não misturar as coisas. Temas que de alguma forma interessem ao juízo de primeiro grau vêm expostos nessa primeira peça, chamada de peça de interposição, ao passo que, na segunda, vêm as razões recursais, de interesse exclusivo do tribunal de segundo grau.

É claro que a divisão proposta nem sempre é perfeita, bastando lembrar das hipóteses nas quais a apelação gera o efeito regressivo, devidamente analisadas no tópico 2.2.7. Afinal, nesses casos, ainda que o juízo de primeiro grau continue a não ter competência para

---

[27] ASSIS, Araken de. *Manual dos recursos*. 8. ed. São Paulo: RT, 2017. n. 39.2, p. 426; JORGE, Flávio Cheim. *Apelação cível*. São Paulo: RT, 1999. p. 165.

julgar o mérito da apelação, a retratação que faz de sua sentença é motivada pelo seu convencimento do erro em sua prolação derivado das razões recursais. Daí por que afirmar que a segunda peça do recurso só interessaria ao tribunal de segundo grau é naturalmente equivocado.

De qualquer forma, a opção de fazer o recurso em somente uma peça ou em duas é tema de menor importância, genuína opção do apelante[28], uma vez que a única exigência é que as razões já sejam apresentadas no momento de interposição do recurso[29], sendo inviável a apresentação de razões recursais após a interposição do recurso por conta da preclusão consumativa. Fica, portanto, ao gosto do apelante, não se figurando imaginável que a escolha por uma ou outra forma possa gerar a inadmissão recursal.

2.2.2. Requisitos Formais

2.2.2.1. Introdução

Segundo a previsão do art. 1.010 do CPC, a petição de apelação deverá preencher quatro requisitos formais mínimos: os *nomes e qualificação das partes*; a *exposição dos fatos e do direito*; as *razões do pedido de reforma ou de decretação de nulidade*; e o *pedido de nova decisão.*

2.2.2.2. Nomes e Qualificação das Partes

o inciso I do art. 1.010 do CPC prevê como primeiro requisito formal da apelação os nomes das partes, aqui devendo-se entender o termo "partes" como apelante e apelado[30]. A exigência faz sentido porque as partes no processo podem estar em qualquer um dos polos da apelação, tudo a depender do conteúdo da sentença e eventualmente até mesmo de decisão interlocutória não agravável. Havendo no processo litisconsortes, presença de assistente, Ministério

---

[28] SOUZA, Bernardo Pimentel. *Introdução aos recursos cíveis e à ação rescisória*. 5. ed. São Paulo: Saraiva, 2008. 12.3, p. 291.

[29]

[30] BARBOSA MOREIRA, José Carlos. *Comentários ao Código de Processo Civil*. 17. ed. Rio de Janeiro: Forense, 2013. v. 5, n. 235, p. 422.

Público como fiscal da ordem jurídica e/ou Defensoria Pública como *custos vulnerabilis*, a exigência de indicação de qual desses sujeitos é o apelante e qual é o apelado cresce de importância.

Questão interessante que se pode colocar é qual a consequência do vício procedimental na hipótese de não constar o nome de apelante ou apelado na peça recursal.

Havendo apenas um autor e um réu no processo, a situação claramente beira a teratologia, considerando-se que uma falha dessa espécie deve ser vista como grosseira. De qualquer forma, ainda que grave, acredito que a ausência de apenas um dos sujeitos recursais pode ser qualificada como mera irregularidade, uma vez que tal ausência poderia ser preenchida por mera dedução. Havendo dois sujeitos processuais, e um deles estando identificado na apelação, naturalmente o outro será a parte contrária no recurso.

O receio de tratar tal espécie de vício como suficiente para gerar nulidade, ainda que relativa, é atrair o entendimento consolidado no Superior Tribunal de Justiça de que, havendo um vício formal relacionado ao conteúdo do recurso, não se aplica ao caso o art. 932, parágrafo único, do CPC[31]. Significa na prática que o apelante não teria o direito de ser intimado e, consequentemente, não teria a chance de sanear o vício, ainda que banal como ele é e facilmente sanável.

A situação torna-se mais interessante na hipótese de litisconsórcio quando, apesar de haver a sua repetição em grau recursal, o advogado do apelante, por um lapso, esqueceu-se de colocar o nome de algum dos sujeitos processuais na peça recursal. Também aqui há um vício grave, até certo ponto grosseiro, mas pelo menos esteticamente a peça não ficará tão estranha como na hipótese anteriormente analisada. Como se trata realmente de um mero esquecimento, de uma falha estritamente formal, o conteúdo e o pedido do recurso sempre serão suficientes para demonstrar que o

[31] STJ, 4ª Turma, AgInt no AREsp 1.908.693/SP, Rel. Min. Raul Araújo, j. 11.10.2021, *DJe* 17.11.2021; STJ, 1ª Turma, EDcl no AgInt no AREsp 1.544.182/PR, Rel. Min. Sérgio Kukina, j. 30.03.2020, *DJe* 02.04.2020.

objeto e a pretensão recursal referem-se a mais sujeitos que aqueles indicados na peça de interposição.

No caso de ser o apelado o "esquecido", é possível que seu advogado não queira correr o risco da qualificação que virá o tribunal a atribuir ao vício constante da peça recursal e simplesmente, compreendendo que a pretensão recursal também está voltada contra ele, apresente contrarrazões. Nessa situação, o vício estará convalidado e o recurso seguirá seu curso normal. Se o apelado não apresentar contrarrazões, será sempre possível o relator, ou mesmo o órgão colegiado, reconhecendo o vício, determinar o seu saneamento e, ato contínuo, em aplicação do art. 938, § 1º, do CPC, intimar o "novo" apelado a contrarrazoar o recurso. Mais uma vez o problema estará resolvido.

Sendo realizado o julgamento da apelação sem a correção do vício, o recurso, apesar de seu conteúdo se voltar contra aquela parte cujo nome não constou da peça recursal, não se poderá considerar contra ele interposto. Não se trata aqui de mera irregularidade, mas de vício consideravelmente mais sério porque, sem as contrarrazões de apelação, sempre se poderá considerar que o sujeito processual deixou de se defender no recurso porque entendeu, pela leitura da peça de interposição, que não era parte no recurso. E que isso bastou a ele, que nem sequer chegou a ler as razões recursais. Não pode, diante disso, ser reputado como apelado.

É evidente que nunca se saberá, realmente, se o apelado de fato deixou de contrarrazoar porque acreditava não ter sido incluído como apelado ou porque, aproveitando-se da falha do apelante, adotou como tática a omissão em sua defesa para se excluir do recurso. É sempre possível que esteja se aproveitando da situação – criada por falha do apelante –, mas como não se pode presumir a má-fé, se não houver prova dessa conduta, o que fatalmente não existirá, o que se deve pressupor é que realmente a parte deixou de contrarrazoar por acreditar não estar incluída na apelação.

Sendo o "apelante" o esquecido, o problema deve ser encarado sob outra ótica porque o apelado, independentemente de quem figure como apelante, deve, em sede de contrarrazões, insurgir-se contra as razões recursais expostas na peça recursal, de forma, que se os fundamentos aproveitam mais sujeitos que aqueles indicados expressamente como apelantes, isso não afeta ou modifica em nada o direito de defesa do apelado.

Mais uma vez, reconhecendo o vício formal, o relator ou o órgão colegiado poderá determinar a sua correção e com isso dar continuidade ao julgamento, visto que não haverá necessidade de adoção de nenhuma outra providência. Caso o julgamento ocorra com o vício, acredito que a aplicação do princípio da instrumentalidade das formas é o suficiente para incluir o sujeito cujo nome não constou expressamente do recurso como eventual beneficiado pelo seu julgamento. O vício, afinal, não causou prejuízo ao apelado, tampouco ao processo.

De qualquer modo, ainda que não se admita o entendimento, sendo o litisconsórcio unitário, o sujeito será beneficiado de qualquer forma por conta do previsto nos arts. 117 e 1.005 do CPC e da necessidade da unitariedade do resultado. No caso de litisconsórcio simples, sendo o interesse comum – afinal só não foram litisconsortes no recurso por uma falha do advogado –, entendo que a solução deveria ser no mesmo sentido, com o benefício do sujeito que não constou como apelante.

Nesse tocante, registro o entendimento adotado pela 3ª Turma do Superior Tribunal de Justiça ao decidir que o recurso de um litisconsorte simples pode aproveitar o que não recorreu sempre que a ausência de tratamento igualitário entre as partes gere uma situação injustificável, insustentável ou aberrante[32]. Esse entendimento, entretanto, não é majoritário no próprio tribunal[33], tampouco na doutrina[34], que preferem adotar nesse caso o princípio da pessoalidade. O tema é aprofundado no tópico 3.2.2.

[32] *Informativo* 743/STJ: 3ª Turma, REsp 1.993.772/PR, Rel. Min. Nancy Andrighi, j. 07.06.2022, *DJe* 13.06.2022. No mesmo sentido: STJ, 3ª Turma, REsp 1.960.747/RJ, Rel. Min. Nancy Andrighi, j. 03.05.2022, *DJe* 05.05.2022.

[33] STJ, 1ª Turma, AgInt no AREsp 1.185.746/DF, Rel. Min. Benedito Gonçalves, j. 11.11.2020, *DJe* 16.11.2020; STJ, 2ª Turma, REsp 1.767.406/SC, Rel. Min. Mauro Campbell Marques, j. 19.03.2019, *DJe* 22.03.2019.

[34] MARINONI, Luiz Guilherme; MITIDIERO, Daniel. *Comentários ao Código de Processo Civil*. São Paulo: RT, 2017. v. XVI, p. 189; FERREIRA FILHO, Manoel Caetano. *Comentários ao Código de Processo Civil*. São Paulo: RT, 2001. v. 7, p. 74.

Por fim, conforme indicado por qualificada doutrina, não é incomum a utilização do termo "e outros" para indicar uma pluralidade de apelantes ou apelados, em vez da indicação nominal de todos os sujeitos a compor os polos do recurso. Ainda que não seja o mais recomendável, porque eventualmente pode gerar dúvidas a respeito de quem sejam tais sujeitos, no mais das vezes não causa qualquer problema prático.[35]

No inciso I do art. 1.010 do CPC, além do nome de apelante e de apelado, há a exigência de indicação de suas qualificações, sem, entretanto, especificar quais seriam os dados exigidos para tanto. Compreensível nesse caso que se aplique o art. 319, II, do CPC, demandando-se do apelante a informação dos dados previstos para a qualificação das partes na petição inicial.

E é justamente essa aplicação que faz surgir uma questão inevitável: qual a utilidade de uma nova qualificação das partes no processo nesse momento procedimental?

Sendo exigência formal da petição inicial a qualificação das partes e não tendo a apelação natureza de ação - assim como nenhuma outra espécie recursal -, qual o sentido da exigência de repetir uma qualificação que, em tese, já estará presente no processo? Afirma-se em tese porque há situações nas quais isso pode não ocorrer. O art. 319, § 3º, do CPC permite a dispensa de qualificação do réu quando a obtenção de tais informações tornar impossível ou excessivamente oneroso o acesso à justiça. Tal dispensa, naturalmente, estende-se também à peça recursal da apelação, se de fato em tal momento for exigido tal requisito formal.

É de fato uma pergunta de difícil resposta, parecendo realmente, pelo menos para as partes, inútil repetir na peça recursal uma qualificação já constante no processo desde a petição inicial. Há, entretanto, um legitimado recursal para o qual se justifica a exigência legal.

O terceiro prejudicado está previsto como um dos legitimados recursais pelo art. 966 do CPC, de forma que, sendo a apelação

---

35 CÂMARA, Alexandre Freitas. *Comentários ao Novo Código de Processo Civil*.2ª ed., coord. Antonio do Passo Cabral e Ronaldo Cramer, . Rio de Janeiro, Forense, 2016, p. 1.508.

interposta por esse legitimado, a sua qualificação será indispensável, considerando-se a interposição do recurso seu primeiro ato no processo[36]. E qual a consequência da ausência ou de uma qualificação deficitária do terceiro prejudicado?

Tenho dificuldade de defender nesse caso que o vício gerado pela ausência de qualificação seja uma mera irregularidade. Salvo o caso de o dado faltante não ter qualquer relevância para o caso concreto, por exemplo, o estado civil num processo no qual se discuta questão exclusivamente patrimonial, Salvo tais hipóteses, parece-me tratar-se de nulidade relativa, ainda que o vício seja claramente sanável e de pouca gravidade. E nesse caso novamente externo meu receio com o entendimento do Superior Tribunal de Justiça a respeito da aplicação do art. 932, parágrafo único, do CPC somente a vícios estritamente formais.[37]

Insisto que na situação de serem as partes do recurso partes do processo já devidamente qualificadas, a exigência legal é notoriamente inútil. E dessa forma deve concretamente ser dispensada. Continua, entretanto, a existir, ainda que na praxe forense pareça estar praticamente esquecida. Nesse sentido é acertada a lição doutrinária de que a ausência de qualificação de apelante e apelado é uma mera irregularidade[38] e por essa razão não gera qualquer consequência prática, ainda que constitua um vício.

2.2.2.3. Exposição do Fato e do Direito

O inciso II do art. 1.010 do CPC, ao exigir do apelante a exposição do fato e do direito em seu recurso, cria um requisito formal que não existia no direito anterior, uma vez que no art. 514

---

[36] BARBOSA MOREIRA, José Carlos. *Comentários ao Código de Processo Civil*. 17. ed. Rio de Janeiro: Forense, 2013. v. 5, n. 235, p. 424; NERY JR., Nelson; NERY, Rosa Maria de Andrade. *Código de Processo Civil comentado*. 10. ed. São Paulo: RT, 2008. p. 853; ASSIS, Araken de. *Manual dos recursos*. 8. ed. São Paulo: RT, 2017. 39.3.1, p. 428.

[37] STJ, 4ª Turma, AgInt no AREsp 1.908.693/SP, Rel. Min. Raul Araújo, j. 11.10.2021, *DJe* 17.11.2021; STJ, 1ª Turma, EDcl no AgInt no AREsp 1.544.182/PR, Rel. Min. Sérgio Kukina, j. 30.03.2020, *DJe* 02.04.2020.

[38] BARBOSA MOREIRA, José Carlos. *Comentários ao Código de Processo Civil*. 17. ed. Rio de Janeiro: Forense, 2013. v. 5, n. 235, p. 422.

do CPC/1973 a exigência era voltada à narração dos fundamentos de fato e de direito, compreendidos pela doutrina da época como os fundamentos da impugnação da sentença[39], requisito hoje contemplado pelo inciso III do art. 1.010 do diploma processual atual.

A observação é importante para ressaltar que a exposição de fato e de direito ora analisada foi pensada pelo legislador como algo distinto da causa de pedir recursal, ainda que exista corrente doutrinária crítica à inovação legislativa e que advoga que os incisos II e III tratam afinal do mesmo objeto.[40]

Para parcela da doutrina, trata-se da causa de pedir da ação, ou seja, cabe ao apelante em seu recurso descrever o fato e o fundamento jurídico sobre o qual se funda a pretensão do autor[41]. Não me parece que assim o seja, inclusive porque o próprio dispositivo legal não especifica que os fundamentos de fato e de direito sejam exclusivamente aqueles narrados pelo autor.

E tal "omissão" me parece plenamente justificável porque não haveria razão para o legislador dar especial deferência à causa de pedir da ação em contraposição a uma total desconsideração à defesa apresentada pelo réu no processo. Tem mais sentido compreender o dispositivo no sentido de exigir do apelante uma descrição das questões de fato e de direito que compõe o objeto litigioso, o que exigirá tanto a descrição da causa de pedir narrada pelo autor como os fundamentos de defesa constantes da contestação.[42]

Pragmaticamente, é certamente mais seguro ao advogado do apelante a descrição mais ampla, criando em sua peça recursal um

---

39 BARBOSA MOREIRA, José Carlos. *Comentários ao Código de Processo Civil*. 17. ed. Rio de Janeiro: Forense, 2013. v. 5, n. 235, p. 423.

40 BONDIOLI, Luiz Guilherme Aidar. *Comentários ao Código de Processo Civil*. vol XX, São Paulo: Saraiva, 2016. p. 95. Parece ter o mesmo entendimento: GRANADO, Daniel Willian. *Recurso de apelação no novo Código de Processo Civil*. São Paulo: RT, 2017. n. 2.5.1, p. 179.

41 NERY JR., Nelson; NERY, Rosa Maria de Andrade. *Código de Processo Civil comentado*. 10. ed. São Paulo: RT, 2008. p. 2.055.

42 ASSIS, Araken de. *Manual dos recursos*. 8. ed. São Paulo: RT, 2017. n. 40.3.2, p. 565; BUENO, Cassio Scarpinella. *Curso sistematizado de direito processual civil*. 13. ed. São Paulo: Saraiva, 2024. v. 2, p. 600, o qual fala em "contexto decisório", incluindo além das alegações das partes o acervo probatório que foi (ou deveria ter sido) levado em conta pela decisão.

tópico no qual descreve as questões de fato e de direito, fazendo um resumo tanto dos fundamentos fáticos e jurídicos do ataque (causa de pedir) como da defesa. Uma breve explicação do que se trata, em termos de objeto litigioso, a demanda que foi decidida pela sentença contra a qual está sendo interposta a apelação.

2.2.2.4. Razões do Pedido de Reforma ou de Decretação de Nulidade

2.2.2.4.1. Introdução

O inciso III do art. 1.010 do CPC exige do apelante que seu recurso seja fundamentado. Trata-se da necessidade de a apelação conter uma – ou mais de uma – causa de pedir recursal. Para a ação, a causa de pedir é infinita porque infinitos são os fatos que podem ser narrados pelo autor numa petição inicial. É simplesmente impossível prever o que pode vir em uma petição inicial. Embora os fundamentos jurídicos possam se considerar finitos, porque as normas jurídicas são finitas, a parte fática da pretensão impede qualquer prognóstico. Sempre pode haver uma surpresa.

Quanto ao recurso, a causa de pedir não guarda surpresa, sendo, na realidade, dividida em dois grandes grupos. O recorrente pode alegar um vício formal (*error in procedendo*), que pode ser, por sua vez, do procedimento (extrínseco) ou da própria decisão recorrida (intrínseco). Ou pode alegar um vício do conteúdo da decisão impugnada (*error in judicando*), que pode ser da parte fática (fático) da decisão ou da parte que apreciou o fundamento jurídico (jurídico).

2.2.2.4.2. Fundamentos Recursais

Vícios de atividade são entendidos como vícios formais do procedimento ou da própria decisão impugnada e são comumente identificados pela expressão latina *error in procedendo*.

É possível que todo o procedimento até o momento da prolação da sentença tenha tramitado sem qualquer mácula formal, mas que justamente a decisão contenha, em seu interior, um vício de tal natureza. Nesse caso, o apelante alegará esse vício formal em sua apelação e sua causa de pedir recursal terá como objeto um *error in procedendo* intrínseco.

Uma sentença *extra* ou *ultra petita*, ou proferida sem a fundamentação adequada, ou proferida por juízo que se tornou suspeito somente no momento da prolação da decisão, são exemplos de situações que podem ser qualificadas como *error in procedendo* intrínseco.

> Santiago propôs demanda requerendo a condenação de Olivia ao pagamento de R$ 100.000 por alegado descumprimento contratual na entrega de uma camisa oficial do Manchester City assinada pelo Haaland e pelo De Bruyne. O processo tramitou regularmente e, na sentença, o juízo, ainda que entendendo não ter ocorrido o descumprimento contratual, condenou Olivia nos exatos termos do pedido elaborado por Santiago por compreender que a postura adotada por ela na relação contratual mantida por ambos teria gerado a ele danos morais. A sentença é nula porque proferida com base em causa de pedir estranha ao processo (*extra causa petendi*) e nesse sentido cabe a Olívia apelar alegando *error in procedendo* intrínseco.

Sendo o vício do próprio procedimento anterior à sentença impugnada, fala-se em *error in procedendo* extrínseco. Nessa espécie de vício, é importante considerar o art. 278 do CPC, pois, gerando ele uma nulidade relativa, cumpre à parte argui-lo no primeiro momento em que falar nos autos, sob "pena" de preclusão, com a sua consequente convalidação.

Dessa forma, só poderá a parte alegar em apelação um *error in procedendo* extrínseco que gere uma nulidade relativa se a primeira vez que falar nos autos se der por meio de tal recurso. Já as nulidades absolutas não precluem, de modo que a parte poderá alegar tais espécies de vício em sede de apelação, mesmo que o vício já exista antes da sentença impugnada e ela já tenha se manifestado anteriormente nos autos sem alegá-lo.

Em regra, o *error in procedendo* extrínseco é dessa espécie, como a incompetência absoluta, a ausência de litisconsorte necessário, a ausência do Ministério Público em processo no qual deveria participar como fiscal da ordem jurídica etc.

Afirma-se em regra porque é possível que exista um vício ocorrido no processo que gere nulidade relativa e que o primeiro momento em que a parte tenha para se manifestar nos autos seja justamente na interposição de um recurso de apelação. Nessa hipótese, a parte poderá alegar em tal recurso um vício que gera nulidade relativa como *error in procedendo* extrínseco.

> Aline não foi intimada de perícia para se manifestar e o juízo sentenciou a demanda levando em consideração o trabalho pericial. Tendo sucumbido, Aline poderá alegar esse vício em sede de apelação porque, mesmo tratando-se de vício que gera nulidade relativa, a apelação será a primeira manifestação de Aline no processo após o surgimento de tal vício no procedimento.

Um último registro a respeito do *error in procedendo* extrínseco. Há um risco de que o tribunal, mesmo reconhecendo a alegação de *error in procedendo* extrínseco, não dê provimento ao pedido do apelante para anular o processo desde o momento em que se verificou a existência do vício. O Superior Tribunal de Justiça consolidou o entendimento conhecido por "nulidade de algibeira", aquela que, podendo ser sanada pela alegação em tempo razoável, não é suscitada como estratégia, com o objetivo de melhor conveniência futura[43]. Dessa forma, se o tribunal entender que a alegação tardia do vício, somente em sede recursal, decorreu de estratégia da parte consubstanciada em má-fé, a alegação será rejeitada.

Além dos vícios formais, o apelante poderá alegar vícios de julgamento, assim entendidos os vícios de conteúdo da sentença – e/ou decisão interlocutória não agravável – impugnada e comumente identificados pela expressão latina *error in judicando*. Nessa espécie de causa de pedir, o apelante critica a qualidade da decisão, impugnando as considerações e conclusões judiciais. Trata-se de sentença injusta, porque diverge daquela que deveria ter sido proferida se o juízo tivesse considerado corretamente os fatos e aplicado adequadamente o direito[44].

O *error in judicando* pode ser fático, quando se impugna a situação fática estabelecida pelo juízo sentenciante como sua base

---

[43] *Informativo* 764/STJ: 3ª Turma, REsp 2.033.239/SP, Rel. Min. Marco Aurélio Bellizze, j. 14.02.2023.

[44] JORGE, Flávio Cheim. *Teoria geral dos recursos cíveis*. 3. ed. São Paulo: RT, 2007. n. 6.2.1, p. 64; SOUZA, Bernardo Pimentel. *Introdução aos recursos cíveis e à ação rescisória*. 5. ed. São Paulo: Saraiva, 2008. n. 2.2, p. 39.

de sua decisão. Como o direito é aplicado aos fatos, uma incorreta definição fática logicamente influencia a correção da decisão. Aqui o apelante pode substancialmente alegar[45]: (a) equivocada determinação dos fatos, isto é, que a base fática considerada pelo juízo *a quo* para a prolação da sentença não foi adequada, porque foram considerados fatos que não deveriam e desconsiderados fatos que deveriam ter sido considerados; (b) incorreta fixação dos fatos a serem objeto da prova por má aplicação do art. 347 do CPC; (c) inadequada escolha dos meios de prova a serem produzidos; (d) má valoração da prova produzida.

Por outro lado, o *error in judicando* pode ser jurídico, quando se impugna a aplicação do Direito ao caso concreto, ou seja, a parte jurídica da sentença – e/ou decisão interlocutória não agravável – recorrida. Nesse caso, o apelante alegará que houve a aplicação de norma inadequada ou ainda de norma adequada, mas com interpretação equivocada[46].

2.2.2.4.2.1. Extensão do efeito devolutivo (Art. 1.013, § 3º, caput*, do CPC)*

Quanto ao objeto da impugnação, o apelante deve sempre atentar à extensão do efeito devolutivo, compreendido como a matéria impugnada por ele, podendo sua apelação ser total ou parcial. Facilita muito a compreensão do tema falar em capítulos da sentença que geram sucumbência à parte, sendo dela a escolha de impugnar todos eles, devolvendo-os ao tribunal, ou impugnar somente alguns, limitando assim tal devolução[47], nos termos do art. 1.002 do CPC. Trata-se de aplicação do art. 1.013, *caput*, do CPC, dispositivo legal que consagra a máxima *tantum devolutum quantum appellatum*[48].

Segundo autorizada doutrina, os capítulos de sentença são conceituados como as partes em que ideologicamente se decompõe o

45 NEVES, Daniel Amorim Assumpção. *Teoria geral dos recursos*. Salvador: Juspodivm, 2024. p. 544-548.

46 JORGE, Flávio Cheim. *Teoria geral dos recursos cíveis*. 3. ed. São Paulo: RT, 2007. n. 6.2.1, p. 65.

47 DINAMARCO, Cândido Rangel. *Nova era do processo civil*. 4. ed. São Paulo: Malheiros, 2013. n. 65, p. 129.

48 FUX, Luiz. *Curso de direito processual civil*. 2. ed. Rio de Janeiro: Forense, 2004. p. 955.

decisório de uma decisão judicial, cada uma delas contendo o julgamento de uma pretensão distinta[49]. Essa cisão ideológica da decisão judicial pode ser feita de diversas maneiras. Para Cândido Rangel Dinamarco, o processualista que melhor cuidou do tema entre nós, a divisão pode ser realizada da seguinte forma:[50]

(a) capítulo referente aos pressupostos processuais de admissibilidade do julgamento de mérito (é possível não existir esse capítulo se não houver vícios ou somente esse capítulo e o referente ao custo financeiro do processo no caso de sentença terminativa);

(b) diferentes capítulos decidindo no mérito diferentes pedidos (também havendo cumulação de ações, como ocorre, por exemplo, na reconvenção);

(c) nos pedidos decomponíveis, ou seja, se versar sobre coisas suscetíveis de quantificação (contagem, medição, pesagem), sempre que o pedido for parcialmente acolhido, haverá dois capítulos de mérito, referentes à parcela do pedido acolhido e à parcela rejeitada;

(d) capítulo referente ao custo financeiro do processo (custas, honorários e eventualmente multas).

É importante a compreensão de quais são os capítulos de uma sentença e a identificação de quais são aqueles que geraram sucumbência à parte porque, ao menos em tese, os que não forem impugnados na apelação, não sendo assim devolvidos ao tribunal, transitam em julgado, tornando definitiva a derrota da parte no processo. Esses, portanto, não poderão ser revistos pelo tribunal no julgamento da apelação. Reforço que esse impedimento ocorre em tese porque a parte pode ainda ser beneficiada pelo efeito expansivo objetivo interno da apelação, conforme devidamente analisado no tópico 5.5.2.

---

[49] DINAMARCO, Cândido Rangel. *Instituições de direito processual civil*. Salvador: Juspodivm, 2022. v. V, n. 1.226, p. 663.

[50] DINAMARCO, Cândido Rangel. *Instituições de direito processual civil*. Salvador: Juspodivm, 2022. v. V, n. 1.226, p. 665.

A extensão do efeito devolutivo, também chamada de efeito devolutivo na perspectiva horizontal, decorre diretamente do princípio dispositivo[51], dando assim ao apelante a opção de impugnar somente o que pretende ver reformado ou anulado da sentença no julgamento de sua apelação. Ainda que o recurso total seja comumente o mais esperado, não se pode descartar, por aceitação da parte, estratégia ou desídia do patrono do apelante, que capítulos impugnáveis da sentença deixem de ser recorridos.

Resolvendo interpor uma apelação, não é normal que a parte deixe de recorrer de determinado capítulo da sentença por concordar com ele. Na verdade, mesmo que em seu íntimo concorde com tal capítulo, a discordância com relação a outro ou outros, que a motivou a recorrer da sentença, provavelmente a levará a impugnar também aquele contra o qual não se animaria a se insurgir se fosse o único capítulo da decisão.

Não se descarta, entretanto, que uma completa e absoluta falta de argumentos para impugnar o capítulo possa causar um grau tão elevado de desmotivação que leve à não impugnação. E nisso pode haver uma estratégia no sentido de impugnar apenas a parcela da sentença em que efetivamente há chance real de anulação ou reforma, com o que se limita o esforço argumentativo e a atenção do órgão julgador. Não se desvia o foco para impugnações pouco sérias sem chances de vingar. O advogado do apelante pode, inclusive, valer-se dessa argumentação numa eventual sustentação oral, ressaltando que havia muitos capítulos que geraram sucumbência ao seu cliente, mas que ele impugnou somente aqueles que realmente continham vícios formais e/ou de conteúdo.

Por outro lado, há um custo financeiro na interposição da apelação, não o preparo e o porte de remessa e de retorno, cujo valor não varia, sendo o recurso total ou parcial, mas a fixação dos honorários advocatícios recursais previstos no art. 85, § 11, do

---

51 ROSINHA, Martha. *Os efeitos dos recursos*. Porto Alegre: Livraria do Advogado, 2012. p. 67; FERREIRA FILHO, Manoel Caetano. *Código de Processo Civil anotado*. Coordenação José Rogério Cruz e Tucci *et al*. São Paulo/Curitiba: AASP/OAB-PR, 2015. p. 1.693.

CPC. Como bem percebido pela doutrina[52] e pela jurisprudência[53], o dispositivo se presta a inibir a interposição de recursos sem grandes chances de sucesso, e isso deve ser considerado na escolha entre a interposição de uma apelação total ou parcial, tanto mais depois de a jurisprudência consolidada no Superior Tribunal de Justiça não aplicar o dispositivo na hipótese de provimento parcial do recurso[54].

Seja como for, feita a escolha, consciente ou não, o tribunal de segundo grau deverá se limitar em seu julgamento àquilo que lhe foi devolvido.

2.2.2.4.2.2. Impugnação específica dos fundamentos da sentença (e da decisão interlocutória não agravável)

Ainda que esse seja um problema presente com maior frequência em outras espécies recursais, o apelante deve atentar, no momento da elaboração de seu recurso, em impugnar especificamente os fundamentos da sentença, levando em conta que a ausência de tal impugnação tornará sua apelação viciada, sem sequer possibilitá-lo a oportunidade de saneamento, conforme entendimento consagrado no Superior Tribunal de Justiça, por não se tratar de vício estritamente formal[55].

É possível que o operador do direito nem sequer imagine o risco que corre desse tipo de inadmissão, afinal, por vezes, o próprio fundamento recursal o afastará concretamente de qualquer risco. Isso porque é sempre possível que a sentença verse sobre matéria alheia à rejeição da tese defendida pela parte e, ainda assim, gere a ela sucumbência. E nessa circunstância não há muito o que fazer a ela na apelação que não impugnar as razões decisórias.

---

52 CAMARGO, Luiz Henrique Volpe. Comentários aos arts. 82 a 97. *In*: WAMBIER, Teresa Arruda Alvim; DIDIER JR., Fredie; TALAMINI, Eduardo; DANTAS, Bruno (coord.). *Breves comentários ao Novo Código de Processo Civil*. São Paulo: RT, 2015. p. 355.

53 STJ, 3ª Turma, AgInt no AREsp 1.267.195/SP, Rel. Min. Paulo de Tarso Sanseverino, j. 15.12.2020, *DJe* 18.12.2020.

54 *Informativo* 795/STJ, Corte Especial, REsp 1.864.633/RS, Rel. Min. Paulo Sérgio Domingues, por maioria, j. 09.11.2023 (Tema 1059).

55 STJ, 1ª Turma, AgInt no AREsp 2.293.084/MA, Rel. Min. Paulo Sérgio Domingues, j. 28.11.2023, *DJe* 23.01.2024.

A sentença terminativa é um bom exemplo. O autor constrói uma belíssima tese jurídica para convencer o juízo de que seu direito material foi violado pelo réu. No entanto, o juízo nem sequer chega a examinar tais alegações, extinguindo o processo sem a análise do mérito, nos termos do art. 485 do CPC. Obviamente que não fará qualquer sentido o autor apelar dessa sentença repetindo os termos da petição inicial, até porque tais argumentos sequer foram considerados pela sentença. Uma fundamentação recursal nesse sentido será teratológica.

O risco aparece, entretanto, quando a sentença é fundamentada exatamente na rejeição da tese jurídica defendida pela parte em sua petição inicial (autor) ou contestação (réu). Nessa circunstância, o advogado da parte pode se sentir de alguma forma tentado a simplesmente repetir os mesmos argumentos utilizados anteriormente, num autêntico "recorta e cola", imaginando que, se eles não foram suficientes para convencer o juízo de primeiro grau, poderão ser para os desembargadores que julgarão a apelação.

Tal raciocínio é falho porque simplesmente desconsidera a própria natureza jurídica da apelação como instrumento de impugnação de sentença, e não como mero instrumento de translado do processo ao segundo grau de jurisdição. O apelante tem o ônus de atacar a decisão, de criticar os seus fundamentos, de pontuar porque não concorda com as razões de decidir do juízo de primeiro grau.

É claro que, ao fazer isso, naturalmente voltará a reforçar a tese que já defendeu anteriormente no processo e, com isso, muito provavelmente repetirá fundamentos já utilizados. O "recorta e cola" nesse caso, entretanto, será uma consequência do essencial: a impugnação específica dos fundamentos da sentença.

Outro aspecto que merece atenção do advogado na elaboração das razões recursais é a situação versada pelas Súmulas 183/STF e 126/STJ de forma adaptada para o recurso de apelação. Referidas súmulas apontam a inutilidade de a parte interpor somente recurso especial ou extraordinário quando o acórdão tiver fundamento constitucional e federal, sendo ambos fundamentos aptos por si sós a mantê-lo. A interposição de apenas uma espécie recursal será inútil porque mesmo com o seu provimento o fundamento não recorrido seria suficiente para manter inalterado o acórdão recorrido.

Adaptado ao recurso de apelação, cabe ao advogado da parte apelante analisar, a cada capítulo impugnado, se não está diante de tal situação: a existência de mais de um fundamento decisório apto, por si só, a manter tal capítulo. Se for esse o caso, terá o ônus de impugnar todos eles, e, se assim não proceder, o recurso será inadmitido por falta de interesse recursal, ainda que parcialmente (somente no que se refere a tal capítulo).

> Marina ingressou com processo judicial requerendo a rescisão de contrato que havia celebrado com Marilena. O pedido foi julgado procedente porque o juízo de primeiro grau entendeu ter sido Marina induzida em erro no momento da contratação e ter agido Marilena com dolo. Inconformada, Marilena apelou da sentença, alegando que Marina tinha plena consciência dos termos contratuais, não tendo sido induzida a nada. O tribunal de segundo grau inadmitiu a apelação por falta de interesse de agir apontando a ausência de impugnação ao fundamento decisório do dolo constante da sentença apelada.

2.2.2.5. *Pedido de Nova Decisão*

Não existe recurso sem pedido, mas, diferente do previsto no inciso IV do art. 1.010 do CPC, ele nem sempre será de nova decisão. Tudo dependerá de o pedido ser de mera declaração do vício (art. 1.013, § 3º, III, do CPC), de anulação ou de *reforma* da decisão, e o pedido de nova decisão propriamente dito só ocorre na última hipótese[56]. Na realidade, sempre se pede uma segunda decisão do tribunal, mas a decisão que anula a sentença ou declara o vício (*citra petita*) não pode ser tecnicamente qualificada de nova decisão, uma vez que não decide a causa, que deverá ser decidida por outra decisão (sentença ou até mesmo decisão do próprio tribunal na aplicação da teoria da causa madura).

Sendo a causa de pedir formada por uma alegação de *error in procedendo*, o pedido será de anulação ou, no caso específico do

---

56 BARBOSA MOREIRA, José Carlos. *Comentários ao Código de Processo Civil*. 17. ed. Rio de Janeiro: Forense, 2013. v. 5, n. 235, p. 425-426; CÂMARA, Alexandre Freitas. *Lições de direito processual civil*. 7. ed. Rio de Janeiro: Lumen Juris, 2003. v. 2, p. 79.

art. 1.013, § 3º, III, do CPC, de mera declaração do vício. Havendo sido suscitado um *error in judicando* intrínseco, o pedido será de anulação somente da sentença recorrida, o que faz sentido porque o vício formal alegado contamina tão somente a decisão objeto da impugnação. A depender da espécie de vício formal, será possível a adoção da teoria da causa madura, conforme devidamente analisado no tópico 5.6.

Existem situações específicas em que apenas parte da sentença é contaminada pelo vício e, nos termos do art. 281 do CPC, a nulidade de uma parte do ato não deve prejudicar as outras que dela sejam independentes. Nesses termos, entendo como juridicamente viável que o pedido seja direcionado à anulação de apenas parcela da sentença recorrida, de forma que, uma vez acolhido o recurso e devolvido o processo para rejulgamento, o órgão hierarquicamente inferior estará limitado àquela parcela da decisão que foi objeto da decisão. O mesmo ocorre, naturalmente, caso seja hipótese de aplicação da teoria da causa madura, com um julgamento pelo tribunal limitado ao capítulo viciado da sentença que foi anulado.

Por sua vez, no caso de *error in procedendo* extrínseco, o pedido é de anulação do procedimento desde o momento em que o vício passou a existir no processo, sendo a sentença impugnada anulada por conta do efeito expansivo das nulidades. É possível, entretanto, evitar que o reconhecimento de tal vício leve à anulação da sentença apelada em razão do previsto no art. 938 do CPC.

Em nítida opção pela duração razoável do processo, o art. 938, § 1º, do CPC permite que o relator, constatando a ocorrência de vício sanável, inclusive aquele que possa ser conhecido de ofício, determine a realização ou a renovação do ato processual, no próprio tribunal ou em primeiro grau de jurisdição, intimadas as partes. O objetivo de tal regra fica claro no § 2º do artigo ora comentado, que prevê, após o cumprimento da diligência, o prosseguimento, sempre que possível, do julgamento do recurso.

A norma legal preocupa-se com o longo tempo de duração do processo, permitindo a realização ou a renovação do ato, desde que respeitado o contraditório, o que evita a simples declaração de nulidade com a remessa dos autos ao primeiro grau. O objetivo é sanear o vício e continuar o julgamento do recurso, em respeito ao princípio da duração razoável do processo e da economia processual.

O dispositivo legal tem duas exigências: *nulidade sanável* e o respeito ao *contraditório*. Como já se abandonou o entendimento de que as nulidades relativas são sanáveis e as absolutas, não, o dispositivo legal pode ser aplicado tanto num caso quanto noutro, arriscando-me a dizer, inclusive, que a norma tem maior aplicação nas hipóteses de nulidade absoluta, que não são afetadas pela preclusão. A parte deve arguir a nulidade relativa no primeiro momento em que falar nos autos para evitar a sua convalidação, de forma que o art. 938, § 1º, do CPC somente poderá ser aplicado às nulidades relativas caso a parte interessada ainda não tenha se manifestado nos autos[57], como ocorre na hipótese de falta de intimação para contrarrazoar a apelação. Também nos casos de inexistência jurídica parece ser possível a convalidação do vício por meio da repetição do ato reputado juridicamente inexistente ou da prática do ato faticamente inexistente[58].

A ânsia por um processo mais célere não pode ser motivo do afastamento de princípios básicos e fundamentais do processo civil. Essa afirmação é importante porque a aplicação do dispositivo legal ora comentado não pode levar à prática de atos pelos tribunais que caberiam ao juízo de primeiro grau e que são de extrema relevância para a formação de seu convencimento e, consequentemente, servem como substrato da fundamentação de sua sentença. O saneamento dos vícios, sempre que verificados antes da prolação da sentença, só poderá ocorrer nos casos em que tal atividade não seja determinante para a formação do convencimento, limitando-se às questões

[57] BUENO, Cassio Scarpinella. *A nova etapa da reforma do Código de Processo Civil*. São Paulo: Saraiva, 2006. v. 2, n. 8, p. 16; ALVIM, Teresa Arruda; WAMBIER, Luiz Rodrigues; MEDINA, Gabriel Garcia. *Breves comentários à nova sistemática processual*. São Paulo: RT, 2006. v. 2, p. 222; CÂMARA, Alexandre Freitas. *Lições de direito processual civil*. 7. ed. Rio de Janeiro: Lumen Juris, 2003. v. 2, p. 86.

[58] ALVIM, Teresa Arruda; WAMBIER, Luiz Rodrigues; MEDINA, Gabriel Garcia. *Breves comentários à nova sistemática processual*. São Paulo: RT, 2006. v. 2, p. 222; SOUZA, Bernardo Pimentel. *Introdução aos recursos cíveis e à ação rescisória*. 5. ed. São Paulo: Saraiva, 2008. n. 6.17, p. 203.

secundárias, meramente formais[59]. O eventual atropelo de atos que necessariamente devam ser praticados pelo juízo de primeiro grau significa uma ofensa ao princípio do duplo grau e até mesmo ao contraditório, que deve ser preservado segundo a própria disposição legal[60].

Também é essencial a verificação, no caso concreto, de prejuízo às partes e ao próprio processo, admitindo-se a regularização de vício sempre que inexistir prejuízo no caso concreto. É o que já ocorria mesmo antes da existência do art. 938, § 1º, do CPC, na hipótese de o Ministério Público – em processo no qual deveria atuar como fiscal da lei – ingressar na demanda em fase de apelação e ratificar todos os atos já praticados, prosseguindo-se no julgamento do recurso[61]. O mesmo ocorrerá quando se notar em grau recursal a ausência de um litisconsorte necessário, sendo admissível a sua intimação nesse momento processual e, uma vez ratificados por ele os atos já praticados, a apelação prosseguirá com o seu regular andamento. É natural que tanto num caso como noutro, se o Ministério Público ou o litisconsorte necessário não concordarem com os atos já praticados, a decretação da nulidade do procedimento pelo tribunal seja inevitável.

Tratando-se de vício verificado após a prolação da sentença, a aplicação do dispositivo legal ora comentado parece mais fácil, porque nesse caso não há mais preocupação com a substituição indevida pelo tribunal de atividades essenciais ao juízo de primeiro grau. Sintomático que autorizada doutrina, ao dar exemplos para aplicação do dispositivo legal, limite-se a indicar vícios posteriores à prolação da sentença, tais como a ausência de intimação da sentença ou do recurso a um dos litisconsortes, ausência de abertura de prazo para complementar preparo insuficiente, ausência de intimação

59 BARIONI, Rodrigo. *Efeito devolutivo da apelação civil.* São Paulo: RT, 2007. p. 179-186.

60 BUENO, Cassio Scarpinella. *A nova etapa da reforma do Código de Processo Civil.* São Paulo: Saraiva, 2006. v. 2, n. 10, p. 20.

61 JORGE, Flávio Cheim. *A terceira etapa da reforma processual civil.* São Paulo: Saraiva, 2006. p. 210; DIDIER JR., Fredie; CUNHA, Leonardo Carneiro da. *Curso*, p. 132; STJ, 3ª Turma, REsp 803.897/SC, Rel. Min. Humberto Gomes de Barros, j. 14.02.2008, *DJ* 05.03.2008; STJ, 5ª Turma, REsp 795.102/RJ, Rel. Min. Arnaldo Esteves Lima, j. 30.8.2007, *DJ* 15.10.2007.

para manifestação sobre documento novo juntado nas razões ou contrarrazões da apelação[62].

Em razão da previsão expressa do art. 938, § 4º, do CPC, tanto o *relator* quanto o *órgão colegiado* poderão determinar o saneamento do vício sanável, considerando-se que ambos fazem juízo de admissibilidade recursal[63].

Na alegação de *error in judicando*, como o vício é do conteúdo da decisão, não tendo havido, portanto, qualquer vício formal na prestação da tutela jurisdicional, o pedido é de reforma da decisão, ou seja, a substituição da sentença recorrida pela decisão da apelação.[64]

A doutrina, portanto, cria esta correlação: sendo a causa de pedir um *error in procedendo*, o pedido será de anulação; se a causa de pedir for um *error in judicando*, o pedido será de reforma[65].

Há, porém, uma exceção a essa regra. O fim normal do processo/fase de conhecimento é o julgamento de mérito após o desenvolvimento das fases postulatória, de saneamento e probatória. Sempre que o processo/fase de conhecimento for extinto antes disso, pode-se considerar que teve um fim anômalo. Numa situação como essa, o apelante pretende fazer com que a sentença desapareça, para que o procedimento possa continuar seu normal trâmite, não sendo correto imaginar um pedido de reforma da decisão.

Um julgamento antecipado do mérito pode conter um *error in judicando*, consistente na indevida aplicação do art. 355 do CPC[66], mas a parte que apela alegando *cerceamento de defesa* não pretende

---

62 THEODORO JR., Humberto. *Curso de direito processual civil.* 57. ed. Rio de Janeiro: Forense, 2024. v. III, 543-a, p. 666; ASSIS, Araken de. *Manual dos recursos.* 8. ed. São Paulo: RT, 2017. 40.3, p. 441.

63 BUENO, Cassio Scarpinella. *A nova etapa da reforma do Código de Processo Civil.* São Paulo: Saraiva, 2006. v. 2, n. 13, p. 26-28; NERY JR., Nelson; NERY, Rosa Maria de Andrade. *Código de Processo Civil comentado.* 10. ed. São Paulo: RT, 2008. p. 858.

64 *Informativo* 477/STJ: 4ª Turma, REsp 1.236.732/PR, Rel. Min. João Otávio de Noronha, j. 16.06.2011.

65 ASSIS, Araken de. *Manual dos recursos.* 8. ed. São Paulo: RT, 2017. n. 17.5.2, p. 165; JORGE, Flávio Cheim. *Teoria geral dos recursos cíveis.* 3. ed. São Paulo: RT, 2007. n. 6.2.1, p. 90.

66 Contra, entendendo tratar-se de *error in procedendo*: LEMOS, Vinícius Silva. *Recursos e processos nos tribunais.* 6. ed. Salvador: Juspodivm, 2023. n. 6.4, p. 217.

a reforma da sentença, mas simplesmente a sua invalidação para que o processo prossiga em seu procedimento, com a realização da necessária prova e posterior prolação de nova sentença[67].

Também no julgamento liminar de improcedência consagrado no art. 332 do CPC, é possível pedir a anulação da sentença com base em *error in judicando*. O apelante pode justamente pretender, nesse caso, o seguimento do processo, impugnando a adoção da tese do julgamento liminar no caso concreto, numa má aplicação do art. 332 do CPC, ou até mesmo um julgamento liminar fora das hipóteses admitidas em lei. Nessa situação, não faria sentido requerer a anulação da sentença, porque a pretensão do apelante não é substituir uma sentença por outra decisão, mas sim fazer com que a sentença desapareça para que o procedimento possa seguir seu trâmite. E isso ela conseguirá com a anulação da sentença.

Nesse tocante, há um interessante precedente do Superior Tribunal de Justiça que anulou, em sede de recurso especial, um julgamento liminar de improcedência numa ação civil pública de natureza estrutural. O julgamento reconheceu inadequada a extinção prematura sob o argumento "de que o Estado não reuniria as condições necessárias para a implementação de políticas públicas e ações destinadas à resolução, ou ao menos à minimização, dos danos decorrentes do acolhimento institucional de menores por período superior àquele estipulado pelo ECA"[68].

O mesmo ocorre com a má aplicação do art. 485 do CPC, com prolação de sentença terminativa em processo no qual o mérito deveria ser enfrentado. Não há, no caso, vício formal, porque, mais uma vez, o que ocorre é um erro de julgamento, uma má aplicação do direito, com leitura e interpretação equivocadas no sentido de o caso concreto se tipificar numa das hipóteses previstas no art. 485 do CPC. O pedido adequado nessa hipótese é de anulação da decisão, porquanto o recorrente não quer que a sentença seja substituída por outra decisão, mas sim que a sentença simplesmente desapareça

---

67 STJ, 2ª Turma, AgInt no AREsp 1.013.734/SP, Rel. Min. Mauro Campbell Marques, j. 28.03.2017, *DJe* 03.04.2017.

68 STJ, 3ª Turma, REsp 1.854.842/CE, Rel. Min. Nancy Andrighi, j. 02.06.2020, *DJe* 04.06.2020.

para que o processo possa seguir normalmente seu trâmite até um julgamento de mérito.

Nessa última situação, é possível que seja aplicável o art. 1.013, § 3º, I, do CPC, ou seja, a teoria da causa madura. Isso, todavia, não muda absolutamente nada no que diz respeito ao pedido recursal. O apelante, mesmo que consiga o julgamento de mérito da ação diretamente pelo tribunal, continua precisando anular a sentença terminativa para que o julgamento do mérito seja viável, e nesse sentido deve pedir em sua apelação a anulação da sentença recorrida.

Há, ainda, uma última hipótese, derivada da recorribilidade de decisão interlocutória por apelação e contrarrazões de apelação prevista no art. 1.009, § 1º, do CPC. Nesse caso, é possível que o recorrente impugne a decisão interlocutória com fundamento num *error in judicando*, postulando a sua reforma, mas com o provimento de tal pedido ocorrerá a anulação da sentença em virtude do efeito expansivo dessa reforma.[69]

Por exemplo, a decisão interlocutória recorrida foi o indeferimento de prova. O tribunal, ao julgar a apelação, acolhe a pretensão recursal, concordando com o recorrente de que houve cerceamento de defesa e reforma a decisão, determinando a produção da prova que havia sido indeferida. Com isso, todos os atos posteriores ao indeferimento são anulados, o que inclui a sentença.

A situação é diferente das demais tratadas anteriormente e, em minha visão, não chega a excepcionar a correlação causa de pedir--pedido-padrão, porque o *error in procedendo* alegado como causa de pedir não se dirigiu a impugnar a sentença, mas tão somente a decisão interlocutória. É até possível que outras causas de pedir tenham sido alegadas para impugnar a sentença na mesma apelação com *error in procedendo*, mas elas restarão prejudicadas e não serão analisadas com o acolhimento daquela. Seja como for, é uma situação peculiar.

---

[69] LEMOS, Vinícius Silva. *Recursos e processos nos tribunais*. 6. ed. Salvador: Juspodivm, 2023. n. 6.4, p. 220.

Por fim, cumpre registrar corrente doutrinária que defende não bastar um pedido genérico de anulação ou reforma da sentença, cabendo ao apelante indicar com a máxima precisão qual o teor do novo julgamento pretendido[70]. Não estou tão seguro quanto a tal necessidade, em especial se ela puder levar a alguma espécie de inépcia da peça recursal, insuscetível de correção por ser considerada como vício formal de conteúdo, o que, segundo o entendimento consolidado do Superior Tribunal de Justiça, afasta a aplicação do art. 932, parágrafo único, do CPC.

No pedido de reforma o que se pede é a alteração do resultado da sentença, sendo na grande maioria dos casos algo de fácil compreensão mesmo diante de um pedido simples sem qualquer especificação. Diante da improcedência do pedido, o autor apela e pede a reforma da sentença. Não é preciso dizer mais nada para se compreender que pretende com o recurso a procedência de seu pedido. Imagine-se que no caso concreto o autor tenha pedido a condenação do réu em pagar R$ 10.000,00 e seja proferida uma sentença de improcedência. Será mesmo necessário que na apelação peça expressamente que a sentença seja reformada para que o réu seja condenado a pagar R$ 10.000,00? Não me parece.

Ainda mais desnecessária parece ser tal especificação quando o pedido formulado for de anulação da sentença. Nesse caso, aliás, não se trata sequer de desnecessidade, mas antes de impossibilidade material. Afinal, não há propriamente o que especificar. Cabe ao apelante pedir a anulação da sentença e apenas isso.

2.2.3. *Intimação do Apelado*

Nos termos do art. 1.010, § 1º, do CPC, com a interposição da apelação, o apelado será intimado para apresentar contrarrazões no prazo de 15 dias. Trata-se de norma que garante o princípio do contraditório, ao admitir que o apelado tenha uma oportunidade de impugnar as razões recursais, e o princípio da isonomia, ao prever

70 DINAMARCO, Cândido Rangel. *Instituições de direito processual civil*. Salvador: Juspodivm, 2022. v. V, n. 2.294, p. 206.

o mesmo prazo para essa defesa que o apelante teve para apresentar o seu recurso.

A intimação se dará na pessoa do advogado da parte, por meio de publicação na imprensa oficial, salvo se a parte tiver a prerrogativa da intimação pessoal, ou pelo portal eletrônico, sendo dispensada na hipótese de réu revel sem patrono constituído.

Excepcionalmente, o apelado ainda não estará integrado ao processo quando a apelação for interposta, precisando nesse caso ser antes integrado para daí ser intimado para apresentar as contrarrazões. É o que ocorre nas sentenças proferidas liminarmente, ou seja, antes da citação do réu. Tanto no caso de indeferimento da petição inicial (art. 331, § 1º, CPC) como no de julgamento liminar de improcedência (art. 332, § 4º, CPC), há previsão de que, interposta a apelação e não ocorrendo a retratação, o réu-apelado será citado para responder ao recurso. Na realidade, a citação servirá para o réu ser integrado à relação jurídica processual e tomar conhecimento da existência da demanda, fazendo-se acompanhar por uma intimação que convocará o réu a, querendo, apresentar resposta ao recurso.

A eventual falta de intimação do apelado é vício grave, que contamina o julgamento da apelação tornando-o nulo[71]. O vício pode ser convalidado, entretanto, caso o apelado, mesmo não tendo sido intimado a tanto, comparece espontaneamente aos autos e apresenta contrarrazões. Afinal, o vício não é propriamente a ausência de intimação, mas sim a violação ao contraditório decorrente dela, o que não ocorrerá se o apelado, mesmo não tendo sido intimado, contrarrazoar.

Por outro lado, caso a apelação seja encaminhada ao tribunal sem a devida intimação do apelado e sem contrarrazões, cabe ao relator determinar o saneamento do vício. Diferente de parcela doutrinária que defende tal possibilidade com fundamento no art. 932, parágrafo único, do CPC[72], entendo ser aplicável o art. 938, § 1º, do CPC porque o vício nesse caso não é da apelação, e sim

[71] ASSIS, Araken de. *Manual dos recursos*. 8. ed. São Paulo: RT, 2017. n. 43.1, p. 584.

[72] ASSIS, Araken de. *Manual dos recursos*. 8. ed. São Paulo: RT, 2017. n. 43.1, p. 584.

do procedimento. De qualquer forma, a fundamentação legal é o menos importante, só não tendo sentido o relator devolver os autos ao primeiro grau para que este saneie o vício, cabendo ao próprio tribunal intimar o apelado a contrarrazoar em 15 dias.

Na hipótese de existir mais de uma apelação, o que pode se verificar tanto na interposição de recursos por litisconsortes como por ambas as partes no caso de sucumbência recíproca, haverá necessariamente mais de uma intimação para contrarrazões. Ainda que não exista qualquer regra que estabeleça um mesmo momento para que tais intimações ocorram, há doutrina que defende essa homogeneidade por conta do princípio da economia processual[73]. Só faz sentido o entendimento se a forma de intimação for a mesma.

2.2.4. *Contrarrazões de Apelação*

Diferente de uma contestação, não há para as contrarrazões qualquer ônus imposto ao apelado, podendo-se imaginar, equivocadamente, ser tal peça processual uma das peças postulatórias menos relevantes do processo. Afinal, não se admite que a ausência de resposta pelo apelado gere qualquer consequência típica de sua contumácia a responder à petição inicial, não cabendo ao caso aplicação por analogia dos efeitos da revelia.[74]

Há corrente doutrinária que defende que na hipótese do art. 1.014 do CPC, quando o apelante alegar novas questões de fato em sede de apelação, há não só um ônus imposto ao apelado de impugnar tais alegações, como também de fazê-lo de forma específica, em aplicação por analogia do art. 341, *caput*, do CPC. Para essa parcela da doutrina, a inércia nesse caso resultará em presunção de veracidade das alegações de fato.[75]

Não concordo com o entendimento pela dificuldade que tenho de aceitar que regras que impõem ônus perfeitos à parte possam ser

---

73 ASSIS, Araken de. *Manual dos recursos*. 8. ed. São Paulo: RT, 2017. n. 43.1, p. 583.

74 BARBOSA MOREIRA, José Carlos. *Comentários ao Código de Processo Civil*. 17. ed. Rio de Janeiro: Forense, 2013. v. 5, n. 253, p. 463.

75 ASSIS, Araken de. *Manual dos recursos*. 8. ed. São Paulo: RT, 2017. n. 43.1, p. 585.

aplicadas por analogia. Em realidade, qualquer norma que possa impor uma situação de desvantagem à parte parece-me que deva ser interpretada restritivamente, havendo, inclusive, corrente doutrinária que defende ser a impugnação específica um dever do réu[76], o que reforça a tese aqui sustentada.

Na praxe forense é corriqueiro encontrar substancialmente duas matérias sendo alegadas pelo apelado em sede de contrarrazões.

A primeira ordem de matérias diz respeito ao juízo de admissibilidade da apelação interposta, cabendo ao apelado apontar todos os vícios formais do recurso que possam levá-lo à inadmissibilidade. Ainda que seja pacífico o entendimento doutrinário[77] e jurisprudencial[78] de que os pressupostos de admissibilidade recursal são matéria de ordem pública e, portanto, conhecíveis de ofício, é de interesse do apelado a alegação expressa nas contrarrazões de forma fundamentada de vícios que levem à inadmissão da apelação. Além de chamarem a atenção do tribunal, podem facilitar o seu trabalho de fundamentar o não conhecimento do recurso.

Costuma-se imaginar que a alegação de vícios formais do recurso de apelação seja a parte mais importante de uma peça de contrarrazões, porque a outra matéria passível de alegação, concernente ao mérito recursal, seria basicamente defender a correção fático-jurídica da sentença apelada, ou seja, tratar-se-ia essencialmente de repetir aquilo que já consta da sentença, defendendo seu acerto.

Nesse caso, tudo o que se deixar de alegar em contrarrazões quanto às matérias referidas pode ser considerado de ofício pelo tribunal. Tanto os vícios formais, por se tratar de matéria de ordem pública, como o mérito recursal, por conta do *iura novit curia* (nesse caso, na verdade, basta ao tribunal manter o entendimento fático-jurídico da sentença).

---

[76] AUBERT, Eduardo Henrik. *A impugnação especifica dos fatos no processo civil brasileiro*. 2019. Tese (Doutorado) – Faculdade de Direito, Universidade de São Paulo, São Paulo, 2019, p. 57. Disponível em: https://www.teses.usp.br/teses/disponiveis/2/2137/tde-07082020-015356/publico/3316522_Tese_Original.pdf, Acesso em: 1º mar. 2024.

[77] Por todos: ASSIS, Araken de. *Manual dos recursos*. 8. ed. São Paulo: RT, 2017. n. 16.1, p. 150.

[78] STJ, 4ª Turma, EDcl no AREsp 1.829.086/GO, Rel. Min. Luis Felipe Salomão, j. 22.11.2021, *DJe* 25.11.2021.

Essa realidade costuma dar às contrarrazões certa má fama, chegando ao extremo de ser considerada até mesmo uma peça desnecessária. Quem sabe diante de uma apelação formalmente perfeita e de uma sentença muito bem elaborada realmente a utilidade de tal peça seja no mínimo algo duvidável, mas em especial quando a sentença deixa a desejar, a peça ganha muito em importância. E isso porque sempre será possível ao apelado defender o sentido da sentença, melhorando o seu conteúdo, de forma a fornecer ao tribunal mais elementos para justificar sua manutenção. Em alguns casos, até mesmo por conta do volume de trabalho, a sentença é bastante sucinta, cabendo nesses casos ao apelado um trabalho em contrarrazões de aprimoramento das razões que demonstrem sua correção.

Por outro lado, as contrarrazões podem ocasionalmente despertar um maior interesse no caso concreto, a depender de seu conteúdo. Conforme devidamente analisado, podem ter um capítulo recursal quando o apelado impugnar decisão interlocutória não agravável e, nesse caso, com natureza híbrida, de resposta e de recurso, a peça processual indiscutivelmente passa a ter relevância destacada no processo.

Nesse caso, nos termos do art. 1.009, § 2º, do CPC, caberá a intimação do apelante para apresentar resposta em 15 dias. Trata-se essa resposta, naturalmente, das "contrarrazões ", ainda que o legislador tenha preferido não assim chamá-la, e serve para o apelante responder à pretensão recursal do apelado contida em suas contrarrazões.

Por outro lado, ainda que não exista uma regra expressa nesse sentido, por uma questão de isonomia, o apelado pode em contrarrazões alegar fatos novos nas mesmas condições impostas ao apelante pelo art. 1.014 do CPC. Haverá nesse caso uma inovação procedimental, porque para que se cumpra o contraditório o apelante deve ser intimado para se manifestar sobre tal alegação no prazo de 15 dias[79].

[79] BONDIOLI, Luiz Guilherme Aidar. *Comentários ao Código de Processo Civil*. Vol XX, São Paulo: Saraiva, 2016. p. 119.

2.2.5. *Apelação Adesiva*

Sendo o apelado intimado para apresentar as contrarrazões no prazo de 15 dias, nos termos do art. 1.010, § 1º, do CPC, nesse mesmo prazo poderá também apresentar apelação adesiva. O termo inicial é o mesmo para a apresentação das contrarrazões e do recurso adesivo, mas os prazos para a prática dos dois atos processuais são autônomos, de forma que nada impede que, dentro do prazo de 15 dias, a parte contrarrazoe e apele adesivamente em momentos distintos[80]. E por que não se exige que os dois atos sejam praticados simultaneamente?

Porque não há qualquer previsão expressa que exija a prática simultânea dos dois atos processuais, e nesse caso a exigência só poderia decorrer de eventual preclusão, o que não ocorre. A preclusão consumativa não se aplica na hipótese porque são atos distintos, inclusive de diferentes naturezas; a preclusão temporal também não incide porque a contagem dos prazos é autônoma; e não há preclusão lógica porque inexiste incompatibilidade lógica entre o ato anteriormente e posteriormente praticados, independentemente de quais sejam eles.

Ainda que não seja necessária a interposição na mesma data das contrarrazões e da apelação adesiva, é situação frequente no dia a dia forense. Até recomendável, diante da odiosa jurisprudência defensiva que persiste em nossos tribunais e que sempre pode criar surpresas desagradáveis, ainda que sem substrato jurídico defensável. Com a interposição ocorrendo simultaneamente, questiona-se: poderia a parte cumular numa mesma peça o ato de resposta à apelação principal e a apelação adesiva?

Não é, certamente, a forma esperada pelo legislador de reação do apelado ao ser intimado para tomar ciência da apelação interposta pela parte contrária. A forma legal é a apresentação de duas peças, cada qual com objeto e características próprias. A elaboração de uma mesma peça, contudo, desde que plenamente identificáveis

80 STJ, 1ª Turma, REsp 1.620.762/MT, Rel. Min. Napoleão Nunes Maia Filho, j. 22.10.2019, *DJe* 20.11.2019.

a resposta e o recurso, não deve gerar nulidade em virtude do princípio da instrumentalidade das formas.

Por outro lado, não há nada que exija da parte a apresentação de contrarrazões como condição de interposição da apelação adesiva.[81] Tratando-se de atos processuais autônomos e independentes, pode o apelado optar por somente apelar adesivamente, deixando a apelação principal sem resposta.

Sendo interposta a apelação adesiva, o art. 1.010, § 2º, do CPC prevê a intimação do apelante para apresentar contrarrazões. Ainda que omisso o dispositivo legal, não resta dúvida de que o prazo será de 15 dias. Eventual omissão do cartório judicial em realizar tal intimação deve ser tratada exatamente da mesma forma de eventual omissão em intimar o apelado a contrarrazoar a apelação conforme analisado no tópico 2.2.3.

2.2.6. *Réplica Recursal: Injustificável Omissão Legislativa*

Chama a atenção a preocupação legislativa para que o conhecimento de matérias processuais que levem à extinção terminativa do processo não surpreenda as partes, em especial o autor, quando o processo tramita em primeiro grau de jurisdição. Sempre que o réu alega em sua contestação defesas preliminares, o autor deverá ser intimado para apresentar réplica em 15 dias (art. 351 do CPC). A razão de ser da norma é evidente: tendo o réu levado ao processo matéria nova, de natureza processual, violará o contraditório uma sentença proferida com fundamento nessas matérias sem que o autor tenha tido a prévia oportunidade de se manifestar sobre elas[82].

---

[81] DINAMARCO, Cândido Rangel. *Instituições de direito processual civil*. Salvador: Juspodivm, 2022. v. V, n. 2.230, p. 90.

[82] THEODORO JR., Humberto. *Curso de direito processual civil*. 56. ed. Rio de Janeiro: Forense, 2015. v. I, n. 618, p. 816; CÂMARA, Alexandre Freitas. *O novo processo civil brasileiro*. São Paulo: Atlas, 2015. p. 210. No mesmo sentido: DINAMARCO, Cândido Rangel. *Instituições de direito processual civil*. São Paulo: Malheiros, 2001. v. III, n. 1.132, p. 551; RODOVALHO, Thiago. Comentários aos arts. 350 a 353. *In*: STRECK, Lenio Luiz; NUNES, Dierle; CUNHA, Leonardo Carneiro da. *Comentários ao Código de Processo Civil*, org. São Paulo: Saraiva, 2016. p. 517.

O Superior Tribunal de Justiça tem precedente reconhecendo a indispensabilidade da réplica quando alegada em contestação defesa preliminar como forma de preservação do contraditório.[83]

Influenciada pela valorização do princípio do contraditório pelo Código de Processo Civil atual, a doutrina passou a destacar ainda mais a exigência de réplica na hipótese de alegação de preliminar pelo réu em sua contestação. A réplica, instituto antigo em nosso procedimento cognitivo, passou a ter uma posição de mais destaque e relevância, interpretada à luz dos arts. 9º e 10 do CPC.[84]

Curiosamente, entretanto, a preocupação do legislador com a necessidade da réplica como fenômeno processual garantidor do contraditório no procedimento em primeiro grau não se repetiu no âmbito recursal, cabendo nesse momento centralizar a crítica ao procedimento previsto para a apelação perante o juízo *a quo* pelos parágrafos do art. 1.010 do CPC.

Uma vez arguida pelo apelado a ausência de um ou de mais de um pressuposto de admissibilidade recursal, não é dado ao apelante a oportunidade de se manifestar a respeito de tal matéria, naquilo que poderia se chamar de "réplica recursal". Não existe, de fato, norma expressa nesse sentido no *codex* processual.

Não há, naturalmente, diferença ontológica entre uma sentença terminativa fundada em preliminar de contestação e uma decisão de inadmissão recursal fundada em ausência de pressuposto de admissibilidade alegada nas contrarrazões. Procedimentalmente, a diferença é que, na primeira hipótese, por conta do previsto no art. 351 do CPC, o réu terá tido oportunidade de prévia manifestação em virtude da réplica, o que evitará a prolação da "decisão-surpresa", não se podendo dizer o mesmo da decisão proferida no âmbito recursal.

Infelizmente, o Superior Tribunal de Justiça consolidou o entendimento de que a decisão que inadmite o recurso não exi-

[83] STJ, 2ª Turma, AgInt no AREsp 1.512.115/MS, Rel. Min. Mauro Campbell Marques, j. 05.09.2019, *DJe* 10.09.2019.

[84] CRUZ E TUCCI, José Rogério. *Comentários ao Código de Processo Civil*. 2. ed. São Paulo: RT, 2017. v. VII, p. 321. YARSHELL, Flávio Luiz; PEREIRA, Guilherme Setoguti J.; RODRIGUES, Viviane Siqueira. *Comentários ao Código de Processo Civil*. São Paulo: RT, 2017. v. V, p. 235.

ge o respeito ao princípio do contraditório, podendo o tribunal simplesmente amparar sua decisão em fundamento não discutido previamente pelas partes. Trata-se de uma das consequências concretas do curioso entendimento de não ter o art. 10 do CPC caráter absoluto[85]. Entende o Tribunal que, tratando-se a inadmissibilidade de pressupostos previstos em lei e reiteradamente proclamados pelo órgão julgador, o seu enfrentamento não traria qualquer inovação ao litígio ou adoção de fundamentos que seriam desconhecidos pelas partes[86], o que justificaria a ausência de intimação prévia.

O entendimento é frágil. A circunstância de os pressupostos de admissibilidade estarem previstos em lei é o que legitima a decisão, não justificando a dispensa do contraditório. Aliás, espera-se que não só as decisões sobre admissibilidade recursal sejam fundadas em legalidade. O fato de haver posicionamento prévio do tribunal sobre a matéria tampouco é justificativa de dispensa do contraditório, porque sem a prolação da decisão as partes nunca saberão se tal entendimento, ainda que consagrado, será efetivamente aplicado ao caso concreto. Os fundamentos são desconhecidos das partes porque não foram levados ao processo antes da decisão, e o conhecimento que elas precisam ter para que o contraditório seja preservado é aquele adquirido dentro do processo.

Quando a decisão de inadmissão acolhe a alegação do apelado quanto a algum vício formal da apelação, entendo que a situação fica ainda mais complicada porque nesse caso, além da clara violação ao princípio do contraditório, haverá uma violação ao princípio da isonomia, porque a matéria que fundamentou a decisão terá sido objeto de manifestação por somente uma das partes do recurso.

Tais violações, entretanto, são evitáveis mediante uma atitude proativa do apelante. Mesmo sem ser intimado, sempre que as contrarrazões tragam alguma matéria que, uma vez acolhida, possa levar à inadmissão da apelação, cabe ao apelante "atravessar" uma manifestação rebatendo tal alegação. Pode até mesmo chamá-la de

---

[85] STJ, 2ª Turma, REsp 1.781.459/MG, Rel. Min. Herman Benjamin, j. 02.06.2020, *DJe* 21.08.2020.

[86] STJ, 2ª Turma, AgInt no AREsp 1.205.959/SP, Rel. Min. Assusete Magalhães, j. 19.09.2019, *DJe* 25.09.2019.

réplica recursal e usar por analogia o art. 351 do CPC. Essa postura, inclusive, pode liberar o advogado em caso de eventual sustentação oral para focar com maior intensidade o mérito recursal.

2.2.7. Juízo de Retratação

O efeito regressivo permite ao juízo *a quo* se retratar de sua decisão em virtude da interposição do recurso.[87] Na realidade, não apenas da interposição, mas também, e essencialmente, do convencimento judicial do teor da pretensão recursal. O órgão prolator da decisão se convence pela causa de pedir recursal que sua decisão tem um *error in procedendo* e/ou um *error in judicando*, sendo-lhe permitida nesse caso a anulação ou reforma da decisão recorrida.

Quanto ao recurso de apelação, há três expressas previsões no Código de Processo Civil permitindo a retratação do juízo prolator da sentença: arts. 331, *caput* (apelação contra sentença de indeferimento da petição inicial), 332, § 3º (apelação contra sentença de julgamento liminar de improcedência), 485, § 7º (apelação contra sentença terminativa). Fora do Código de Processo Civil, a apelação sempre gera efeito regressivo, qualquer que seja o momento e/ou espécie de sentença, quando a demanda versar sobre direitos de crianças e adolescentes previstos no ECA (art. 198, VIII).

Sempre me incomodou a circunstância de um órgão incompetente para julgar o recurso ter competência para se retratar da decisão por ele impugnada. Não nego a vantagem prática da geração do efeito regressivo, eliminando-se de maneira consideravelmente rápida um evidente erro da sentença, que de tão óbvio convenceu o próprio juízo que a proferiu. O meu incômodo, portanto, nada tem de pragmático, porque reconheço as vantagens práticas obtidas à luz da duração razoável do processo e da economia processual.

Vejo um grave problema relacionado à questão da competência. Se partirmos da consolidada premissa de que a geração dos efeitos recursais está condicionada à sua admissão, como será possível

---

87 STJ, 2ª Turma, AgInt no AgRg no AREsp 445.571/DF, Rel. Min. Assusete Magalhães, j. 15.08.2017, *DJe* 24.08.2017.

que um órgão sem competência para o juízo de admissibilidade recursal retrate-se de sua decisão? Serei ainda mais claro: pode um juízo incompetente para o juízo de admissibilidade fazer o juízo de retratação?

A esse respeito há um curioso Enunciado da I Jornada de Direito Processual Civil do Conselho da Justiça Federal: "A intempestividade da apelação desautoriza o órgão a quo a proferir juízo positivo de retratação". Como se pode notar, o Enunciado permite a conclusão no sentido de haver um dever do juízo de primeiro grau de fazer um juízo de admissibilidade tácito da apelação, retratando-se inclusive quando entender que o recurso é inadmissível, salvo na hipótese da intempestividade.

Concordo com a doutrina que não compreende fazer sentido distinguir a intempestividade dos demais vícios formais aptos a levarem à inadmissão recursal. Significa dizer que o juízo de primeiro grau, entendendo haver qualquer espécie de vício que justifique a inadmissão da apelação, deve se abster de exercer o juízo de retratação, ainda que concordando com o conteúdo do recurso. Por não ter competência, não se refere quanto ao vício formal, limitando-se a remeter o processo para o tribunal fazer o juízo de admissibilidade e provavelmente não conhecer a apelação.[88]

Seja como for, será inevitável esse juízo de admissibilidade tácito, porque, se o juízo de primeiro grau entender pela inadmissão do recurso, e isso por qualquer razão, não deverá se retratar, dando andamento regular à insurgência, ainda que se convença das razões recursais. Por outro lado, entendendo o recurso como admissível, estará liberado para a retratação.

Existe, naturalmente, um grave problema em tudo isso. O apelado tem o direito de ver o recurso de apelação inadmitido quando for esse o caso, e, com o juízo de retratação e consequente perda de objeto do recurso interposto, esse juízo de admissibilidade, pelo menos expressamente, simplesmente não é realizado. Como num

[88] BUENO, Cassio Scarpinella. *Curso sistematizado de direito processual civil.* 13. ed. São Paulo: Saraiva, 2024. v. 2, p. 603.

passe de mágica o apelante consegue inverter sua sucumbência sem ter tido o ônus de passar pelo juízo de admissibilidade recursal.

Por exemplo, é proferida uma sentença terminativa e o autor interpõe uma apelação sem recolher o devido preparo recursal. É intimado para o recolhimento em dobro e queda-se inerte. O apelado já está comemorando quando é surpreendido com uma decisão de retratação, no sentido de que a sentença terminativa não era adequada para o caso concreto e que o processo merecia prosseguir para, ao final, ter um julgamento de mérito.

Ainda que se valorize o julgamento de mérito como o fim normal do processo, é legítimo com o apelado que uma apelação inadmissível, como a apresentada no exemplo, permita ao juízo de primeiro grau o exercício da retratação? Não há aqui também um direito do apelado em ver o recurso de apelação inadmitido?

Compreendo que, caso ocorra uma retratação por conta do efeito regressivo da apelação, e o apelado entenda ser a apelação inadmissível, seja cabível a reclamação, nos termos do art. 988, I, do CPC. Firme na premissa de que o juízo de admissibilidade precede o juízo de retratação, considero cabível a reclamação por usurpação de competência do tribunal, único órgão competente para o juízo de admissibilidade recursal. A reclamação, nesse caso, permitirá ao tribunal fazer o adequado juízo de admissibilidade recursal da apelação interposta e, se for mesmo o caso, inadmiti-la, com a consequente anulação da decisão de retratação (efeito expansivo subjetivo externo).

Numa perspectiva meramente acadêmica, o ideal seria fracionar o julgamento recursal sempre que o recurso gere efeito regressivo e o órgão competente para o juízo de retratação seja incompetente para a análise do juízo de admissibilidade. O tribunal conhece a apelação e, diante disso, abre-se um prazo para o juízo de primeiro grau se retratar da sentença. Caso isso não ocorra, o tribunal segue no julgamento do mérito.

É claro que o procedimento sugerido tiraria substancialmente os ganhos práticos do efeito regressivo, porque se perderiam a agilidade e a rapidez com que a retratação ocorre atualmente, mas, pelo menos, estar-se-iam respeitando as competências dos órgãos *a quo* e *ad quem*.

2.2.8. Remessa dos Autos ao Tribunal

Segundo o § 3º do art. 1.010 do CPC, após as formalidades dos dois parágrafos anteriores, os autos serão remetidos ao tribunal pelo juiz, independentemente de juízo de admissibilidade. Com mediana clareza, o dispositivo retira do juízo de primeiro grau a competência para fazer qualquer análise sobre a admissibilidade da apelação, atividade que será desempenhada exclusivamente pelo tribunal de segundo grau.

É preciso compreender que, sendo a competência o poder de decidir legitimamente, não existe "meia competência" ou uma "competência excepcional", por mais excitante ou irresistível que possa parecer no caso concreto o juízo de primeiro grau inadmitir a apelação. Admitir tais decisões, ainda que excepcionalmente, é o mesmo que admitir a mulher estar meio grávida ou o funcionário público ser meio honesto... O juízo é ou não é competente. Simples assim.

Concordo que é tentador o juízo de primeiro grau inadmitir a apelação diante de uma desistência manifestada expressamente pelo apelante logo após a interposição do recurso, enquanto os autos do processo ainda estejam em primeiro grau de jurisdição. Ou diante de um acordo celebrado pelas partes e juntado aos autos. Nos dois casos, depois de cumpridas as formalidades dos §§ 1º e 2º do art. 1.010 do CPC. O envio ao tribunal da apelação e mesmo a continuidade do procedimento previsto em lei parecem – e realmente são – uma perda enorme de tempo e de energia. Mas é o que é. Regras existem para serem seguidas, e sem competência não há como admitir a prolação de decisão de inadmissão em primeiro grau.

É claro que nas situações supradescritas haverá a tentação natural da provável falta de concreto controle na hipótese de prolação da ilegal decisão de inadmissão da apelação. Afinal, a inadmissão nesses casos interessa tanto ao autor como ao réu, sendo altamente improvável que haja alguma irresignação contra a decisão, que provavelmente transitará em julgado. Nada disso, naturalmente, torna a decisão legítima.

Conforme a melhor doutrina, sendo proferida decisão inadmitindo a apelação pelo juízo de primeiro grau, será cabível a reclamação com fundamento em usurpação de competência do tribunal. Concordo plenamente com esse entendimento, registrando, inclusive, que a propositura da reclamação nesse caso será suficiente para impedir o trânsito em julgado da decisão, independentemente de interposição de qualquer recurso.

Além do cabimento de reclamação, defendo a recorribilidade de tal decisão por meio de agravo de instrumento. Naturalmente, não se trata de interlocutória que esteja no rol legal de recorribilidade por tal espécie recursal, o que não faria sentido algum por se tratar de decisão que dentro da normalidade nem sequer deveria existir. Justifico o cabimento numa aplicação por analogia da tese consagrada pelo Superior Tribunal de Justiça da "taxatividade mitigada".

Em julgamento repetitivo, o Superior Tribunal de Justiça fixou tese jurídica vinculante no sentido de admitir agravo de instrumento de decisões interlocutórias que não constam do rol legal, desde que haja urgência, sendo nesse caso a urgência compreendida como a necessidade de imediata resposta pelo tribunal de segundo grau em razão da inutilidade prática de se impugnar a decisão interlocutória por meio de apelação ou contrarrazões, nos termos do art. 1.009, § 1º, do CPC.[89]

Se a inutilidade da via recursal prevista em lei para impugnar a decisão interlocutória foi suficiente para o Superior Tribunal de Justiça admitir sua recorribilidade por decisão interlocutória, muito mais justificativa terá a impossibilidade material de a parte se valer de tal via. Afinal, na hipótese analisada, a apelação já terá sido interposta e o apelante já não terá, mesmo que queira, como cumprir o previsto no art. 1.009, § 1º, do CPC.

Admitir o cabimento do agravo de instrumento da decisão interlocutória que inadmite a apelação, totalmente justificável no

[89] STJ, Corte Especial, REsp 1.704.520/MT, Rel. Min. Nancy Andrighi, j. 05.12.2018.

precedente vinculante do Superior Tribunal de Justiça, gera duas consequências práticas importantes.

Como a impugnação de referida decisão interlocutória nos termos do art. 1.009, § 1º, do CPC é materialmente impossível - isso é indiscutível - afirmar que a decisão não é agravável é apontá-la como irrecorrível. Assim o sendo, nada justificará o não cabimento de mandado de segurança contra tal decisão.

Por outro lado, deve-se tomar em conta o disposto no art. 988, § 5º, I, do CPC, que veda a propositura de reclamação contra decisão transitada em julgado. A partir do momento que se concluir que a decisão interlocutória que inadmite a apelação não é agravável, o único recurso cabível contra ela passa a ser os embargos de declaração, o que pode levantar a questão de a decisão transitar em julgado decorrido o prazo de cinco dias de sua publicação. E nesses termos a parte teria um exíguo prazo para a interposição da reclamação. Com o cabimento do agravo de instrumento, esse prazo triplicaria.

A insegurança jurídica a respeito do tema, entretanto, legitima que o advogado, no caso concreto, cerque-se de todas as cautelas. Minha recomendação é que na praxe forense a reclamação seja interposta no prazo de cinco dias da intimação da decisão que inadmitiu a apelação. Nesse prazo, não haverá discussão a respeito de a decisão ainda não ter transitado em julgado.

Diante de a única certeza ser o cabimento da reclamação, considero estarem presentes as condições necessárias para o tribunal, no caso de impetração de mandado de segurança ou de interposição de agravo de instrumento, entendendo pelo não cabimento, aplicar o princípio da fungibilidade. Ainda que tal fungibilidade exija do demandante uma adaptação da peça inicial, não vejo qualquer empecilho fático ou jurídico, preservando-se o acesso da parte ao tribunal diante de uma situação de incerteza jurídica.

Há outra questão que merece ser destacada. A interposição de apelação manifestamente inadmissível, não excluída a má-fé do recorrente, pode se valer do expediente para tumultuar o procedimento - por exemplo, apelar de decisão manifestamente interlocutória - ou protelar o trânsito em julgado da sentença. Como mesmo nesses casos continua a não existir competência para o juízo de primeiro grau inadmitir a apelação, deve-se admitir ao apelado um caminho simplificado para a imediata inadmissão da apelação sem a necessidade de cumprir o regular procedimento do recurso.

Nesse sentido, deve-se admitir que o apelado peticione um requerimento perante o tribunal de segundo grau competente para o julgamento da apelação, aplicando-se no caso, por analogia, o previsto no art. 1.013, § 3º, I, do CPC para o regime de concessão de efeito suspensivo, pleiteando a inadmissão da apelação[90]. Será interessante, inclusive, que requeira a concessão de um efeito suspensivo para que nesse caso, não sendo proferida imediatamente a decisão de inadmissão, o procedimento fique suspenso e não seja necessária a apresentação de contrarrazões em primeiro grau. E a aplicação de multa por litigância de má-fé (art. 80, VII, do CPC) também viria bem a calhar.

2.2.9. Questões Novas

2.2.9.1. Introdução

Conforme amplamente afirmado, a apelação, sendo o recurso cabível contra sentença e decisões interlocutórias não agraváveis, costuma ter como objeto matérias fáticas e jurídicas que tenham sido expressamente enfrentadas em tais decisões. Quanto à parte fática da decisão, que é a que interessa no presente capítulo, o apelante invariavelmente versa sobre os fatos considerados pelo juízo sentenciante ou, ainda, que deveriam ter sido. De qualquer forma, sobre fatos que tenham sido ao menos alegados no processo.

O art. 1.014 do CPC permite que essa realidade seja alterada com a possibilidade de o apelante suscitar em seu recurso questões de fato não propostas perante o juízo de primeiro grau, desde que comprove que deixou de fazê-lo por motivo de força maior. A realidade também pode ser alterada quando o apelante alega fundamento jurídico de forma originária, o que se admite independentemente

[90] ASSIS, Araken de. *Manual dos recursos*. 8. ed. São Paulo: RT, 2017. n. 42.2, p. 582.

de regra expressa, por conta dos brocardos *iura novit curia* e *da mihi factum dabo tibi ius*.[91] Afinal, se o tribunal pode se valer de fundamentos jurídicos não utilizados pelo juízo de primeiro grau na sentença de ofício, não faria nenhum sentido proibir o apelante de alegá-los.

Trata-se de interessante norma legal porque de alguma maneira excepciona o duplo grau de jurisdição ao permitir que o tribunal de segundo grau, em apelação, aprecie fatos de forma originária que podem ser determinantes para a solução não só do recurso, mas do próprio conflito envolvendo as partes. Tem como fundamento a economia processual e a duração razoável do processo, porque a alternativa nesse caso seria a anulação da sentença com o retorno dos autos ao primeiro grau para a prolação de nova sentença com base na nova alegação de fato, o que não pareceu razoável ao legislador.

Há, entretanto, uma atecnia na redação do dispositivo legal. O apelante não alegará uma questão de fato porque questão é um ponto controvertido e, sendo a alegação originária no processo, é materialmente impossível nesse momento procedimental haver uma questão.[92] Melhor teria andado o legislador se tivesse previsto a permissão de que alegações de fato não feitas no juízo inferior pudessem ser elaboradas em sede de apelação.

É importante registrar que a alegação prevista no dispositivo legal ora analisado pode ser tanto ser uma alegação nova de fato antigo como uma alegação nova de fato novo. A primeira hipótese diz respeito a um fato que tenha ocorrido antes ou durante o processo, mas sempre antes da prolação da sentença, enquanto na segunda o fato é superveniente à sentença.

Por fim, entendo interessante desenvolver a relação que o art. 1.014 do CPC guarda com os fatos reconhecíveis de ofício. Isso porque há doutrina qualificada a afirmar que tais fatos escapam da

---

91 MARINONI, Luiz Guilherme; ARENHART, Sérgio Cruz; MITIDIERO, Daniel. *Novo curso de processo civil*. São Paulo: RT, 2017. v. 2, p. 540; RODRIGUES, Marco Antonio. *Manual dos recursos*. São Paulo: Juspodivm, 2023. 7.2.1.1, p. 156.

92 BONDIOLI, Luiz Guilherme Aidar. *Comentários ao Código de Processo Civil*. Vol XX, São Paulo: Saraiva, 2016. p. 117.

incidência de referido dispositivo legal[93]. Concordo com o entendimento apenas no que toca à dispensa da justificativa da força maior caso eventualmente o apelante alegue tal fato em sede de apelação. Sendo o fato conhecível de ofício, naturalmente ele pode ser alegado, inclusive depois da apelação, o que não se exige da parte é justamente uma justificativa de não ter sido alegado anteriormente.

2.2.9.2. *Requisitos*

No art. 1.014 do CPC existe apenas um requisito para que seja admitida a alegação nova de questão de fato em sede de apelação: um motivo de força maior para que a alegação não tenha sido feita anteriormente. Como visto anteriormente , esse requisito não é exigido para a alegação de fatos conhecíveis de ofício. Também naturalmente não será exigido se o apelante for o terceiro prejudicado porque nesse caso não se poderá exigir de tal legitimado recursal a alegação do fato antes do momento da interposição do recurso.[94]

Costuma-se afirmar que o requisito não seria exigido na hipótese de alegação de fato superveniente à sentença, porque nesse caso a justificativa para a alegação somente em sede de apelação é a impossibilidade material de manifestação anterior. Prefiro entender que nesse caso a superveniência temporal do fato é justamente o motivo de força maior para a alegação estar sendo elaborada apenas em sede de apelação. Certamente a força maior mais óbvia e convincente de todas.

Quanto aos chamados fatos antigos, ou seja, a alegação nova de fato ocorrido antes da prolação da sentença, a doutrina costuma indicar três hipóteses passíveis de ser tipificadas à luz do art. 1.014 do CPC.[95]

---

93 ASSIS, Araken de. *Manual dos recursos*. 8. ed. São Paulo: RT, 2017. n. 41.2.2, p. 573.

94 BARBOSA MOREIRA, José Carlos. *Comentários ao Código de Processo Civil*. 17. ed. Rio de Janeiro: Forense, 2013. v. 5, n. 249, p. 455; ARRUDA ALVIM, José Manoel de. *Manual de direito processual civil*. 20. ed. São Paulo: RT, 2021. 33.2, p. 1.415.

95 BARBOSA MOREIRA, José Carlos. *Comentários ao Código de Processo Civil*. 11. ed. Rio de Janeiro: Forense, 2003. v. 5, n. 250, p. 456; ASSIS, Araken de. *Manual dos recursos*. 8. ed. São Paulo: RT, 2017. n. 41.3, p. 578.

Uma primeira hipótese a justificar a força maior exigida pela norma legal é o desconhecimento da ocorrência do fato. Naturalmente, se a parte desconhecia tal ocorrência, não teria como ter levado o fato ao processo, tampouco tê-lo comunicado ao seu advogado para que este o fizesse. A questão aqui, entretanto, é a razão desse desconhecimento. Caso a ignorância decorra de desídia da parte, não parece que possa ser ela contemplada com a permissão de alegação prevista no art. 1.014 do CPC. Afinal, o direito não socorre aos que dormem.

Não se ignora a eventual dificuldade prática na definição das razões do desconhecimento do fato pela parte. Claro que em determinadas hipóteses as coisas serão simples, ficando evidenciado que mesmo a mais diligente das partes não teria como ter ciência do fato e vice-versa. No entanto, não é desprezível a zona cinzenta, na qual haverá dúvida a respeito das reais condições de a parte ter tido ciência ou não do fato. Nesse caso, deve-se aplicar a regra do *in dubio pro* apelante, devendo ser admitida a alegação.

É possível que a parte, apesar de ter conhecimento do fato a tempo de ele ser alegado no processo antes da prolação da sentença, por motivo de força maior, ou seja, por motivo alheio a sua vontade, não tenha podido transmiti-lo a seu advogado. Dependendo-se de um ato postulatório para que tal fato chegasse ao conhecimento do juízo, essa falta de comunicação parte-patrono justificará a aplicação do art. 1.014 do CPC no caso concreto.

> Felipe tomou conhecimento de um fato relevante e que poderia influenciar significativamente o destino do processo que movia contra João por danos morais em razão do apelido "torre de pisa" que o réu havia dado a ele. O réu, ao tomar conhecimento disso, passa a ameaçar Martina, filha de Felipe, caso o fato fosse levado ao conhecimento do juiz. Uma vez proferida a sentença, Martina viaja para o exterior e as ameaças de João já não assustam Felipe, que então transmite a ciência do fato a seu advogado que o alega em sede de apelação, valendo-se da regra do art. 1.014 do CPC.

Como última situação a justificar a aplicação do dispositivo legal ora analisado, tem-se a hipótese na qual tanto a parte como o advogado tinham ciência do fato, mas havia até o momento anterior à interposição da apelação um motivo de força maior que impedia que tal fato fosse levado ao conhecimento do juízo. Naturalmente, para que essa hipótese possa fazer sentido, tal motivo deve desaparecer justamente no momento da interposição da apelação.

> Carlos comunicou um fato a seu advogado porque entendeu que seria interessante aos seus interesses em processo no qual figurava como réu. O advogado, entretanto, explicou a ele que não poderia alegar o fato como matéria de defesa em contestação porque havia um dever de Carlos em mantê-lo em sigilo e que sua relevação geraria a ele inúmeros prejuízos, inclusive com consequências na esfera penal. Entretanto, após a prolação da sentença, Joaquim, o autor do processo, em entrevista para a TV Band, relevou tal fato, o que retirou dele o sigilo, de forma a liberar sua alegação pelo advogado de Carlos em sua apelação à luz do art. 1.014 do CPC.

Apesar de o dispositivo ora comentado prever apenas um requisito para a admissão da alegação nova de fato em sede de apelação, a doutrina entende existir um segundo, decorrente da estabilização objetiva da demanda (art. 329, II, do CPC). Nesse sentido, o fato alegado pelo apelante não pode ser um fato que altere a causa de pedir do processo.[96]

Sendo o apelante o autor, estará dessa forma limitado a alegar apenas fatos simples, porque a alegação de um fato jurídico que ainda não tenha sido alegado necessariamente levará ao processo uma nova causa de pedir. Sendo o réu a interpor a apelação, essa limitação não se impõe, porque o réu não tem como mudar a causa de pedir, podendo alegar fatos simples ou jurídicos.

2.2.9.3. Procedimento

Quando o apelante se valer do previsto no art. 1.014 do CPC, fazendo nova alegação de fato em seu recurso, o primeiro ônus que terá é descrever de forma justificada o motivo de força maior que lhe permita alegar o fato somente em fase de apelação. Não basta, portanto, simplesmente alegar o fato como se alegam fatos

[96] DINAMARCO, Cândido Rangel. *Instituições de direito processual civil*. Salvador: Juspodivm, 2022. v. V, n. 2.272, p. 170.

já constantes do processo e decididos expressamente pela sentença recorrida. Deve-se justificar o porquê de a alegação estar sendo realizada somente naquele momento procedimental.

Ainda que não exista uma exigência formal nesse sentido, o que significa que o órgão julgador não poderá exigir essa formalidade do apelante, entendo adequado destacar essa alegação em tópico próprio, inclusive fazendo-se remissão expressa ao art. 1.014 do CPC. A esperança de que misturar essa alegação nova de fato com as demais possa de alguma forma disfarçá-la e facilitar a análise do tribunal sem maiores considerações precisa contar com a inércia não só do próprio tribunal, mas também do apelado. Prefiro nesse caso apostar em algo mais caprichado.

Não cabe ao juízo que profere a sentença qualquer apreciação a respeito de tal alegação, competindo exclusivamente ao tribunal analisar não só a existência de uma justificativa, como também sua adequação. Afinal, a matéria refere-se ao mérito recursal, faltando competência para o juízo de primeiro grau para qualquer manifestação a seu respeito. Há, entretanto, uma exceção.

Naquelas hipóteses nas quais a apelação gere efeito regressivo, é natural que a nova alegação de fato contida na apelação possa ser considerada pelo juízo de primeiro grau, podendo ser, inclusive ela, a alegação determinante a convencê-lo ao exercício da retratação. Trata-se, inclusive, de peculiar situação, porque nesse caso não há sequer uma genuína retratação, mas propriamente uma nova decisão, com base numa nova situação fática. Não há exatamente um erro reconhecido pelo juízo em sua decisão, mas a formação de um novo convencimento.

Nesse caso, parece-me imperioso que o juízo de primeiro grau, antes de considerar a alegação para formar o seu convencimento, faça a análise a respeito do motivo de força maior alegado pelo apelante. Caso não se convença, deve desconsiderar a alegação fática na análise de seu juízo de retratação. Diga-se, inclusive, que, mesmo desconsiderando tal alegação, a retratação ainda será possível, mesmo que improvável, até porque, se o próprio apelante "coloca suas fichas" numa nova alegação de fato para reverter sua sucumbência, dificilmente o juízo de primeiro grau se retratará descartando tal alegação.

A hipótese, entretanto, pode trazer uma seríssima complicação procedimental. O que acontece se, diante de uma alegação nova de fato em hipótese que se admite retratação, for exigida a produção de prova? Ainda que a própria justificativa de força maior possa demandar a produção de prova causal (oral e de forma mais excepcional pericial), para não complicar demasiadamente a hipótese, vamos imaginar uma situação na qual uma prova documental juntada com a apelação convença o juízo do motivo de força maior, mas a alegação de fato em si exige a produção de prova oral.

Partindo-se da premissa de que o juízo pode – na verdade deve – considerar a alegação para decidir a respeito da eventual retratação, não há outra forma de proceder senão produzindo a prova. Por mais estranho que seja – e de fato é – produzir uma prova depois de interposta a apelação, não vejo alternativa para tal. Produz-se a prova seguindo-se o procedimento legal e, sendo caso de retratação, que assim o seja. Não sendo tal caso, remete-se o processo ao tribunal que, se concordar com o primeiro grau quanto ao motivo de força maior, já não precisará produzir prova, aproveitando-se daquela já produzida em primeiro grau.

A estranheza procedimental anteriormente descrita poderia ser evitada por meio de um preciosismo linguístico. Conforme já afirmado, se o juiz anular a sua sentença com fundamento na nova alegação de fato, não haverá propriamente um juízo de retratação, mas a prolação de uma nova sentença diante de uma nova situação fática. Poder-se-á alegar que tal espécie de julgamento não está, portanto, contemplada no efeito regressivo, que permite, tão somente, o juízo de retratação, e não um novo julgamento.

É uma tese aparentemente sedutora, mas não me parece a mais adequada. O efeito regressivo permite ao juízo reconhecer um erro em sua decisão, sendo efeito pautado pelos princípios da economia processual e duração razoável do processo. Se tecnicamente não há erro se o juízo desconhecia o fato que só foi alegado em apelação, a sentença não deixa de estar errada se o fato, devidamente provado, aponta que o acerto iria em outra direção. Não permitir, dessa forma, que o juiz "corrija" não a sua sentença, mas o resultado do processo, será demasiado preciosismo.

Uma vez tendo o apelante se desincumbido do ônus de alegação específica do motivo de força maior que o levou a alegar o fato somente em sede de apelação, passa-se ao seu segundo ônus: o de provar aquilo que alega. O tribunal deve estar convencido do motivo de força maior para aceitar a alegação e somente aí averiguar se o fato alegado exige produção de prova, quando então haverá um terceiro ônus do apelante: provar o fato alegado.

Quanto ao fato alegado, não tenho dúvida da aplicabilidade do disposto no art. 373, § 1º, do CPC, afinal trata-se de fato relacionado ao objeto litigioso, devendo ser tratado como outro qualquer, apesar de seu inusual momento de arguição. Contudo, será possível aplicar a distribuição dinâmica a fatos relacionados ao motivo de força maior que justifiquem a alegação do fato somente em sede de apelação?

Ainda que se trate de um fato instrumental, ou seja, de um fato estranho ao objeto da demanda, que servirá somente para permitir que outro fato seja considerado na formação do convencimento do julgador, entendo não haver justificativa para afastar a aplicação do art. 373, § 1º, do CPC. Primeiro, porque o próprio dispositivo não traz qualquer tipo de limitação nesse sentido quanto ao campo de sua aplicabilidade. Segundo, em termos principiológicos, a justificativa de sua aplicação não discrimina a espécie e/ou origem dos fatos alegados no processo.

O tema da produção de prova é importante e deve ser enfrentado quando a apelação chega ao tribunal. Até porque, conforme já adiantado, tanto o motivo de força maior como o fato em si provavelmente dependerão de produção de prova.

Tratando-se de prova documental, não haverá maior dificuldade em sua produção, bastando ao apelante a sua juntada com a apelação. É esse o momento procedimental adequado à sua produção, admitindo-se a juntada posterior somente nas hipóteses previstas no art. 435, parágrafo único, do CPC, aplicável à hipótese por analogia. Mesmo a exibição de documento poderá ser produzida pelo tribunal sem maiores complicações procedimentais.

Quanto às provas causais – oral e pericial –, os tribunais de segundo grau não têm a devida estrutura para a sua produção, devendo delegar tal atividade para o primeiro grau por meio de expedição de carta de ordem. Doutrina qualificada defende a aplicação, por analogia, do previsto no art. 972 do CPC, que trata do tema na ação rescisória.[97] A sugestão é interessante por conta do prazo, mas, sendo este impróprio, pode não ser tão eficaz. Por outro lado, nada impede que o relator da apelação indique no caso concreto prazos distintos daqueles previstos no dispositivo legal mencionado.

A produção da prova, nos termos do art. 932, I, do CPC, é de competência do relator, mas nesse caso há um aspecto importante a ser considerado. A prova do fato alegado só deve ser produzida se o motivo de força maior for acolhido e, sendo o julgamento colegiado, não parece que essa decisão deva ser tomada monocraticamente.

No plano ideal, o relator deveria determinar monocraticamente a produção de prova quanto ao motivo de força maior alegado pelo apelante e levar a apelação ao órgão colegiado para a apreciação somente desse ponto. Uma vez havendo deliberação colegiada no sentido de aceitação da justificativa apresentada pelo apelante, caberia ao relator estabelecer a produção da prova referente ao fato alegado e, depois disso, devolver a apelação ao órgão colegiado para o julgamento definitivo do recurso. Todo esse trâmite, entretanto, com todas as suas idas e vindas, não é atraente sob a ótica da economia processual e da duração razoável do processo.

Essa realidade pode incentivar o relator a expedir a carta de ordem e determinar a produção de prova completa, tanto do motivo de força maior como do fato alegado, levando a apelação já pronta para o julgamento. O risco, nesse caso, é o órgão julgador entender que não existe força maior para a alegação de o fato ter ocorrido somente em sede de apelação. Nesse caso, terá sido inútil a produção de prova do fato alegado, com desperdício de atividade processual.

---

[97] Por todos, BARBOSA MOREIRA, José Carlos. *Comentários ao Código de Processo Civil*. 11. ed. Rio de Janeiro: Forense, 2003. v. 5, n. 250, p. 456.

2.2.9.4. *Impugnação da Decisão Interlocutória*

O art. 1.014 do CPC, ao literalmente repetir o art. 517 do CPC/1973, demonstra cabalmente estar voltado à sentença como meio impugnativo da sentença. No entanto, a partir do Código de Processo Civil de 2015, a sentença passou a ser o recurso cabível também contra as decisões interlocutórias não agraváveis, que passaram a ser recorríveis por apelação ou contrarrazões. E o art. 1.014 do CPC, ainda que não tenha se adequado a essa realidade, ao menos não em sua redação, certamente a ela deve ser aplicável.

Significa dizer que a parte, em sede de apelação ou contrarrazões, ao impugnar uma decisão interlocutória não agravável, poderá se valer do previsto no art. 1.014, elaborando uma alegação nova de fato desde que prove um motivo de força maior para não a ter elaborado anteriormente. Nesse caso, entretanto, há uma singularidade.

Como o procedimento prossegue depois da prolação da decisão interlocutória, é possível que o fato que não foi alegado por força maior antes de sua prolação seja alegado depois, antes da prolação da sentença. Isso ocorrerá quando o fato interessar a outros propósitos no processo. Nesse caso, quando a parte alegar tal fato em sede de apelação ao impugnar a decisão interlocutória, ele será um fato novo, se relacionado ao objeto litigioso daquela decisão impugnada, mas não será um fato novo no processo.

2.2.9.5. *Fatos Conhecíveis de Ofício*

Conforme já afirmado no tópico 2.2.9.2, os fatos conhecíveis de ofício podem ser alegados originariamente em apelação, sendo nesse caso dispensada ao apelante a alegação de motivo de força maior por estar alegando o fato somente nesse momento procedimental. Poderá, entretanto, ser alegado depois da interposição da apelação, desde que, naturalmente, antes do julgamento. E, obviamente, poderá ser reconhecido de ofício, sem qualquer provocação do apelante.

A previsão do art. 933, *caput*, do CPC, ao mencionar a ocorrência de fato superveniente à decisão recorrida, refere-se a essa espécie de fatos. Além de se tratar de norma que também versa sobre questões apreciáveis de ofício (aqui entendidas como questões jurídicas), o final do dispositivo é revelador: prevê a intimação das partes para que se manifestem no prazo de cinco dias. Caso o fato tivesse sido alegado em sede de apelação, não faria qualquer sentido a intimação das partes, até porque o contraditório nesse caso já teria sido cumprido com a intimação do apelado para contrarrazoar o recurso.

Por outro lado, os parágrafos do disposto confirmam o alegado ao tratarem do procedimento ao preverem a constatação do fato durante a sessão de julgamento ou do pedido de vista, o que naturalmente depende de não ter havido sua alegação em sede de apelação.

2.2.9.6. Prova Nova em Sede de Apelação

Registre-se corrente doutrinária que, em interpretação extensiva do art. 1.014 do CPC, admite que o apelante não alegue um fato novo, mas produza uma prova nova de um fato já alegado, equiparando-se a impossibilidade material de produção de prova do fato à impossibilidade de alegá-lo[98]. Seria adequada essa equiparação?

Antes propriamente de responder à pergunta formulada, sugiro outra: esse direito de produzir uma prova nova sobre fato antigo, além da comprovação de força maior, exigiria do apelante a demonstração de tentativa de sua produção no momento adequado? Uma resposta em sentido positivo naturalmente diminui as hipóteses nas quais o apelante poderia se valer, por analogia, do art. 1.014 do CPC para produzir prova nova em sede de apelação.

> Fernanda, intimada a especificar as provas que pretendia produzir, apontou apenas a prova testemunhal, afirmando que o ideal seria a produção de prova pericial, mas que, infelizmente, a ciência ainda não tinha evoluído o suficiente para fazer o exame necessário ao

[98] MARINONI, Luiz Guilherme; ARENHART, Sérgio Cruz; MITIDIERO, Daniel. *Novo curso de processo civil*. São Paulo: RT, 2017. v. 2, p. 539; APRIGLIANO, Ricardo. *A apelação e os seus efeitos*. São Paulo: Atlas, 2007. p. 218.; o referido autor entende que, se não houve pedido de produção de prova anteriormente, não se admite a produção no momento da apelação, mas, se houve o pedido de produção de prova documental e, por causa superveniente, a parte não os pode juntar aos autos, admitir-se-á sua juntada com a apelação.

> caso concreto. Passados três anos, é sentenciado o processo. Fernanda interpõe apelação e requer a produção da prova pericial, afirmando que nesse momento a ciência evoluiu e o exame necessário para o esclarecimento dos fatos já é possível. Requer também a juntada de documentos, alegando que desconhecia a sua existência até aquele momento procedimental. O tribunal acolhe o primeiro pedido, indicando que a apelante Fernanda havia expressamente apontado como de impossível produção a prova pericial antes da fase probatória, de forma que a superveniência do avanço científico justifica a produção da prova somente em sede recursal. Por outro lado, indeferiu a juntada de novos documentos, com o argumento de que, por não ter sido em nenhum momento mencionada a existência de outros documentos além daqueles já juntados aos autos na petição inicial, não se podia admitir a sua juntada em sede de apelação.

Sendo a admissão de produção de prova nova em sede de apelação derivada de uma interpretação por analogia do art. 1.014 do CPC, não vejo como possível a limitação sugerida. Isso porque, como o apelante não pode prever o fato superveniente, circunstância tipificada como de força maior, conforme defendido no tópico 2.2.9.2, não pode também prever a prova superveniente, que simplesmente passou a existir depois da prolação da sentença. Nesses casos, não teria qualquer sentido exigir que o apelante tivesse feito menção àquilo que simplesmente não existia e ninguém poderia prever que viria a existir.

O mesmo raciocínio deve se aplicar à prova já existente antes da prolação da sentença, mas cuja existência era desconhecida pelo apelante. Mais uma vez, não se pode exigir da parte a menção a algo que ela nem sequer sabia existir. A ciência de existência da prova pela parte, havendo uma razão de força maior que a impediu de comunicar tal existência ao seu advogado entra na mesma categoria, por motivo semelhante. Quem leva a informação para o juízo sobre a existência de prova é o advogado, que tem a capacidade postulatória, e nesse caso ele desconhecerá a existência da prova. A última hipótese, quando há um motivo de força maior para o advogado não produzir a prova, é a única em que se poderia exigir a prévia menção à impossibilidade material de produção da prova, porém ainda aqui é possível que a mesma força maior que obsta a produção da prova também impeça a informação de sua existência ao juízo. Tal circunstância deve ser analisada no caso concreto.

É interessante notar que, quando a parte conhece a existência da prova, mas tem uma impossibilidade material de produzi-la, levando essa informação ao juízo, será hipótese de aplicação do previsto no art. 373, § 1º, do CPC. Com a distribuição dinâmica do ônus da prova, caberá à parte contrária o ônus de provar que a alegação não é verdadeira, de forma que, na hipótese de não ser produzida tal prova, a parte que originariamente tinha o ônus probatório será beneficiada, sagrando-se vitoriosa na demanda, o que a tornará no caso concreto, em caso de apelação, a parte apelada, e todo o raciocínio até aqui desenvolvido será inaplicável.

Entretanto, a prova pode ser produzida pela parte contrária, que na inversão recebeu o ônus probatório, de forma que a parte que tinha uma impossibilidade material de produzir a prova em seu favor pode sucumbir e se tornar a apelante no caso concreto. Nessa hipótese, interessa o que foi desenvolvido no presente tópico.

Também será aplicável a tese aqui desenvolvida numa hipótese de aplicação do disposto no art. 373, § 3º, do CPC. O autor alega um fato, tendo o ônus de provar a sua veracidade. Contudo, há uma impossibilidade material de fazê-lo, não ocorrendo a inversão, entretanto, porque também ao réu é materialmente impossível provar que a alegação é falsa. Nesse caso, o autor perderá a demanda e se tornará apelante, quando então poderá se valer da tese ora defendida e produzir prova nova em sede do recurso interposto.

2.2.10. Procedimento no Tribunal

2.2.10.1. Distribuição

2.2.10.1.1. Introdução

O art. 1.011, *caput*, do CPC prevê que, sendo a apelação recebida no tribunal, ela será imediatamente distribuída para um relator. De forma mais genérica, o art. 93, XV, da CF prevê que a distribuição de todos os processos será imediata, em todos os graus de jurisdição, norma que também pode ser interpretada para os recursos.

A distribuição imediata é importante porque a partir dela se tem conhecimento do relator e dos dados necessários para o encaminhamento de requerimentos, em especial o de concessão de alguma medida de urgência, que justamente por conta do perigo do tempo muitas vezes não pode esperar discussões sobre quem vai decidi-la.

Por outro lado, com a distribuição imediata também se leva *in continenti* ao conhecimento do relator o teor da apelação e eventualmente das contrarrazões (e de apelação adesiva), para que possa, o quanto antes, começar a elaborar seu voto. É nesse sentido o art. 931 do CPC ao prever que, uma vez distribuídos, os autos serão imediatamente conclusos ao relator.

2.2.10.1.2. Regras

Cabe ao Regimento Interno de cada tribunal regulamentar a forma de distribuição dos recursos, inclusive da apelação. A liberdade de tais regimentos internos, entretanto, não é absoluta, uma vez que as regras de distribuição da apelação devem respeitar a alternatividade, o sorteio eletrônico e a publicidade. O art. 930, *caput*, do CPC deve ser lido à luz do art. 285 do mesmo diploma legal, que regulamenta a distribuição de processos em primeiro grau.

Segundo esse dispositivo, a distribuição será alternada e aleatória, e, embora o dispositivo ora analisado tenha consagrado apenas a alternatividade, parece correto concluir também pela exigência da aleatoriedade. Aplicável a recurso de apelação, a aleatoriedade garante uma distribuição independentemente da espécie de processo no qual o recurso foi interposto, de forma que a todo desembargador sejam encaminhadas todas as espécies de processo.

Haverá distribuição dirigida no caso de o Tribunal ter seções ou órgãos fracionários com competência absoluta em razão da pessoa ou da matéria, mas nesses órgãos a distribuição ao relator será alternativa e aleatória.

No primeiro grau, a distribuição poderá ser eletrônica, enquanto nos tribunais será necessariamente realizado o sorteio eletrônico, realidade que considera todos os tribunais já preparados para a prática do ato por meio eletrônico.

A publicidade é essencial, ainda que em ambos os casos não seja possível a presença física das partes no ato de distribuição. A medida permite, por um lado, o controle das partes e, por outro, resguarda o Poder Judiciário de eventuais acusações de distribuição dirigida.

2.2.10.1.3. "Distribuição" por Prevenção

Segundo o art. 930, parágrafo único, do CPC, o primeiro recurso protocolado no tribunal tornará prevento o relator para eventual recurso subsequente interposto no mesmo processo ou em processo conexo. A prevenção, portanto, fixa-se pelo protocolo do recurso no tribunal, independentemente da data do julgamento. Para fins de fixação da prevenção, portanto, é irrelevante a data de protocolo do recurso em grau inferior ou a postagem pelo correio. Também é irrelevante o conteúdo do julgamento, de forma que, mesmo sendo inadmitido, o recurso será capaz de gerar a prevenção do juízo para outros recursos a serem interpostos no mesmo processo ou em processo conexo.

Há, entretanto, uma exceção. Trata-se da hipótese de o recurso anteriormente interposto ter sido inadmitido por incompetência absoluta do tribunal para o qual foi direcionado. Imagine-se que a parte tenha agravado de instrumento contra uma decisão interlocutória proferida num processo em trâmite perante uma vara de Comarca da Justiça Estadual para o Tribunal de Justiça. No entanto, tal vara atuava em hipótese de competência delegada, de forma que a competência para o julgamento do recurso era do Tribunal Regional Federal. Ainda que o correto tivesse sido a remessa do recurso para tal tribunal, caso o recurso seja simplesmente inadmitido, não haverá, por óbvio, a prevenção do juízo previsto no art. 930, *caput*, do CPC.

Como o que interessa na presente obra é a distribuição por prevenção da apelação, a regra ora analisada de recurso interposto anteriormente no mesmo processo naturalmente se dirige ao agravo de instrumento. Dessa forma, a livre distribuição dessa espécie recursal condiciona a futura distribuição daquela. Há, inclusive, na praxe forense a interposição de agravos de instrumentos de duvidosíssimo cabimento, hipótese na qual fica séria desconfiança de que a parte na realidade teria interposto tal recurso apenas para já conhecer previamente os julgadores do futuro recurso de apelação.

Parece não ser suficiente ou mesmo necessário que os processos sejam conexos para que haja a prevenção prevista no dispositivo legal ora comentado.

O principal efeito da conexão é a reunião dos processos perante um mesmo juízo (prevento), mas essa reunião, nos termos do entendimento consolidado pelo Superior Tribunal de Justiça, não é obrigatória, dependendo de uma avaliação da intensidade da conexão, do grau de risco da ocorrência de decisões contraditórias[99] ou da sua conveniência[100], de forma a ser possível haver processos conexos que não são reunidos perante um mesmo juízo. Nesse caso, parece não ter sentido a concentração de recursos interpostos em processos em trâmite em diferentes juízos perante um juízo prevento no tribunal.

Por outro lado, mesmo que não exista conexão entre os processos, é possível sua reunião perante um mesmo juízo, quando ela se prestar a evitar a prolação de decisões conflitantes ou contraditórias, nos termos do art. 55, § 3º, do CPC. Nesse caso, mesmo não havendo a conexão, mas tramitando os processos perante o mesmo juízo depois de reunidos, parece ser aplicável a regra consagrada no art. 930, parágrafo único, do CPC, ainda que não seja essa a interpretação literal do dispositivo legal.

Apesar da omissão do dispositivo legal, também haverá prevenção do relator que analisar pedido de efeito suspensivo da apelação que ainda não tenha chegado ao tribunal, nos termos do art. 1.012, § 3º, I, do CPC, tema tratado com maior profundidade no tópico 4.3.3.

O Superior Tribunal de Justiça entende que o vício gerado pela não observância da regra de prevenção é de nulidade relativa, de forma que a anulação do julgamento depende de prova de efetivo prejuízo suportado pela parte[101]. Não deixa de ser um entendimento curioso porque o mesmo tribunal também considera haver preclusão para a alegação da prevenção com o início do julgamento do recurso

---

99 STJ, 3ª Turma, AgInt no AREsp 2.064.372/MA, Rel. Min. Humberto Martins, j. 21.08.2023, *DJe* 24.08.2023.

100 STJ, 3ª Turma, AgInt no AREsp 2.085.666/SP, Rel. Min. Nancy Andrighi, j. 03.10.2022, *DJe* 05.10.2022.

101 STJ, 3ª Turma, REsp 1.834.036/SP, Rel. Min. Nancy Andrighi, j. 28.04.2020, *DJe* 27.05.2020.

pelo colegiado ou monocraticamente pelo relator.[102] O paradoxo é manifesto porque, se existe uma preclusão temporal para a alegação do vício antes do início do julgamento, pouco importa se ele gerou ou não prejuízo à parte...

2.2.10.2. Julgamento Monocrático

2.2.10.2.1. Introdução

O art. 932, em seus incisos III, IV e V, do CPC prevê hipóteses de julgamento monocrático de recursos pelo relator, sendo plenamente aplicável à apelação. Há em tais dispositivos a possibilidade das três formas possíveis de julgamento do recurso: a inadmissão, a negativa de provimento e o provimento. Logo, o relator poderá tanto fazer um juízo negativo de admissibilidade como, superando tal juízo, julgar o mérito recursal nos dois sentidos possíveis, acolhendo ou rejeitando a pretensão do apelante.

A decisão unipessoal do relator, que não depende de sessão de julgamento para ser proferida, sendo, portanto, proferida em cartório e publicada na imprensa oficial, é sempre recorrível por agravo interno no prazo de 15 dias, nos termos do art. 1.021, *caput*, do CPC.

Nos tribunais superiores, os números de julgamentos monocráticos proferidos pelo relator são esmagadores, superando em muito o número de julgamentos colegiados, mas o fenômeno não se repete nos tribunais de segundo grau. Desconfio que a causa seja a exigência de exaurimento dos recursos ordinários para o cabimento do recurso especial e extraordinário.

A partir do momento que o texto constitucional exige para a interposição de tais recursos excepcionais o exaurimento das vias ordinárias e sendo o agravo interno um recurso ordinário, sempre que uma apelação é julgada de forma monocrática, a parte que pretende chegar a um tribunal superior por via do recurso especial e/ou recurso extraordinário tem o ônus de antes interpor o agravo

[102] STJ, 4ª Turma, EDcl no AgInt no AREsp 1.282.115/SP, Rel. Min. Luis Felipe Salomão, j. 25.06.2019; *DJe* 28.06.2019; STJ, 3ª Turma, AgInt no AREsp 1.091.477/MA, Rel. Min. Moura Ribeiro, j. 05.10.2017, *DJe* 17.10.2017.

interno. Esse ônus, imposto pelo sistema, é o suficiente para impedir logicamente a aplicação da sanção prevista no art. 1.021, § 4º, do CPC, que é justamente a forma encontrada pelo legislador para diminuir o ímpeto recursal da parte. O resultado é um duplo trabalho do relator, que profere uma decisão monocrática e depois ainda tem que relatar o agravo interno.

Diante de tal cenário, em especial no tocante à apelação, nota-se uma menor disposição dos desembargadores com o julgamento monocrático, reservado para hipótese de inadmissibilidade manifesta, aplicação de direito local, quando não serão cabíveis os recursos excepcionais, ou outras nas quais haja uma firme expectativa de não interposição futura de recurso especial ou extraordinário.

Seja como for, vale a pena a análise das formas de julgamento monocrático da apelação.

2.2.10.2.2. Inadmissão

O julgamento monocrático de inadmissibilidade da apelação vem consagrado no art. 932, III, do CPC ao prever que incumbe ao relator não conhecer de recurso inadmissível, prejudicado (falta superveniente de interesse recursal) ou que não tenha impugnado especificamente os fundamentos da decisão recorrida.

Na realidade, como aponta a melhor doutrina, tanto a hipótese de julgamento monocrático por estar o recurso prejudicado quanto a ausência de impugnação específica dos fundamentos da decisão recorrida são hipóteses de inadmissibilidade recursal.[103] O legislador, portanto, apenas exemplificou três hipóteses de inadmissão no texto legal quando, na realidade, qualquer vício relacionado a pressuposto de inadmissibilidade poderá fundamentar a decisão monocrática de inadmissão.

Por conta do princípio da primazia do julgamento do mérito, devidamente consagrado no art. 4º do CPC e aplicável ao ambiente recursal, o relator e residualmente o órgão colegiado devem fazer o

[103] MARINONI, Luiz Guilherme; ARENHART, Sérgio Cruz; MITIDIERO, Daniel. *Novo curso de processo civil*. São Paulo: RT, 2017. v. 2, p. 879; MEDINA, José Miguel Garcia. *Novo Código de Processo Civil comentado*. 4. ed. São Paulo: RT, 2016. p. 1.261.

que for possível para julgar o mérito recursal. Isso inclui permitir o saneamento de vícios que, apesar de serem suficientes para levarem à inadmissão da apelação, são sanáveis, ou seja, tendo uma oportunidade, o apelante pode fazê-los desaparecer.

Há hipóteses específicas de vícios e da oportunidade de seu saneamento previstas expressamente em normas jurídicas e, nesses casos, é mais fácil identificar a consagração objetiva do princípio da primazia do julgamento do mérito recursal. Tem-se como exemplo o previsto no art. 1.007, § 7º, do CPC, que diante de incorreção no preenchimento da guia de preparo determina a intimação do recorrente com a concessão do prazo de cinco dias para o saneamento do vício.

Não há, naturalmente, como o legislador identificar *a priori* todos os vícios formais possíveis e criar previsões específicas, exigindo a intimação do recorrente para que tenha a oportunidade de saneá-las. O universo dos vícios formais é, afinal, praticamente infinito. Dessa forma, a única maneira de ter uma saneabilidade genérica é possuir uma regra também genérica. Ela existe e está consagrada no art. 932, parágrafo único, do CPC.

Nos termos do dispositivo, antes de considerar inadmissível o recurso, o relator concederá o prazo de cinco dias ao recorrente para que seja sanado o vício ou complementada a documentação exigível. Três observações preliminares se impõem.

Apesar de o dispositivo se referir ao relator, não há qualquer vedação legal de que a intimação decorra de um ato colegiado. Afinal, é possível que o relator entenda não existir qualquer vício formal e ser caso de julgamento colegiado e, durante tal julgamento, por maioria de votos, ou até mesmo por unanimidade, o vício seja reconhecido. Será caso, então, de intimação do apelante, nos termos do art. 932, parágrafo único, do CPC.

A segunda observação serve para criticar o legislador por uma desnecessária repetição. O dispositivo prevê a intimação do recorrente para o saneamento de vício ou complementação de documentação exigível, como se a segunda não fosse espécie da primeira. Ausência de documentação exigível é vício e, como tal, já atrairia a aplicação do dispositivo, mesmo sem menção expressa. Seja como for, no caso de apelação, a redundância cai no vazio porque não existe exigência de juntada de documentação para essa espécie recursal.

Por fim, deve ficar registrado que o dispositivo cria um dever ao órgão jurisdicional de intimar o recorrente e de lhe dar a oportunidade de sanear o vício[104]. Trata-se, portanto, de um direito subjetivo do apelante de sanear o vício[105]. Não se trata de faculdade do relator ou do órgão colegiado[106], mas de um dever que, uma vez descumprido, contamina a decisão de inadmissão de nulidade absoluta por cerceamento de defesa.

Não existe, entretanto, um dever de dar mais de uma chance ao apelante, o que significa que, intimado e mantendo-se inerte, não haverá nova chance a ser concedida para o saneamento do vício[107]. É possível, entretanto, ainda que improvável, que o saneamento do primeiro vício faça surgir um novo vício, quando então caberão uma nova intimação e uma nova oportunidade de saneamento. A hipótese é bem diferente da sucessiva chance de saneamento de um mesmo vício, o que não se admite, porque estar-se-á diante de diferentes vícios, que se farão presentes no processo em momentos procedimentais distintos.

Para parcela da doutrina, sendo o vício sanável, não há qualquer outra limitação para a aplicação do art. 932, parágrafo único, do CPC.[108] A interpretação literal do dispositivo corrobora essa conclusão. Os

---

[104] ARRUDA ALVIM, José Manoel de. *Manual de direito processual civil.* 20. ed. São Paulo: RT, 2021. p. 1.410; ZANETI JR., Hermes. Arts. 926 a 946. *In*: CABRAL, Antonio do Passo; CRAMER, Ronaldo (coord.). *Comentários ao Novo Código de Processo Civil.* Rio de Janeiro: Forense, 2015. p. 1.358; CARVALHO, Fabiano. *Comentários ao Código de Processo Civil.* São Paulo: Saraiva, 2022. v. XIX, p. 108.

[105] NERY JR., Nelson; NERY, Rosa Maria de Andrade. *Comentários ao Código de Processo Civil.* São Paulo: RT, 2015. p. 1.853.

[106] FREIRE, Rodrigo da Cunha Lima. Arts. 929 a 937. *In*: WAMBIER, Teresa Arruda Alvim; DIDIER JR., Fredie; TALAMINI, Eduardo; DANTAS, Bruno (coord.). *Breves comentários ao Novo Código de Processo Civil.* São Paulo: RT, 2015. p. 2.325.

[107] STJ, 3ª Turma, AgInt no AREsp 2.113.125/RJ, Rel. Min. Marco Aurélio Bellizze, j. 29.08.2022, *DJe* 31.08.2022.

[108] NERY JR., Nelson; NERY, Rosa Maria de Andrade. *Comentários ao Código de Processo Civil.* São Paulo: RT, 2015. p p. 1.853; MARINONI, Luiz Guilherme; MITIDIERO, Daniel. *Comentários ao Código de Processo Civil.* São Paulo: RT, 2017. v. XVI, p. 223.

tribunais superiores, entretanto, criaram uma restrição, curiosamente antes mesmo da vigência do atual diploma processual, conhecida pelo Enunciado Administrativo 06 do STJ, que limitou a aplicação do dispositivo aos vícios estritamente formais.

O recurso, assim como qualquer ato processual, tem sua forma e o seu conteúdo, e ambos devem respeitar determinados requisitos formais. Assim, apesar de parecer uma redundância, existem requisitos formais da forma e requisitos formais do conteúdo, e, quando esses requisitos formais são desrespeitados, há um vício formal. Só será estritamente formal, entretanto, se o vício se referir a um requisito formal da forma, e não do conteúdo.

Com base nessa premissa, os tribunais superiores têm um entendimento consolidado no sentido de que, havendo um vício formal relacionado ao conteúdo do recurso, não se aplica ao caso o art. 932, parágrafo único, do CPC[109]. Significa na prática que o recorrente não tem o direito de ser intimado e, consequentemente, não tem a chance de sanear o vício, ainda que ele seja plenamente sanável. Legitima-se, dessa maneira, uma inadmissão liminar, sem chance de saneamento e sem abertura para a alegação de cerceamento de defesa por parte do recorrente.

Uma hipótese muito frequente na praxe forense de inadmissão recursal é a falta de impugnação específica dos fundamentos da decisão recorrida. Trata-se, à evidência, de um vício sanável, porque basta que seja dada a oportunidade ao recorrente de impugnar os fundamentos faltantes para que o vício desapareça e o recurso se torne formalmente perfeito. No entanto, por se tratar de um vício formal relacionado ao conteúdo do recurso, os tribunais superiores não entendem aplicável o art. 932, parágrafo único, do CPC[110].

---

[109] STJ, 4ª Turma, AgInt no AREsp 1.908.693/SP, Rel. Min. Raul Araújo, j. 11.10.2021, *DJe* 17.11.2021; STJ, 1ª Turma, EDcl no AgInt no AREsp 1.544.182/PR, Rel. Min. Sérgio Kukina, j. 30.03.2020, *DJe* 02.04.2020.

[110] STJ, 2ª Turma, AgInt no AREsp 2.178.287/TO, Rel. Min. Assusete Magalhães, j. 13.02.2023, *DJe* 17.02.2023; STJ, 4ª Turma, AgInt no REsp 2.000.149/SP, Rel. Min. Antonio Carlos Ferreira, j. 12.09.2022, *DJe* 15.09.2022; *Informativo* 829/STF: 1ª Turma, ARE 953.221 AgR/SP, Rel. Min. Luiz Fux, 07.06.2016.

Entendo como perfeito o entendimento doutrinário que distingue a "ausência de fundamentação" e a "deficiência de fundamentação" como vícios distintos que merecem tratamentos diferentes[111].

Verifica-se deficiência quando o apelante efetivamente impugna os fundamentos da sentença, mas o faz de tal forma confusa que não permite a exata compreensão do tribunal do efetivo vício formal e/ou de conteúdo que a decisão teria. Em contrapartida, a ausência de fundamentação se dá quando o apelante deixa de impugnar algum fundamento da sentença recorrida ou mesmo deixa de impugnar algum capítulo que lhe teria gerado sucumbência, além, é claro, da situação-limite da absoluta ausência de qualquer fundamentação, com a mera interposição da apelação.

A sugestão aqui é admitir o saneamento somente na primeira hipótese, de deficiência da fundamentação, porque, no caso de ausência de fundamentação, o que se estaria permitindo, mesmo nas hipóteses em que alguma fundamentação já tenha sido apresentada no momento da interposição da apelação, é uma ampliação objetiva recursal, seja pela alegação de nova causa de pedir, seja pelo acréscimo de novo pedido.[112]

Não seria, portanto, um mero saneamento de vício, mas uma genuína complementação recursal, o que só é admitida pelo sistema processual em hipóteses de sucumbência superveniente ou para adaptação de recursos convertidos por conta da fungibilidade. Discordo da doutrina que defende a mesma conclusão com base no fundamento da boa-fé[113], porque a má-fé não se presume, devendo ser comprovada no caso concreto para retirar o direito do recorrente ao saneamento do vício. Prefiro o entendimento que veda a complementação, porque compreendo que, ao admitir, os princípios da isonomia e da segurança jurídica seriam ofendidos.[114]

---

111 JORGE, Flávio Cheim. *Teoria geral dos recursos cíveis*. 3. ed. São Paulo: RT, 2007. n. 9.4.3, p. 241-243.

112 Contra, admitindo a complementação: OLIVEIRA JR., Zulmar Duarte de. *Comentários ao CPC de 2015*. 2. ed. São Paulo: Método, 2018. v. 3, p. 602.

113 Nesse sentido: DIDIER JR., Fredie; CUNHA, Leonardo Carneiro da. *Curso de direito processual civil*. 19. ed. Salvador: Juspodivm, 2021. v. 3, p. 69.

114 JORGE, Flávio Cheim. *Teoria geral dos recursos cíveis*. 3. ed. São Paulo: RT, 2007. n. 99.4.3, p. 242.

Por fim, é logicamente inaplicável o art. 932, parágrafo único, do CPC, no caso de o vício ser insanável, conforme corretamente entendem o Superior Tribunal de Justiça[115] e a melhor doutrina.[116]

Ainda que não seja aplicável o art. 932, parágrafo único, do CPC, continua a existir o dever do relator ou do órgão colegiado de intimar o apelante e de lhe conceder um prazo de cinco dias para manifestação antes de inadmitir o seu recurso.

O fundamento legal é o art. 9º, *caput,* do CPC e, por essa razão, o conteúdo da intimação e o da própria reação do apelante serão diferentes. O recorrente não será intimado a sanear o vício, o que não faria sentido diante de sua natureza, mas para se manifestar sobre o vício apontado pelo relator ou pelo órgão colegiado, em respeito ao princípio do contraditório. Como a inadmissão é indiscutivelmente uma decisão contrária ao apelante e o dispositivo proíbe a prolação de decisão contra a parte sem que esta seja previamente ouvida, a sua intimação e a concessão do prazo para manifestação são indispensáveis.

Pode-se questionar qual a utilidade de tal intimação diante de um vício insanável que levará inevitavelmente o recurso à inadmissão. Não se estaria apenas postergando o inevitável? E, consequentemente, violando-se o princípio da economia processual e da duração razoável do processo? O respeito ao contraditório nunca se dá à toa, tampouco deve ser desprezado. Serve, sempre, para formar o convencimento judicial, mesmo quando este já pareça estar formado em sentido contrário.

Na hipótese ora analisada, significa dizer que o recorrente, intimado a se manifestar, poderá primeiro alegar que não existe o vício apontado e que seu recurso está formalmente perfeito. Uma segunda alegação possível é de que realmente existe um vício, mas que ele é sanável, e a melhor forma de convencimento dessa saneabilidade é já saneá-lo, ou seja, o apelante peticiona já demonstrando não existir

[115] STJ, 3ª Turma, AgInt no AREsp 2.005.287/GO, Rel. Min. Marco Aurélio Bellizze, j. 25.04.2022, *DJe* 29.04.2022.

[116] NERY JR., Nelson; NERY, Rosa Maria de Andrade. *Comentários ao Código de Processo Civil.* São Paulo: RT, 2015. p p. 1.853.

mais o vício que outrora havia sido apontado como suficiente para a inadmissão recursal.

2.2.10.2.3. Julgamento do Mérito

O art. 932, IV, do CPC trata da negativa de provimento por decisão monocrática do relator. Segundo o dispositivo legal, o relator nega provimento ao recurso contrário a súmula do Supremo Tribunal Federal, do Superior Tribunal de Justiça ou do próprio tribunal, a acórdão proferido pelo Supremo Tribunal Federal ou pelo Superior Tribunal de Justiça em julgamento de recursos repetitivos e entendimento firmado em incidente de resolução de demandas repetitivas ou de assunção de competência.

Em sentido bastante próximo, para não dizer idêntico, porém em sentido inverso, a decisão monocrática, dando provimento ao recurso, é tratada no inciso V do artigo ora analisado ao prever que, depois de facultada, quando for o caso, a apresentação de contrarrazões, o relator pode dar provimento ao recurso se a decisão recorrida for contrária a súmula do Supremo Tribunal Federal, do Superior Tribunal de Justiça ou do próprio tribunal, acórdão proferido pelo Supremo Tribunal Federal ou pelo Superior Tribunal de Justiça em julgamento de recursos repetitivos e entendimento firmado em incidente de resolução de demandas repetitivas ou de assunção de competência.

Como deve o relator proceder na hipótese de o recurso conter uma pluralidade de fundamentos e nem todos contrariarem os entendimentos consagrados em súmula ou precedente vinculante mencionados nos dispositivos legais ora analisados?

Na hipótese de o fundamento ser contrário à súmula ou ao precedente vinculante, ou seja, na hipótese descrita no art. 932, IV, do CPC, não poderá o relator decidir monocraticamente.[117] Ainda que não haja *a priori* obstáculo a uma fragmentação do julgamento do mérito do recurso – a exemplo do que já ocorre com o mérito

[117] NERY JR., Nelson; NERY, Rosa Maria de Andrade. *Comentários ao Código de Processo Civil*. São Paulo: RT, 2015. p. 1.852.

da ação, por previsão expressa do art. 356 do CPC –, a rejeição de um fundamento não é suficiente para um julgamento, nem sequer fracionado, da pretensão recursal. Dessa forma, não havendo espaço para julgamento monocrático, não faz qualquer sentido a manifestação do relator nesse momento procedimental.

Por outro lado, que postura deve adotar o relator na hipótese de a decisão recorrida ter mais de um fundamento e nem todos eles contrariarem os entendimentos consagrados em súmula ou precedente vinculante mencionados nos dispositivos legais ora analisados?

Nessa hipótese, a solução me parece que deva ser a mesma no sentido de não se admitir a manifestação monocrática do relator porque a rejeição de um ou mais fundamentos da decisão recorrida será incapaz de reformá-la, considerando-se a manutenção de fundamentos que não poderão ser decididos monocraticamente por falta de amparo legal. Será o caso, portanto, de julgamento colegiado[118]. O raciocínio, entretanto, parte de uma premissa: tratar-se de fundamentos que, por si sós, são suficientes para a manutenção da decisão.

Penso, entretanto, em outra situação: uma decisão com mais de um capítulo e cada qual com um fundamento autônomo. Nessa hipótese, caso um dos fundamentos da decisão recorrida contrarie uma súmula ou precedente vinculante previsto no art. 932, V, do CPC, não há obstáculo para o julgamento monocrático parcial do recurso, com a remessa ao órgão julgador da parcela do mérito recursal ainda não decidida.

Sei que essa fragmentação do julgamento do mérito recursal, inclusive envolvendo dois órgãos diferentes – juízo monocrático e juízo colegiado –, não está previsto em lei e certamente causa perplexidade. Ainda pior, pode até contribuir para certa confusão procedimental que será contraprodutiva e eventualmente até mesmo violar os princípios da economia processual e duração razoável do processo. Seja como for, tecnicamente, parece-me solução suficientemente justificável e adequada.

---

[118] NERY JR., Nelson; NERY, Rosa Maria de Andrade. *Comentários ao Código de Processo Civil*. São Paulo: RT, 2015. p. 1.852.

Como se pode notar da leitura dos dois dispositivos supramencionados, as justificativas para o julgamento de mérito monocrático dos recursos em geral e para a apelação em específico são rigorosamente as mesmas. O que muda é somente a decisão ou o recurso, dependendo da análise, estarem fundados ou contrários à tese consagrada na súmula ou precedente previsto em tais dispositivos.

Para parcela da doutrina, os dispositivos devem ser interpretados ampliativamente, de forma a ser aplicável sempre que existir precedente de tribunal superior sobre a matéria, ainda que não haja súmula sobre o tema e que a matéria não tenha sido objeto de julgamento de causas repetitivas ou do incidente de assunção de competência.[119] Apesar de se poder considerar ser esse o espírito da norma, por uma opção legislativa associada à segurança jurídica, foi feita uma opção pelos fundamentos que justificam a decisão unipessoal, de forma que o entendimento ampliativo não deve ser prestigiado.[120]

Conforme bem notado pela melhor doutrina, a redação do art. 557 do CPC/1973, ao admitir o julgamento monocrático de mérito de recurso com base em "jurisprudência dominante" do tribunal, permitia, por conta da indeterminação de seu conteúdo, as mais extravagantes interpretações. O Superior Tribunal de Justiça, por exemplo, tinha precedentes no sentido de que a existência de um mero precedente acerca do entendimento do relator no tribunal já seria o suficiente para justificar o julgamento monocrático, desde que não houvesse outro em sentido contrário.[121]

A utilização pelo legislador de um conceito vago e elástico[122], no qual praticamente tudo cabia, levou os tribunais, em especial os superiores, a criarem a jurisprudência dominante da turma ou

---

[119] MARINONI, Luiz Guilherme; ARENHART, Sérgio Cruz; MITIDIERO, Daniel. *Novo curso de processo civil*. São Paulo: RT, 2017. v. 2, p. 879.

[120] CÂMARA, Alexandre Freitas. *O novo processo civil brasileiro*. São Paulo: Atlas, 2015. p. 451.

[121] STJ, 1ª Turma, AgRg no REsp 1.130.746/RS, Rel. Min. Arnaldo Esteves, j. 06.06.2013, *DJe* 1º.07.2013.

[122] FREIRE, Rodrigo da Cunha Lima. Arts. 929 a 937. *In*: WAMBIER, Teresa Arruda Alvim; DIDIER JR., Fredie; TALAMINI, Eduardo; DANTAS, Bruno (coord.). *Breves comentários ao Novo Código de Processo Civil*. São Paulo: RT, 2015. p. 2.324; o autor fala em "escorregadia e aberta expressão" sendo substituída por "situações objetivas".

até mesmo do próprio relator – a chamada "autojurisprudência" –, tudo a justificar o julgamento monocrático. A mudança legislativa, claramente, veio para alterar esse estado de coisas e, nesse sentido, foi comemorada pela doutrina.[123]

Portanto, deve ser severamente criticada a Súmula 568 do Superior Tribunal de Justiça no sentido de que o relator, monocraticamente e naquele tribunal, poderá dar ou negar provimento ao recurso quando houver entendimento dominante acerca do tema. Essa súmula, na verdade, é uma mistura de escárnio, ilegalidade e rebeldia, gerando tristeza, revolta e desânimo.

Tendo sido aprovada no dia 16.03.2016, ou seja, ainda na vigência do CPC/1973, de duas uma: ou foi uma súmula destinada a ser aplicada por apenas um dia, limitando-se a repetir aquilo que já estava expressamente previsto em lei, ou se tornou a primeira súmula da história a consagrar entendimento a ser aplicado na interpretação de diploma legal ainda na *vacatio legis*. Todos sabiam se tratar da segunda hipótese, o que veio a se comprovar com o tempo.

É realmente uma obra de arte, uma genuína jaboticaba jurídica produzida pelo Superior Tribunal de Justiça. Sendo a jurisprudência entendida como o resultado de um conjunto de decisões judiciais no mesmo sentido sobre uma mesma matéria proferida pelos tribunais e a súmula, a consolidação objetiva dessa jurisprudência por meio da previsão da tese jurídica num verbete, ou seja, a materialização objetiva da jurisprudência, como exatamente criar uma súmula a respeito de norma jurídica que nem sequer entrou em vigência?

Há mais. Qualificada doutrina que analisou todos os precedentes indicados pelo Superior Tribunal de Justiça como substratos para a formação da criticada súmula conclui que, em absolutamente nenhum, a questão jurídica dos poderes do julgamento monocrático do relator foi examinada.[124] Temas variados, mas nenhum que justificasse a tese jurídica contida na súmula...

---

[123] ZANETI JR., Hermes. Arts. 926 a 946. *In*: CABRAL, Antonio do Passo; CRAMER, Ronaldo (coord.). *Comentários ao Novo Código de Processo Civil*. Rio de Janeiro: Forense, 2015. p. 1356-1357.

[124] FERREIRA, Patrício; CASTELO, Juliana Justo Botelho. Súmula nº 568 do STJ: os poderes indeterminados do relator no julgamento monocrático no Superior Tribunal de Justiça. *Revista Magister de Direito Civil e Processual Civil*, ano XVIII, n. 106, p. 127-139, jan./fev. 2022.

Por outro lado, a súmula tem seletiva e inexplicável aplicação, pois menciona apenas o relator no Superior Tribunal de Justiça, com o que, em tese, não permite sua aplicação pelos tribunais de segundo grau, ou seja, produz uma tese egoísta, a ser aproveitada somente pelo tribunal que a criou o que, aliás, não funcionou, porque todos os tribunais vêm aplicando-a, em especial o Supremo Tribunal Federal.

Por fim, é absolutamente *contra legem*, no melhor estilo do garoto que, discordando das regras do jogo e sendo o dono da bola, simplesmente vai embora levando-a consigo, "melando" assim o jogo da garotada. O legislador claramente estava desgostoso com o exagero nos julgamentos monocráticos, derivado da permissão legal calcada em conceitos jurídicos indeterminados que acabavam por chancelar qualquer espécie de justificativa para o julgamento unipessoal. O objetivo, portanto, foi tornar tais justificativas objetivas. A tese fixada veio a contrariar tudo isso.

Um registro importante a respeito do tema, ainda que irrelevante quanto ao objeto do presente livro. O Superior Tribunal de Justiça incluiu em seu regimento interno (Emenda Regimental 24/2016) regra que o autoriza a julgar monocraticamente recurso especial com base em jurisprudência consolidada do Supremo Tribunal Federal e do Superior Tribunal de Justiça (art. 255, § 4º, II e III)[125]. Justificou-se a previsão na autorização dada pelo inciso VIII do art. 932 do CPC.

Seja como for, tanto as hipóteses expressamente previstas em lei como aquelas acobertadas pela tese consagrada na famigerada Súmula 568/STJ são aplicáveis à apelação, ainda que utilizadas com moderação em razão da necessidade de esgotamento das vias ordinárias de impugnação para a interposição dos recursos excepcionais.

Há uma consideração de ordem procedimental interessante. O inciso V do art. 932, ao tratar da negativa de provimento do recurso, exige do relator, antes da prolação da decisão, a intimação do recorrido e a abertura de prazo para as contrarrazões, não havendo previsão nesse sentido nos incisos III e IV do mesmo dispositivo.

---

125 STJ, 1ª Turma, AgInt no REsp 1.300.198/SP, Rel. Min. Sérgio Kukina, j. 06.10.2020, *DJe* 18.11.2020.

Tal previsão sacramenta o respeito ao princípio do contraditório (arts. 9º, *caput*, e 10 do CPC), evitando-se decisão que prejudica o recorrido sem que antes lhe seja dada oportunidade de reação. Já era essa a orientação tranquila do Superior Tribunal de Justiça na vigência do CPC/1973, mesmo sem previsão expressa nesse sentido[126]. Por outro lado, a omissão nas hipóteses de inadmissão e negativa de provimento deve ser interpretada como dispensa de intimação com fundamento na teoria de dispensa do contraditório inútil.

2.2.10.3. Atos Preparatórios do Julgamento Colegiado

2.2.10.3.1. Preparação do Voto e Pedido para Julgamento

O art. 931 do CPC prevê que, uma vez distribuídos, os autos serão imediatamente conclusos ao relator, que então terá um prazo de 30 dias para elaborar o seu voto e restituir os autos à secretaria da Câmara ou da Turma para que seja, nos termos do art. 934 do CPC, incluído em pauta pelo presidente.

No julgamento colegiado da apelação participam originariamente sempre três julgadores - que podem chegar a cinco na hipótese de julgamento estendido previsto pelo art. 942 do CPC –, e oficialmente somente o relator tem um prévio contato com o recurso. Não existe, portanto, sequer a figura do revisor, como havia na maioria dos casos no Código revogado. A apelação sai direto do relator para a sessão de julgamento.

Certamente, essa modificação legislativa não foi realizada pensando na qualidade da prestação jurisdicional, porque a análise prévia da apelação somente pelo relator aumenta o julgamento pseudocoletivo, uma triste realidade de nossa praxe forense, no qual os julgadores que não têm um contato prévio com o recurso se limitam a seguir o voto do relator sem qualquer ponderação séria a respeito do que efetivamente estão decidindo. Se alguém duvida que isso aconteça, basta verificar a não rara ocorrência de entendimentos divergentes

[126] STJ, 2ª Turma, REsp 1.252.702/RJ, Rel. Min. Mauro Campbell Marques, j. 07.06.2011, *DJe* 14.06.2011.

do mesmo magistrado quando ele participa do julgamento como relator e como mero membro do colegiado...

Infelizmente, mais uma vez se impôs a preocupação com a gestão processual, a tão almejada agilidade procedimental, com o objetivo de enxugar a pauta de julgamento dos tribunais. "Não adianta chorar pelo leite derramado". E como toda ação tem uma reação, a mudança legislativa tornou a presença dos advogados nos atos preparatórios do julgamento muito mais intensa. Despachos de memoriais, em especial para os julgadores que não são os relatores, são indispensáveis, porque, na esmagadora maioria das vezes, eles simplesmente irão à sessão de julgamento sem qualquer noção do que será julgado. A sustentação oral, analisada no tópico 2.2.10.4.1, também é forma de inteirar esses julgadores do que julgarão.

Conforme já afirmado, o relator tem o prazo de 30 dias para restituir os autos à secretaria do órgão colegiado do qual faça parte. Nesse período, deverá elaborar seu voto e, no ato de restituição dos autos, fazer constar o relatório de seu voto, exigência que não deixa de ser curiosa diante da eliminação da figura do revisor. Ainda que caiba, evidentemente, ao relator a produção do relatório, perde a função de sua elaboração se esta se tornar pública antes da sessão de julgamento ao não existir mais a figura do relator.

O prazo de 30 dias é impróprio, o que significa dizer que, mesmo não ocorrendo a restituição prevista no dispositivo ora analisado no prazo de 30 dias, não há consequência processual, de forma que não será nula a restituição ocorrida após o decurso de tal prazo. Substituir o julgador nesse caso seria, afinal, um prêmio ao relator que descumpre o prazo legal. Na realidade, esse prazo é meramente simbólico, sendo raramente cumprido.

2.2.10.4. Sessão de Julgamento

2.2.10.4.1. Sustentação Oral

O cabimento de sustentação oral em apelação vem previsto logo no primeiro inciso do art. 937 do CPC, o que é plenamente justificável em razão de se tratar do recurso cabível contra a decisão que decidiu a fase/processo de conhecimento ou a execução. Se há espécie recursal na qual deveria caber a sustentação oral, não há dúvida de ser na apelação.

Há um interessante precedente do Superior Tribunal de Justiça no qual se entendeu pela nulidade do julgamento, em sede de embargos de declaração, do mérito da apelação, por não ter havido oportunidade de sustentação oral das partes. No caso concreto, a parte interpôs embargos de declaração alegando nulidade do julgamento da apelação, tendo seu recurso sido acolhido. O problema é que, na mesma sessão, o tribunal, depois de anular o acórdão originário, julgou novamente o mérito da apelação, consubstanciando o vício reconhecido pelo Superior Tribunal de Justiça[127].

Não costuma ser muito prudente confiar na literalidade do § 2º do art. 937 do CPC, o qual prevê que, se o procurador desejar proferir sustentação oral, poderá requerer, até o início da sessão, que o processo seja julgado em primeiro lugar, sem prejuízo das preferências legais. É bem verdade que normas do Regimento Interno não podem confrontar normas do Código de Processo Civil, e ainda pior quando o fazem para limitar o exercício de direitos. Logo, é correto afirmar que, mesmo quando a norma regimental exigir uma inscrição em momento anterior, a norma legal garante ao procurador o direito de se "inscrever" até o início do julgamento.

Aqui, entretanto, vale não só um espírito de colaboração e urbanidade, mas também de proveito próprio. Tem justificativa plausível o órgão exigir uma inscrição com algum tempo antes da sessão a fim de que o cartório judicial possa se organizar melhor e para que os próprios julgadores – ao menos o presidente – possam projetar a forma e a duração da sessão. Por outro lado, saber que você já está inscrito previamente e não precisa enfrentar nenhum debate a respeito de seu direito à prática de tal ato é sempre conveniente, além da ciência de qual a ordem em que será feita a sustentação oral, como também é sempre simpático não iniciar a sessão em

---

[127] Informativo 824/STJ, REsp 2.140.962-SE, Rel. Ministro Teodoro Silva Santos, Segunda Turma, por unanimidade, julgado em 3/9/2024.

conflito com os serventuários e eventualmente até com os próprios julgadores. Logo, ainda que no plano da legalidade haja razão em defender a prevalência do art. 937, § 2º, do CPC a qualquer norma regimental[128], a prudência determina, salvo situações excepcionais, atender ao previsto na norma regimental.

O que deve realmente se lamentar, conforme já destacado por qualificada doutrina, são normas regimentais que, longe de servirem para organizar o trabalho a ser desempenhado na sessão se julgamento, prestam-se desavergonhadamente a desestimular a sustentação oral e/ou a criar armadilhas para que os advogados percam o prazo para a inscrição, por exemplo, a exigência de inscrição em poucos dias após a publicação da pauta de julgamento.[129]

Segundo a previsão do art. 937, *caput*, do CPC, depois da exposição da causa pelo relator, o presidente dará a palavra ao responsável pela sustentação oral. Não é incomum o relator questionar a respeito da dispensa dessa exigência legal, o que acaba colocando o advogado que vai sustentar numa situação complicada. Claro que para ele a exposição do relatório é absolutamente dispensável, até porque, se aquele que vai sustentar ainda precisa se inteirar da causa, é sinal de que alguma coisa vai muito mal mesmo.

O problema é que, segundo tradicional lição doutrinária, essa leitura é um importante momento de esclarecimento para os demais julgadores que não tiveram até então qualquer contato com o recurso. Há a preocupação, inclusive, de que uma exposição incompleta ou pouco fiel possa levar o colegiado a cometer graves injustiças.[130]

A grande questão é que, com dezenas de sustentações na pauta, como se tornou regra, a leitura do relatório em todos os recursos poderá ser fator a tornar definitivamente inviável o desenvolvimento

---

[128] Nesse sentido: BUENO, Cassio Scarpinella. *Curso sistematizado de direito processual civil*. 13. ed. São Paulo: Saraiva, 2024. v. 2, p. 412.

[129] CARVALHO, Fabiano. *Comentários ao Código de Processo Civil*. São Paulo: Saraiva, 2022. v. XIX, p. 120.

[130] BARBOSA MOREIRA, José Carlos. *Comentários ao Código de Processo Civil*. 17. ed. Rio de Janeiro: Forense, 2013. v. 5, n. 356, p. 663.

dos trabalhos, sem nenhuma garantia de que os demais julgadores do órgão estarão efetivamente absorvendo as informações da forma devida. Eventual recusa ao pedido de dispensa da leitura do relatório, ademais, certamente criará um ambiente pouco receptivo ao advogado em sua sustentação oral sem qualquer garantia de obtenção de vantagens reais.

De minha parte, sempre que questionado a respeito da dispensa da leitura do relatório, concordo com a sugestão, confiante de que a sustentação oral seja suficiente para esclarecer as questões discutidas para os julgadores, inclusive aqueles que não tiveram contato prévio com a apelação.

2.2.10.4.2. Ordem

A ordem estabelecida pela lei para as sustentações orais é primeiro o apelante, seguido do apelado e, nos casos de sua intervenção, o membro do Ministério Público. Essa oitiva do membro do Ministério Público só se justifica quando o *parquet* não for parte no recurso, funcionado apenas como fiscal da ordem jurídica; sendo parte no recurso, deverá sustentar oralmente como apelante ou como apelado.

Não é rara a ocorrência de interposição de apelação por mais de um litisconsorte e/ou por ambas as partes, situações não resolvidas expressamente pela lei. No caso de litisconsortes, a preferência é pelo acordo entre eles quanto à ordem de preferência nas sustentações, até porque pode existir entre os patronos algum tipo de estratégia previamente determinada cuja implementação dependa justamente disso. Não havendo tal acordo, o mais racional é observar a ordem de inscrição. Havendo apelação interposta por ambas as partes, cabe ao autor da ação a primeira sustentação e ao réu, a seguinte, mantendo-se dessa forma a ordem ataque-defesa.

Outra situação interessante, e nem sempre respeitada da forma que deveria, tem-se na hipótese de interposição de apelação adesiva. Tecnicamente, havendo nesse caso dois recursos de apelação, um interposto de forma principal e outro de forma adesiva, são cabíveis duas sustentações orais, em ordem inversa. Na primeira, o apelante principal fala primeiro e na segunda, faz o apelante adesivo. Só aí seria, considerando-se o prazo máximo previsto na lei, uma hora da sessão de julgamento.

Isso posto, o mais comum é a exigência – *contra legem* – de uma espécie de "bem bolado", na qual o apelante principal, que faz a primeira sustentação, é orientado no sentido de que só terá aquela oportunidade para falar, quando então deverá reunir as alegações referentes à sua apelação e às contrarrazões da apelação adesiva, enquanto o patrono que vem a seguir deverá falar sobre as alegações referentes às suas contrarrazões e à sua apelação adesiva.

Além da ilegalidade relacionada à perda do prazo, considerando-se que nesse caso os patronos são obrigados a reunir duas sustentações orais num prazo máximo de 15 minutos, o que, objetivamente, é consideravelmente prejudicial, porque mistura matérias muitos distintas, juntando temas de ataque e defesa a partes distintas da sentença. Como diria um conhecido ministro da suprema corte em língua estrangeira, aqui já traduzida para a língua pátria: uma grande confusão.

O dispositivo é silente quanto à sustentação oral dos terceiros intervenientes e do *amicus curiae*. Entendo que o assistente sustenta oralmente após o assistido, o denunciado à lide depois do denunciante e o chamado ao processo depois do réu. O *amicus curiae* deve sustentar oralmente depois do Ministério Público como fiscal da ordem jurídica, em aplicação por analogia do art. 984 do CPC, sendo sempre o último a falar. O art. 179, I, do CPC, que prevê caber a manifestação do Ministério Público após a manifestação das partes, deve ser interpretado valendo-se do conceito restritivo de partes, ou seja, partes na demanda, o que excluiu o *amicus curiae*[131].

Entre os inscritos para a sustentação oral, a ordem deve seguir a própria ordem de inscrição, salvo hipóteses de preferência consagrada expressamente em lei, como aquela estabelecida pelo art. 7º-A, III, da Lei 8.906/1994, que prevê preferência para o ato praticado por advogada quando gestante, lactante, adotante ou que der à luz. Situações excepcionais do patrono também podem ser

131 Em sentido contrário: OLIVEIRA JR., Zulmar Duarte de. *Execução e recursos*: comentários ao CPC de 2015. São Paulo: Método, 2017. p. 630.

consideradas pelo juízo para eventual inversão da ordem, sempre prevalecendo o bom senso e a ponderação. Há, inclusive, aqueles que defendem que, havendo um negócio jurídico entre patronos e o juízo, a sustentação possa a vir a ser realizada até mesmo ao final da sessão de julgamento[132]. Não há como discordar; afinal, o combinado nunca sai caro.

2.2.10.4.3. Prazo

O tempo previsto para a sustentação oral é de 15 minutos, o que significa dizer que 15 minutos é o prazo para a prática desse ato processual. Há uma singularidade digna de nota na redação do art. 937, *caput*, do CPC ao determinar esse prazo processual: a expressa previsão de ser tal prazo improrrogável.

O Código de Processo Civil utiliza a palavra "improrrogável" em apenas duas passagens: art. 438, § 1º, e o ora analisado art. 937. Em ambos os casos, para se referir a prazo, o que necessariamente deve significar algo, considerando-se as centenas de previsões legais constantes do diploma legal nas quais o legislador não se preocupou em qualificar o prazo de "improrrogável".

Ainda que não seja esta a obra adequada para o desenvolvimento do tema, quando fiz a primeira leitura combinada dos art. 139, VI, e art. 190, ambos do CPC, tive a firme impressão de que a tradicional classificação entre prazo dilatório e peremptório simplesmente tinha perdido sua razão de ser. Afinal, se o juiz passou a ter o poder de prorrogação dos prazos e as partes têm o poder de convencionar no mesmo sentido, deixariam de existir prazos peremptórios.

Essa impressão durou até que encontrei as duas previsões legais que expressamente qualificam os prazos nelas estabelecidos de improrrogáveis, o que me parece claro o suficiente para afastar tanto o poder do juiz previsto no art. 139, VI, do CPC quanto o

132 DIDIER JR., Fredie; CUNHA, Leonardo Carneiro da. *Curso de direito processual civil*. 19. ed. Salvador: Juspodivm, 2021. v. 3, p. 91.

das partes, disposto no art. 190 do CPC.[133] Afinal, improrrogável é aquilo que não pode ser prorrogado, independentemente da razão.

Prorrogação, no caso, não se confunde com devolução de tempo perdido na hipótese de interrupção por motivo alheio à vontade do patrono que estiver fazendo a sustentação oral. Assim, caso algum dos julgadores peça um aparte durante a sustentação para fazer alguma consideração ou questionamento, naturalmente esse tempo deve ser restituído[134], como também deve acontecer quando ocorre algum problema técnico durante a sustentação oral realizada virtualmente.

Uma questão que me é significativamente intrigante é a que diz respeito aos sujeitos que têm a prerrogativa do prazo em dobro e a sustentação oral. Na prática, nem sequer se coloca a possibilidade de conceder 30 minutos para defensores, promotores ou advogados públicos sustentarem oralmente, devendo fazê-lo nos 15 minutos previstos em lei. O que me intriga é a fundamentação legal para que assim o seja. Afinal, esses sujeitos têm a prerrogativa processual do prazo em dobro para todos os atos processuais, salvo quando o ato for de sua prática exclusiva, o que obviamente não é o caso da sustentação oral. Seja como for, há aqui uma espécie de direito consuetudinário consagrado.

Outra interessante questão refere-se à contagem de prazo em dobro na hipótese de litisconsortes com patronos diferentes. É verdade que, na vigência do diploma processual revogado, tanto a doutrina[135] como a jurisprudência[136] eram no sentido de aplicação do art. 191 do CPC à hipótese. E para isso era preciso uma interpretação do dispositivo, visto que este previa um prazo em dobro para recorrer, e não para falar em geral nos autos, e a sustentação oral não é propriamente o ato de recorrer, ainda que dele faça parte.

---

133 Em sentido contrário: RODRIGUES, Marco Antonio. *Manual dos recursos*. São Paulo: Juspodivm, 2023. n. 6.5.1., p. 124.

134 ASSIS, Araken de. *Manual dos recursos*. 8. ed. São Paulo: RT, 2017. n. 33.6.2, p. 397.

135 BARBOSA MOREIRA, José Carlos. *Comentários ao Código de Processo Civil*. 17. ed. Rio de Janeiro: Forense, 2013. v. 5, n. 357, p. 664.

136 STJ, 4ª Turma, REsp 888.467/SP, Rel. Min. João Otávio de Noronha, rel. p/ acórdão Min. Luis Felipe Salomão, j. 1º.09.2011, *DJe* 06.10.2011.

Entretanto, o dispositivo foi substituído pelo art. 229 do atual diploma legal que, apesar de passar a prever o prazo em dobro para falar em geral nos autos, o que certamente incluiu a sustentação oral, introduziu mais dois requisitos para sua aplicação: que os advogados dos litisconsortes pertençam a diferentes sociedades de advogados e que o processo tramite em autos físicos. Esse último requisito vem tornando o art. 229 do CPC uma verdadeira lenda urbana.

A *ratio* do requisito, entretanto, não se aplica especificamente ao ato da sustentação oral, devendo dela ser dispensado. O prazo em dobro conferido apenas a processo em autos físicos justifica-se porque somente nestes há uma dificuldade de acesso aos autos por parte dos patronos dos litisconsortes. Na sustentação oral, contudo, o que justifica o prazo em dobro é a necessidade de mais tempo por haver mais advogados a falar na defesa dos interesses de seus clientes. E isso, naturalmente, independe de o processo tramitar em autos eletrônicos ou físicos. Por isso, são de comemorar precedentes do Superior Tribunal de Justiça anulando julgamentos nos quais o tribunal concedeu apenas sete minutos e meio a cada advogado de litisconsortes, ignorando assim o direito ao prazo em dobro para suas sustentações orais.[137]

O problema pode, naturalmente, ser superado por regra regimental, que determine o prazo de 30 minutos havendo apelações (ou recursos em geral) interpostas por litisconsortes com patronos diferentes. No Regimento Interno do STJ, no art. 160, § 2º, por exemplo, há regra nesse sentido.

Cabe quanto ao tema uma última observação. Há antigo e arraigado entendimento no sentido de que o tempo de 30 minutos será dividido igualmente entre os advogados dos litisconsortes, salvo se esses acordarem de outra forma. Faz sentido porque o prazo é concedido para os litisconsortes e estes têm a disposição de dividi-lo como melhor lhes convém. A questão que coloco é somente se ainda

[137] STJ, AgInt no REsp 1.994.827, Decisão monocrática, Rel. Min. Antonio Carlos Ferreira, *DJe* 03.10.2023; STJ, AREsp 1.888.568, Decisão monocrática, Rel. Min. Manoel Erhardt (Desembargador convocado TRF5), *DJe* 30.08.2021. Na doutrina: DIDIER JR., Fredie; CUNHA, Leonardo Carneiro da. *Curso de direito processual civil*. 19. ed. Salvador: Juspodivm, 2021. v. 3, n. 10.4.3, p. 86.

haveria justificativa para a manutenção do prazo em dobro se houver acordo entre os advogados no sentido de que só um deles falará.

Ainda que se considere a situação improvável, posso pensar num litisconsórcio unitário, em que haja a humildade suficiente para reconhecer que dentre todos há um destacado advogado de renome, reconhecido por sua habilidade oratória, e que este se dispõe a ser o único a sustentar oralmente em nome de todos. Apenas não consigo encontrar justificativa de manter nesse caso o prazo em dobro, o que me parece só fazer sentido quando dois ou mais advogados fazem o uso da palavra e, justamente por isso, por conta dessa pluralidade, o prazo deve ser maior que o normal. Que na situação descrita então se dê mais tempo ao advogado destacado, mas que ao menos algum outro tenha também algum tempo de tribuna, sob pena de o prazo ser de 15 minutos.

Há, ainda, outro possível problema a ser enfrentado, ainda que este, na praxe forense, seja mais comum em sessões de julgamento de recursos excepcionais em tribunais superiores do que em julgamentos de apelação em tribunais de segundo grau: a multiplicidade de *amici curiae* no processo presentes na sessão de julgamento dispostos a fazer a sustentação oral.

Como a ocorrência de tal situação em julgamentos de apelação é realmente rara, não vou me alongar no tema. Indico apenas uma excelente obra sobre o assunto na qual o *amicus curiae* é dividido em duas categorias: (a) instrutório, voltado a oferecer informações técnicas ao juízo, mantendo ao máximo a sua imparcialidade; e (b) representativo, que representa de forma adequada um dos grupos envolvidos no conflito, de forma a estar institucionalmente vinculado na sustentação de uma das teses defendidas por uma das partes.[138]

A distinção me parece importante porque, exercendo o *amicus curiae* a função instrutória, deve ter sempre garantido o prazo de 15 minutos para sustentar oralmente, mesmo que haja mais de um

[138] MIGLIAVACCA, Carolina Moraes. Amicus curiae *no Código de Processo Civil de 2015*: suas duas funções: Curitiba, Thoth, 2021.

atuando no processo. Havendo uma pluralidade de *amici curiae* representativos, a eles deve ser concedido o prazo de 30 minutos (regra aplicável aos diferentes advogados dos litisconsortes por analogia), sendo a divisão do tempo acordada entre eles e subsidiariamente em tempos iguais, sendo a ordem estabelecida também por acordo e secundariamente pelo juízo.

2.2.10.4.4. Conteúdo

A sustentação oral funciona como ato processual de natureza oral por via do qual o apelante e apelado buscam reforçar os principais pontos de defesa de seus interesses já expostos em suas peças escritas de recurso e contrarrazões. Até mesmo por conta do princípio da consumação e da vedação da complementaridade, não se espera em sustentação oral a alegação de nenhum novo fundamento jurídico[139]. E, caso isso ocorra, deve ser desconsiderado pelos julgadores, sob pena de contaminar a decisão a ser proferida com base em tal fundamento.

É, inclusive, nesse sentido a própria redação do *caput* do art. 937 do CPC que, em seu final, prevê que as partes terão 15 minutos "a fim de sustentarem as suas razões", ou seja, aquelas razões já levadas aos autos por escrito em sede de recurso e contrarrazões. Essa limitação, entretanto, não condiciona o patrono a uma repetição modorrenta daquilo que já apresentou por escrito, até porque, se este for o objetivo, é melhor que dispense os julgadores, serventuários e colegas presentes à sessão do martírio e da perda de tempo.

Imaginar a sustentação oral como uma mera verbalização mecânica e automática daquilo que já foi apresentado por escrito é empobrecer o ato processual e criar-lhe má fama. Daí por que o próprio patrono deve compreender que tal ato não deve ser praticado em qualquer julgamento, devendo ser reservado àqueles de maior relevância nos quais realmente faça algum sentido a sustentação oral. E para o ato fazer sentido necessariamente deve contribuir

---

[139] CARVALHO, Fabiano. *Comentários ao Código de Processo Civil*. São Paulo: Saraiva, 2022. v. XIX, p. 119.

de certa forma para o convencimento do órgão julgador. Como o objeto litigioso que será decidido não pode ser alterado, em respeito ao fenômeno da preclusão, essa agregação de valor esperada da sustentação oral decorre do destaque dado pelo advogado dos principais pontos de suas razões e, principalmente, da diferenciada maneira de colocá-los oralmente para os julgadores.

Por outro lado, não cabe a interpretação do dispositivo legal no sentido de que a parte que não tenha apresentado razões escritas estaria impossibilitada de sustentar oralmente, porquanto não teria como sustentar razões que não existem.[140] O apelado, por exemplo, mesmo que não tenha apresentado contrarrazões de apelação, tem o direito de sustentar oralmente as razões que teria exposto por escrito.

A preclusão já mencionada que impede a inovação recursal, entretanto, é afastada pontualmente em questões de ordem pública, por conta do efeito translativo da apelação. Sendo admitido que o órgão julgador conheça tais matérias no julgamento de tal espécie recursal, não se pode descartar a possibilidade de sua alegação, de forma originária, em sustentação oral. Hipótese típica de inovação porque nesse caso ter-se-á uma matéria sendo alegada pela primeira vez no processo em sede de sustentação oral.

Tal circunstância, evidentemente, faz acender uma luz vermelha acerca do respeito ao princípio do contraditório, porque o art. 10 do CPC prevê que o conhecimento de qualquer matéria, mesmo que de ordem pública, precisa respeitar tal princípio, enquanto o art. 9º do mesmo diploma legal estabelece que não se admite a prolação da decisão contra a parte sem a sua oitiva prévia. Fica muito claro, portanto, que, se o órgão julgador tencionar acolher a alegação feita em sustentação oral, em prejuízo da parte contrária, terá necessariamente que garantir o contraditório. Questiona-se como isso deverá ser realizado.

---

[140] BARBOSA MOREIRA, José Carlos. *Comentários ao Código de Processo Civil*. 17. ed. Rio de Janeiro: Forense, 2013. v. 5, n. 357, p. 665; ASSIS, Araken de. *Manual dos recursos*. 8. ed. São Paulo: RT, 2017. n. 33.6.1, p. 396.

Caso somente o advogado que alegou a matéria esteja presente na sessão de julgamento, a única forma possível será a interrupção do julgamento, com a subsequente intimação da parte contrária com abertura de prazo para manifestação. O problema nesse caso poderá ser o acesso à manifestação realizada na sessão de julgamento. Por incrível que pareça, e isso é algo que sempre me gerou um misto de indignação e resignação, as sustentações orais procedidas presencialmente simplesmente não ficam registradas nos autos, perdem-se como se nunca tivessem sido realizadas, sendo guardadas, apenas, na memória daqueles que as ouviram e, eventualmente, em alguma gravação não oficial feita pelo advogado ou terceiro. Significa dizer que de nada adiantará intimar a parte contrária para ela se manifestar sobre algo que não consta dos autos, o que obviamente inviabiliza o adequado exercício do direito ao contraditório. Dessa forma, por mais burocrático que seja, o órgão julgador deverá determinar ao advogado que sustentou – idealmente na própria sessão – que produza uma peça escrita com os fundamentos levados ao conhecimento do órgão julgador oralmente e a protocole nos autos, para que então depois seja intimada a parte contrária a se manifestar e o julgamento possa continuar.

Nas sessões que contam com sustentações orais pela via telepresencial, há gravação de todos os atos processuais, com o que se evita a perda da sustentação oral e impede todos os percalços procedimentais anteriormente descritos. Basta nesse caso intimar a parte contrária para se manifestar porque ela terá acesso à gravação da sessão e com isso poderá se inteirar das alegações feitas em sede de sustentação oral.

E se ambos os advogados tiverem comparecido à sessão de julgamento para sustentarem oralmente? Será possível nesse caso cumprir o respeito ao princípio do contraditório na própria sessão de julgamento, aliando-se nesse caso também o respeito aos princípios da economia e da duração razoável do processo? Minha resposta considera tanto o respeito à vedação da decisão-surpresa quanto a boa-fé processual, em especial no que toca à *supressio*.

Sendo a matéria de ordem pública arguida na primeira sustentação oral, a primeira consideração deve ser feita à postura a ser adotada pelo presidente do órgão colegiado, no que naturalmente deverá ser auxiliado pelo relator da apelação, até porque provavelmente não estará prestando atenção nas palavras do advogado. Seja como for, é possível que algum membro do órgão chame a atenção nesse sentido e o presidente expressamente consigne ao advogado da parte contrária que ele deve levar em conta em sua sustentação oral a matéria de ordem pública acabada de ser alegada.

Essa incitação me parece o suficiente para que, se aceita, ainda que tacitamente, pelo advogado, por meio de sua não reação, considere-se cumprido o contraditório no caso concreto. Simplesmente não reagir, sustentar normalmente, ainda que sem qualquer menção à matéria de ordem pública, e depois alegar eventual nulidade da decisão que a acolhe parece-me conduta eivada de má-fé, espécie de alegação de nulidade de algibeira, que não deve ser prestigiada. A má-fé ficará ainda mais clara se o advogado tiver, em sua sustentação oral, tratado expressamente da matéria de ordem pública.

O advogado, entretanto, poderá, quando lhe for atribuída a palavra, objetar o exercício do contraditório naquele momento procedimental, alegando uma clara quebra da isonomia. Afinal, seu colega teve tempo, sabe-se lá quanto, para se preparar para a sustentação oral, alegando a nova matéria de ordem pública, e não é isonômico pretender que ele responda sem um preparo adequado, de supetão. Exigir uma resposta nessas condições é cumprir um contraditório meramente formal, o famoso contraditório "para inglês ver", para que nada serve. A justa resistência do advogado deve levar ao adiamento do julgamento e à concessão de prazo para sua manifestação. Caso seja rejeitado seu pedido, estará resguardado seu direito de pedir uma futura e eventual anulação do julgamento.

Outra possibilidade é simplesmente a palavra ser concedida ao advogado para a segunda sustentação, sem qualquer comentário a respeito da matéria de ordem pública alegada originariamente na primeira. No mesmo sentido, o advogado poderá requerer a interrupção do julgamento e a concessão de prazo para que possa se manifestar sobre a nova matéria levada ao processo, com as mesmas consequências já analisadas para o caso de acolhimento ou rejeição de seu pedido. Caso nada diga e faça normalmente a sustentação, abordando a matéria de ordem pública, o contraditório estará cumprido e qualquer futura alegação de nulidade deverá ser considerada em violação ao princípio da boa-fé e, por essa razão, rejeitada.

A situação mais problemática é a sustentação ser realizada sem qualquer menção à matéria de ordem pública. Isso porque o advogado pode alegar futuramente que não foi devidamente informado para se manifestar a respeito de tal matéria, que não poderia ser surpreendido com matéria nova em sede de sustentação oral, que o art. 933, § 1º, do CPC prevê que, constatada matéria de ordem pública durante a sessão, o julgamento do recurso será imediatamente suspenso para a manifestação das partes. A parte contrária, por sua vez, alegará que o advogado estava presente na sessão e tomou conhecimento da alegação da matéria de ordem pública, não se opondo a se manifestar na própria sessão e preferindo se omitir quanto a tal matéria em sua sustentação oral, de forma que alegar uma violação ao contraditório somente depois de proferida a decisão viola o princípio da boa-fé. E não há que falar em decisão-surpresa porque a parte contrária se manifestou no processo depois da alegação da matéria.

Apesar do equilíbrio das argumentações nessa hipótese, entendo que a ausência de qualquer manifestação pelo advogado na sessão de julgamento a respeito de ser chamado a fazer a sustentação oral logo depois de ter sido alegada uma matéria nova no processo é determinante. Cabia alguma forma de irresignação e, com sua inércia, entendo que uma eventual alegação de vício somente em momento posterior, quando proferida decisão contrária aos seus interesses, esteja configurada a hipótese descrita pelo Superior Tribunal de Justiça como de nulidade de algibeira.

É possível, por outro lado, que a matéria de ordem pública seja arguida na segunda sustentação oral, ainda que tal circunstância deva ser considerada algo próximo do exótico, porque esta será realizada pelo apelado, que em tese não terá qualquer interesse em alegações de tal natureza. Ainda assim, caso ocorra, um eventual respeito ao princípio do contraditório em audiência dependeria de a presidência abrir a palavra novamente ao advogado do apelante, o que dificilmente ocorrerá. Aqui seria o caso, portanto, de suspender o julgamento da apelação para que o apelante pudesse ter oportunidade de se manifestar sobre a matéria.

Registro, por fim, que tudo o que foi dito acerca de preocupação com a preservação do princípio do contraditório só se justifica se a matéria de ordem pública for acolhida como fundamento do julgamento da apelação. Caso o tribunal não venha a considerar tal alegação, eventual supressão do contraditório se fundamentará na dispensa do contraditório inútil e não trará qualquer nulidade para o julgamento.

2.2.10.4.5. Forma

Durante considerável período nem sequer cogitávamos fazer uma sustentação oral de outra forma senão presencialmente diante dos julgadores ao longo da sessão de julgamento, ainda que tal ato muitas vezes envolvesse, em especial para os advogados sediados em comarcas e seções judiciárias distantes da sede do tribunal, embaraços logísticos e financeiros, quando não a delegação de poderes para algum colega da capital para a prática do ato, o que evidentemente não era o ideal.

Com a modernização do processo e a possibilidade da prática de atos pela via eletrônica, passou a ser possível a realização da sustentação oral sem a deslocação física. O art. 937, § 4º, do CPC permite que o advogado, com domicílio profissional em cidade diversa daquela onde está sediado o tribunal, efetue sustentação oral por meio de videoconferência ou outro recurso tecnológico de transmissão de sons e imagens em tempo real, desde que o requeira até o dia anterior ao da sessão.

Veio a pandemia da Covid e o resto é estória. As sustentações orais foram todas virtualizadas e atualmente algumas já são realizadas até mesmo de forma assíncrona. Não é, entretanto, pelo menos ainda, o caso da apelação[141] e, portanto, o tema não será neste momento desenvolvido. O que nos interessa é que, com o retorno à normalidade e a possibilidade do retorno à prática de atos presenciais, passou-se a questionar a respeito da adequação da forma da sustentação oral: virtual ou presencial?

O § 4º do art. 937 do CPC prevê um direito ao advogado de sustentar em ambiente virtual, impondo para tanto dois requisitos: (a) que o requeira com antecedência de dois dias; e (b) que tenha domicílio profissional em local distinto do foro onde esteja localizado o tribunal onde ocorrerá a sessão de julgamento. Parece-me que, preenchidos tais requisitos, não há nada a debater, sendo definida a forma virtual da prática do ato processual.

No entanto, excluída tal hipótese, o que se nota na praxe forense é uma diversidade muito grande não só entre tribunais, mas também entre órgãos fracionários do mesmo tribunal. Diferente da realização das audiências, que foram regulamentadas pela Resolução 481/2022 do CNJ, as sustentações orais não tiveram nenhuma regulamentação nacional. Alguns tribunais passaram a regulamentar a matéria em seus regimentos internos ou por meio de outros instrumentos normativos, mas aqueles que não o fizeram permitem que os próprios órgãos criem suas próprias regras, o que torna tudo muito heterogêneo.

Tenho para mim que o ideal seria uma regulamentação nacional nos moldes daquela realizada para as audiências, que torna como regra o ato presencial, mas permite a forma telepresencial a pedido da parte, sem que lhe sejam exigidos, entretanto, os requisitos do art. 937, § 4º, do CPC.

2.3. JULGAMENTO ESTENDIDO

2.3.1. Natureza Jurídica

O julgamento colegiado da apelação sempre se inicia com o quórum de três desembargadores, mas nem sempre se encerra com

---

[141] Recomendação 132/2022 do CNJ.

esse mesmo número de julgadores em razão do previsto no art. 942 do CPC. Trata-se do chamado julgamento estendido, que faz com que o quórum originário de julgadores seja ampliado para cinco desembargadores desde que o julgamento da apelação pelo quórum originário não tenha sido unânime.

No Código de Processo Civil de 1973, havia uma espécie recursal cujo cabimento dependia, em algumas circunstâncias, de uma decisão colegiada não unânime, chamada de embargos infringentes. Nenhuma relação com os embargos infringentes previstos até hoje no art. 34 da LEF, recurso cabível contra sentença nas condições previstas em tal dispositivo legal. A espécie recursal embargos infringentes contra acórdão não unânime não foi mantida no atual Código de Processo Civil.

A proximidade das hipóteses de cabimento e, mais ainda, a justificativa de que com a ampliação do quórum, para que, com a vinda de mais julgadores, qualifique-se o debate e, dessa forma, melhore o resultado do julgamento, fizeram com que muitos doutrinadores, assim que o atual diploma processual entrou em vigência, apontassem a técnica de julgamento prevista no art. 942 do CPC como um substituto para o recurso de embargos infringentes que havia acabado de nos deixar.

Tal aproximação, ainda que adequada pelas premissas nas quais se sustentava, não poderia turvar o intérprete na sua função de definir a natureza jurídica do instituto criado pelo novo diploma processual. Afinal, não havia mais um recurso como forma procedimental para ampliar o quórum de julgamento, mas sim uma mera técnica de julgamento. E essa distinção é essencial para a identificação de inúmeras diferenças procedimentais entre ambos.

A primeira diferença é que não existem mais duas decisões, uma da apelação por maioria de votos e outra do recurso interposto contra tal acórdão por um quórum ampliado. A decisão é uma só, proferida pelo quórum ampliado. O julgamento começa com os três desembargadores originariamente competentes e, assim que o resultado apontar para 2x1, ele é interrompido para que o quórum seja ampliado com mais dois julgadores, quando então se dará a continuidade ao julgamento e, finalmente, os cinco julgarão a apelação.

Por se tratar de técnica de julgamento, e não de recurso, inaplicável a voluntariedade, essencial na esfera recursal. Enquanto existirá recurso somente se houver vontade da parte, concretizada pela interposição do recurso, a técnica de julgamento prevista no dispositivo ora analisado não depende da vontade da parte, devendo ser aplicada sempre que a hipótese legal se tipificar no caso concreto.[142] Trata-se, na verdade, de aplicação do impulso oficial, previsto no art. 2º do CPC, cabendo ao juízo atuar de ofício, independentemente de qualquer provocação.

Outra consequência interessante é a amplitude de conhecimento e a participação dos novos julgadores na hipótese de capítulos decididos por maioria de votos e por unanimidade pelo quórum originário. Elogiável o precedente do Superior Tribunal de Justiça no sentido de que, nessas circunstâncias, os novos julgadores deverão decidir ambos[143]. Não há, no caso, que falar em limites do efeito devolutivo, justamente por não ter a técnica de julgamento natureza recursal. Trata-se apenas de continuação de um julgamento ainda em aberto, e, nesse sentido, todos os capítulos serão decididos pelo órgão mais amplo. Se houvesse um recurso, certamente ele seria cabível apenas contra o capítulo decidido por maioria de votos e, nesse caso, a decisão a ser proferida pelo quórum ampliado estaria a ele limitada.

Haverá aqueles que apontarão a inutilidade de os novos julgadores se manifestarem a respeito do capítulo decidido por unanimidade porque, nesse caso, havendo três votos num mesmo sentido, ainda que os dois novos julgadores discordem dessa maioria, o resultado continuará o mesmo, só deixando de ser unânime (3x0) para ser por maioria de votos (3x2). Esse raciocínio, entretanto, desconsidera o previsto no art. 942, § 2º, do CPC, que expressamente admite que os votos já proferidos sejam revistos no prosseguimento do julgamento.

[142] STJ, 3ª Turma, REsp 1.771.815/SP, Rel. Min. Ricardo Villas Bôas Cueva, j. 13.11.2018, *DJe* 21.11.2018.

[143] STJ, 3ª Turma, REsp 1.771.815/SP, Rel. Min. Ricardo Villas Boas Cuevas, j. 13.11.2018, *DJe* 21.11.2018.

> Joaquim propôs demanda contra Felipe requerendo sua condenação à entrega de 10 garrafas da bebida *Prime* e 20 caixas do chocolate *Reese*. Tendo ambos os pedidos sido julgados improcedentes, interpôs apelação para o Tribunal de Justiça pedindo a integral reforma da sentença. Seu primeiro pedido foi rejeitado por unanimidade e o segundo por maioria de votos. Ampliado o quórum de julgadores, os dois novos julgadores acompanharam a maioria no segundo pedido, que ficou rejeitado por 4x1, mas discordaram da unanimidade quanto ao primeiro pedido, e o fizeram com argumentos tão sólidos, apontando a safadeza de Felipe enganando o ingênuo Joaquim, que convenceram os julgadores originários a mudarem seus votos, ficando o pedido acolhido por unanimidade (5x0).

Não haverá, por outro lado, razões e contrarrazões, atos processuais típicos de recurso, mas inexistentes na continuidade de julgamento prevista no art. 942 do CPC.

Mais uma consequência de afastar a técnica de julgamento ora analisada do antigo recurso de embargos infringentes, espécie recursal não mais prevista no Código de Processo Civil, é a não aplicação por analogia do art. 25 da Lei 12.016/2009, de forma a ser aplicável o art. 942 do CPC à apelação interposta contra sentença proferida em mandado de segurança[144].

O afastamento da natureza de recurso e a indicação, inclusive pelo próprio § 3º do art. 942 do CPC, de ser o fenômeno ora analisado uma técnica de julgamento suscitam um questionamento na doutrina. Para alguns, é o que basta para qualificar o fenômeno processual.[145] Para outros não, e estes defendem a natureza jurídica de incidente processual, partindo da premissa de que nem todo incidente processual depende de uma questão para existir.[146] Acredito

---

[144] *Informativo* 695/STJ, 2ª Turma, REsp 1.868.072/RS, Rel. Min. Francisco Falcão, j. 04.05.2021, *DJe* 10.05.2021; Enunciado 62 da I Jornada de direito processual civil do CJF: "Aplica-se a técnica prevista no art. 942 do CPC no julgamento de recurso de apelação interposto em mandado de segurança".

[145] ZANETI JR., Hermes. Arts. 926 a 946. *In*: CABRAL, Antonio do Passo; CRAMER, Ronaldo (coord.). *Comentários ao Novo Código de Processo Civil*. Rio de Janeiro: Forense, 2015. p. 1.371.

[146] ASSIS, Araken de. *Manual dos recursos*. 8. ed. São Paulo: RT, 2017. n. 34.7.1, p. 454; OLIVEIRA JR., Zulmar Duarte de. *Execução e recursos*: comentários ao CPC de 2015. São Paulo: Método, 2017. p. 651.

que mesmo na divergência, naquilo que interessa, há um ponto em comum: a inexistência de questão.

2.3.2. Cabimento

Registro desde já que, embora haja outras duas hipóteses de cabimento do julgamento estendido, sendo a presente obra destinada ao estudo da apelação, somente nessa espécie recursal será abordada a técnica de julgamento ora analisada.

Nos termos do *caput* do art. 942 do CPC, basta que o julgamento da apelação não seja unânime para que se instaure o julgamento estendido. Nada mais se exige, de forma que tanto faz a natureza da sentença – terminativa ou definitiva – e o resultado do julgamento da apelação – inadmissão, negativa de provimento, provimento para anular ou reformar a sentença.[147]

O Superior Tribunal de Justiça leva tão a sério a irrelevância do conteúdo do julgamento não unânime na apelação que já teve a oportunidade de entender aplicável a técnica do julgamento estendido à decisão que tecnicamente nem sequer chegou a decidir o recurso, tão somente manifestando-se, de forma divergente, a respeito da suspensão de seu julgamento por conta de recurso repetitivo em tribunal superior[148].

A eventual divergência de fundamentos não é suficiente para a adoção da técnica do julgamento ampliado ora estudado se o resultado do julgamento da apelação tiver sido unânime[149]. A divergência que importa, portanto, é sempre da parte dispositiva da deliberação.

Ainda que a premissa fundamental do cabimento do julgamento estendido seja um julgamento da apelação por dois votos a um, de

---

[147] Por todos: BUENO, Cassio Scarpinella. *Curso sistematizado de direito processual civil.* 13. ed. São Paulo: Saraiva, 2024. v. 2, p. 417. Doutrina amplamente minoritária defende uma limitação no cabimento: RODRIGUES, Marco Antonio. *Manual dos recursos*. São Paulo: Juspodivm, 2023. n. 6.5.6.2, p. 138, exige a reforma da sentença; e MEDINA, José Miguel Garcia. *Código de Processo Civil comentado.* 7. ed. São Paulo: RT/Thomson Reuters Brasil, 2021. p. 1.120, exige o provimento da apelação interposta contra sentença de mérito.

[148] STJ, 1ª Turma, AgInt no REsp 2.010.627/RJ, Rel. Min. Gurgel de Faria, j. 14.08.2023, *DJe* 18.08.2023.

[149] ALMEIDA, Diogo Rezende de. *Recursos cíveis*. Salvador: Juspodivm, 2023. n. 3.3.2, p. 188.

modo a ser dada continuidade ao julgamento, nem sempre as coisas se desenvolvem dessa forma. Na verdade, há duas hipóteses nas quais o julgamento estendido tem uma estrutura distinta, desenvolvendo-se em dois julgamentos diferentes, o que, naturalmente, trará novos questionamentos.

Diante de uma apelação julgada por unanimidade, é simplesmente encerrado o julgamento do recurso, o que já em tese torna materialmente impossível falar em julgamento estendido, que pressupõe um julgamento em andamento. São vários os precedentes do Superior Tribunal de Justiça nesse sentido, merecendo transcrição um trecho de um dos acórdãos que afirma textualmente que "a ampliação de quórum é procedimento que deve ter início antes mesmo do encerramento do julgamento, previamente, pois, à existência de uma decisão recorrível".[150]

Entretanto, contra tal acórdão poderá ser interposto o recurso de embargos de declaração que, com efeitos modificativos ou infringentes, tem a capacidade de reformar o acórdão embargado, transformando o julgamento unânime da apelação num julgamento por maioria de votos. Para tanto, basta o provimento dos embargos de declaração, por julgamento unânime ou por maioria de votos.

Na verdade, mesmo que seja negado provimento aos embargos de declaração, ainda será possível a adoção da técnica do julgamento estendido, desde que o voto minoritário proferido em sede de embargos tenha efeito modificativo ou infringente do voto proferido na apelação. Por conta do efeito integrativo do julgamento dos embargos de declaração, esse voto, apesar de incapaz de levar ao provimento dos embargos de declaração, será o suficiente para afastar a unanimidade do julgamento da apelação.[151]

---

[150] STJ, 3ª Turma, REsp 1.786.158/PR, Rel. Ministra Nancy Andrighi, rel. p/ acórdão Marco Aurélio Bellizze, j. 25.08.2020, *DJe* 1º.09.2020.

[151] STJ, 3ª Turma, REsp 1.786.158/PR, Rel. Min. Nancy Andrighi, j. 25.08.2020, *DJe* 1º.09.2020; STJ, 4ª Turma, REsp 1.910.317/PE, Rel. Min. Antonio Carlos Ferreira, j. 02.03.2021, *DJe* 11.03.2021. Na doutrina: ALMEIDA, Diogo Rezende de. *Recursos cíveis*. Salvador: Juspodivm, 2023. n. 3.3.2, p. 190.

> Em apelação interposta por Edison, o tribunal negou provimento por unanimidade ao seu pedido de reforma da sentença que havia rejeitado seu pedido constitutivo formulado contra Peter. Interposto embargos de declaração, ele foi rejeitado por maioria de votos, e no voto vencido o desembargador, ao dar provimento aos embargos de declaração, reconheceu que o órgão julgador havia sido omisso quanto a um dos fundamentos recursais alegados por Edison, e em razão de seu acolhimento dava provimento ao pedido formulado em sua apelação. Dessa forma, mesmo com a rejeição dos embargos de declaração, o julgamento da apelação passou a ser por maioria de votos e deve ter continuidade nos termos do art. 942 do CPC.

Nesse caso, o entendimento é de que o acórdão dos embargos de declaração integra-se e agrega-se à decisão embargada, modificando--a na parte afetada pelo julgamento[152]. Dessa forma, o julgamento dos embargos de declaração passa, naquilo que foi decidido, a fazer parte do próprio acórdão da apelação, com o que se descobre que o seu julgamento, afinal, não estava encerrado como se fazia crer.

Essa percepção é importante porque, se considerarmos que a reforma proporcionada pelos embargos de declaração reabriu o julgamento da apelação, fará sentido falar em julgamento estendido, com o que a aplicação do art. 942 do CPC, sem qualquer adaptação, parece inquestionável. Eventualmente, na própria sessão na qual forem julgados os embargos de declaração, desde que preenchidas as condições, o órgão com quórum qualificado já pode inclusive dar continuidade ao julgamento da apelação e decidi-la definitivamente.

Situação um pouco mais delicada é a do julgamento de apelação por decisão monocrática do relator. Obviamente que de tal julgamento não caberá a adoção da técnica ora analisada por ser materialmente impossível haver divergência onde somente um julgador decide. No entanto, seria cabível, na eventualidade de uma maioria de votos, ser formada no julgamento de agravo interno interposto contra tal decisão?

Entendo que nas hipóteses de julgamento monocrático ocorre uma delegação legal da competência do órgão colegiado. O relator

---

152 ASSIS, Araken de. *Manual dos recursos*. 8. ed. São Paulo: RT, 2017. n. 67.1.2, p. 756.

nesse caso atua como um "porta-voz avançado"[153] do órgão colegiado, que por razões de facilitação procedimental ou urgência da situação recebe de forma delegada do órgão colegiado a competência, ou seja, o poder de decidir legitimamente. O agravo interno, portanto, presta-se tão somente como o veículo que faz retornar o poder de decidir legitimamente ao órgão originariamente competente para a prolação da decisão. E, nesse sentido, de algum modo pode-se compreender que o órgão colegiado volta a decidir o que já foi decidido pelo órgão monocrático.

Ainda assim, o problema na aplicação do art. 942 a um julgamento de agravo interno é que nesse caso não haverá um julgamento estendido do julgamento da apelação, que inquestionavelmente terá se encerrado com a decisão monocrática do relator. Mesmo se adotada a premissa de delegação de poder do órgão colegiado para o relator, o fato irremediável é que o instrumento pelo qual o legislador possibilitou o retorno dessa competência ao órgão que a tinha originariamente é um recurso.

Admitir um julgamento estendido nesse caso, portanto, é dar continuidade ao julgamento do agravo interno, espécie recursal distinta da apelação e não prevista expressamente no art. 942 do CPC. Claro que se pode apontar que por meio do julgamento do agravo interno se volta a julgar o objeto litigioso da apelação, no tocante tanto ao seu juízo de admissibilidade quanto ao seu juízo de mérito, mas o fato é que se trata de julgamento de espécie recursal não constante do rol legal.

O cabimento da ampliação do quórum nesse caso dependerá de uma análise mais voltada ao conteúdo do julgamento e menos para a espécie recursal julgada. A matéria típica de julgamento em apelação, circunstancialmente julgada em agravo interno, atrai a aplicação da técnica do julgamento estendido[154]. Como bem notado

---

153 BARBOSA MOREIRA, José Carlos. Algumas inovações da Lei 9.756/98 em matéria de recursos cíveis. *In*: NERY JR., Nelson; WAMBIER, Teresa Arruda Alvim (coord.). *Aspectos polêmicos e atuais dos recursos e outros meios de impugnação às decisões judiciais*. São Paulo: RT, 1998. p. 324.

154 LEMOS, Vinícius Silva. A técnica de julgamento não unânime e as suas implicações procedimentais. *Revista Brasileira de Direito Processual*, Belo Horizonte, ano 26, n. 101, p. 335, jan./mar. 2018.

por qualificada corrente doutrinária, é possível que o julgamento por maioria de votos no agravo interno não tenha como conteúdo a matéria típica de julgamento de apelação, como ocorre, por exemplo, na hipótese de inadmissão do recurso, quando então não se aplicará o art. 942 do CPC.[155]

Um detalhe importante para os que adotarem a premissa de que mais importa o conteúdo do julgamento do que propriamente a espécie recursal: será incongruente defender outro raciocínio na hipótese de agravo de instrumento contra decisão interlocutória de mérito. Nesse sentido, o conteúdo da decisão do recurso também será matéria típica de solução em apelação, de forma que a conclusão nesse caso deverá ser pelo cabimento de o julgamento estendido não depender dos requisitos impostos pelo inciso II do § 3º do art. 942 do CPC.

Há, ainda, uma última questão a ser enfrentada a respeito da adoção da técnica de julgamento estendido na apelação: o julgamento da impugnação da decisão interlocutória não recorrível por agravo de instrumento. Numa interpretação meramente literal do art. 942 do CPC, dever-se-ia admitir a ampliação do quórum diante de julgamento por maioria de votos. Afinal, o dispositivo não discrimina qual seria o conteúdo da apelação, tampouco qual seria a decisão recorrida por tal recurso.

A mesma interpretação literal, entretanto, afastaria a adoção da técnica de eventual julgamento por maioria de votos do capítulo recursal das contrarrazões, na mesma hipótese de impugnação de decisão interlocutória não recorrível por agravo de instrumento.

Não me parece que a intepretação literal, nesse caso, seja a técnica hermenêutica mais adequada. Nessas circunstâncias, tanto a apelação como as contrarrazões estão servindo, por uma motivação de gestão processual visando a diminuição de trabalho dos tribunais de segundo grau, de sucedâneos do agravo de instrumento, de forma que em eventual julgamento por maioria de votos deve-se aplicar

155 DIDIER JR., Fredie; CUNHA, Leonardo Carneiro da. *Curso de direito processual civil*. 19. ed. Salvador: Juspodivm, 2021. v. 3, p. 107-108.

a técnica do julgamento estendido nos limites do previsto no art. 942, § 3º, II, do CPC.

Conforme defendido no tópico 5.6.1, quando se aplica a teoria da causa madura prevista no art. 1.013, § 3º, do CPC, o tribunal procede sempre a dois julgamentos sucessivos: primeiro julga a apelação (pedido do apelante) e depois julga o mérito da ação (pedido do autor). O segundo julgamento, apesar de ser uma consequência e mesmo depender de um determinado resultado do primeiro – provimento da apelação –, com esse não se confunde, ou seja, não se trata de julgamento de apelação e, dessa forma, não atrai a incidência do art. 942 do CPC.

Aqui pouco importa se o julgamento da apelação foi realizado por quórum ampliado ou não, o segundo julgamento deve sempre ser efetuado somente por três desembargadores – órgão originariamente competente para o julgamento da apelação – por não se tratar de continuidade do julgamento do recurso, mas de um novo julgamento. E justamente por ser um novo julgamento uma eventual maioria de votos não será também suficiente para atrair a incidência da regra legal ora analisada.

Observe-se, por fim, que, mesmo com todos os requisitos previstos para o cabimento da ampliação do quórum no julgamento da apelação, será possível, excepcionalmente, que ela não ocorra nos termos do art. 942 do CPC. O art. 942, *caput* e § 3.º, do CPC preveem hipóteses de vedação à aplicação da técnica ora analisada.

A maioria das vedações legais parte da mesma premissa: a ampliação do quórum nos termos do art. 942 do CPC não será admitida porque o julgamento originário já ocorreu com quórum qualificado de julgadores. Dessa forma, não tem sentido, mesmo diante de um julgamento por maioria de votos, ampliar ainda mais o número de julgadores.

A decisão não unânime proferida pelo plenário ou corte especial, prevista no inciso III, não interessa ao presente estudo porque tais órgãos não têm competência para o julgamento da apelação. As hipóteses previstas no inciso I têm uma diferença porque no IAC (Incidente de Assunção de Competência) é a própria apelação julgada pelo órgão qualificado, enquanto no IRDR (Incidente de Resolução de Demandas

Repetitivas) a apelação será julgada com o incidente processual instaurado (art. 978, parágrafo único, do CPC). Seja como for, em ambos a razão para a dispensa de ampliação do quórum é a mesma.

Vedar a aplicação da técnica de julgamento estendido ao reexame necessário em tese parece até mesmo desnecessário porque tal sucedâneo recursal nem sequer consta do rol de julgamentos passível de sua adoção. A previsão se presta a impedir a criação de teoria ampliativa na interpretação do cabimento da técnica de julgamento ampliado na apelação.

Há interessante precedente do Superior Tribunal de Justiça no sentido de que, havendo a extensão do julgamento numa hipótese na qual ela não seria cabível, podem ser anulados apenas os votos proferidos por conta da ampliação, com a manutenção daqueles proferidos originariamente.[156]

2.3.3. Objeto de Cognição e Decisão a Partir da Formação do Quórum Qualificado

É possível que não haja qualquer dúvida a respeito do objeto de cognição e decisão a partir da ampliação do quórum. Para tanto, basta que a apelação tenha apenas um capítulo ou que, tendo mais de um, todos eles tenham sido decididos por maioria de votos. Nesse caso, tudo o que foi analisado e decidido pelos primeiros três desembargadores volta a ser examinado pelos dois novos desembargadores e, eventualmente, pelos três antigos, já que estes poderão mudar seus votos.

Como já verificado no tópico 2.3.2, considero correto o entendimento consolidado no Superior Tribunal de Justiça no sentido de que, havendo capítulo decidido por maioria de votos e por unanimidade, a devolução seja integral, sendo a decisão do órgão ampliado a respeito de ambos[157]. Nesse sentido, também é majoritariamente

---

[156] STJ, 3ª Turma, REsp 1.960.580/MT, Rel. Min. Moura Ribeiro, j. 05.10.2021, *DJe* 13.10.2021.

[157] STJ, 3ª Turma, REsp 1.771.815/SP, Rel. Min. Ricardo Villas Boas Cuevas, j. 13.11.2018, *DJe* 21.11.2018.

a doutrina.[158] Diferente de um recurso, que a técnica de julgamento ora estudada definitivamente não é, não há sentido falar aqui em extensão do efeito devolutivo, que poderia vir a limitar a cognição e a decisão do órgão ampliado.

A análise, entretanto, foi feita partindo-se da premissa de serem tais capítulos autônomos entre si. Assim, na primeira e na segunda fase haverá uma análise não em sequência, em um sentido de continuidade, e sim em sentido paralelo. Quero agora complicar um pouco o tema e pensar em capítulos que tenham alguma espécie de relação entre si, de acessoriedade ou de prejudicialidade, de forma que um tenha que ser decidido depois do outro, em determinada sequência imposta pela lógica.

Há uma variada gama de hipóteses em que, decidida determinada questão de certa forma por votação não unânime na primeira fase do julgamento, não se permitirá ao órgão primário formado por três julgadores seguir adiante no enfrentamento de outras matérias que seriam resolvidas se a primeira questão tivesse sido solucionada de outra maneira. Com a inauguração da segunda fase do julgamento, sendo o resultado do julgamento já realizado modificado, passa então a ser necessário enfrentar e decidir essas novas questões, ainda não abordadas. Que órgão tem competência para tanto: o originário, formado por três julgadores, ou o ampliado, constituído por cinco?

Não resta dúvida de que num julgamento que inadmite a apelação por maioria de votos será adotada a técnica ora analisada.[159] Caso a admissibilidade seja superada na segunda fase do julgamento, o mérito recursal deverá ser enfrentado pelo órgão ampliado ou se

[158] THEODORO JR., Humberto. *Curso de direito processual civil.* 57. ed. Rio de Janeiro: Forense, 2024. v. III n. 607, p. 641; OLIVEIRA JR., Zulmar Duarte de. *Execução e recursos*: comentários ao CPC de 2015. São Paulo: Método, 2017. p. 652; ALMEIDA, Diogo Rezende de. *Recursos cíveis.* Salvador: Juspodivm, 2023. n. 3.3.2, p. 189; MEDINA, José Miguel Garcia. *Código de Processo Civil comentado.* 7. ed. São Paulo: RT/Thomson Reuters Brasil, 2021. p. 1.122. Contra: LANES, Júlio Cesar Goulart. Art. 942. *In*: WAMBIER, Teresa Arruda Alvim; DIDIER JR., Fredie; TALAMINI, Eduardo; DANTAS, Bruno (coord.). *Breves comentários ao Novo Código de Processo Civil.* São Paulo: RT, 2015. p. 2.344; GRANADO, Daniel Willian. *Recurso de apelação no novo Código de Processo Civil.* São Paulo: RT, 2017. p. 196-197.

[159] STJ, 3ª Turma, REsp 1.798.705/SC, Rel. Min. Paulo de Tarso Sanseverino, j. 22.10.2019, *DJe* 28.10.2019.

retorna ao órgão originariamente formado por apenas três desembargadores?

Num primeiro momento, pareceu-me que, nesse caso, tendo havido a divisão entre o juízo de admissibilidade e o de mérito, ainda que com os eventuais inconvenientes burocráticos da solução, não fazia sentido manter o órgão ampliado para o julgamento do mérito recursal. Defendia, portanto, que no mérito o julgamento voltasse a ser realizado somente por três desembargadores porque, com relação a ele, não estava tipificada a hipótese prevista no art. 942 do CPC (maioria de votos)[160].

Pensando melhor sobre o assunto, convenci-me de que estava errado em meu raciocínio, e que esse retorno ao órgão julgador originário, durante o julgamento estendido, contraria a própria natureza do instituto processual. A partir do momento que se verifica a hipótese legal de ampliação do quórum de julgadores, o julgamento passa a contar com cinco desembargadores e assim continuará até a solução da apelação, pouco importando a espécie de matéria que venha a ser enfrentada por eles. Admitido o recurso na segunda fase de julgamento, passa-se imediatamente ao julgamento de seu mérito.[161]

Outra hipótese. Na primeira fase do julgamento, é reconhecida a prescrição por uma maioria de votos, sendo isso suficiente para o julgamento da apelação. Instaurado o julgamento ampliado, o entendimento se modifica para o afastamento da prescrição na segunda fase do julgamento. Faltará, nesse caso, o enfrentamento do mérito genuíno, ou seja, da existência ou não do direito material controvertido, que não chegou a ser analisado, tampouco decidido pelo órgão originário. O órgão ampliado poderá enfrentar e decidir essa matéria? A doutrina parece concordar que o órgão ampliado deve

[160] NEVES, Daniel Amorim Assumpção. *Manual de direito processual civil.* 6. ed. São Paulo: Método, 2014. volume único. (manter)

[161] CARVALHO, Fabiano. *Comentários ao Código de Processo Civil.* São Paulo: Saraiva, 2022. v. XIX, p. 141. Contra: BUENO, Cassio Scarpinella. *Curso sistematizado de direito processual civil.* 13. ed. São Paulo: Saraiva, 2024. v. 2, p. 417.

seguir no julgamento, ainda que para tratar de matéria originária, não abordada pelo órgão originário.[162]

É o que ocorre também com a fixação de honorários advocatícios recursais previstos no art. 85, § 11, do CPC.[163] Não terão sido fixados no julgamento originário, não havendo, portanto, quanto a esse capítulo, prévia deliberação, mas, uma vez formado o quórum ampliado, será dele a competência para tal fixação.

O que todas essas hipóteses têm em comum é um sentido de caminhar para frente, com o enfrentamento de matérias que estão organizadas de forma lógica ou prejudiciais num sentido que permitirá um julgamento sem retrocessos. Como se pode notar, em nenhum dos casos apresentados a deliberação do órgão originário foi prejudicada por deliberação do órgão ampliado, justamente porque a matéria já decidida por aquela foi reformada por este que, além disso, decidiu originariamente outra matéria na sequência.

Imagine-se agora o contrário. O órgão originário formado por três julgadores decidiu de forma unânime não ter ocorrido prescrição e no julgamento do "mérito genuíno" houve julgamento por maioria de votos, quando, então, formou-se o órgão ampliado. Tal órgão está habilitado a voltar a enfrentar o tema da prescrição?

Note-se que, nesse caso, uma resposta positiva significa que na segunda fase haverá um retrocesso no julgamento já iniciado porque o órgão qualificado volta a uma matéria que, em tese, já está superada pela votação unânime. Não se trata, portanto, de um caminhar para frente, como nas outras hipóteses já analisadas, mas de um caminhar para trás. É claro que pode ser um passo para trás

[162] ALVIM, Teresa Arruda. Ampliar a colegialidade: a que custo?. *Revista de Doutrina TRF4*, 27 abr. 2017. Disponível em: https://revistadoutrina.trf4.jus.br/index.htm?https://revistadoutrina.trf4.jus.br/artigos/edicao077/Teresa_Arruda_Alvim.html. Acesso em: 19 jan. 2024. Contra: CÂMARA JR., José Maria. O art. 942 do CPC e a ampliação da colegialidade: questões e propostas de interpretação para dissipar dúvidas sobre a aplicação de regras. *In*: NERY JR., Nelson; ALVIM, Teresa Arruda; OLIVEIRA, Pedro Miranda de (org.). *Recursos cíveis e assuntos afins*. São Paulo: RT, 2018. p. 212.

[163] KOZIZOSKI, Sandro Marcelo; PUGLIESE, William Soares. Considerações sobre a ampliação do quórum no julgamento da apelação. *In*: ALVIM, Teresa Arruda; DIDIER JR., Fredie. *Doutrinas essenciais*. Novo processo civil. 2. ed. São Paulo: RT, 2018. v. II, p. 854-855.

para logo a seguir voltar a se caminhar para frente, mas também é possível, por conta do art. 942, § 2º, do CPC, que os dois novos julgadores, abrindo divergência, convençam um julgador do órgão originário e com isso o julgamento se encerre com base nessa matéria, o que tornará prejudicado o julgamento realizado pelo órgão originário do "mérito genuíno".

> Carlos propôs demanda indenizatória contra Peter por conta de dano causado em viagem para Portugal na qual lhe haviam sido prometidas passagens na classe executiva e lhe foram entregues na classe econômica. A sentença de primeiro grau afastou a prescrição alegada por Peter em sua defesa e, considerando provada a promessa nos termos descritos por Carlos, acolheu o seu pedido. Peter apelou reiterando suas matérias defensivas, tendo sido sua apelação julgada da seguinte forma num primeiro momento: 3x0 pela rejeição da prescrição e 2x1 pelo não provimento. Aplicando-se o art. 942 do CPC, os dois novos julgadores e um dos que já havia votado entenderam que havia ocorrido a prescrição, de forma que o resultado foi alterado para 3x2, com o que a apelação foi julgada com base nesse fundamento, fazendo com que a decisão que negava provimento ao recurso por 2x1 perdesse seu objeto.

Nesse caso, há uma maior resistência da doutrina porque, mesmo reconhecendo que a técnica de julgamento ora analisada cria duas fases de julgamento, parcela doutrinária entende que, superada uma fase com julgamento por unanimidade, essa fase deve ser considerada como superada, não se podendo a ela voltar depois de iniciada a segunda fase.[164] Uma espécie de preclusão da primeira fase a partir do início da segunda.

Discordo do entendimento porque dividir as duas fases de julgamento na verdade é afirmar existirem dois julgamentos, e não um julgamento só dividido em dois momentos. Ademais, é contrariar de forma clara o art. 942, § 2º, do CPC, que admite aos julgadores que participaram da primeira fase do julgamento a mudança de seus votos.[165] Ainda, a mesma premissa que norteou as respostas

---

164 ALVIM, Teresa Arruda. Ampliar a colegialidade: a que custo?. *Revista de Doutrina TRF4*, 27 abr. 2017. Disponível em: https://revistadoutrina.trf4.jus.br/index.htm?https://revistadoutrina.trf4.jus.br/artigos/edicao077/Teresa_Arruda_Alvim.html. Acesso em: 19 jan. 2024.

165 THEODORO JR., Humberto. *Curso de direito processual civil.* Rio de Janeiro: Forense, 2024. v. III, n. 607, p. 641.

para todas as hipóteses anteriores também aqui se aplica: com a formação do quórum ampliado, o julgamento tem continuidade, mantém-se em aberto, cabendo, portanto, reexame de tudo o que já foi analisado originariamente.

No entanto, há, substancialmente, uma razão de ordem material definitiva. Não há, simplesmente, retorno ao órgão formado por três desembargadores e isso por uma razão bastante simples. Esse órgão não existe mais no julgamento daquele recurso, tendo sido substituído por um novo órgão, constituído por cinco desembargadores. Não há, portanto, para onde retornar.

Comprova a tese o correto entendimento consagrado no Superior Tribunal de Justiça de que a competência para julgar embargos de declaração interposto contra acórdão proferido por órgão ampliado é do próprio órgão ampliado[166]. Além da lógica de ser competente para o julgamento dos embargos de declaração o mesmo órgão que prolatou a decisão embargada, seria materialmente impossível permitir o julgamento de órgão que naquele processo não existe mais.

2.3.4. Procedimento

2.3.4.1. Momento de Instauração do Julgamento

Segundo consolidado entendimento doutrinário e jurisprudencial, de ofício e antes de encerrado o julgamento da apelação, constatando-se que o julgamento se encontra pelo momento resolvido por maioria de votos, o julgamento terá prosseguimento com o quórum ampliado.

Não há no *caput* do art. 942 do CPC nenhuma informação a respeito de quem seja o responsável pela determinação dessa continuidade, sendo racional imaginar que seja o relator da apelação que tem a competência para dirigir e ordenar o processo, nos termos do art. 932, I, do CPC. Nada impede, porém, que na omissão do

---

[166] STJ, 3ª Turma, REsp 2.024.874/RS, Rel. Min. Paulo de Tarso Sanseverino, j. 07.03.2023, *DJe* 14.03.2023; Enunciado 137 do CJF: "Se o recurso do qual se originou a decisão embargada comportou a aplicação da técnica do art. 942 do CPC, os declaratórios eventualmente opostos serão julgados com a composição ampliada".

relator outro membro do órgão julgador, ou até mesmo o presidente da turma ou câmara, manifeste-se nesse sentido. Inclusive os advogados das partes envolvidos no julgamento podem pedir a palavra para alertar o órgão julgador a respeito da necessidade de ampliação do quórum.

Vamos pensar no pior: o julgamento se encerra sem que seja determinada a ampliação do quórum em hipótese tipificada em lei. Naturalmente, referido acórdão, por violar de forma clara o disposto no art. 942 do CPC, será anulável por via do recurso especial, com a necessidade de prévia interposição de embargos de declaração para o prequestionamento da matéria.[167] Anulação essa, inclusive, que não precisará anular os votos já proferidos, limitando-se a anular o encerramento do julgamento, ou seja, limitando-se a reabrir o julgamento com a ampliação do quórum para cinco desembargadores.

Não concordo com a opinião doutrinária de que os embargos de declaração nesse caso se prestariam a afastar alguma espécie de adaptação do entendimento consolidado na Súmula 207/STJ, que exigia a interposição dos embargos infringentes contra acórdão não unânime como condição de exaurimento das vias ordinárias para admissão do recurso especial.[168] Ainda que se reconheça a engenhosidade da jurisprudência defensiva, tudo tem limite. Seja como for, como entendo ser no mínimo recomendável a interposição para fins de prequestionamento, o problema de provocação prévia estará superado.

Outra forma viável de reverter a situação seria por meio de embargos de declaração com fundamento em omissão, nos termos do art. 1.022 do CPC, que expressamente admite tal espécie recursal quando a matéria que deixou de ser decidida deveria ter sido resolvida de ofício, ou ainda, mas aí já com certa dose de flexibilidade, embargos de declaração com alegação de erro material com base no entendimento consagrado no Superior Tribunal

---

[167] ASSIS, Araken de. *Manual dos recursos*. 8. ed. São Paulo: RT, 2017. n. 34.7, p. 453.

[168] KOZIZOSKI, Sandro Marcelo; PUGLIESE, William Soares. Considerações sobre a ampliação do quórum no julgamento da apelação. *In*: ALVIM, Teresa Arruda; DIDIER JR., Fredie. *Doutrinas essenciais*. Novo processo civil. 2. ed. São Paulo: RT, 2018. v. II, p. 858.

de Justiça de ter o tribunal decidido com base em premissa fática equivocada.[169]

No extremo, essa mesma tese de erro material poderia ser utilizada pelo próprio órgão julgador para, de ofício, modificar o acórdão e reabrir o julgamento com a designação de continuidade para nova sessão, considerando-se o tranquilo entendimento de ser o erro material cognoscível de ofício e a qualquer tempo. O problema nesse caso será a jurisprudência do Superior Tribunal de Justiça que condiciona nesse caso o erro material a erro cuja correção não altere o conteúdo da decisão.[170]

2.3.4.2. Julgamento Estendido na Própria Sessão

Nos termos do *caput* do art. 942 do CPC, o julgamento terá prosseguimento em sessão a ser designada, dando a entender que a continuidade do julgamento da apelação só acontecerá num momento futuro, quando então se somarão aos julgadores originários novos julgadores. No entanto, no § 1º do mesmo dispositivo está previsto que, sempre que possível, tal prosseguimento dar-se-á na mesma sessão. O que torna possível essa continuidade na própria sessão em que se iniciou o julgamento?

O primeiro requisito é, obviamente, que existam julgadores para que o quórum seja ampliado. Sendo a ampliação de três para cinco desembargadores, o ideal é que os dois novos julgadores estejam participando da sessão, mas há precedente do Superior Tribunal de Justiça no sentido de que, havendo apenas um deles, o julgamento estendido pode ser iniciado, com a prolação do quarto voto e encerrado em sessão subsequente, com o acréscimo ao órgão julgador do derradeiro julgador[171].

---

[169] STJ, 2ª Turma, EDcl no AgInt no AREsp 2.186.849/SP, Rel. Min. Herman Benjamin, j. 21.08.2023, *DJe* 21.09.2023.

[170] STJ, 4ª Turma, EDcl nos EDcl no AgInt no AREsp 1.817.565/SP, Rel. Min. Maria Isabel Gallotti, j. 27.11.2023, *DJe* 30.11.2023.

[171] STJ, 3ª Turma, REsp 1.888.386/RJ, Rel. Min. Nancy Andrighi, j. 17.11.2020, *DJe* 19.11.2020.

Além da presença física ou virtual, os novos julgadores naturalmente devem estar preparados para participar do julgamento[172], o que demanda terem de alguma forma se inteirado do teor da apelação anteriormente ao julgamento e/ou acompanhado com atenção a declaração dos votos dos julgadores originários e eventuais sustentações orais dos advogados das partes. É sempre possível, portanto, que, ampliado o quórum, o novo julgador, não se sentindo pronto para julgar a apelação, peça vista, com o que o julgamento estendido, ainda que instaurado, em realidade só ocorra efetivamente em outra sessão.

Há, ainda, um terceiro requisito. Os advogados das partes devem estar presentes na sessão de julgamento por conta do direito que tem de sustentar oralmente as suas razões perante os novos julgadores.

A ausência do advogado à sessão na qual se iniciou o julgamento da apelação significa sua renúncia à sustentação oral perante o órgão formado por três desembargadores no início do julgamento de tal recurso. Não significa, por óbvio, que também está renunciando a seu eventual direito de sustentar oralmente perante novos julgadores na hipótese de tal julgamento se dar por maioria de votos e forem convocados dois novos julgadores para ampliar o órgão julgador originário.

É preciso compreender que o advogado, ao renunciar ao seu direito de sustentar oralmente e, inclusive, de acompanhar a sessão de julgamento, ele o faz porque provavelmente acredita num resultado unânime, seja a favor ou contra seus interesses, o que o leva a crer ser o ato oral inútil. Tudo muda, naturalmente, quando o julgamento ocorre por maioria de votos, porque aí o que vence momentaneamente por dois votos e tinha certeza de vitória passa a temer o pior; e se tinha a certeza da derrota, quer manter a inesperada vitória. Já aquele que estava seguro da derrota tem os mesmos sentimentos a depender de ter a seu favor o voto minoritário ou os dois majoritários.

---

[172] CARVALHO, Fabiano. *Comentários ao Código de Processo Civil.* São Paulo: Saraiva, 2022. v. XIX, p. 139.

Conclusão em sentido contrário, além de antijurídica, tem um potencial de simplesmente inviabilizar as sessões de julgamento de tribunais de segundo grau. Afinal, os advogados poderão, receosos de perder a oportunidade da sustentação que lhes é garantida pelo *caput* do art. 942 do CPC, resolver comparecer a toda sessão em que tenham o julgamento de apelação pautada. E, uma vez que lá estarão, por que não aproveitar e sustentar oralmente? Ou seja, o caos absoluto.

A presença do advogado de apenas uma das partes nunca será suficiente para a continuidade do julgamento, ainda que eventual vício num julgamento estendido possa ser relevado pelo princípio da instrumentalidade das formas se o resultado do julgamento favorecer a parte cujo advogado não se fazia presente na sessão[173].

Uma primeira situação, de extrema raridade, é de os advogados de ambas as partes estarem presentes somente para acompanhar a sessão, eventualmente tendo apenas pedido a preferência no julgamento da apelação. Nesse caso, o presidente da câmara poderá instar os advogados a realizarem a sustentação oral no momento de ampliação do quórum?

Não me parece que tal postura seja consentânea com o contraditório real pois, se os advogados, embora presentes, não sustentaram oralmente perante o órgão originário, isso ocorreu porque não se preparam para a prática de tal ato. Instá-los a realizar o ato de supetão é claramente surpreendê-los, numa espécie de decisão-surpresa, justamente o que se busca evitar com as previsões legais que consagram o princípio do contraditório no diploma processual atual.

Cabe ao advogado, entretanto, negar-se a praticar o ato alegando violação ao princípio do contraditório e requerendo a continuidade do julgamento da apelação em outra sessão. Caso aceite realizar a sustentação oral ou renuncie ao seu direito, depois de nada poderá reclamar.

173 STJ, 3ª Turma, REsp 1.733.136/RO, Rel. Min. Paulo de Tarso Sanseverino, j. 21.09.2021, *DJe* 24.09.2021.

Outra é a situação quando os advogados estiverem presentes na sessão justamente porque fizeram sustentação oral antes do início do julgamento. Nesse caso, o Superior Tribunal de Justiça tem o entendimento de que, estando os dois novos julgadores que virão a formar o órgão ampliado presentes durante a sustentação, embora para eles esta não tenha sido dirigida, estará cumprida a exigência legal e não caberá nova sustentação, devendo o julgamento simplesmente prosseguir sem nenhuma nova manifestação dos advogados[174].

O entendimento consagrado pelo Superior Tribunal de Justiça é apoiado por parcela da doutrina[175] e criticado por outra[176], que aponta que os novos julgadores podem não ter prestado atenção[177], ou que uma nova sustentação poderá ser realizada com direcionamentos apropriados.[178]

Entendo que, se for respeitado o previsto no art. 942, *caput*, do CPC, os advogados que já sustentaram no início da sessão têm direito à nova sustentação antes do início da segunda fase do julgamento. O dispositivo é suficientemente claro ao prever o direito de sustentação perante os "novos julgadores", sujeitos que só passam a existir a partir do momento que o quórum é ampliado. Antes disso, existem apenas três julgadores, que formam o órgão

---

174 STJ, 3ª Turma, REsp 1.733.136/RO, Rel. Min. Paulo de Tarso Sanseverino, j. 21.09.2021, *DJe* 24.09.2021.

175 ASSIS, Araken de. *Manual dos recursos*. 8. ed. São Paulo: RT, 2017. n. 34.7.3, p. 456; GRECO, Leonardo. *Instituições de direito processual civil*. Rio de Janeiro: Forense, 2016. v. III, p. 138; MARINONI, Luiz Guilherme; ARENHART, Sérgio Cruz; MITIDIERO, Daniel. *Novo curso de processo civil*. São Paulo: RT, 2017. v. 2, p. 579; DIDIER JR., Fredie; CUNHA, Leonardo Carneiro da. *Curso de direito processual civil*. 19. ed. Salvador: Juspodivm, 2021. v. 3, p. 102; GRANADO, Daniel Willian. *Recurso de apelação no novo Código de Processo Civil*. São Paulo: RT, 2017. p. 197.

176 KOZIZOSKI, Sandro Marcelo; PUGLIESE, William Soares. Considerações sobre a ampliação do quórum no julgamento da apelação. *In*: ALVIM, Teresa Arruda; DIDIER JR., Fredie. *Doutrinas essenciais*. Novo processo civil. 2. ed. São Paulo: RT, 2018. v. II, p. 858; ALVIM, Teresa Arruda. Ampliar a colegialidade: a que custo?. *Revista de Doutrina TRF4*, 27 abr. 2017. Disponível em: https://revistadoutrina.trf4.jus.br/index.htm?https://revistadoutrina.trf4.jus.br/artigos/edicao077/Teresa_Arruda_Alvim.html. Acesso em: 19 jan. 2024; DINAMARCO, Cândido Rangel. *Instituições de direito processual civil*. Salvador: Juspodivm, 2022. v. V, n. 2.285, p. 196.

177 OLIVEIRA JR., Zulmar Duarte de. *Execução e recursos*: comentários ao CPC de 2015. São Paulo: Método, 2017. p. 655.

178 LANES, Júlio Cesar Goulart. Art. 942. *In*: WAMBIER, Teresa Arruda Alvim; DIDIER JR., Fredie; TALAMINI, Eduardo; DANTAS, Bruno (coord.). *Breves comentários ao Novo Código de Processo Civil*. São Paulo: RT, 2015. p. 2.342.

originário, sendo somente para eles dirigida a sustentação oral. Os demais desembargadores que participam da sessão, se não integram o órgão competente para o julgamento da apelação, não podem ser considerados julgadores desse recurso.

Por outro lado, reconheço que uma eventual repetição de sustentação oral já realizada, nos exatos mesmos termos, diante de uma audiência que já estava presente, parece não fazer muito sentido, atentando contra os princípios da economia processual e duração razoável do processo, além da realidade atualmente vivida de excessivo número de sustentações orais, muitas da quais desnecessárias.

Uma forma razoável de equacionar os interesses é condicionar essa nova oportunidade de sustentação oral a uma efetiva nova sustentação, de modo que o advogado realmente leve aos novos julgadores elementos inovadores, adequando a sua primeira fala aos dados e informações verbalizados pelos julgadores na formação da maioria de votos. O descompromisso dessa exigência por parte do advogado poderá lhe custar a palavra e, no limite, até a aplicação de sanções.

Há uma interessante situação na qual o advogado terá garantida a dupla sustentação oral na mesma sessão de julgamento. Para tanto, segundo o Superior Tribunal de Justiça, basta que os novos julgadores não tenham estado presentes no início do julgamento e, dessa forma, não tenham acompanhado o ato processual[179]. A sua chegada à sessão após a prática do ato, portanto, dá o direito do advogado de sustentar novamente antes do prosseguimento do julgamento da apelação.

Eventual impedimento à sustentação oral quando o advogado tiver esse direito na continuidade do julgamento perante o órgão ampliado gera a nulidade do julgamento[180], mas, se no recurso especial interposto contra o acórdão da apelação o julgamento de

[179] STJ, 3ª Turma, REsp 1.733.136/RO, Rel. Min. Paulo de Tarso Sanseverino, j. 21.09.2021, *DJe* 24.09.2021.

[180] STJ, 4ª Turma, AgInt no AREsp 2.226.463/SP, Rel. Min. Raul Araújo, j. 05.06.2023, *DJe* 13.06.2023

mérito favorecer a parte cujo advogado foi impedido de sustentar oralmente, a nulidade será relevada[181].

Registro, por fim, um equivocado e perigoso precedente do Superior Tribunal de Justiça acerca do tema ora enfrentado. Segundo o tribunal, tendo sido a parte intimada a respeito do julgamento virtual de seu recurso e havendo a ampliação do órgão em aplicação do art. 942 do CPC, a parte perde o direito de sustentar oralmente perante os novos julgadores por não ser cabível tal espécie de ato processual no julgamento virtual do recurso.[182]

O entendimento está equivocado porque a parte, ao não se opor ao julgamento virtual de seu recurso, renunciou tão somente ao seu direito de sustentar oralmente perante o órgão originário, até porque o direito de sustentar perante os novos julgadores nem sequer existia. Não vejo muita diferença em compreender tal situação como renúncia tácita como aquela do advogado que deixa de comparecer à sessão presencial de julgamento de apelação. Não teria ele também nesse caso renunciado ao direito previsto no art. 942, *caput*, do CPC?

Nem num caso nem noutro. Da mesma maneira que num julgamento presencial, constatada a maioria de votos na apelação, deve ser designada nova sessão para a continuidade do julgamento por conta da ausência do advogado da parte, e o mesmo deve ocorrer numa forma de julgamento na qual não cabe tecnicamente realizar a sustentação oral.

Além de equivocado, o precedente é perigoso porque, se esse é o entendimento, os advogados que realmente não se opõem ao julgamento de suas apelações virtualmente passarão a se opor, e de maneira fundamentada. Alegarão que não aceitam tal forma de julgamento porque, na eventualidade de um julgamento por maioria de votos, pretendem sustentar oralmente perante os novos julgado-

---

[181] STJ, 3ª Turma, REsp 1.733.136/RO, Rel. Min. Paulo de Tarso Sanseverino, j. 21.09.2021, *DJe* 24.09.2021.

[182] STJ, 2ª Turma, REsp 1.811.599/SP, Rel. Min. Herman Benjamin, j. 07.11.2019, *DJe* 19.12.2019.

res, e isso só estará garantido se o julgamento originariamente não ocorrer virtualmente.

Daí por que deve ser comemorado outro precedente, mais recente, do mesmo tribunal, que, diante da mesma situação fática, entendeu ter ocorrido nulidade do julgamento estendido realizado virtualmente sem ter sido dada oportunidade à parte de sustentar oralmente diante dos novos julgadores[183].

2.3.4.3. *Julgamento Estendido em Outra Sessão*

Quando não for possível prosseguir no julgamento da apelação com o quórum ampliado, o art. 942, *caput*, do CPC prevê a convocação de novos julgadores nos termos definidos no regimento interno – o que na realidade também se aplica para o seguimento do julgamento na mesma sessão – com a designação de uma nova sessão para a continuidade do julgamento.

Apesar da raridade, imagine-se que, iniciada a sessão, o julgador que proferiu o voto minoritário peça a palavra, antes de qualquer pronunciamento dos novos julgadores, e, valendo-se do previsto no art. 942, § 2º, do CPC, modifique o seu voto, fazendo assim desaparecer a própria justificativa da formação do quórum qualificado. Ainda que a atitude do julgador seja admitida, não será capaz de impedir a continuidade do julgamento pelo órgão já formado pelos cinco julgadores.[184]

Nesse caso, parece-me que o princípio do contraditório estará de forma mais plena garantido. Haverá tempo e vias mais amplas de os advogados contribuírem de maneira mais eficaz na formação do convencimento dos julgadores, e não só dos novos julgadores, mas também daqueles que compuseram o órgão originário. Já conhecendo as razões de seus votos, é possível adequar as alegações para tentar de modo mais adequado convencê-los a modificar sua

---

[183] STJ, 4ª Turma, AgInt no AREsp 2.226.463/SP, Rel. Min. Raul Araújo, j. 05.06.2023, *DJe* 13.06.2023.

[184] LEMOS, Vinícius Silva. A técnica de julgamento não unânime e as suas implicações procedimentais. *Revista Brasileira de Direito Processual*, Belo Horizonte, ano 26, n. 101, p. 331, jan./mar. 2018.

opinião. Haverá tempo para a entrega de memoriais e despacho com os desembargadores antes da sessão e nela estará garantido o direito à sustentação oral.

Por outro lado, é possível que o advogado não tenha sustentado na sessão na qual se deu a primeira fase do julgamento. Podia estar muito otimista ou pessimista para tanto, imaginando que a sustentação seria desnecessária ou inútil. O julgamento por maioria fatalmente mudará sua percepção. O fato de não ter sustentado antes naturalmente não impede que o faça na continuidade do julgamento[185]. Na verdade, bem pelo contrário.

Embora eu acredite que seja produtivo para a qualidade do julgamento, imagino que será difícil o órgão admitir a sustentação oral na hipótese de os novos julgadores já terem ouvido a primeira, só não tendo ocorrido o julgamento estendido na sessão anterior por conta do pedido de vista de um dos novos julgadores. Situação totalmente diferente, inclusive como reconhecido pelo Superior Tribunal de Justiça, da continuidade do julgamento na sessão anterior com o voto do quarto julgador e encerramento em virtude da ausência do quinto. Nesse caso, estará garantido o direito à sustentação oral[186].

Há um equívoco muito comum em se considerar que a sustentação oral efetuada nos termos do art. 942, *caput*, do CPC seja destinada apenas aos novos julgadores. Em especial quando realizada em nova sessão, o advogado deve considerar que o julgamento continua em aberto e que mesmo os julgadores que participaram da votação por maioria podem mudar os seus votos. Ainda mais porque a sustentação agora pode ser feita com base nos votos já proferidos, com o que se pode convencer o julgador do equívoco do entendimento adotado.

Nesse sentido, inclusive, sugiro a elaboração de uma espécie de sustentação-recurso, substancialmente fundada em impugnar o

---

[185] OLIVEIRA JR., Zulmar Duarte de. *Execução e recursos*: comentários ao CPC de 2015. São Paulo: Método, 2017. p. 655; DIDIER JR., Fredie; CUNHA, Leonardo Carneiro da. *Curso de direito processual civil*. 19. ed. Salvador: Juspodivm, 2021. v. 3, p. 101.

[186] *Informativo* 705/STJ, 3ª Turma, REsp 1.890.473/MS, Rel. Min. Ricardo Villas Bôas Cueva, por unanimidade, j. 17.08.2021, *DJe* 20.08.2021.

voto já proferido contrário ao interesse da parte. Parto da premissa de que num julgamento por maioria de votos toda matéria que havia para ser discutida já o foi, de maneira que os novos julgadores substancialmente juntar-se-ão à maioria ou à minoria. A missão da sustentação oral, portanto, é demonstrar que uma delas – a contrária ao seu interesse – é a errada, enquanto a outra é a certa.

Num primeiro momento, pode parecer que "impugnar" o voto contrário já proferido é algo que só interessaria ao julgador que o proferiu – e porventura a outro desembargador que o seguiu –, mas essa é uma percepção equivocada. Ao se criticar o voto, levam-se aos novos julgadores argumentos para que eles adotem o entendimento contrário, contido no voto favorável aos interesses da parte cujo advogado realiza a sustentação oral.

Resumindo: limitar-se a repetir a sustentação oral realizada perante o órgão julgador, ignorando os votos já proferidos, é um tremendo desperdício de oportunidade.

2.3.4.4. *Convocação dos Novos Julgadores*

A ampliação do quórum se dá, nos termos do *caput* do art. 942 do CPC, com a convocação de julgadores em número suficiente para garantir a possibilidade de inversão do resultado inicial. Não parece correta a conclusão de que esteja prevendo apenas o número mínimo de julgadores a serem convocados, de forma que a ampliação poderia se dar além do número mínimo necessário para a reversão do resultado[187]. A norma prevê ao mesmo tempo o número mínimo e máximo de convocados.

No recurso de apelação, a matemática é simples e sempre igual: sendo o órgão originário formado por três desembargadores, o julgamento por maioria será 2x1, e para a minoria superar a maioria serão necessários dois votos, daí por que serão convocados mais

---

[187] LANES, Júlio Cesar Goulart. Art. 942. *In*: WAMBIER, Teresa Arruda Alvim; DIDIER JR., Fredie; TALAMINI, Eduardo; DANTAS, Bruno (coord.). *Breves comentários ao Novo Código de Processo Civil*. São Paulo: RT, 2015. p. 2.341.

dois desembargadores e o órgão ampliado ficará composto ao final com cinco julgadores.

Indicar que o número de novos julgadores tem de ser o suficiente para reverter o resultado não dispensa o tribunal de interromper a convocação na hipótese de o primeiro desembargador votar com a maioria, transformando assim o resultado originário de 2x1 em 3x1. A motivação de uma eventual dispensa do quinto julgador seria a inutilidade de sua participação porque, mesmo que se alinhasse ao isolado voto minoritário, o resultado não se alteraria, somente se alterando de um 3x1 para um 3x2.

Interessante precedente do Superior Tribunal de Justiça anulou o julgamento ampliado com quatro julgadores e placar de 3x1. Conforme o equivocado julgamento de segundo grau, seria desnecessária a convocação de mais um julgador, pois esse voto não seria capaz de reverter o resultado[188]. O raciocínio é ilegal por conta do § 2º do art. 942 do CPC, que permite aos julgadores a mudança de voto até o encerramento do julgamento. O quinto julgador, portanto, além de poder julgar com a minoria, poderia reverter algum voto já dado pela maioria, o que resultaria na reversão do resultado[189].

Esse dispositivo, diga-se de passagem, parece até mesmo ser desnecessário por conta do previsto no art. 941, § 1º, do CPC, que permite a alteração do voto de qualquer julgador em votação colegiada até o momento da proclamação do resultado pelo presidente[190]. Como a técnica de julgamento prevista no art. 942 do CPC, conforme exaustivamente afirmado, é uma forma de julgar a apelação em duas etapas, os três primeiros julgadores poderiam rever seus votos no prosseguimento do julgamento com o quórum ampliado mesmo sem a previsão do art. 942, § 2º, do CPC.

---

[188] STJ, 1ª Turma, REsp 1.631.328/MS, Rel. Min. Sergio Kukina, j. 03.11.2020, *DJe* 20.11.2020.

[189] *Informativo* 705/STJ, 3ª Turma, REsp 1.890.473/MS, Rel. Min. Ricardo Villas Bôas Cueva, por unanimidade, j. 17.08.2021, *DJe* 20.08.2021.

[190] NERY JR., Nelson; NERY, Rosa Maria de Andrade. *Código de Processo Civil comentado*. 10. ed. São Paulo: RT, 2008. p. 1.871.

3

LITISCONSÓRCIO

3.1. INTRODUÇÃO

O litígio em litisconsórcio é sempre um tema complexo quando os litisconsortes atuam no processo representados por diferentes patronos. Isso porque, nesse caso, haverá a prática de atos e omissões isolados por meio de cada um deles, e para cada uma dessas posturas caberá a análise de como elas afetam o litisconsorte que não o praticou.

É certo que o art. 117 do CPC prevê que, sendo o litisconsórcio simples, os atos e omissões de um litisconsorte não prejudicam nem beneficiam o outro, consolidando assim a regra da autonomia na atuação dos litisconsortes. Por sua vez, para o litisconsórcio unitário tem-se a regra no mesmo dispositivo legal de que os atos e omissões de um litisconsorte não prejudicam, mas podem beneficiar o outro. Para os recursos, especificamente, há inclusive uma regra expressa no art. 1.005 do CPC que trata do tema.

As previsões expressas, entretanto, conforme veremos, não são suficientes para tornar o tema tranquilo. Ademais, há várias outras questões que fogem ao âmbito de sua redação, relacionadas ao prazo recursal, aproveitamento de recurso alheio para a prática de atos processuais, ingresso na sucessão recursal aberta por outro litisconsorte etc.

O presente capítulo tem como objetivo enfrentar todas essas questões relacionadas à apelação quando interposta em processo no qual haja litisconsórcio formado.

3.2. EFEITO EXPANSIVO SUBJETIVO

3.2.1. Introdução

Nos tópicos 3.2 e 5.5, foi analisado o efeito expansivo em suas três espécies: objetivo interno, objetivo externo e subjetivo. Este último, na realidade, não chegou a ser examinado com a devida profundidade, porque não se referia à matéria conhecível de ofício, tema versado naquele capítulo.

Trata-se de um efeito que permite que o resultado do julgamento de um recurso atinja uma parte do processo que não foi parte do recurso. Há, portanto, uma eficácia *ultra partes* do julgamento recursal que vai além do recurso, mas não além do processo: atinge partes processuais que não foram partes recursais.

Pode parecer que a eventual geração do efeito ora tratado tenha como premissa fundamental a formação de litisconsórcio e que, entre eles, haja ao menos um que recorra e um que deixe de recorrer. Afinal, se no processo houver apenas um autor e um réu, necessariamente ambos estarão nos polos ativo e passivo do recurso.

Esse raciocínio, entretanto, despreza a legitimidade recursal de terceiros, tanto do terceiro prejudicado como do Ministério Público como fiscal da ordem pública e da Defensoria Pública como *custos vulnerabilis*. São hipóteses de interposição de recurso em processo sem litisconsórcio formado no qual será possível que um sujeito que é parte no processo não seja parte no recurso.

Ainda assim, o mais comum é o efeito expansivo subjetivo ser gerado em processos em que haja litisconsortes que recorrem e outros que não, e/ou litisconsortes contra quem se recorre e outros não. Afinal, se todos recorrem e/ou forem recorridos, haverá identidade subjetiva entre as partes no processo e as partes no recurso.

Neste capítulo, analisar-se-á como e em quais condições o julgamento da apelação interposta por um litisconsorte poderá afetar o litisconsorte que não recorreu.

3.2.2. *Melhora na Situação do Litisconsorte que não recorreu*

O provimento de uma apelação pode beneficiar o litisconsorte do apelante que deixou de recorrer? A resposta a essa pergunta passa necessariamente pela análise de dois dispositivos do Código de Processo Civil: o art. 117, que trata da dinâmica de atuação entre os litisconsortes de maneira genérica, e o art. 1.005, que cuida especificamente do tema aplicável ao ambiente recursal.

Nos termos do art. 1.005, *caput*, do CPC, o recurso interposto por um dos litisconsortes a todos aproveita, salvo se distintos ou opostos os seus interesses. Já o art. 117 do CPC prevê serem os litisconsortes considerados, em suas relações com a parte adversa, como litigantes distintos, exceto no litisconsórcio unitário, caso em que os atos e as omissões de um não prejudicarão os outros, mas poderão beneficiá-los.

Confesso que com a simples leitura do art. 1.005, *caput*, do CPC sempre tive enorme dificuldade de compreender o entendimento doutrinário dominante no sentido de o julgamento do recurso só poder beneficiar litisconsorte que não recorre na hipótese de litisconsórcio unitário.[1]

O dispositivo ora analisado não traz tal limitação, apenas prevê que, sendo comum o interesse do litisconsorte recorrente com o que não recorreu, o julgamento do recurso deve aproveitar-lhe. Pela leitura do dispositivo, mesmo numa hipótese de litisconsórcio simples,

---

1 ASSIS, Araken de. *Manual dos recursos*. 8. ed. São Paulo: RT, 2017. n. 24.9.2, p. 290; NERY JR., Nelson. *Teoria geral dos recursos*. 6. ed. São Paulo: RT, 2004. n. 3.5.3, p. 479.

se a alegação recursal beneficiar o litisconsorte não recorrente, sua situação deve ser melhorada com o provimento do recurso.

> Mariana é atropelada por um caminhão da Coca-Cola, ingressando com demanda reparatória contra o motorista Carlos e contra a empresa. Na contestação, a empresa alega que Mariana atravessou fora da faixa, quando o farol estava verde, o que impediu a pronta reação de Carlos, que estava diligentemente dirigindo o veículo, dentro do limite de velocidade da área. Os argumentos são rejeitados e ambos são condenados. Só a empresa recorre, insistindo na tese de que a culpa pelo acidente foi exclusiva de Mariana, tendo sua apelação integralmente provida.

No exemplo mencionado, não há que falar em interesses distintos, opostos ou conflitantes, conquanto a causa de pedir recursal claramente também aproveita ao motorista Carlos, que deixou de recorrer. E, se tomado em conta apenas o previsto no art. 1.005, *caput*, do CPC, a decisão recursal deveria aproveitar o litisconsorte não recorrente.

O problema é a incompatibilidade de tal entendimento com o previsto no art. 117 do CPC, que claramente estabelece para o litisconsórcio simples a regra da autonomia na atuação dos litisconsortes.[2] Como explicar o benefício ao litisconsorte simples que não recorreu, se a atuação de um litisconsorte dessa espécie não pode beneficiar os demais?

No litisconsórcio unitário, justamente porque o resultado do processo deve ser o mesmo para todos os litisconsortes, é inevitável que o recurso interposto por um beneficie os demais. E tal ocorrência não viola, ao contrário, respeita o art. 117 do CPC, que prevê justamente a possibilidade de o ato praticado por um litisconsorte unitário beneficiar os demais.

> João ingressou com ação pauliana contra Felipe e Fernanda alegando fraude contra credores na alienação de imóvel do primeiro para a segunda situado em Brasília, no setor de Mansões Sul. O juiz entendeu que, devidamente provados o *consilium fraudis* e o *eventus damni*,

[2] MARINONI, Luiz Guilherme; MITIDIERO, Daniel. *Comentários ao Código de Processo Civil*. São Paulo: RT, 2017. v. XVI, p. 189; FERREIRA FILHO, Manoel Caetano. *Comentários ao Código de Processo Civil*. São Paulo: RT, 2001. v. 7, p. 74.

> era caso de procedência do pedido. Somente Felipe interpôs apelação contra a sentença alegando possuir patrimônio suficiente para fazer frente à dívida que tem com João, argumento acolhido pelo tribunal, que deu provimento à sua apelação, reformando a sentença e julgando improcedente o pedido de João. Esse resultado, que manteve a venda do imóvel, naturalmente atinge também Fernanda, ainda que ela não tenha apelado, porque é materialmente impossível, por conta da incindibilidade da relação jurídica, uma compra e venda ser anulada para o comprador e mantida para o vendedor.

Importante pontuar que a questão de a vitória em um recurso beneficiar ou não um litisconsorte simples que deixou de recorrer coloca frente a frente dois princípios colidentes.

De um lado, o *princípio da realidade*, que não admite que uma mesma questão fática ou jurídica seja decidida de forma diferente dentro do mesmo processo. Esse princípio prestigia a lógica interna da demanda, o que favorece o litisconsorte simples que não recorreu, desde que a matéria do recurso provido lhe aproveite.

Não se pode negar que decisões divergentes façam parte do jogo e que sejam até, por vezes, inevitáveis, mas, quando tomadas num mesmo processo, resolvendo de forma distinta uma mesma questão de fato ou de direito para os litisconsortes, causa uma estranheza ainda maior e até um certo mal-estar.

> Mariana é atropelada por um caminhão da Coca-Cola, ingressando com demanda reparatória contra o motorista Carlos e contra a empresa. Na contestação, a empresa alega que Mariana atravessou fora da faixa, quando o farol estava verde, o que impediu a pronta reação de Carlos, que estava diligentemente dirigindo o veículo, dentro do limite de velocidade da área. Os argumentos são rejeitados e ambos são condenados. Só a empresa recorre, insistindo na tese de que a culpa pelo acidente foi exclusiva de Mariana, tendo sua apelação integralmente provida porque o tribunal fica convencido de que o farol estava verde no momento do atropelamento e que a culpa do acidente foi exclusiva de Mariana que atravessou a rua fora da faixa de pedestre, impedindo a reação de Carlos. Como o motorista Carlos não recorreu, para ele o farol continua estando vermelho e ele continua sendo o culpado pelo acidente. Pergunte agora para uma pessoa leiga se ela entende que num mesmo acidente o farol esteja vermelho para absolver um réu e verde para condenar o outro.

Esse incômodo, inclusive, já foi sentido e está devidamente representado em antigo precedente do Superior Tribunal de Justiça[3]. O entendimento consagrado pelo tribunal, todavia, firmou-se no sentido da doutrina de limitar a geração do efeito expansivo subjetivo ao litisconsórcio unitário[4].

Ou seja, consagrou-se na doutrina e na jurisprudência o *princípio da pessoalidade* ou *individualidade do recurso*, que determina como regra que, a par de eventuais contradições lógicas, suportáveis pelo sistema, o recurso só aproveita o recorrente, salvo as excepcionais situações de litisconsórcio unitário.

Entendo que a previsão contida no parágrafo único do art. 1.005 do CPC corrobora a conclusão de que o efeito expansivo subjetivo só é gerado na hipótese de litisconsórcio unitário. Afinal, o dispositivo trata de uma típica hipótese de litisconsórcio simples, aparentemente abrindo uma exceção à regra da pessoalidade para permitir que o recurso de um, desde que verse sobre matéria de interesse comum, beneficie o litisconsorte que não recorreu[5].

O litisconsórcio passivo formado entre devedores solidários é simples por conta das exceções pessoais, que só aproveitam a quem as alega. Em razão disso, é possível haver resultados diferentes para os litisconsortes. Se aplicada à espécie a combinação dos arts. 1.005, *caput*, e 117, ambos do CPC, a conclusão seria no sentido de o recurso de um devedor solidário nunca beneficiar os demais que não recorreram. Justamente para excepcionar essa regra criou-se o parágrafo único do art. 1.005 do CPC.

O dispositivo contraria claramente a regra da autonomia da atuação dos litisconsortes simples, consagrada no art. 117 do CPC, mas vem sendo admitido como exceção à regra pela doutrina e pela jurisprudência.

---

3 STJ, 2ª Turma, REsp 292.596/RJ, Rel. Min. Franciulli Netto, j. 25.11.2003, *DJ* 10.05.2007, p. 362.

4 STJ, 1ª Turma, AgInt no AREsp 1.185.746/DF, Rel. Min. Benedito Gonçalves, j. 11.11.2020, *DJe* 16.11.2020; STJ, 2ª Turma, REsp 1.767.406/SC, Rel. Min. Mauro Campbell Marques, j. 19.03.2019, *DJe* 22.03.2019.

5 STJ, 3ª Turma, REsp 1.366.676/RS, Rel. Min. Paulo de Tarso Sanseverino, j. 11.02.2014, *DJe* 24.02.2014.

> Joaquim ingressa com ação de cobrança contra Santiago e Fernando, seus devedores solidários, sendo ambos condenados em primeiro grau. Somente Santiago apela, alegando a prescrição da pretensão de Joaquim. Essa causa de pedir aproveita a Fernando, que não apelou, de forma que, sendo provida a apelação de Santiago, ele também será beneficiado. Em outra situação, Santiago apela alegando a sua incapacidade no momento de formação do contrato, que restou inadimplido. Tratando-se de defesa personalíssima, seu acolhimento só aproveita ao próprio apelante Santiago, de forma que o provimento de seu recurso não aproveitará ao seu litisconsorte Fernando.

Seja como for, nunca me conformei com a jurisprudência consolidada, tampouco com a doutrina amplamente majoritária. Por isso, em obra anterior, afirmei que a existência de uma decisão, que tenha em seu conteúdo um fato ora considerado verdadeiro, ora considerado falso, e que ao mesmo tempo acolha para uns e rejeite para outros a mesma tese jurídica, cria situação demasiadamente danosa ao ordenamento jurídico. A despeito da inegável técnica do sistema da pessoalidade do recurso, parece ser melhor excepcioná-la também no litisconsórcio simples, sempre que exista entre os litisconsortes uma comunhão de interesses e o acolhimento do recurso beneficie o não recorrente, como forma natural da manutenção da lógica interna da decisão (um fato será verdadeiro ou falso para todos; uma tese jurídica será adotada ou rejeitada para todos)[6].

Nesse sentido, deve ser saudado o entendimento adotado pela 3ª Turma do Superior Tribunal de Justiça, que na realidade sempre se mostrou de certa forma incomodada com o entendimento dominante, ao decidir que, mesmo no litisconsórcio simples que não seja formado por devedores solidários, o recurso de um pode aproveitar ao que não recorreu sempre que a ausência de tratamento igualitário entre as partes gere uma situação injustificável, insustentável ou aberrante[7]. Pode estar aí o início de uma mudança de entendimento jurisprudencial.

---

6 NEVES, Daniel Amorim Assumpção. *Código de Processo Civil comentado*. 8. ed. Salvador: Juspodivm, 2023. p. 1.799-1.800.

7 *Informativo* 743/STJ: 3ª Turma, REsp 1.993.772/PR, Rel. Min. Nancy Andrighi, j. 07.06.2022, *DJe* 13.06.2022. No mesmo sentido: STJ, 3ª Turma, REsp 1.960.747/RJ, Rel. Min. Nancy Andrighi, j. 03.05.2022, *DJe* 05.05.2022.

> Stela e Olivia ingressaram com ação judicial com pedido judicial para obrigar seus primos ao cumprimento de contrato que estipulava a participação de ambas no *show* de final do ano a ser realizado em Laranja do Sul. O pedido foi julgado improcedente com o fundamento de nulidade do contrato. Stela, insatisfeita com a condução do processo pelo advogado Daniel, constituiu Edison como seu advogado, que apelou da sentença exigindo o cumprimento do contrato, alegando sua validade. Olivia, que se manteve Daniel como seu advogado, não recorreu. A apelação de Olívia foi provida porque o Tribunal entendeu o contrato como válido. Seria absurdo, sendo o contrato considerado válido, que somente Stela pudesse participar do *show* de final de ano quando tanto ela como Olivia, pelas cláusulas contratuais, têm o direito de participar.

3.2.3. *Piora na Situação do Litisconsorte que não apelou*

Pode o julgamento de uma apelação piorar a situação de um litisconsorte que não tenha recorrido da sentença?

Costuma-se afirmar que a parte que não recorreu não poderá ser prejudicada pelo julgamento de recurso porque, se pela proibição à *reformatio in pejus* nem mesmo o recorrente pode ter sua situação piorada, muito menos poderia seu litisconsorte, que nem sequer recorreu. Muito provavelmente é por conta dessa premissa que não existe sequer norma legal versando sobre o tema, sendo o art. 1.005 do CPC exclusivamente voltado para eventual melhora a ser gerada a litisconsorte que não recorre.

O raciocínio está *a priori* correto, mas é preciso lembrar que a vedação à *reformatio in pejus* pode excepcionalmente ser afastada, quando então o sistema processual permite que a situação do recorrente seja piorada em razão do julgamento de seu próprio recurso.

O Superior Tribunal de Justiça tem entendimento consolidado no sentido de que, tratando-se de efeito translativo, é permitida a piora na situação prática do recorrente, isto é, a *reformatio in pejus*[8]. Nesse caso, é possível o litisconsorte que não apelou ter sua situação piorada?

---

[8] STJ, 3ª Turma, REsp 1.962.674/MG, Rel. Min. Marco Aurélio Bellizze, j. 24.05.2022, *DJe* 31.05.2022; STJ, 2ª Turma, AgInt no REsp 1.947.611/MG, Rel. Min. Mauro Campbell Marques, j. 05.04.2022, *DJe* 28.04.2022.

Num primeiro momento, pode parecer que a espécie de litisconsórcio será determinante para a resposta à pergunta formulada, porque, havendo no caso concreto um litisconsórcio unitário, seria inevitável que o resultado do julgamento, ao prejudicar o apelante, também prejudique o litisconsorte que não apelou. Se o resultado do processo deve ser o mesmo para todos os litisconsortes, não haveria como evitar que o prejuízo fosse gerado para o litisconsorte que não interpôs a apelação.

Apesar da lógica do raciocínio, deve-se questionar se na prática é viável sua ocorrência ou se estamos diante de um mero exercício acadêmico. Meu questionamento tem como fundamento a necessidade de uma parcial sucumbência para que possa existir a *reformatio in pejus*, pois sem sucumbência não há recurso e com sucumbência integral não há como piorar a situação do recorrente e, por consequência, nem de seu litisconsorte que deixou de recorrer.

Sem nenhuma pretensão de aprofundamento no tema do litisconsórcio, trago de forma consideravelmente sucinta lição da melhor doutrina no sentido de decorrer a unitariedade da presença de uma relação jurídica incindível como objeto do processo, quando se estará diante de uma desconstituição de negócios jurídicos quando houver pluralidade de autores e/ou réus e na hipótese de demanda proposta por colegitimados (como no caso do processo coletivo)[9].

Nos exemplos classicamente lembrados de relação jurídica incindível - ação pauliana proposta pelo credor para anular o negócio jurídico celebrado em fraude contra credores, ação de anulação de casamento promovida pelo MP contra os cônjuges –, o resultado será sempre de procedência ou de improcedência. E, ainda quando se afasta da natureza desconstitutiva, por exemplo, na ação de investigação de paternidade proposta contra os herdeiros do alegado pai, a conclusão é a mesma. Afinal, exatamente como não se pode parcialmente anular o negócio praticado em fraude à execução, parcialmente anular o casamento, não se pode parcialmente declarar o réu pai diante de seus herdeiros.

---

9 DINAMARCO, Cândido Rangel. *Instituições de direito processual civil.* 6. ed. São Paulo: Malheiros, 2009. v. II, n. 572, p. 358-359.

A segunda hipótese de formação de litisconsórcio unitário decorre da presença no processo no mesmo polo de colegitimados defendendo o mesmo direito material. Nesse caso, o resultado do processo necessariamente deve ser igual para todos eles, porque o direito que defendem em juízo é o mesmo, e só um, mas a depender do caso concreto é possível que exista uma parcial procedência, porque nessa circunstância o objeto do processo não será necessariamente formado por uma relação jurídica incindível.

> Ministério Público e Defensoria Pública ingressaram com ação civil pública contra João alegando que por conta do transporte de uma pesada mesa de jantar teria gerado sérios danos ambientais, pleiteando sua condenação em danos materiais e morais. Em primeiro grau, o juiz reconheceu o ato ilícito praticado por João e o dano material gerado, mas entendeu não ter ocorrido o dano moral coletivo, julgando dessa forma o pedido parcialmente procedente. Somente o Ministério Público interpôs apelação, tendo o Tribunal de Justiça, numa análise mais cuidadosa dos elementos probatórios, entendido que a causadora do dano na realidade tinha sido Fernanda, e não João. Dessa forma, em razão do efeito translativo da apelação, extinguiu o processo sem resolução do mérito por ilegitimidade passiva (art. 485, VI, do CPC).

Registre-se que o raciocínio parte da premissa de que a piora na situação do apelante deu-se pelo julgamento do pedido principal do recurso. O apontamento é importante porque são cabíveis a aplicação de multas por violação ao princípio da boa-fé processual e a fixação de honorários advocatícios recursais, nos termos do art. 85, § 11, do CPC. Nesses casos, é possível afirmar que o apelante piorou sua situação, porque, além de não ter seu pedido recursal acolhido, teve um prejuízo financeiro por conta do julgamento do recurso. No entanto, esse prejuízo será exclusivamente do recorrente, e isso independentemente da espécie de litisconsórcio.

Solução distinta me parece que deva ser dada na hipótese de litisconsórcio simples, quando então caberá a aplicação do previsto no art. 117 do CPC, com a preservação da autonomia de atuação dos litisconsortes. E isso por uma razão simples de explicar.

Quando a parte suporta uma sucumbência parcial e interpõe um recurso, ela assume um risco. Pequeno, é verdade, mas ainda assim um risco. O risco de que, sendo gerado o efeito translativo, ela pode não só ter seu recurso não provido, como pode também perder aquilo que havia obtido com a sentença apelada. O mesmo risco assume quando resolve recorrer de uma sentença terminativa, sabendo da possibilidade de ter a improcedência de seu pedido no caso de provimento recursal e aplicação da teoria da causa madura, nos termos do art. 1.013, § 3º, I, do CPC.

Pois bem, num grau maior ou menor, são riscos que o apelante assume ao interpor o recurso, e que o litisconsorte que não recorreu não os assumiu. O risco, evidentemente, não foi assumido a troco de nada. Aceita-se um risco em troca da chance de obtenção de uma situação de vantagem. É uma aposta, que se ganha ou se perde. Contudo, essa aposta não foi feita pelo litisconsorte que deixou de apelar, e por isso dele nada pode ser cobrado.

Tratando-se de litisconsórcio simples, no qual é possível que a demanda tenha resultados distintos para os litisconsortes, ainda que com isso haja algum descompasso lógico, será possível juridicamente limitar o resultado prejudicial do julgamento do recurso apenas ao recorrente. Isso é o mais justo a fazer, e tem embasamento legal no art. 117 do CPC.

3.2.4. *Efeito Expansivo Subjetivo e Pluralidade de Recursos*

O tema do efeito expansivo subjetivo invariavelmente é tratado na hipótese de eventual alcance de litisconsorte que não tenha recorrido. No entanto, também imagino que tenha relevância o debate a respeito da geração de tal efeito quando todos os litisconsortes tenham interposto recurso contra a mesma decisão.

Pode-se imaginar que, ao julgar simultaneamente os recursos interpostos contra a mesma decisão, estaria eliminada qualquer hipótese de desarmonia de julgados. Trata-se, entretanto, de falsa percepção, porque o que evita julgamentos conflitantes não é apenas o momento em que eles ocorrem, mas também a identidade de causa de pedir recursal, pois, havendo distintas causas de pedir recursais, é possível a prolação de diferentes decisões.

Aplicando-se o art. 492 do CPC ao ambiente recursal e estando o órgão jurisdicional adstrito aos elementos do recurso – partes, causa de pedir e pedido –, mesmo que haja identidade de pedidos, sendo o litisconsórcio simples e tendo cada recorrente se valido de uma causa de pedir recursal diversa, cada qual terá seu destino traçado exclusivamente pela sua própria causa de pedir recursal.

> É proferida sentença condenando Martina e Amaia ao pagamento de R$ 100.000,00. Martina interpõe apelação alegando que o juiz desconsiderou um recibo de pagamento que demonstrava já ter sido realizado o pagamento da quantia cobrada, enquanto Amaia apelou alegando que o juiz não considerou adequadamente sua alegação de prescrição da pretensão do autor. O tribunal, apontando a falsidade do recibo de pagamento, negou provimento à apelação interposta por Martina, mas acolheu a alegação de prescrição e deu provimento à apelação de Amaia.

Havendo identidade de causas de pedir nos recursos interpostos pelos litisconsortes, eventual decisão contraditória ou conflitante será teratológica e, portanto, mais pertencente ao folclore processual do que à realidade do foro. E mesmo que ocorra, o problema poderá ser resolvido com certa facilidade pela interposição de embargos de declaração com fundamento em contrariedade.

No entanto, no exemplo dado, a contrariedade, decorrente das distintas causas de pedir, é possível e justificável. Não há nada de errado com as decisões proferidas dando e negando provimento às apelações interpostas pelas recorrentes. A questão é se o provimento aproveita à apelante que teve seu recurso não provido.

Existe doutrina que defende o aproveitamento pelo litisconsorte simples derrotado em razão de a uniformidade da relação litigiosa não suportar uma dupla disciplina, com a subsistência da decisão para um recorrente, e não para o outro[10]. Poder-se-ia, nesse sentido, imaginar que, com o efeito substitutivo obtido por um dos litisconsortes recorrentes, a sentença impugnada necessariamente seria reformada para todos os sujeitos processuais.

Não compreendo dessa forma, porque o entendimento apenas constata uma situação – esquisita, por certo – que é natural da limitação à produção de efeito expansivo subjetivo à autonomia dos

[10] ASSIS, Araken de. *Manual dos recursos*. 8. ed. São Paulo: RT, 2017. n. 24.9.3, p. 292.

litisconsortes simples prevista no art. 117 do CPC. De fato, é estranho a decisão ser substituída somente para a parte que se sagrou vitoriosa em seu recurso, mas não é exatamente isso que acontece quando o litisconsorte simples deixa de recorrer? Por que o litisconsorte derrotado em seu recurso teria um tratamento diferente daquele que deixou de recorrer, se na prática ambos estão na mesma situação: a manutenção da decisão somente para ele?

Essa conclusão, contudo, não significa que eu defenda que a apelante vencida não possa se beneficiar da vitória de sua litisconsorte. Pelo contrário. Como deixei claro no capítulo anterior, não entendo sustentáveis dentro do processo meias-verdades, de forma que, interpostas duas apelações contra uma mesma sentença, com diferentes causas de pedir, haverá naturalmente uma comunhão de interesses entre as apelantes, porque estarão todos elas, ainda que fundadas em motivos diversos, atrás do mesmo objetivo, que é reformar a sentença impugnada. Isso, para mim, é o suficiente para justificar que o provimento da apelação beneficie a apelante derrotada em sua própria apelação.

Se no litisconsórcio simples já existe essa comunhão de interesses, porque, embora distintas as causas de pedir, o objetivo recursal é sempre o mesmo, no litisconsórcio unitário a comunhão de interesses é ainda mais facilmente explicável.

Há ainda uma questão a ser enfrentada. Quando se fala em comunhão de interesses na cumulação de diferentes causas de pedir, expostas em distintas apelações interpostas por litisconsortes, imagina-se que em tais recursos elabore-se a mesma espécie de pedido, ou seja, apesar de fundamentados em motivações distintas, todos pedem a reforma ou a anulação da sentença. O que ocorre se os pedidos forem distintos? Ainda assim será possível falar em comunhão de interesses suficiente para que o provimento de uma apelação aproveite o apelante vencido em seu próprio recurso?

> Em ação de improbidade administrativa proposta pelo Ministério Público contra Felipe e Mariana, ambos são condenados com a perda do cargo, suspensão de seus direitos políticos por oito anos e pagamento de multa no valor de R$ 60.000,00. Felipe interpõe recurso alegando a incompetência absoluta do juízo sentenciante em razão da matéria,

> uma vez que o processo não deveria ter sido julgado na vara comum, havendo na comarca vara especializada. Mariana apela alegando a ausência de dolo e a impossibilidade de tipificação em ato de improbidade por existir divergência doutrinária e jurisprudencial a respeito do tema. O tribunal nega provimento ao recurso de Felipe, alegando que a vara especializada é voltada ao julgamento de ações coletivas e a ação de improbidade administrativa tem natureza sancionatória, não fazendo parte do microssistema coletivo. Quanto à apelação de Mariana, o Tribunal acolhe seus fundamentos e dá provimento, reformando integralmente a sentença.

Nesse caso, o apelante que pediu a anulação da sentença e perdeu o seu recurso aproveita-se da decisão que reformou a sentença?

Entendo que sim. Ainda que as espécies de pedido sejam distintas, a pretensão primária dos apelantes é a mesma, qual seja, a de insurgir contra a sentença proferida e de inverter a sucumbência suportada por ela. Este é o fundamento básico do ato de recorrer: um ato de insurgência, de inconformismo, e, nesse sentido, todos aqueles que recorrem, independentemente do pedido recursal que elaboram, estão juntos num mesmo propósito: o de combater a decisão e de inverter a sucumbência suportada. E essa homogeneidade é o que basta para o resultado de uma apelação beneficiar o apelante derrotado em seu próprio recurso.

Não havendo nenhuma regra legal no Código de Processo Civil que imponha o julgamento conjunto de recursos interpostos por litisconsortes contra a mesma decisão, é correto concluir, salvo previsão regimental em sentido contrário, que os julgamentos podem ocorrer em momentos distintos. Não é, naturalmente, o recomendável, mas sem previsão legal que regulamente o tema não se pode descartar sua ocorrência.

Um julgamento de inadmissão da primeira apelação a ser julgada certamente não afeta o julgamento da próxima apelação. Quando o julgamento for de mérito, a negativa de provimento também não afetará o próximo julgamento, mas, se for dado provimento ao recurso, pelo que foi defendido no presente capítulo, será caso de o relator do outro recurso julgá-lo prejudicado, valendo-se para isso do disposto no art. 932, III, do CPC. Afinal, o apelante que ainda não teve o seu recurso julgado já terá se beneficiado do provimento da apelação de seu litisconsorte, em consequência do efeito expansivo subjetivo.

Nessa circunstância, apesar de o apelante sucumbir em razão da inadmissão de seu recurso, na fixação dos honorários recursais, nos termos do art. 85, § 11, do CPC, não se deve tomar como base a sucumbência, e sim a causalidade. Dessa forma, sendo eventualmente caso de fixação de honorários recursais, o ônus deve ser suportado pelo apelado.

3.3. PRAZO

3.3.1. Prazo em Dobro Previsto no Art. 229 do CPC

Segundo o art. 229, *caput*, do CPC, havendo litisconsortes com patronos diferentes, de escritórios de advocacia distintos, os prazos para se manifestarem nos autos serão contados em dobro. Existe mais um requisito para que a contagem dos prazos seja em dobro, previsto no § 2º do dispositivo legal: o processo tramitar em autos físicos.

A pluralidade de partes independe de quem sejam elas, já tendo tido o Superior Tribunal de Justiça a oportunidade de decidir que, mesmo na hipótese de litisconsórcio entre pessoas casadas, sendo preenchidos os demais requisitos legais, os prazos se contam em dobro.[11] O assistente simples é considerado parte para fins da contagem em dobro.[12]

O Superior Tribunal de Justiça já entendeu que na recuperação judicial não se aplica o prazo em dobro para os credores da sociedade, considerando que nesse caso não existe tecnicamente um litisconsórcio passivo, já que nessa espécie de processo não existe réu[13].

A literalidade da norma deixa suficientemente claro que não basta uma pluralidade de sujeitos, devendo também existir uma

[11] *Informativo* 506/STJ: 4ª Turma, REsp 973.465/SP, Rel. Min. Luis Felipe Salomão, j. 04.10.2012.

[12] STJ, 1ª Turma, AgRg no Ag 1.249.316/DF, Rel. Min. Luiz Fux, j. 18.02.2010, *DJe* 02.03.2010.

[13] *Informativo* 557/STJ: 3ª Turma, REsp 1.324.399-SP, Rel. Min. Paulo de Tarso Sanseverino, j. 03.03.2015, *DJe* 10.03.2015.

pluralidade de patronos, sendo nítida a razão da regra legal, porquanto somente quando há pluralidade de patronos verificam-se no caso concreto dificuldades de acesso aos autos que justifiquem um prazo diferenciado para a efetiva prática dos atos processuais. Segundo o Superior Tribunal de Justiça, se os litisconsortes passam a ter procuradores distintos no curso do processo, quando já iniciado o prazo recursal, apenas se aplica o benefício do prazo em dobro à parte do prazo recursal ainda não transcorrida até aquele momento.[14]

O terceiro requisito, de que os diferentes advogados façam parte de distintas sociedades de advogados, tem como objetivo impedir que patronos do mesmo escritório advoguem materialmente em conjunto e apenas formalmente separados tão somente para terem direito ao prazo em dobro.

Registre-se que, nos termos do art. 229, *caput*, do CPC, a concessão do prazo em dobro, uma vez preenchidos os requisitos legais, independe de requerimento expresso nesse sentido, já sendo esse o entendimento do Superior Tribunal de Justiça na vigência do CPC/1973, mesmo sem expressa previsão legal[15].

A contagem de prazo simples em autos eletrônicos, mesmo com o preenchimento de todos os requisitos previstos pelo *caput* do art. 229 do CPC, tem razão de ser, considerando que a prerrogativa do prazo em dobro tem justamente como justificativa a dificuldade de acesso aos autos. Tratando-se de autos eletrônicos, tal dificuldade naturalmente inexiste.

3.3.2. *Prazo em Dobro na Apelação e a Súmula 641 do STF*

O art. 229 do CPC tem aplicação genérica, voltada a todos os atos processuais, o que inclui tanto o recurso como as contrarrazões. Logo, preenchidos os requisitos, o prazo de apelação – na forma principal e adesiva – e de contrarrazões será de 30 dias. Há, entretanto, uma singularidade não só na apelação, mas também em todas as espécies recursais.

[14] *Informativo* 518/STJ: 3ª Turma, REsp 1.309.510/AL, Rel. Min. Nancy Andrighi, j. 12.03.2013.

[15] STJ, 2ª Turma, REsp 691.863/SC, Rel. Min. Castro Meira, j. 13.11.2007, *DJ* 27.11.2007, p. 291.

Nos termos do entendimento consolidado pela Súmula 641 do Supremo Tribunal Federal, não se conta em dobro o prazo para recorrer quando só um dos litisconsortes houver sucumbido, mesmo que estejam preenchidos os requisitos do art. 229 do CPC. A justificativa do entendimento é que, a partir do momento que somente um dos litisconsortes sucumbiu, apenas ele terá interesse recursal, de forma que a partir desse momento não haverá mais litisconsórcio e, com isso, desaparece a dificuldade de acesso aos autos, razão de ser da contagem em dobro dos prazos.

> Peter ingressou com demanda judicial para condenar Daniel e Aline a passarem o Natal e Ano-Novo no Guarujá. Aline, em sua defesa, alegou que não poderia fazer a viagem por motivo de força maior, tendo Daniel alegado não poder ser obrigado a nada por ser um espírito livre. Em sentença, o juiz julgou o pedido improcedente para Aline e condenou Daniel na obrigação de fazer pedida por Peter. Tendo o processo tramitado em autos físicos e tendo Aline e Daniel sido representados por advogados de diferentes sociedades de advocacia, o prazo para Daniel interpor apelação é de 15 dias.

Registre-se que o entendimento sumulado não se aplica aos embargos de declaração, considerando que, nesse recurso, mesmo a parte vencedora tem interesse recursal. Como o objetivo dessa espécie recursal é melhorar a qualidade formal da decisão, é inegável que tanto os vencedores quanto os vencidos têm interesse nessa melhora, de forma a ser sempre aplicável a regra do prazo em dobro previsto no art. 229 do CPC. Assim, preenchidos os requisitos, o prazo será de dez dias para embargar da sentença.

Embora o tema central do presente livro seja a apelação, considero relevante a informação porque, sendo proferida uma sentença e a parte pensando em, antes de apelar, interpor embargos de declaração, é importante saber exatamente se seu prazo é de cinco ou dez dias.

O teor da súmula, na realidade, diz menos do que gostaria. Os precedentes que possibilitaram a sua edição demonstram que o prazo não será em dobro se não houver mais a justificativa de dificuldade de acesso aos autos no caso concreto. É natural que, sucumbindo somente um litisconsorte, o prazo não deva ser em dobro, mas também não será diferenciado o prazo na hipótese de mais de um litisconsorte sucumbir, desde que representados pelo mesmo patrono[16]. Tanto num caso como no outro a justificativa de dificuldade de acesso aos autos está afastada, devendo ser o prazo recursal simples.

> Joaquim propõe ação indenizatória alegando ter sofrido por dano moral contra Santiago, Fernando e Victor. Santiago contrata como advogado Edison, do Gonzales Advogados, e Fernando e Victor contratam como advogado Daniel, do NDF Advogados. Ao final, o juiz julga o pedido improcedente para Santiago e procedente para Fernando e Victor, condenando cada um dos dois ao pagamento de R$ 50.000,00 a título de danos morais. Daniel, o advogado de ambos, terá um prazo de 15 dias para apelar da sentença.

3.3.3. *Prazo em Dobro da Apelação e Ausência de Defesa de um dos Réus*

Segundo o § 1.º do art. 229 do CPC, cessa a contagem do prazo em dobro se, havendo apenas dois réus, é oferecida defesa por apenas um deles. A redação é obscura porque não esclarece se a cessação do prazo em dobro se dá desde a apresentação da defesa ou somente depois dela.

Há divergência doutrinária a respeito da aplicação do prazo em dobro na hipótese de revelia de um dos dois réus. Enquanto alguns julgados entendem que o prazo para a defesa nesse caso passa a ser simples por não haver nos autos diferentes procuradores (obviamente partindo da premissa de que o réu revel não tem advogado constituído), outros entendem que o réu que contesta não pode ser surpreendido negativamente pela inércia do corréu[17].

Acredito que, apesar de não ser clara a redação do art. 229, § 1.º, do CPC, a melhor interpretação é no sentido de preservar o prazo em dobro de contestação e, uma vez configurada a revelia do

16 STJ, 4ª Turma, AgRg no AREsp 706.872/RJ, Rel. Min. Raul Araújo, j. 09.04.2019, *DJe* 29.04.2019; STJ, 4ª Turma, AgRg nos EDcl no Ag 1.145.386/SC, Rel. Min. Raul Araújo, j. 10.08.2010, *DJe* 25.08.2010.

17 NEGRÃO, Theotônio; GOUVÊA, José Roberto F. Código de Processo Civil e legislação processual em vigor. 37. ed. São Paulo: Saraiva, 2005, pp. 312-313.

réu que não tenha procurador nos autos, os prazos passem a ser contados de forma simples.

Seja como for, essa discussão não tem relevância prática para o prazo de apelação porque, se o dispositivo prevê hipótese de ausência de defesa, a sentença só poderá ser proferida depois desse momento, quando, então, estará configurada a hipótese legal e o prazo já será contado de forma simples.

Há, entretanto, uma observação importante. Essa contagem simples dos prazos só se justifica se o réu revel efetivamente não participar do processo, sendo contado em dobro o prazo da apelação se o réu revel estiver com advogado constituído nos autos no momento de prolação da sentença[18]. Isso se dá porque o réu revel não é um delinquente, mas simplesmente um ausente, de forma a ser bem-vindo ao processo. E, a partir do momento que ingressa no processo com advogado constituído, passa a ser tratado como se não fosse revel desde o momento desse ingresso.

3.4. APELAÇÃO INTERPOSTA POR APENAS UM DOS LITISCONSORTES E PRÁTICA DE ATOS PELO LITISCONSORTE NÃO APELANTE

3.4.1. Aderência à Apelação Interposta por Litisconsorte

Imagine-se a seguinte situação: publicada a sentença e havendo litisconsortes sucumbentes, um deles se adianta e logo no início da contagem do prazo recursal – ou mesmo antes do início da sua contagem, valendo-se do previsto no art. 218, § 4º, do CPC – interpõe apelação. O patrono do litisconsorte que ainda não apelou, tendo acesso à apelação já protocolada, fica impressionado com a precisão e a boa técnica da peça processual, concluindo que não há rigorosamente mais nada a dizer e que não faria melhor em um recurso por ele redigido.

Esse advogado, em vez de interpor um recurso próprio, pode simplesmente aderir à apelação já interposta? Ou seja, exercer o

[18] ROQUE, Andre Vasconcelos, Teoria geral do processo – Comentários ao CPC de 2015. 3ª ed., São Paulo, Método, 2019, p. 709.

seu direito recursal de maneira diferenciada: em vez de fazê-lo pela forma clássica de interposição de um recurso próprio, demonstrar a vontade de recorrer ao aderir a um recurso já interposto, expressando de modo expresso sua concordância com todos os termos (causa de pedir e pedido) de tal recurso?

A primeira consideração necessária é que o sujeito que deixou de apelar, embora tenha sucumbido, era litisconsorte do apelante em primeiro grau de jurisdição, mas o deixou de ser em grau recursal, quando então passou a ser considerado um terceiro, por não fazer parte da relação jurídica processual recursal. A admissão de seu ingresso em recurso já interposto funcionaria como uma espécie de litisconsórcio ulterior em grau recursal.

Não há dúvida de que esse litisconsórcio, além de ulterior, seria também facultativo, considerando-se não haver qualquer obrigatoriedade, de ordem legal ou material, na sua formação. Essa constatação é importante em razão do entendimento consagrado no Superior Tribunal de Justiça que só admite a formação do litisconsórcio ulterior facultativo quando expressamente previsto em lei, afirmando que fora dessas hipóteses os litisconsortes facultativos ulteriores escolhem o juiz, em nítida afronta ao princípio do juiz natural.[19]

Essa violação, entretanto, não existirá no caso ora analisado, porque, havendo ou não a complementação do polo ativo da apelação já interposta pelo litisconsorte não apelante, a competência para o julgamento do recurso não será afetada. Trata-se de competência absoluta de tribunal de segundo grau – tribunal de justiça ou regional federal – e com distribuição livre ou por prevenção a depender do caso concreto. A formação do litisconsorte superveniente ora sugerida não altera nada disso, sendo, portanto, incapaz de violar o juiz natural.

Sob a ótica de uma formação de litisconsórcio ulterior em grau recursal não há, portanto, obstáculo. A questão essencial passa a ser a possibilidade de o direito de ação ser exercido validamente de outra forma que não a interposição de um recurso.

---

[19] STJ, 2ª Turma, REsp 1.669.411/RJ, Rel. Min. Herman Benjamin, j. 20.06.2017, *DJe* 30.06.2017; STJ, 1ª Turma, AgRg no AREsp 184.951/SP, Rel. Min. Napoleão Nunes Maia Filho, j. 23.09.2014, *DJe* 09.10.2014; STJ, AR 2.183/MG, Rel. Min. Mauro Campbell Marques, j. 28.09.2011, *DJe* 05.10.2011.

Quando a doutrina trata o princípio da voluntariedade, essencial na própria conceituação de recurso, defende que o ato de interposição do recurso representa a concretização da vontade da parte recorrer, ou seja, a parte demonstra a sua vontade de recorrer ao interpor o recurso. Entretanto, e se outro ato processual demonstrar, também de maneira inequívoca, a sua vontade de recorrer, com o preenchimento de todos os pressupostos de admissibilidade recursal? Por qual razão esse ato processual não poderia ser reputado como meio hábil para considerar exercido legitimamente o direito de recorrer da parte?

A aderência da parte à apelação já interposta evita a duplicidade de recursos com exatamente o mesmo conteúdo, numa repetição inútil e desnecessária. Atende, dessa forma, aos princípios da economia processual e da duração razoável do processo. O mais curioso é que não causaria nenhum alarde se tal litisconsórcio tivesse se formado inicialmente... Os litisconsortes sucumbentes, representados por diferentes advogados, se reúnem em segundo grau e interpõem uma mesma apelação. Sem nenhum drama, tudo seguiria normalmente.

Entendo que a admissão da aderência à apelação já interposta, com a formação de um litisconsórcio ulterior no polo ativo da apelação, dá aos apelantes um tratamento de litisconsortes unitários, o que significa que a partir da aderência cada qual passa a ter uma titularidade autônoma sobre a apelação. Essa autonomia é importante diante de eventual transação ou desistência por parte de um dos apelantes, que não afetará o outro.

Finalizo apenas para registrar que a ausência de norma expressa no sentido de prever a aderência a recurso já interposto torna tal ato processual perigoso na praxe forense. Embora me pareça tecnicamente aceitável, é evidente que o mais seguro é a interposição de apelação, mesmo que repetindo os termos de apelação já interposta por litisconsorte.

3.4.2. Complementaridade

O momento de arrazoamento de toda e qualquer espécie recursal é o da interposição do recurso, não sendo diferente na apelação. Significa dizer que todas as razões que o apelante pretende que o tribunal enfrente no julgamento recursal devem ser apresentadas no momento da interposição. A partir daí, opera-se a preclusão consumativa, sendo vedados ao apelante a complementação, o aditamento, o melhoramento ou qualquer espécie de mudança nas razões já existentes no recurso interposto.[20]

Há, entretanto, uma exceção expressamente prevista no art. 1.024, § 4º, do CPC. O recorrente poderá complementar as razões de recurso já interposto sempre que, no julgamento dos embargos de declaração opostos pela parte contrária, for criada uma sucumbência superveniente. Essa complementação, todavia, será limitada à nova sucumbência, de forma que, sendo parcial o recurso já interposto, não poderá o recorrente aproveitar-se do princípio para impugnar parcela da decisão que já deveria ter impugnado originariamente[21], sendo tal limitação extensível também ao embargado[22].

Nesse caso, a complementação da apelação já interposta pode ser realizada pelo litisconsorte não apelante?

Começo pelo óbvio. Se uma parte sucumbente ainda não apelou e a parte contrária embargou de declaração e com o provimento de tal recurso aumentou ainda mais a sucumbência dessa parte não recorrente, o caminho normal é a interposição de apelação. Afinal, com a interposição dos embargos de declaração, o prazo de 15 dias terá sido interrompido e, com isso, a parte que ainda não havia apelado poderá fazê-lo após o julgamento dos embargos de declaração, impugnando a totalidade de sua sucumbência.

De forma que não é natural tampouco recomendável essa parte que ainda não apelou deixar de fazê-lo para simplesmente complementar a apelação interposta por seu litisconsorte. Ainda assim, por mais exótico e inexplicável que seja, volto a pergunta: a parte pode fazer isso?

A primeira e natural reação a essa pergunta é uma resposta negativa, no sentido de não ser possível que um terceiro com-

---

20 NERY JR., Nelson. *Teoria geral dos recursos*. 6. ed. São Paulo: RT, 2004. n. 2.9, p. 181.

21 NERY JR., Nelson. *Teoria geral dos recursos*. 6. ed. São Paulo: RT, 2004. n. 2.9, p. 182; ASSIS, Araken de. *Manual dos recursos*. 8. ed. São Paulo: RT, 2017. n. 12, p. 100.

22 STJ, 2ª Turma, Rel. Min. Herman Benjamin, j. 18.02.2020, *DJe* 25.08.2020.

plemente um ato que não tenha sido ele próprio a ter praticado. Afinal, a concepção, ao menos clássica, de complementação traz consigo a ideia de quem começou a fazer algo e o fez de forma incompleta tenha uma segunda oportunidade de completar aquilo que começou.

A própria ideia de um sujeito distinto do recorrente originário ingressando em recurso de outrem, integrando-o com um novo capítulo recursal, passando, a partir daí, a ser também recorrente, realmente não é algo facilmente digerível, porque não se trata somente de uma ampliação subjetiva do recurso, mas também objetiva. Mas será algo realmente ilegal? Ou simplesmente estranho...

Há uma consideração preliminar indispensável para o desenvolvimento do raciocínio. A admissão da complementação de apelação já interposta por litisconsorte não apelante nos termos do art. 1.024, § 3º, do CPC exige uma interpretação não literal do dispositivo. Isso porque, segundo a redação da norma, o embargado que já tiver interposto outro recurso contra a decisão é o sujeito que tem o direito de complementá-lo diante da sucumbência superveniente.

Superada a questão da interpretação literal da norma legal, a primeira consideração necessária é que o sujeito que deixou de apelar, embora tenha sucumbido, era litisconsorte do apelante em primeiro grau de jurisdição, mas o deixou de ser em grau recursal, quando então passou a ser considerado um terceiro, por não fazer parte da relação jurídica processual recursal. A admissão de seu ingresso em recurso já interposto, com a complementação nos termos admitidos pelo art. 1.024, § 4º, do CPC, funcionaria como uma espécie de litisconsórcio ulterior em grau recursal.

Exatamente como já analisado no item anterior, não existe obstáculo à formação desse litisconsórcio ulterior. O problema é outro; a possibilidade de uma parte aditar o ato processual alheio.

Não se trata, como defendido no item anterior, de aderir à apelação interposta por litisconsorte, apenas referendando as razões e pedidos já elaborados. Nesse caso, o litisconsorte não apelante exercerá originariamente o seu direito recursal aproveitando-se um recurso alheio, ou seja, incluirá um capítulo recursal em recurso que não foi ele quem interpôs.

Uma primeira hipótese que se poderia imaginar e que facilitaria muito uma resposta é a sucumbência gerada pelo julgamento dos embargos de declaração atingir exclusivamente o litisconsorte não embargante; parece-me facilitar a resposta. Nesse caso entendo que não deve se admitir a complementação porque o "novo" apelante estaria condicionando o apelante originário a uma pretensão que não lhe diz respeito, incluindo uma espécie de corpo estranho à apelação. E isso quando é plenamente possível a interposição de uma apelação para o litisconsorte que não embargou para impugnar a sua sucumbência superveniente.

Coloquei a situação na condição porque dificilmente acontecerá no caso concreto. Ainda que por conta dos efeitos modificativos e infringentes dos embargos de declaração se possa aceitar a piora na situação do embargante, e por consequência do litisconsorte que não recorreu num litisconsórcio unitário, a possibilidade de o resultado do recurso prejudicar o litisconsorte que não embargou sem prejudicar o embargante parece-me hipótese mais pertencente ao folclore processual do que à realidade.

E na hipótese de o julgamento dos embargos de declaração criar uma sucumbência comum aos litisconsortes? Poderia nesse caso o litisconsorte que não apelou aditar o recurso? Ainda assim a resposta deva ser negativa. Isso porque o "novo" apelante estaria com o aditamento condicionando o apelante originário a uma pretensão recursal com relação a qual ele não demonstrou vontade de recorrer, o que ofende o princípio da voluntariedade.

Isso porque não será possível considerar que o aditamento só diz respeito ao "novo" apelante. Aditar significa complementar, formando um todo, de forma que o resultado final será um recurso cujos pedidos vinculam a ambos os apelantes. Ainda que se possa argumentar que, tendo havido sucumbência do litisconsorte que já apelou, o aditamento lhe aproveitaria, isso não afasta o fato de, por não ter sido ele a aditar o recurso, não poder ser considerado recorrente nessa parte, por ausência de voluntariedade. Assim sendo, resta inviabilizado o aditamento nos termos propostos.

3.4.3. *Entrega de Memoriais e Despacho como os Desembargadores*

A entrega de memoriais e despacho prévio com os desembargadores que participarão do julgamento colegiado da apelação não vem previsto em lei, sendo atos processuais derivados do direito consuetudinário. E, como tal, sujeitos a toda sorte de eventuais dificuldades, tais como desembargadores que não recebem advogados, aqueles que só os recebem com o recurso já pautado, que só recebem os advogados de ambas as partes juntos ou que só recebem o advogado se ele não for sustentar oralmente.

De qualquer forma, não é o momento de tratar de tal mazelas. O que interessa agora é questionar se o advogado de um litisconsorte que não apelou poderá distribuir memoriais e despachar com os desembargadores para reforçar as razões recursais de apelação não interposta por ele. Obviamente, nesse caso a justificativa prática do advogado é que o provimento de tal recurso, nos termos do desenvolvido no tópico 3.2.2, beneficiaria o litisconsorte não recorrente que ele representa.

Quanto aos memoriais, dificilmente haverá problemas materiais para a prática do ato, em especial em processo que tramita em autos eletrônicos, porque nesse caso basta ao advogado peticionar, juntando dessa forma a peça aos autos. Se o desembargador vai ler tal peça ou não, é outra estória. Até porque convêm ao advogado que elabora os memoriais explicar por que uma parte que não é a apelante está apresentando memoriais. Tudo de forma muito sucinta e objetiva, como convém num memorial.

Com relação ao despacho com os julgadores, entendo que a situação tende a se complicar sensivelmente. É claro que tudo dependerá do julgador porque, diante da ausência de regra legal, ele poderá se sensibilizar com a situação de uma parte que, embora não tenha recorrido, pode ser beneficiada pelo provimento da apelação. O mais provável, entretanto, é que entenda que, por ser ato associado ao recurso interposto, só possa ser realizado pelo próprio apelante por meio de seu advogado. Pior a situação se tal advogado já tiver despachado, quando ainda poderá argumentar que a negativa busca evitar uma duplicidade do ato processual.

3.4.4. *Sustentação Oral*

Adianto que farei uma análise técnica do tema, sabendo que evidentemente será no caso concreto muito difícil o advogado do litisconsorte não apelante conseguir sustentar oralmente em apelação que não tenha interposto. O número excessivo de sustentações que vêm sendo realizadas atualmente tem servido como justificativa para uma limitação em seu exercício, e a motivação de o advogado não representar o apelante, mas uma parte que não recorreu da sentença, certamente é muito bom para não ser utilizado.

Entretanto, uma eventual e muito provável negativa a pedido de sustentação oral em tais condições coaduna-se com o melhor direito?

Se tomarmos como base de resposta a literalidade do art. 937, *caput*, do CPC, a resposta é forçosamente positiva. Afinal, o dispositivo é expresso ao prever que a palavra será dada ao recorrente e ao recorrido a fim de sustentarem suas razões. O final do dispositivo pode de certa forma até ser flexibilizado, compreendendo-se que as razões ali mencionadas não sejam exatamente as razões recursais já apontadas na peça de apelação, porque o apelante pode alegar originariamente matérias de ordem pública e mesmo o recorrido que não apresentou contrarrazões tem direito à sustentação. No entanto, a indicação de que serão o recorrente e o recorrido os legitimados, por meio de seus advogados, a sustentar oralmente impede que o sujeito que não apelou pratique o ato processual.

A lógica do dispositivo é de fácil compreensão: as partes do recurso, quando cabível, têm a oportunidade de oralmente, em sessão de julgamento, convencer os julgadores para decidirem a seu favor. O apelante, buscando o convencimento pelo provimento e o apelado, pela inadmissão e/ou pelo não provimento. Se o raciocínio se basear exclusivamente nessa ótica, pode até se concluir que um litisconsorte que não apelou poderia sustentar oralmente para tentar convencer o órgão julgador a dar provimento ao recurso. Até porque, nesse caso, o foco é na função da sustentação, e não precisamente no sujeito que a realiza.

Seria determinante, claro, a demonstração do interesse para a realização do ato, o que demandaria no caso concreto a comprovação de que o provimento da apelação seria capaz, por conta do efeito expansivo subjetivo, de melhorar a situação do litisconsorte que deixou de apelar.

Aqui é importante lembrar que o *amicus curiae*, apesar de não ter o direito de sustentar oralmente garantido expressamente no art. 139 do CPC, invariavelmente é admitido pelo relator a praticar tal ato processual. Essa constatação é importante porque o *amicus curiae*, naturalmente, não é recorrente, nem recorrido, tampouco membro do Ministério Público, que são os sujeitos expressamente previstos no art. 937, *caput*, como legitimados à sustentação oral.

Ainda que a admissão de sustentação oral pelo *amicus curiae* sirva para demonstrar que não existe um rigorismo estrito com a literalidade do art. 937, *caput*, do CPC quanto aos legitimados à prática do ato, entendo que a hipótese é bem distinta daquela ora analisada. O *amicus curiae* faz uma sustentação oral vinculada à sua prévia manifestação escrita ou, se ela não existir, a fundamentos que entenda pertinentes ao caso concreto. Na hipótese ora enfrentada, o ato seria realizado substancialmente para sustentar razões contidas em recurso alheio.

É verdade que, com a admissão da figura do *amicus curiae* representativo, devidamente analisado no tópico 2.2.10.4.3, não é desprezível a chance de sua sustentação oral se equiparar, em argumentos, com a realizada pela parte recorrente ou recorrida. Contudo, ainda assim, estará em sessão em nome próprio na defesa de um interesse abstratamente institucional, e não sustentando as razões de recurso alheio.

Esse ponto me causa o maior desconforto na admissão de um litisconsorte que não apela sustentar oralmente, por meio de seu advogado, por ter interesse no provimento de apelação alheia. Não me parece fazer sentido porque compreendo a sustentação oral como um ato oral relacionado ao próprio recurso, como uma verdadeira complementação do ato escrito, não para ampliar o seu conteúdo, o que, salvo quanto à matéria de ordem pública, é vedado em razão da preclusão consumativa, mas no sentido de tornar completa a defesa de interesses do recorrente e recorrido.

Conclusivamente, não me parece tecnicamente admissível, mesmo que haja interesse do litisconsorte que não recorreu, sustentar oralmente as razões recursais de apelação interposta cujo provimento lhe aproveita. O que pode ocorrer, naturalmente, é um acordo entre os advogados dos litisconsortes para que, com a outorga de poderes especificamente para aquele ato, o advogado do litisconsorte que não recorreu realize a sustentação oral. Mas, nesse caso, ter-se-á uma sustentação oral como outra qualquer.

3.4.5. *Interposição de Embargos de Declaração do Julgamento da Apelação*

Pode a parte que não recorreu da sentença interpor embargos de declaração contra a decisão que julga a apelação interposta pelo seu litisconsorte? Aqui considerando que a apelação gera o efeito expansivo subjetivo, ou seja, o seu provimento melhora concretamente a situação daquele litisconsorte que deixou de apelar.

Entendo que para essa resposta deve ser considerado o efeito integrativo do julgamento dos embargos de declaração, já analisado no tópico 2.3.2. Sendo pacífico que o julgamento dos embargos de declaração integra-se ao julgamento embargado, dele passando a fazer parte, como se fossem materialmente uma só decisão, admitir embargos de declaração de julgamento de apelação por sujeito processual que não apelou equipara-se a admitir que o sujeito que não apelou requeira julgamento de apelação que não interpôs.

Parece-me o suficiente para concluir que a resposta à pergunta formulada deva ser negativa, porque, ainda que os embargos de declaração seja espécie recursal distinta da apelação, o que obviamente não se discute, o fato de o julgamento dos embargos de declaração servir para esclarecer ou integrar o julgamento da apelação e, principalmente, passar a fazer parte dele não me afasta da conclusão de que o embargante, de alguma forma, ao interpor tal espécie recursal, está na realidade estendendo seu direito recursal de apelação, que não foi atendido adequadamente sob o aspecto formal.

E, se é assim, não há mesmo como admitir que o litisconsorte que não apelou interponha embargos de declaração contra acórdão que julgou tal recurso.

O Superior Tribunal de Justiça em tema correlato ao ora tratado vem entendendo ser simples o prazo recursal na hipótese de decisão recorrida por apenas um dos litisconsortes, ainda que nesse primeiro recurso o prazo tenha sido contado em dobro[23]. Esse entendimento é interessante porque o seu fundamento é que o litisconsórcio, existente diante da primeira decisão recorrida, inclusive quanto ao interesse recursal, deixou de existir a partir da interposição de recurso de apenas um dos litisconsortes sucumbentes, com o que o único recurso interposto passa a ser tratado como se houvesse só um sujeito naquele polo do processo.

É, como se percebe, o suficiente para concluir que, se não considera o prazo em dobro para recursos subsequentes ao julgamento de tal recurso, o que inclui os embargos de declaração do julgamento da apelação, é porque o Superior Tribunal de Justiça parte da premissa de que o único legitimado a recorrer da decisão é o próprio apelante (e eventualmente o apelado).

3.4.6. *Agravo Interno contra Decisão Monocrática da Apelação*

O entendimento já exposto do Superior Tribunal de Justiça a respeito de prazo simples em recursos a serem interpostos em processos, na hipótese de possível interposição de recursos por litisconsortes quando apenas um recorre, parece-me suficiente para demonstrar que o tribunal não aceitaria um agravo interno do litisconsorte não apelante contra decisão monocrática de apelação.

A meu ver, entretanto, a solução não é tão simples, porque o principal fundamento que utilizei para concluir pelo não cabimento de embargos de declaração em tal circunstância aqui não se aplica.

[23] STJ, 2ª Turma, AgInt no AREsp 1.150.175/MG, Rel. Min. Og Fernandes, j. 07.12.2017, *DJe* 15.12.2017.

O julgamento do agravo interno não se integra ao julgamento monocrático. São dois julgamentos autônomos, resolvendo dois recursos de diferentes naturezas, e o agravo interno não se presta a sanear vícios formais da decisão monocrática, sendo essa uma função dos embargos de declaração.

Já tive a oportunidade de defender, no tópico 2.3.2, que entendo ter o agravo interno uma finalidade de preservação da competência originária decisória do órgão colegiado nos tribunais que, em razão da urgência ou de comodidade, é ocasionalmente delegada por lei para o relator. Isso faz com que muitas vezes no agravo interno se decida exatamente aquilo que já foi decidido na decisão monocrática, apenas ampliando-se o quórum de julgadores. Ainda assim, trata-se formal e materialmente de um novo recurso que gera uma nova decisão.

Diferente de outros atos processuais, tal como a sustentação oral, devidamente analisada no tópico 2.2.10.4.1, não existe para o agravo interno nenhuma norma legal expressa que preveja a legitimidade para a sua interposição de forma limitada aos sujeitos que participaram do recurso decidido monocraticamente. O art. 1.021, *caput*, do CPC, que trata do cabimento de tal espécie recursal, limita-se a apontar que contra decisão proferida pelo relator caberá agravo interno, sem qualquer indicação de quem seria legitimado para tanto.

Sem uma norma específica, não há outra forma de resolver a questão senão se valendo da norma geral. O art. 996 do CPC prevê como legitimados recursais a parte vencida, o terceiro prejudicado e o Ministério Público. Já tive a oportunidade, em obra destinada à teoria geral dos recursos, de defender que o legislador nesse dispositivo mistura legitimidade e interesse recursal ao prever "parte vencida", bastando para que o sujeito seja legitimado a interpor recurso que seja parte no processo.[24]

Partindo dessa premissa, seria possível concluir que o litisconsorte não apelante, sendo parte no processo, teria legitimidade para interpor agravo interno da decisão que julgou monocraticamente a

[24] NEVES, Daniel Amorim Assumpção. *Teoria geral dos recursos*. Salvador: Juspodivm, 2024, n. 4.6.2.1., p. 371.

apelação. É claro que se pode interpretar nesse caso o dispositivo em outro sentido, afirmando-se que, a partir do momento que é instaurado uma nova fase procedimental com a interposição de um recurso, o termo "parte" previsto no art. 996 do CPC passa a ser parte no recurso, de modo que todo recurso a ser interposto a partir de então depende de o sujeito ser parte no recurso cujo julgamento pretende-se recorrer contra.

É um raciocínio legítimo, não se pode negar. E apresento ainda outro complicador. De nada adianta o sujeito demonstrar que tem legitimidade se não mostrar também ter interesse recursal. E nesse ponto o termo "vencida" previsto no dispositivo ora comentado parece-me trazer obstáculo intransponível. Ainda que não se discuta a possível melhora do litisconsorte não apelante com o provimento do agravo interno em razão do efeito expansivo subjetivo do recurso, o fato inafastável é que a decisão monocrática não o fez vencido, e nem seria possível, não tendo ele feito parte da apelação. E não tendo sido vencido, mesmo que se admita a legitimidade recursal, certamente não terá interesse recursal para a interposição do agravo interno.

A conclusão de que não poderia, portanto, agravar da decisão monocrática da apelação interposta por seu litisconsorte, por não ser parte na apelação ou por não ter sido vencido em seu julgamento é, entretanto, prematura. E equivocada. Há outra previsão do art. 966 do CPC, que também mistura legitimidade e interesse, que me parece se adequar, senão de forma perfeita, mas de maneira suficiente a permitir a atuação recursal do litisconsorte não apelante na hipótese descrita.

Tem legitimidade recursal o terceiro prejudicado, sendo analisado o seu interesse no caso concreto, se a decisão proferida causar efetiva lesão em sua esfera jurídica. Trata-se de uma espécie de intervenção de terceiro recursal, na qual um sujeito que poderia estar participando do processo antes da prolação da decisão – e nesse caso teria legitimidade recursal como parte – passa a fazê-lo a partir da interposição do recurso.

Veja só. O sistema admite que um terceiro, ou seja, um sujeito que até então não fazia parte da relação jurídica processual, intervenha no processo, tendo como primeiro ato processual a interposição de um recurso. Qual seria exatamente a justificativa de não permitir que um sujeito que já é parte no processo, só não fazendo parte da relação jurídica recursal, não possa interpor recurso?

Poder-se-ia alegar que o sujeito que era parte e deixou de apelar deve ser tratado de forma diferente do terceiro justamente porque, estando no processo no momento da prolação da sentença, poderia ter apelado e não o fez. Sim, a premissa é correta, mas não a conclusão. Isso porque ela está fundada numa espécie de punição ao litisconsorte não apelante pelo simples fato de não ter recorrido, como se sua contumácia fosse passível de sanção. Estaríamos voltando à época em que o revel era tratado como um delinquente, e não apenas um ausente?

Não me parece ser o caso. Admitir que alguém que já é parte do processo, embora não seja parte da apelação, interponha um agravo interno contra decisão monocrática que julgou tal recurso, demonstrando a vantagem que poderá ter com o provimento do recurso, aparenta ser muito menos excepcional e extravagante do que admitir que tal recurso seja interposto por sujeito que nem sequer do processo fazia parte.

Considero, portanto, que, se o litisconsorte não apelante não for tido como legitimado recursal por não ser parte na apelação, será reputado um terceiro nesse recurso, mas, sendo um terceiro prejudicado, tem legitimidade e interesse recursal para interpor agravo interno contra a decisão monocrática.

E essa solução, naturalmente, não se presta somente ao agravo interno, servindo também a permitir ao litisconsorte não apelante a interposição de recursos contra a decisão colegiada da apelação, como terceiro prejudicado, tais como os recursos especial e extraordinário. O prazo, entretanto, será sempre simples.

4

EFEITO SUSPENSIVO DA APELAÇÃO

4.1. INTRODUÇÃO

O efeito suspensivo da apelação relaciona-se com a impossibilidade de a sentença impugnada gerar efeitos enquanto não for julgado o recurso interposto. Trata-se, portanto, de ineficácia de sentença que tenha sido objeto da apelação.

É simplista, e por consequência incorreta, a afirmação de que o efeito suspensivo recursal se presta a impedir o cumprimento de sentença da apelação recorrida, porque a executabilidade, ainda que realmente seja suspensa, não é efeito próprio de toda espécie de sentença, somente da que contenha conteúdo condenatório[1]. Impedir a geração de efeitos não significa, necessariamente, obstar a executabilidade da decisão, tudo dependendo de seu conteúdo no caso concreto.

Daí por que a suspensão atinge efeitos, tais como a criação de uma nova situação jurídica, quando a sentença tem conteúdo constitutivo, ou a geração da certeza jurídica, quando ela tiver conteúdo meramente declaratório. Nesses casos, existindo um capítulo acessório condenatório, como o que condena a parte ao pagamento de verbas sucumbenciais ou aplica uma multa sancionatória, a executabilidade também estará suspensa.

Existe utilidade prática no efeito suspensivo recursal diante de sentenças terminativas ou de improcedência? A pergunta é pertinente porquanto essas espécies de decisão mantêm o *status quo ante*, não gerando alterações no plano dos fatos que precisariam ser evitadas até o julgamento do recurso. O debate exclui eventual capítulo condenatório acessório, pois nesse particular sempre haverá utilidade prática no efeito suspensivo.

Entendo ser inútil o efeito suspensivo diante de uma decisão terminativa, porque nesse caso nenhum efeito será gerado que precise ser suspenso. A preclusão já terá sido evitada com o efeito obstativo, e mesmo que o recurso tenha efeito suspensivo, nada haverá concretamente a suspender.

Quanto à decisão de improcedência, a conclusão é outra, na medida em que a sentença que julga improcedente o pedido do autor declara a inexistência do direito material por ele alegado na petição inicial. Logo, a decisão tem conteúdo meramente declaratório e, por conseguinte, o efeito suspensivo recursal impedirá a geração de efeitos práticos da geração de certeza jurídica[2]. E isso pode ou não ter relevância, a depender do caso concreto.

---

[1] Equivocada, portanto, a lição de Nelson Nery Jr.: Teoria geral dos recursos. 6. ed. São Paulo: RT, 2004. n. 3.5.2, p. 447.

[2] Contra, entendendo que nos provimentos de conteúdo negativo nada há para suspender: ASSIS, Araken de. Manual dos recursos. 8. ed. São Paulo: RT, 2017. n. 25.3.1, p. 299.

Ainda no que toca à sentença meramente declaratória, é preciso recordar que, além de inibir a produção dos efeitos práticos da geração de certeza jurídica, o efeito suspensivo recursal poderá impedir a execução. Isso ocorre quando, nos termos do art. 515, I, do CPC, interpreta-se a norma no sentido de permitir o cumprimento de sentença de decisão que se limita a declarar a existência de uma dívida[3]. Como essa declaração pode decorrer tanto da procedência quanto da improcedência do pedido[4], nos dois casos o efeito suspensivo recursal impede o cumprimento de sentença da decisão apelada.

Registro, por fim, que não concordo com a corrente doutrinária que defende ser o efeito suspensivo preocupação exclusiva das decisões condenatórias, porque nas decisões constitutivas e meramente declaratórias os efeitos de alterar a situação jurídica e certeza jurídica, respectivamente, só poderiam ser gerados após o trânsito em julgado[5]. Há, nessa hipótese, uma importante distinção entre os efeitos práticos da tutela e da tutela em si, ou, ainda, do efeito principal e de efeitos ou acessórios da tutela.

As decisões constitutivas e meramente declaratórias têm uma eficácia negativa, que impede a prática de atos contrários ao que foi constituído e/ou declarado[6]. É essa eficácia negativa que será ou não produzida a depender de o recurso ter ou não efeito suspensivo, o que demonstra a utilidade do tema. Entendimento em sentido contrário impediria, inclusive, a concessão de tutela antecipada nessas espécies de tutela, com o que não se pode concordar.

---

3 Informativo 585, Corte Especial, REsp 1.324.152/SP, Rel. Min. Luis Felipe Salomão, j. 04.05.2016, DJe 15.06.2016, Tema 889.

4 STJ, 3ª Turma, REsp 1.359.200/SC, Rel. Min. João Otávio de Noronha, j. 03.05.2016, DJe 10.05.2016; Informativo 487/STJ: 1ª Seção, REsp 1.261.888/RS, Rel. Min. Mauro Campbell Marques, j. 09.11.2011.

5 DINAMARCO, Cândido Rangel. Nova era do processo civil. 4. ed. São Paulo: Malheiros, 2013. n. 75, p. 148-149.

6 ZAVASCKI, Teori Albino. Antecipação da tutela. 7. ed. São Paulo: Saraiva, 2009. p. 86-87; BEDAQUE, José Roberto dos Santos. Tutela cautelar e tutela antecipada: tutelas de urgência (tentativa de sistematização). 2. ed. São Paulo: Malheiros, 2001. n. 27, p. 363; DIDIER JR., Fredie; BRAGA, Paula Sarno; OLIVEIRA, Rafael Alexandria de. Curso de direito processual civil. Salvador: Juspodivm, 2007. v. 2, p. 619; PONTES DE MIRANDA, Francisco Cavalcanti. Tratado da ação rescisória. Campinas: Bookseller, 1998. v. I, p. 24, v. II, p. 102; THEODORO JR., Humberto. O processo civil brasileiro no limiar do novo século. Rio de Janeiro: Forense, 1999. p. 86-87.

Quando, por exemplo, um pedido condenatório de pagamento de alegada dívida é julgado improcedente (decisão meramente declaratória), e a apelação interposta contra a sentença não tem efeito suspensivo, a eficácia negativa de tal decisão veda que o autor mantenha o nome do réu em cadastros de devedores. Tal manutenção, indiscutivelmente, contraria a declaração – que na circunstância narrada será plenamente eficaz – de não ser o réu devedor.

Outra hipótese pode ser lembrada. Julgado procedente um pedido de servidão de passagem e interposta contra a sentença uma apelação sem efeito suspensivo, qualquer postura adotada pelo réu que impeça fisicamente o autor de transitar pela área objeto da servidão violará a eficácia negativa da nova situação jurídica criada pela decisão, que, na circunstância narrada, é plenamente eficaz, diante da ausência de efeito suspensivo do recurso interposto e pendente de julgamento.

É indiscutível, portanto, a relevância do efeito suspensivo recursal em sentenças constitutivas e meramente declaratórias, ainda que tais decisões não gerem como efeito a executabilidade.

4.2. ESPÉCIES DE EFEITO SUSPENSIVO

4.2.1. Efeito Suspensivo Próprio (Ope Legis)

A tradicional afirmação de o recurso ter efeito suspensivo parte de uma previsão expressa em lei de ser ele dotado de tal efeito. Trata-se do chamado efeito suspensivo próprio ou *ope legis*. Nesse caso, entretanto, não é exatamente o recurso que suspende os efeitos da decisão proferida, bastando que exista uma previsão legal de efeito suspensivo ao recurso cabível para que a decisão, desde o momento em que é proferida, já surja no plano jurídico ineficaz.

Por essa razão, a doutrina mais autorizada ensina que o efeito suspensivo depende da recorribilidade, e não do recurso em si. Se o recurso cabível tem efeito suspensivo, a decisão ao ser proferida já tem uma ineficácia natural, ou seja, independentemente de o recurso ter sido interposto, ela já não gera efeitos imediatos. Com a interposição do recurso, essa ineficácia será prorrogada até o seu julgamento; decorrido o prazo e não sendo interposto o recurso, os efeitos passarão a ser produzidos[7].

Essa é a razão pela qual uma sentença recorrível por apelação com efeito suspensivo não pode ser cumprida imediatamente, cabendo ao autor esperar os 15 dias de prazo da apelação. Não há executabilidade antes disso, justamente porque a decisão não gera efeitos até a interposição do recurso ou o decurso do prazo recursal.

O efeito suspensivo não é algo natural dos recursos, pelo contrário. Em regra, as decisões geram efeitos imediatos, dependendo sempre de expressa previsão legal a quebra dessa regra[8]. Diversamente do efeito devolutivo, gerado em todo e qualquer recurso, a suspensividade não é coessencial ao conceito de recurso[9].

Há doutrina que entende não ser possível ao juiz no caso concreto retirar um efeito suspensivo previsto em lei[10]. Em tese, concordo com a afirmação, até porque a concessão de efeito suspensivo a recurso por lei é uma opção legislativa que não pode simplesmente ser ignorada pelo juiz no caso concreto. No entanto, a realidade abre possibilidades que levam a uma conclusão distinta.

Uma primeira hipótese em que se pode apontar para uma atuação judicial para afastar um efeito suspensivo previsto em lei é a concessão originária de tutela de urgência na própria sentença[11]. O juiz da causa sabe que, simplesmente proferindo a sentença, sua decisão não terá eficácia imediata em virtude do efeito suspensivo da apelação. Diante de tal cenário, e desejoso de ver sua sentença

---

7 BARBOSA MOREIRA, José Carlos. Comentários ao Código de Processo Civil. 17. ed. Rio de Janeiro: Forense, 2013. v. 5, n. 143, p. 258; BADARÓ, Gustavo Henrique. Manual dos recursos penais. 3. ed. São Paulo: RT, 2018. p. 191.

8 Em sentido contrário, entendendo que o recurso só não terá efeito suspensivo por previsão legal, GRECO, Leonardo. Instituições de direito processual civil. Rio de Janeiro: Forense, 2015. v. III, p. 58.

9 DINAMARCO, Cândido Rangel. Nova era do processo civil. 4. ed. São Paulo: Malheiros, 2013. n. 74, p. 147.

10 DINAMARCO, Cândido Rangel. Nova era do processo civil. 4. ed. São Paulo: Malheiros, 2013. n. 76, p. 150.

11 MEDINA, José Miguel Garcia. Novo Código de Processo Civil comentado. 4. ed. São Paulo: RT, 2016. p. 1.475.

gerar efeitos imediatos, além de acolher definitivamente o pedido do autor, concede-lhe uma tutela antecipada, atraindo para o caso concreto a incidência do art. 1.012, § 1º, V, do CPC.

A situação supradescrita mais depende do juízo sentenciante do que propriamente da parte, até porque, à margem da intensa discussão a respeito da possibilidade ou não da concessão de ofício da tutela antecipada[12], o seu deferimento em sentença invariavelmente é realizado de ofício. Até se afigura interessante para a parte, em alegações finais, formular pedido nesse sentido, inclusive deixando claro que não pretende a antecipação em decisão interlocutória anterior à sentença, mas sim em seu bojo, porque tal requerimento pode cumprir duas funções: (a) refrescar a memória do juiz da possibilidade de concessão de tutela antecipada em sentença; e (b) liberar aquele juiz que não concordar em conceder tutela antecipada de ofício.

Mais raro, mas também defendido por parcela da doutrina, funcionando exatamente como a antecipação da tutela na sentença, haveria ainda a viabilidade de concessão de tutela provisória da evidência[13]. Há, inclusive, corrente doutrinária que defende a possibilidade de tal concessão ocorrer de ofício, nas hipóteses tipificadas no art. 311 do CPC e fora delas[14]. Da mesma forma funcionaria para retirar o efeito suspensivo da apelação.

Consideremos, todavia, a hipótese de efetiva geração do efeito suspensivo previsto em lei. Nesse caso, o interesse em afastar o efeito não será, naturalmente, do apelante, porque este suportou uma sucumbência com a sentença e pretende reformá-la ou anulá-la pela via recursal. Significa dizer que a suspensão de seus efeitos é favorável a ele, não havendo qualquer interesse seu em que a decisão gere efeitos antes do julgamento de seu recurso. O interesse, nesse caso, é do apelado.

---

12 NEVES, Daniel Amorim Assumpção. Manual de direito processual civil. 14. ed. Salvador: Juspodivm, 2021. n. 13.3.4, p. 357.

13 ASSIS, Araken de. Processo civil brasileiro. 2. ed. São Paulo: RT, 2016. v. II, t. II, n. 1.148, p. 513; GAJARDONI, Fernando da Fonseca et al. Comentários ao Código de Processo Civil. 5. ed. Rio de Janeiro: Forense, 2022. v. 1, p. 954-955.

14 MANZINI, Paulo Guilherme. Tutela da evidência: perfil funcional e atuação do juiz à luz dos direitos fundamentais do processo. São Paulo: Almedina, 2020. p. 182.

Em outra obra desenvolvo o entendimento, amparado na melhor doutrina, de o réu ter legitimidade, em sua contestação, para deduzir pedido de tutela antecipada[15]. Isso porque, ao pedir a improcedência do pedido do autor, postula uma tutela meramente declaratória da inexistência do direito material alegado pelo demandante em sua petição inicial, sendo legítimo que requeira, em sua contestação, a antecipação dos efeitos práticos dessa tutela.

Trago essa ideia porque entendo aplicável exatamente o mesmo raciocínio com relação ao apelado e ao pedido elaborado em sede de contrarrazões. Ao pleitear o não provimento da apelação, também pede a declaração de inexistência do direito à reforma ou à anulação da sentença pretendida pelo apelante, e assim tem legitimidade para requerer a antecipação dos efeitos práticos desse resultado. Tais resultados práticos serão, naturalmente, os próprios efeitos concretos da sentença recorrida, porque, com o não provimento da apelação, o conteúdo de tal decisão estará mantido e a geração de seus efeitos, liberada. Ou seja, uma antecipação de tutela em favor do apelado apta a afastar o efeito suspensivo do recurso.

Nesse caso, havendo real urgência na tutela pretendida pelo apelado, não fará sentido o pedido constar das contrarrazões, cabendo a sua elaboração por meio de mera petição a ser distribuída imediatamente no tribunal, em analogia do previsto no art. 1.012, § 3º, I, do CPC. O tema é mais bem desenvolvido no tópico 4.3.3.

> Mariana ingressou com ação judicial pleiteando a condenação de Fernanda à entrega de uma tigela grande de brigadeiro. O juiz acolheu integralmente o pedido e contra a sentença foi interposta por Fernanda apelação com duplo efeito (art. 1.012, *caput*, do CPC). Mariana apresentou contrarrazões e por meio de petição distribuída no Tribunal de Justiça requereu a retirada do efeito suspensivo da apelação alegando a probabilidade de seu direito com fundamento nas fortes razões de decidir da sentença e o perigo de grave lesão com base na notória falha de controle de Fernanda na distribuição justa de brigadeiro entre crianças. Convencido o relator, a sentença passará a gerar imediatamente efeitos.

15 NEVES, Daniel Amorim Assumpção. Manual de direito processual civil. 14. ed. Salvador: Juspodivm, 2021. n. 13.4.4, p. 363-364.

E essa tutela provisória, em meu sentir, também pode ser da evidência. Dessarte, é possível que o apelado, com base no art. 311, IV, do CPC, formule pedido de tutela da evidência nas contrarrazões de apelação ou por meio de simples petição, visando retirar o efeito suspensivo *ope legis* da apelação, e, assim, permitir desde logo o cumprimento provisório de sentença.

Assim, sendo lícito o deferimento da aludida espécie de tutela provisória antes da sentença, que nesse momento se dá mediante cognição sumária, também se afigura plenamente possível a concessão depois desse ato, porquanto, nessa hipótese, o juízo de primeiro grau de jurisdição terá realizado uma cognição exauriente[16].

4.2.2. Efeito Suspensivo Impróprio **(Ope Iudicis)**

Sempre que determinado recurso não tiver efeito suspensivo previsto em lei, será possível a sua concessão por decisão judicial. Trata-se do chamado efeito suspensivo impróprio ou *ope iudicis*. Nesse caso, não será propriamente o recurso, tampouco sua recorribilidade, a responsável pela geração do efeito suspensivo, mas sim uma decisão judicial fundamentada no preenchimento dos requisitos previstos em lei.

Não tendo o recurso cabível efeito suspensivo previsto em lei, a decisão, ao ser proferida, imediatamente passa a gerar efeitos, cabendo à parte interessada a interposição do recurso e a obtenção do efeito suspensivo no caso concreto. Nessa circunstância, o termo "suspensivo" é até mais adequado porque realmente a decisão recorrida, até a concessão do efeito suspensivo, estava gerando efeitos[17].

A decisão que concede o efeito suspensivo tem eficácia *ex nunc*, ou seja, os efeitos da decisão só deixam de ser gerados a partir de sua prolação[18], sendo irrelevante a data de interposição

[16] Em sentido conforme: SÁ, Renato Montans de. Manual de direito processual civil. 6. ed. São Paulo: Saraiva, 2021. p. 1.573-1.574.

[17] BUENO, Cassio Scarpinella. Curso sistematizado de direito processual civil. 10. ed. São Paulo: Saraiva, 2021. v. 2, p. 579.

[18] MEDINA, José Miguel Garcia. Novo Código de Processo Civil comentado. 4. ed. São Paulo: RT, 2016. p. 1.473.

do recurso[19]. O que interessa é a data da decisão que concedeu o efeito suspensivo.

Existem requisitos previstos em lei que regulamentam a concessão do efeito suspensivo impróprio no caso concreto, não havendo na prolação dessa decisão qualquer espaço para a discricionariedade judicial[20]. Ainda que os requisitos sejam expressos em conceitos jurídicos indeterminados, o que demandará uma conduta positiva do juízo competente para a prolação da decisão, haverá vinculação ao preenchimento ou não dos requisitos para a concessão do efeito suspensivo.

O efeito suspensivo impróprio tem seus requisitos genericamente consagrados no art. 995, parágrafo único, do CPC. Há outro dispositivo que versa sobre o tema, especificamente para o recurso de apelação, qual seja, o art. 1.012, § 4º, do CPC. O primeiro dispositivo prevê requisitos típicos de tutela de urgência, enquanto o segundo parece ser mais amplo, permitindo uma dupla natureza do efeito suspensivo: tutela de urgência e da evidência.

4.3. REALIDADE NA APELAÇÃO

4.3.1. Introdução

Por conta do previsto no art. 1.012, *caput,* do CPC, é tradicional a afirmação de ter a apelação como regra efeito suspensivo, o que, conforme visto, significa dizer que a sentença já nasce ineficaz e, com a interposição da apelação, essa ineficácia é mantida até o julgamento do recurso. O próprio dispositivo, entretanto, prevê hipóteses em que a realidade será outra, além de deixar claro que o rol ali previsto é meramente exemplificativo.

A verdade é que são tantas as exceções ao efeito suspensivo próprio na apelação existentes em legislação extravagante e no próprio Código de Processo Civil que é possível até mesmo questionar se

19 GRECO, Leonardo. Instituições de direito processual civil. Rio de Janeiro: Forense, 2015. v. III, p. 59.

20 ASSIS, Araken de. Manual dos recursos. 8. ed. São Paulo: RT, 2017. n. 25.9, p. 311.

realmente continua a ser a regra o efeito suspensivo em tal espécie recursal. Seja como for, é imprescindível a análise de tais hipóteses.

4.3.1.1. Apelação sem Efeito Suspensivo no CPC

4.3.1.1.1. Sentença que homologa Divisão ou Demarcação de Terras

Nessa primeira hipótese de apelação sem efeito suspensivo, nota-se que o primeiro impulso é, e isso se percebe da consulta das lições doutrinárias a respeito do art. 1.012, § 1º, I, do CPC, associar a sentença nele prevista ao procedimento especial regulamentado pelos arts. 569 a 598 do mesmo diploma legal. Entretanto, o dispositivo não especifica se a divisão e a demarcação nele previstas referem-se a terras particulares ou públicas, e apenas as primeiras são objeto de tal procedimento especial, enquanto as segundas são regulamentadas por legislação extravagante específica.

Tal impulso acaba por não gerar nenhum problema porque a divisão e a demarcação de terras públicas seguem o procedimento da ação discriminatória, regulada pela Lei 6.383/1976, que em seu art. 21 é expressa não só em apontar que a apelação da sentença homologatória tem apenas efeito devolutivo, como também em ser facultada a execução provisória, com o que deixa fora de dúvida a ausência de efeito suspensivo da apelação.

Dessa forma, mesmo que não o diga, a norma legal ora analisada só tem mesmo utilidade se aplicada à sentença prevista no art. 587 do CPC, o que se justificaria, segundo parcela da doutrina, pelo grande grau de certeza presente em tal tipo de decisão em razão da prova altamente técnica na qual ela é baseada[21].

Não parece fazer sentido a resistência à produção do principal efeito prático da sentença homologatória, que é o seu registro no álbum imobiliário, em interpretação dos arts. 250, I, e 259 da Lei 6.015/1973[22]. Tal entendimento tira praticamente todo o sentido do

---

[21] DIDIER JR., Fredie; CUNHA, Leonardo Carneiro da. Curso de direito processual civil. 19. ed. Salvador: Juspodivm, 2021. v. 3, p. 242.

[22] ASSIS, Araken de. Manual dos recursos. 8. ed. São Paulo: RT, 2017. n. 39.2.1.1, p. 541.

art. 1.012, § 1º, I, do CPC, sendo preferível acreditar que a situação ora analisada é de excepcional criação de nova situação jurídica (típica de tutela constitutiva), mesmo sem o trânsito em julgado da decisão.

O procedimento especial de divisão e demarcação de terras é reconhecido por ter duas sentenças em sua fase de conhecimento, ou seja, têm uma sentença que não coloca fim à fase de conhecimento e uma segunda sentença que o faz. O dispositivo ora comentado, ao mencionar expressamente sentença homologatória, deixa de fora a primeira sentença proferida no procedimento especial, prevista no art. 581 do CPC, que se limita a julgar procedente o pedido, determinando o traçado da linha demarcada e eventualmente demais providências nos termos do parágrafo único do mesmo dispositivo.

A falta de previsão quanto a essa primeira sentença proferida no procedimento não permite a aplicação a ela do disposto no art. 1.012, § 1º, I, do CPC, de forma que a apelação contra ela interposta tem efeito suspensivo próprio[23].

4.3.1.1.2. Sentença que condena a pagar Alimentos

O art. 1.012, § 1º, II, do CPC não é o único dispositivo a prever a ausência de efeito suspensivo de apelação interposta contra sentença que condena a pagar alimentos, havendo norma no mesmo sentido na Lei de Alimentos (art. 14 da Lei 5.478/1968).

Entendo que a grande dificuldade na aplicação da hipótese legal ora analisada é a definição de qual ou quais são os fatores a serem utilizados em sua interpretação: a origem do direito alimentar?; a espécie de pedido formulado?; a espécie de processo?; a *ratio* da norma?

Há doutrina que defende ter sido o legislador motivado pela necessidade de sobrevivência do alimentante, mais importante do

[23] CÂMARA, Alexandre Freitas. Comentários ao Novo Código de Processo Civil. São Paulo: Atlas, 2022. p. 1.512; OLIVEIRA JR., Zulmar Duarte de. Execução e recursos: comentários ao CPC de 2015. 2. ed. São Paulo: Método, 2018. p. 1.010. Contra, entendendo que em ambas as sentenças a apelação não terá efeito suspensivo: NERY JR., Nelson; NERY, Rosa Maria de Andrade. Código de Processo Civil comentado. 10. ed. São Paulo: RT, 2008. p. 2.061.

que qualquer direito que possa vir a ter o apelante[24]. Se essa for a premissa, e realmente parece ser bastante razoável adotá-la, haverá base segura para fundamentar algumas conclusões.

A primeira é a irrelevância da origem do direito alimentar: parentesco, casamento, união estável, remuneração *lato sensu* por trabalho, reparação civil. Pouco importa de onde surgiram o dever de pagar e o correspondente direito de receber, basta a natureza alimentar para a justificativa de sobrevivência, de dignidade humana, justificar o afastamento do efeito suspensivo da apelação.[25]

O que aqui se defende não significa uma interpretação expansiva da hipótese legal, até porque, tratando-se de norma que consagra uma exceção à regra prevista no *caput* do dispositivo, deve ter uma interpretação restritiva. O que se pretende com o entendimento é não se discriminarem titulares de direito a alimentos em razão da origem de seu direito. Afinal, se o dispositivo legal não o faz, não cabe ao intérprete fazê-lo.

Não vem sendo esse, entretanto, o entendimento do Superior Tribunal de Justiça a respeito do tema, já tendo consolidado o entendimento de que, nas ações previdenciárias, a apelação seja recebida no duplo efeito, afastando-se a aplicação do previsto no art. 1.012, § 1º, II, do CPC. O entendimento é fundado na premissa de que a natureza alimentar dos benefícios previdenciários não é o suficiente para atrair a aplicação da norma, que deve ser reservada para a "ação de alimentos típica"[26].

O entendimento, além de não ter base sólida, sacrificando injustificadamente titulares de direito a alimentos pelo simples fato de não terem, a seu favor, uma sentença que expressamente condene o réu a lhes pagar alimentos, torna praticamente inútil o art. 1.012, § 1º, II, do CPC, porque, para retirar o efeito suspensivo da apelação na "ação de alimentos típica", o ordenamento jurídico já tem o art. 14 da Lei 5.478/1968.

---

24 GRECO, Leonardo. Instituições de direito processual civil. Rio de Janeiro: Forense, 2015. v. III, n. 6.4.1, p. 111.

25 ASSIS, Araken de. Manual dos recursos. 8. ed. São Paulo: RT, 2017. n. 39.2.1.2, p. 541.

26 STJ, 1ª Turma, AgRg no REsp 1.555.320/SP, Rel. Min. Sérgio Kukina, j. 24.11.2015, DJe 11.12.2015.

Com base na premissa adotada, também se pode responder a respeito da aplicação da norma ora analisada nas ações revisionais de alimentos e na ação exoneratória. Compreende-se a resistência doutrinária à aplicação do dispositivo a tais espécies de demandas com o argumento de que, nestas, a sentença não será condenatória, e sim constitutiva, o que as faria não estarem contempladas no art. 1.012, § 1º, II, do CPC[27]. Realmente, em ações revisionais e exoneratórias, não haverá sentenças condenatórias, até porque, em ambos os casos, o dever de pagar alimentos já terá sido previamente reconhecido. E uma fidelidade literal ao previsto no dispositivo afastaria tais demandas de seu alcance.

Prefiro, entretanto, seguir outro caminho. E o faço por conta da premissa definida: interpretar o dispositivo não de forma literal, mas pela sua razão de ser, pela sua própria justificativa de existência. Nesse sentido, não só se justifica sua aplicação nas ações revisionais e exoneratórias de alimentos, como tudo dependerá do resultado de tais processos, porque, se o objetivo da norma é tutelar o alimentante, não teria sentido retirar o efeito suspensivo de uma apelação interposta contra sentença que piora sua situação.

Dessarte, numa ação revisional, caso o valor dos alimentos aumente, a apelação – a ser interposta pelo devedor – não terá efeito suspensivo, de forma que o alimentando terá imediatamente direito a receber um valor maior do que até então vinha recebendo. Sendo o valor diminuído, a apelação – a ser interposta pelo alimentando – será recebida no duplo efeito, o que lhe garante continuar a receber o mesmo valor até o julgamento do recurso[28].

Por isso, não parece justificável o entendimento do Superior Tribunal de Justiça no sentido de que, mesmo quando o valor é

---

[27] BARBOSA MOREIRA, José Carlos. Comentários ao Código de Processo Civil. 17. ed. Rio de Janeiro: Forense, 2013. v. 5, n. 259, p. 469.

[28] FARIA, Cristiano Chaves de; ROSENVALD, Nelson. Curso de direito civil. 14. ed. Salvador, Juspodivm, 2022. v. 6, p. 848; ASSIS, Araken de. Manual dos recursos. 8. ed. São Paulo: RT, 2017. n. 39.2.1.2, p. 541; FERREIRA, William Santos. In: BUENO, Cassio Scarpinella (coord.). Comentários ao Código de Processo Civil. São Paulo: Saraiva, 2017. v. 4. p. 435. Em sentido contrário, defendendo que também não há efeito suspensivo na apelação contra sentença que diminui o valor dos alimentos: NERY JR., Nelson; NERY, Rosa Maria de Andrade. Código de Processo Civil comentado. 10. ed. São Paulo: RT, 2008. p. 2.061.

diminuído pela sentença proferida na ação revisional de alimentos, a apelação não tenha efeito suspensivo[29]. Ainda que se reconheça que pela natureza irrepetível dos alimentos o apelante corra um sério risco de prejuízo irreversível, além do risco de suportar medidas drásticas na hipótese de inadimplemento, o fato de apelação não ter efeito suspensivo próprio não significa que o apelante não possa obter o efeito suspensivo impróprio no caso concreto.

Já na ação exoneratória, sendo o pedido julgado procedente, a apelação – interposta pelo alimentando – será recebida no duplo efeito, de forma que o devedor continuará obrigado a pagar os alimentos pelo menos até o julgamento do recurso. No caso de o pedido ser julgado improcedente, a apelação – interposta pelo devedor – será recebida somente no efeito devolutivo, ainda que nesse caso um eventual duplo efeito não faça qualquer diferença prática porque, com a rejeição do pedido, não há nenhum efeito prejudicial ao alimentante a ser gerado[30].

Interessante notar que a corrente doutrinária que defende a aplicação generalizada do art. 1.012, § 1º, II, do CPC, para qualquer conteúdo de sentença nas ações revisionais e exoneratórias de alimentos, com fundamento de exigência de imediata eficácia na proporcionalidade entre a necessidade de quem recebe os alimentos e da possibilidade de quem os paga, ressaltando o caráter irrepetível dos alimentos e o risco de prisão civil, afirma que o alimentante não estaria assim de todo desprotegido porque poderia requerer a concessão de tutela de urgência em sua apelação[31].

É certo que a combinação do efeito suspensivo próprio e impróprio e a tutela de urgência no recurso resulta numa distribuição de

---

[29] STJ, 4ª Turma, AgRg no REsp 1.236.324/SP, Rel. Min. Antonio Carlos Ferreira, j. 11.11.2014, DJe 14.11.2014.

[30] FARIA, Cristiano Chaves de; ROSENVALD, Nelson. Curso de direito civil. 14. ed. Salvador, Juspodivm, 2022. v. 6, p. 853; APRIGLIANO, Ricardo de Carvalho. A apelação e seus efeitos. 2. ed. São Paulo: Atlas, 2007. pp. 225-226. Em sentido contrário, defendendo que em qualquer caso a apelação não terá efeito suspensivo: NERY JR., Nelson; NERY, Rosa Maria de Andrade. Código de Processo Civil comentado. 10. ed. São Paulo: RT, 2008. p. 2.061.

[31] BONDIOLI, Luiz Guilherme Aidar. Comentários ao Código de Processo Civil. 2. ed. São Paulo: Saraiva, 2017. v. XX, p. 101-102.

ônus entre recorrente e recorrido. E a definição de como as coisas funcionam no caso concreto afinal determina quem terá o ônus de "correr atrás" para reverter uma situação já posta de desvantagem. A escolha no caso será feita entre o credor e o devedor de alimentos. Prefiro que seja o devedor de alimentos.

Por outro lado, não vejo como a interpretação do art. 1.012, § 1º, II, do CPC possa levar à conclusão contrária. O dispositivo foi claramente criado para tutelar o credor do direito de alimentos, ou seja, aquele que tem um direito de alimentos reconhecido em sentença e que precisa que tal decisão produza efeitos imediatamente. Portanto, a inclusão de qualquer pronunciamento em sentido contrário no alcance da norma legal, prejudicando o sujeito que ela visava proteger, deve ser barrada.

4.3.1.1.3. Sentença que extingue sem Resolução de Mérito ou julga Improcedentes os Embargos do Executado

Os embargos do executado, também chamados de embargos à execução (o nome "embargos do devedor", embora utilizado, deve ser evitado, considerando-se que nem todo executado é de fato devedor), defesa típica do executado no processo de execução, têm natureza de ação de conhecimento incidental e, por isso, a decisão que os julga tem natureza de sentença, sendo recorrível por apelação nos termos do art. 1.009, *caput*, do CPC.

Como em todo processo de conhecimento, a sentença pode ser terminativa e, sendo de mérito, pode ser de procedência, improcedência (aqui se podendo incluir tanto a prevista no inciso I como a no inciso II do art. 487 do CPC) e homologatória de autocomposição. Nos termos do art. 1.012, § 1º, III, do CPC, sendo a sentença que julga os embargos terminativa ou de improcedência, a apelação não terá efeito suspensivo.

O elemento em comum no dispositivo legal é a prolação de uma sentença que deixa de tutelar o autor dos embargos, seja porque afirma que ele não tem o direito material que alegava ter, porque demorou muito tempo para exercer o seu direito de ação ou porque o fez de forma viciada. Seja como for, a sua irresignação defensiva não foi capaz de obstar a pretensão executiva de ser exercida. E a eventual interposição de apelação contra a sentença não será capaz, por si só, de mudar essa realidade.

A justificativa nesse caso parece ser a presunção de existência do direito exequendo que decorre do título executivo indispensável à execução (*sine titulo nulla executio*)[32]. Uma presunção que, apesar de ser relativa, não foi afastada pela defesa apresentada pelo executado-embargante, de forma que a interposição de sua apelação não legitima a suspensão do trâmite do procedimento executivo.

Nesse momento procedimental, de duas, uma: o processo de execução pode já estar em trâmite por não ter sido concedido efeito suspensivo aos embargos à execução diante de ausência de requerimento de pedido nesse sentido ou de indeferimento de tal pedido. Nesse aspecto, a interposição de apelação contra a sentença mantém o *status quo ante*, ou seja, o processo executivo que já estava tramitando continua normalmente o seu trâmite.

Por outro lado, caso tenha sido concedido efeito suspensivo aos embargos, o processo executivo, que estava com seu trâmite suspenso até a prolação da sentença terminativa ou de improcedência, retoma o seu andamento nesse momento em razão da ausência de efeito suspensivo da apelação.

Não consta do dispositivo ora comentado a sentença de procedência dos embargos à execução, de forma que se pode imaginar que a apelação nesse caso será sempre recebida em seu duplo efeito.[33] Significaria dizer que o acolhimento da pretensão defensiva do executado-embargante não geraria nunca efeitos imediatos diante da apelação interposta pelo exequente-embargado. O raciocínio, entretanto, deve se desenvolver de maneira mais ampla e cuidadosa.

Não se discute que a hipótese descrita não esteja contemplada no inciso III do § 1º do art. 1.012 do CPC, mas é preciso considerar que

---

32 GRECO, Leonardo. Instituições de direito processual civil. Rio de Janeiro: Forense, 2015. v. III, n. 6.4.1, p. 111.

33 Nesse sentido ASSIS, Araken de. Manual dos recursos. 8. ed. São Paulo: RT, 2017. n. 39.2.1.3, p. 542.

o efeito suspensivo dos embargos à execução sempre foi considerado, tanto pela melhor doutrina[34] quanto pela jurisprudência[35], como uma espécie de tutela provisória de urgência. Atualmente, inclusive, o art. 919, § 1º, do CPC, de forma mais ampla e expressa, prevê que o efeito suspensivo será concedido se verificados os requisitos para a concessão da tutela provisória.

Esse dado é importante porque, se houver no caso concreto a concessão de efeito suspensivo aos embargos e, ao final do procedimento, a prolação de sentença de procedência, a hipótese poderá escapar do inciso I do § 1º do art. 1.012 do CPC, mas certamente não escapará do inciso V do mesmo dispositivo, analisado no tópico 4.3.1.1.5, de modo que também aqui ter-se-á uma apelação sem efeito suspensivo. A ausência de efeito suspensivo nesse caso significa que a eventual extinção ou limitação na pretensão executiva gera seus efeitos práticos imediatamente, ficando obstada a continuação da execução, de forma total ou parcial, a depender do teor da improcedência.

Solução diferente parece-me que deve ser dada quando não tiver sido concedido efeito suspensivo aos embargos à execução porque, nessa hipótese, a apelação interposta contra a sentença não atrai a aplicação de nenhum dos incisos supramencionados, não se conseguindo tipificar em nenhuma das hipóteses legais de exceção ao efeito suspensivo próprio. Dessa forma, diante de uma sentença de procedência e interposição de apelação, que será recebida no duplo efeito, a execução continuará seu andamento normalmente.

Às exatas mesmas conclusões deve se chegar diante de apelação interposta contra sentença homologatória de autocomposição prevista no art. 487, III, do CPC. Claro que, nesse caso, tratando-se de sentença que não é impositiva, mas derivada de um ato fundado na vontade unilateral ou bilateral das partes, a probabilidade de um recurso é sempre infinitamente menor, diante de escasso interesse recursal e de limitação de matérias impugnativas a serem alegadas.

---

[34] Por todos, DINAMARCO, Cândido Rangel. Instituições de direito processual civil. 3. ed. São Paulo: Malheiros, 2009. v. IV, n. 1.780, p. 820.

[35] STJ, 4ª Turma, AgInt no REsp 1.847.449/SP, Rel. Min. Raul Araújo, j. 1º.06.2020, DJe 15.06.2020.

De qualquer modo, ter a apelação efeito suspensivo próprio ou não dependerá de ter sido ou não atribuído efeito suspensivo aos embargos à execução.

4.3.1.1.4. Sentença que julga Procedente o Pedido de Instituição de Arbitragem

O art. 7º da Lei 9.307/1996 prevê uma espécie de processo e seu respectivo procedimento voltado a superar a resistência de uma das partes que, depois de ter celebrado um compromisso arbitral, cria obstáculos de forma a impedir a instituição da arbitragem. Nos termos do § 7º do dispositivo, a sentença proferida em tal processo que julgar procedente o pedido valerá como compromisso arbitral, o que significa, na prática, a possibilidade de se implementarem concretamente os atos preliminares de instauração da arbitragem.

A previsão do art. 1.012, § 1º, IV, do CPC permite que tais atos sejam praticados ainda que o réu interponha apelação contra a sentença, salvo, evidentemente, que ele consiga a concessão de efeito suspensivo impróprio nos termos do art. 1.012, § 4º, do CPC.

Não é alcançada pelo dispositivo legal a sentença de improcedência do pedido, de forma que, diante disso, a apelação terá efeito suspensivo. Não vejo qualquer consequência prática nessa segregação legislativa porque, sendo improcedente o pedido, a situação de impossibilidade de se iniciar a arbitragem se mantém, com o que eventual concessão de efeito suspensivo à apelação nada alteraria.

4.3.1.1.5. Sentença que confirma, concede ou revoga Tutela Provisória

Uma vez tendo sido concedida tutela provisória antes da prolação da sentença, existem três formas de essa tutela ser tratada em tal decisão: (a) ser confirmada; (b) ser revogada; e (c) ser modificada.

A primeira consideração que precisa ser feita é a ausência da terceira forma de tratamento em sentença de uma tutela provisória já concedida antes de sua prolação. Sendo tal tutela modificada na sentença e contra ela interposta apelação, tal recurso terá ou não efeito suspensivo *ope legis*?

Começo com minha análise externando a minha estranheza com a ausência do termo "modifica" do inciso V do § 1º do art. 1.012 do CPC. Estranheza essa motivada pela sua utilização em outras passagens do diploma legal ao se referir à tutela provisória, como nos arts. 296 e 298. De qualquer forma, entendo que a ausência não é capaz de afastar a sentença que modifica tutela provisória anteriormente concedida do alcance do dispositivo ora analisado[36].

A razão para tanto é que, ao se modificar uma tutela provisória já concedida, o juízo estará inevitavelmente atuando em alguma das formas tipificadas no art. 1.012, § 1º, V, do CPC. Isso porque modificar significará conceder algo diferente do que havia sido concedido, com o que ao mesmo tempo estar-se-á revogando a tutela provisória já concedida – ou uma revogação parcial –, e automaticamente estar-se-á também confirmando parte da tutela provisória já concedida. Seja como for, a sentença restará tipificada em alguma das hipóteses do dispositivo legal.

Quanto à confirmação e revogação da tutela provisória, não me parece que exista uma necessidade de virem de forma expressa na sentença[37]. Afinal, julgado procedente o pedido, a tutela provisória estará confirmada e, julgado improcedente, ou sendo proferida sentença terminativa[38], a tutela estará revogada. Ainda assim, até para evitar a interposição de embargos de declaração ("cachorro mordido por cobra tem medo de barbante"), é conveniente constar da sentença de forma expressa que a tutela provisória foi confirmada ou revogada.

Interessante e peculiar situação ocorre no julgamento de improcedência do pedido do autor e na expressa manutenção da tutela antecipada[39]. Parece contraditório o juiz entender, por cognição exauriente e com juízo de certeza, que o autor não tem o direito material alegado, mas, ainda assim, manter a tutela antecipada que

---

[36] DIDIER JR., Fredie; CUNHA, Leonardo Carneiro da. Curso de direito processual civil. 19. ed. Salvador: Juspodivm, 2021. v. 3, p. 245.

[37] ASSIS, Araken de. Manual dos recursos. 8. ed. São Paulo: RT, 2017. n. 39.2.1.5, p. 545.

[38] NERY JR., Nelson; NERY, Rosa Maria de Andrade. Código de Processo Civil comentado. 10. ed. São Paulo: RT, 2008. p. 2.063.

[39] Contra: BEDAQUE, José Roberto dos Santos. Tutela cautelar e tutela antecipada: tutelas de urgência (tentativa de sistematização). 2. ed. São Paulo: Malheiros, 2001. n. 34, p. 388.

foi concedida por meio de cognição sumária e juízo de mera probabilidade.

No entanto, a postura se justifica sempre que o juiz entender que sua sentença tem consideráveis chances de ser reformada em razão de posicionamento jurisprudencial contrário do tribunal que julgará o eventual recurso de apelação e que a revogação imediata causaria uma grave lesão de difícil e incerta reparação ao autor[40]. O que parece num primeiro momento contraditório na realidade é uma mostra de grandeza do juiz, que, mesmo não sendo obrigado a seguir entendimentos do tribunal, tem consciência de que fatalmente a última decisão no processo não será a sua, tendo a sensibilidade para não prejudicar o autor em consequência de seu posicionamento pessoal a respeito do tema resolvido na demanda.

> Yolanda ingressa com ação judicial pleiteando a condenação do Poder Público para entrega de medicamento, obtendo tutela antecipada. O juiz, no momento de sentenciar, entende que o Poder Público não tem o dever de entregar medicamento como pretende a autora, julgando o pedido totalmente improcedente. Sabe, porém, que nos tribunais de segundo grau e no Superior Tribunal de Justiça o entendimento majoritário – para não dizer pacificado – é em sentido contrário, e que eventual revogação da tutela antecipada concedida impedirá o acesso ao medicamento, o que poderá ser extremamente danoso à saúde de Yolanda. Nessa conjuntura, julga o pedido improcedente e mantém a tutela antecipada para que o Poder Público continue a fornecer o medicamento até o julgamento do futuro e eventual recurso de apelação a ser oferecido por Yolanda. Naturalmente que, não havendo apelação, a sentença transita em julgado com a rejeição do pedido de Yolanda, que naturalmente não terá mais direito a receber o medicamento.

Compreendo que o mesmo entendimento pode ser aplicado à tutela cautelar, podendo o pedido do autor ser julgado improcedente, mas sendo mantida a tutela cautelar já concedida pelas mesmas razões expostas para a manutenção da tutela antecipada.

Com relação à tutela da evidência, não parece cabível tal técnica de julgamento porque nessa espécie de tutela provisória não há

[40] No sentido do texto: CARNEIRO, Gusmão. Da antecipação de tutela. 6. ed. Rio de Janeiro: Forense, 2006. n. 66, p. 127; MARINONI, Luiz Guilherme. Antecipação de tutela. 10. ed. São Paulo: RT, 2008. n. 4.9, p. 167, o qual entende que basta a manutenção do fundado receio de dano.

perigo de dano à parte, sendo ela concedida apenas por causa da probabilidade de o direito existir. Mesmo que o juiz reconheça que seu entendimento é minoritário e que o autor terá grande chance de sucesso se interpuser o recurso de apelação, a revogação da tutela da evidência não coloca em risco a eficácia do futuro e eventual provimento da apelação, tampouco o direito da parte.

Também está prevista no dispositivo ora analisado a hipótese de a sentença conceder a tutela provisória, o que significa uma concessão originária no momento da prolação da sentença. Cabe analisar tal circunstância à luz de cada uma das três hipóteses de tutela provisória.

Num primeiro momento, podem parecer incongruentes o julgamento de procedência do pedido do autor e a concessão de tutela antecipada na mesma decisão. Pode-se imaginar que, sendo a procedência do pedido a concessão da tutela definitiva, fundada em cognição exauriente (juízo de certeza), não teria nenhuma utilidade a antecipação de tutela na sentença, tutela provisória que deve existir justamente enquanto não advir a tutela definitiva. Se o autor já obteve a tutela definitiva, como entender que ao mesmo tempo receba também a tutela antecipada?

A dúvida só tem alguma justificativa para os que desconsideram que o instituto processual chamado comumente de tutela antecipada na realidade não antecipa a tutela, mas seus efeitos executivos, ou seja, a tutela só pode ser concedida definitivamente, sendo objeto da antecipação somente os efeitos práticos dessa tutela.

Dessa forma, sempre que a apelação tiver efeito suspensivo, a parte, apesar de ter obtido a tutela definitiva em sentença, não terá recebido os efeitos executivos de tal tutela, porque o recurso impedirá a geração de efeitos da sentença, obstando a satisfação imediata de seu direito. A utilidade da tutela antecipada nesse caso mostra-se evidente, entregando à parte algo que ela não ganhou com a sentença de procedência: os efeitos práticos da tutela obtida[41]. Portanto,

[41] BUENO, Cassio Scarpinella. Tutela antecipada. São Paulo: Saraiva, 2004. n. 10.2, p. 84; CÂMARA, Alexandre Freitas. Lições de direito processual civil. 17. ed. Rio de Janeiro: Lumen Juris, 2008. v. 1, p. 451.

foi pacificado o entendimento do Superior Tribunal de Justiça pelo cabimento da antecipação de tutela na sentença[42].

Quanto à concessão de tutela cautelar originariamente em sentença, o raciocínio é outro porque a tutela deferida por meio dessa espécie de tutela de urgência é distinta daquela obtida pelo autor com a procedência de seu pedido, inclusive com geração de efeitos práticos diferentes. Conforme será devidamente analisado, haverá, por essa razão, um capítulo decisório distinto daquele que julgou procedente o pedido, um capítulo de natureza cautelar. Quanto aos requisitos, não haverá diferença. Da mesma maneira que ocorre com a concessão da tutela antecipada, a cognição exauriente formada para a procedência do pedido presta-se somente para justificar o *fumus boni iuris*, sendo ainda necessário o juiz estar convencido do *periculum in mora* para a concessão da tutela cautelar.

No caso de tutela da evidência, há corrente doutrinária que entende que sempre que o juiz acolher um pedido é caso de também conceder tal espécie de tutela provisória com a justificativa de que, se a tutela de evidência se basta com a probabilidade, deve ser concedida com base num juízo de certeza[43]. Não me parece adequado o entendimento porque essa seria a forma de, na prática, subverter o sistema e tornar a apelação um recurso sem efeito suspensivo próprio, contrariando a manifesta vontade – boa ou ruim – do legislador. Ademais, a tutela da evidência prevista no art. 311 do CPC depende de uma tipificação legal para ser concedida.

Seja como for, e um aprofundamento da matéria desviaria o foco da presente obra, a concessão de tutela da evidência de forma originária em sentença funciona exatamente da mesma maneira da tutela antecipada, considerando-se que ambas espécies são de tutela de urgência satisfativa.

Um ponto interessante quanto à aplicação do dispositivo legal no tocante à sua abrangência à luz dos capítulos da decisão é de-

---

42 STJ, 3ª Turma, AgRg no Ag 940.317/SC, Rel. Min. Nancy Andrighi, j. 19.12.2007, DJ 08.02.2008, p. 677.

43 MEDINA, José Miguel Garcia. Código de Processo Civil comentado. 8. ed. São Paulo: RT, 2022. p. 1.243.

terminado pela espécie de tutela provisória concedida na sentença. Sendo a tutela antecipada e a da evidência diferentes espécies de tutela satisfativas, elas não criam propriamente um capítulo de sentença, apenas antecipando os efeitos práticos de outro capítulo, o que acolheu um pedido da parte. Será esse capítulo, portanto, que, uma vez apelado, gerará imediatamente seus efeitos.

> Em sentença de procedência, Marina teve julgados procedentes seu pedido de reintegração de posse e o de desfazimento de obras, tendo sido concedida tutela antecipada para a imediata retomada da posse do imóvel. Carlos interpôs apelação contra a sentença, o que não impediu Marina de começar imediatamente a reintegração de posse, não podendo ainda, entretanto, dar início ao desfazimento das obras realizadas por Carlos na área.

Com a concessão da tutela cautelar é diferente porque, ao conceder uma tutela distinta daquela obtida pela parte no processo, haverá um capítulo autônomo, de natureza cautelar, inserido na sentença. A tutela concedida nesse capítulo visa garantir a eficácia de uma futura execução do capítulo que concedeu o pedido da parte, mas a aplicação do art. 1.012, § 1º, V, do CPC ao caso não permite que tal capítulo seja imediatamente executado, mas tão somente o capítulo cautelar.

> Em sentença de procedência Amaya teve julgado procedente seu pedido condenatório de entrega de mercadoria elaborado contra Santiago, tendo sido também concedida medida cautelar para que tal mercadoria fosse objeto de busca e apreensão e mantida com depositário judicial. Santiago interpôs apelação, o que impede que Amaya exija a entrega imediata da mercadoria para si, mas não obsta a realização do ato de constrição judicial.

4.3.1.1.6. Sentença que decreta a Interdição

A sentença que decreta a interdição, a exemplo da sentença homologatória da divisão e demarcação de terras, tem natureza constitutiva, mas excepcionalmente gera efeitos imediatos, mesmo que contra ela seja interposta apelação. O legislador procurou com isso proteger de forma imediata a pessoa do interditando.[44]

---

[44] DINAMARCO, Cândido Rangel. Instituições de direito processual civil. Salvador: Juspodivm, 2022. v. V, n. 2.308, p. 220.

O art. 755, I, do CPC prevê que na sentença que decretar a interdição o juiz nomeará o curador e fixará os limites da curatela, segundo o estado e o desenvolvimento mental do interdito. Caso o interdito tenha pessoa incapaz sob a sua guarda, a nomeação do curador também abrangerá o seu interesse. A sentença também estabelecerá os limites da curatela, tanto no que se relacionar com os atos sobre as quais incidirá quanto ao tempo de duração[45].

Há opinião doutrinária que entende que, sendo interposta apelação parcial, apenas impugnando a nomeação do curador, o objeto do recurso não será a decretação da interdição e, por isso, a apelação deverá ser recebida no duplo suspensivo, não cabendo a aplicação do art. 1.012, § 1º, V, do CPC.[46]

Não concordo com tal entendimento porque o cabimento de tal dispositivo não depende do objeto recursal, mas do conteúdo da sentença objeto do recurso. Se a sentença recorrida é a que decretou a interdição, é o que basta para que a apelação interposta contra ela não tenha efeito suspensivo. Nesse sentido, concordo com a doutrina que, ainda sentindo os ares do diploma legal revogado, entende ter sido o objetivo do legislador fazer menção à sentença de interdição[47].

O Superior Tribunal de Justiça tem interessante entendimento a respeito de apelação interposta pelo advogado constituído pela pessoa interditada pela sentença. Considera que por ter a sentença de interdição natureza constitutiva, de natureza *ex nunc*, o ato praticado no início do processo é válido até que venha a ser devidamente anulado, de forma que a interposição da apelação não está sujeita ao curador nomeado na sentença. Ademais, o conflito de interesses nesse caso seria evidente[48].

---

45 GODINHO, Robson. Comentários ao Código de Processo Civil. São Paulo: Saraiva, 2018. v. XIV, p. 438.

46 GODINHO, Robson. Comentários ao Código de Processo Civil. São Paulo: Saraiva, 2018. v. XIV, p. 439.

47 GUEDES, Jefferson Carús. Comentários ao Código de Processo Civil, São Paulo: RT, 2017. v. XI, p. 514; SCHENK, Leonardo Faria. Interdição, disposições comuns à tutela e à curatela, organização e fiscalização das fundações. In: CABRAL, Antonio do Passo; CRAMER, Ronaldo (org.). Comentários ao novo Código de Processo Civil. 2. ed. Rio de Janeiro: Forense, 2016. v. 1, p. 1.077; o autor entende ser definitiva a nomeação do curador mesmo na pendência dos eventuais recursos.

48 STJ, 3ª Turma, REsp 1.943.699/SP, Rel. Min. Marco Aurélio Bellizze, j. 13.12.2022, DJe 15.12.2022.

4.3.1.1.7. Ação Monitória

O tema da ausência de efeito suspensivo na apelação interposta da sentença que julga os embargos ao mandado monitório é polêmico, havendo doutrina a favor[49] e contra[50]. O certo é que, diferente das hipóteses até agora analisadas, aqui não há dispositivo legal expresso, e eventual conclusão no sentido de não haver efeito suspensivo *ope legis* necessariamente deverá ser fundada em interpretação de dispositivos que regulamentam outras hipóteses.

Parcela doutrinária admite a aplicação por analogia do art. 1.012, § 1º, III, do CPC, regra prevista para os embargos à execução, para que a apelação contra a sentença dos embargos ao mandado monitório seja recebida sem o efeito suspensivo, o entendimento se fundamenta na celeridade procedimental que motivou o tratamento diferenciado da tutela monitória[51]. A analogia perde força com a natureza de contestação que o legislador aparentemente atribuiu aos embargos ao mandado monitório e que a jurisprudência parece ter adotado[52].

Não me impressiono com a previsão do art. 702, § 4º, do CPC que prevê que a oposição dos embargos suspende a eficácia do mandado monitório até o julgamento em primeiro grau. A norma pode levar à interpretação de que, se a suspensão dura somente até o julgamento de primeiro grau, a apelação não teria efeito suspensivo, não conseguindo evitar a conversão do mandado monitório em título executivo judicial.

Não compreendo a norma como capaz de retirar o efeito suspensivo da apelação, porque a eficácia suspensiva nesse caso não

---

[49] BONDIOLI, Luiz Guilherme Aidar. Comentários ao Código de Processo Civil. 2. ed. São Paulo: Saraiva, 2017. v. XX, p. 105-106.

[50] ASSIS, Araken de. Manual dos recursos. 8. ed. São Paulo: RT, 2017. n. 39.2.1.3, p. 543; APRIGLIANO, Ricardo de Carvalho. A apelação e seus efeitos. 2. ed. São Paulo: Atlas, 2007. p. 232-233.

[51] DINAMARCO, Cândido Rangel. Instituições de direito processual civil. São Paulo: Malheiros, 2003. v. III, n. 1.296, p. 763-764; MARCATO, Antonio Carlos. O processo monitório brasileiro. São Paulo: Malheiros, 1998. n. 28, p. 108-109; BERMUDES, Sérgio. Ação monitória: primeiras impressões sobre a Lei n. 9.079, de 14.7.1995. In: BARBOSA MOREIRA, José Carlos (coord.). Estudos de direito processual em memória de Luiz Machado Guimarães. Rio de Janeiro: Forense, 1997. p. 146.

[52] Súmula 292/STJ: "A reconvenção é cabível na ação monitória, após a conversão do procedimento em ordinário".

decorre dos embargos, mas sim do recurso contra sua decisão. Logo, a eficácia do mandado monitório fica suspensa até a sentença dos embargos em razão da defesa do réu, e até o julgamento de segundo grau em virtude do recurso interposto pelo apelante.

Existem, porém, outros fundamentos capazes de afastar o efeito suspensivo da apelação. Segundo parcela da doutrina, essa consequência pode ser retirada do art. 702, § 8º, do CPC, que prevê que, sendo rejeitados os embargos, o mandado monitório se converte de pleno direito em título executivo. Na conformidade da previsão legal, a eficácia do mandado monitório não depende do trânsito em julgado da decisão dos embargos, nem de seu reexame pelo tribunal em julgamento de apelação. A eficácia é imediatamente gerada pela simples rejeição dos embargos ao mandado monitório em primeiro grau[53].

Também a analogia com o art. 1.012, § 1º, V, do CPC é utilizada por parcela da doutrina que defende que a improcedência dos embargos confirma a tutela de evidência concedida liminarmente, o que seria suficiente para retirar o efeito suspensivo da apelação[54]. Penso ser esse o fundamento mais robusto e em consonância com a lei para se retirar o efeito suspensivo da apelação da sentença que julga os embargos ao mandado monitório[55]. Afinal, parece tranquilo o entendimento de ser a tutela monitória espécie de tutela da evidência.

4.3.1.2. Apelação sem Efeito Suspensivo em Legislação Extravagante

4.3.1.2.1. Introdução

Antes propriamente de analisar as hipóteses de apelação sem efeito suspensivo consagradas em legislação extravagante, é interessante pontuar que nessas normas raramente é previsto que a apelação não

[53] MARINONI, Luiz Guilherme; ARENHART, Sérgio Cruz; MITIDIERO, Daniel. Novo curso de processo civil. São Paulo: RT, 2017. v. 2, p. 689.

[54] MEDINA, José Miguel Garcia. Novo Código de Processo Civil comentado. 4. ed. São Paulo: RT, 2016. p. 970.

[55] Enunciado 134 da II Jornada de Direito Processual Civil do CJF: "A apelação contra a sentença que julga improcedentes os embargos ao mandado monitório não é dotada de efeito suspensivo automático (arts. 702, § 4º, e 1.012, § 1º, V, CPC)".

tem efeito suspensivo; invariavelmente, a previsão é no sentido de que a apelação será recebida somente no efeito devolutivo. Trata-se de consagração legal de conduta muito comum na praxe forense, que é se valer da expressão "duplo efeito" para se referir aos efeitos devolutivo e suspensivo. Logo, se o recurso é recebido somente no devolutivo, significa que não tem efeito suspensivo.

Ainda que não exista dúvida acerca de outros efeitos recursais além do devolutivo e suspensivo – apesar de que a respeito de alguns debata-se sobre sua autonomia (por exemplo, o efeito translativo) –, a expressão "duplo efeito" é comum, consagrada e, como visto, inclusive utilizada, ainda que tacitamente, pelo legislador. Daí por que não vejo sentido em repeli-la quando todos sabem o que ela significa.

São normas com esse teor, ao prever apelação contra a sentença que: (a) deferir a adoção produz efeito desde logo, embora sujeita à apelação, que será recebida exclusivamente no efeito devolutivo, salvo se se tratar de adoção internacional ou se houver perigo de dano irreparável ou de difícil reparação ao adotando (art. 199-A da Lei 8.069/1990); (b) destituir ambos ou qualquer dos genitores do poder familiar fica sujeita à apelação, que deverá ser recebida apenas no efeito devolutivo (art. 199-B da Lei 8.069/1990; (c) for proferida na ação de busca e apreensão (art. 3º, § 5º, do Decreto-lei 911/1969; (d) fixar o preço da indenização em ação de desapropriação desde que interposta pelo expropriado (art. 28, *caput*, do Decreto-lei 3.365/1941); e (e) fixar o preço da indenização quando interposta pelo expropriado no procedimento contraditório especial, de rito sumário, para o processo de desapropriação de imóvel rural, por interesse social, para fins de reforma agrária (Lei Complementar 76/1993).

A Lei 5.250/1967, que regula a liberdade de manifestação do pensamento e de informação, tem em seu art. 61 a previsão de um procedimento especial de busca e apreensão de material que contenha propaganda de guerra ou de preconceitos de raça ou de classe, bem como aquele que promover incitamento à subversão da ordem política e social ou que ofender a moral pública e os bons costumes. O § 5º desse dispositivo prevê que a apelação desse procedimento será recebida somente no efeito devolutivo.

Há, todavia, outras poucas normas que preveem não ter o recurso de apelação efeito suspensivo, como (a) o art. 107, § 1º, da Lei 4.504/1964 (Estatuto da Terra) nos processos entre proprietários e arrendatários rurais e, com o mesmo teor e redação melhorada (processos entre arrendadores e arrendatários rurais), o art. 86, parágrafo único, do Decreto 59.566/1966; e (b) art. 41, 7º, do Decreto-lei 413/1969, nos processos de cobrança da cédula de crédito industrial.

Existem outras normas que preveem apelação sem efeito suspensivo que merecem uma análise mais aprofundada.

4.3.1.2.2. Ações Constitucionais

O art. 15, *caput* da Lei 9.507/1997 prevê que da sentença que conceder ou negar o *habeas data* cabe apelação. A norma é desnecessária em razão do art. 1.009, *caput* do CPC, só havendo sentido a previsão expressa de recurso cabível contra sentença se ele for de outra espécie que não a apelação. De qualquer forma, o que nos interessa na presente análise é a previsão do parágrafo único do dispositivo legal.

Prevê o art. 15, parágrafo único da Lei 9.507/1997 que a apelação interposta contra a sentença que conceder o *habeas data*, ou seja, que julgar procedente o pedido, será recebida somente no efeito devolutivo. Dessa forma, o acesso à informação, a retificação de dados, ou a averbação de uma contestação ou explicação sobre dados constantes de cadastros ou banco de dados determinada na sentença terá eficácia imediata, ainda que interposta apelação.

A mesma realidade tem-se no mandado de segurança por conta do previsto no art. 14, § 3º, da Lei 12.016/2019, que foge ao lugar-comum e, em vez de prever que a apelação será recebida somente no efeito devolutivo, estabelece que a sentença que conceder o mandado de segurança pode ser executada provisoriamente. Outra forma de dizer indiretamente que a apelação não tem efeito suspensivo.

A retirada do efeito suspensivo da apelação no mandado de segurança não se limita a sentença concessiva da ordem, como pode parecer de uma leitura apressada do dispositivo legal, sendo relevante na decisão denegatória, quando houver a revogação da liminar, hipótese na qual o efeito de cassação da liminar é imediato no tocante a esse capítulo, independentemente da recorribilidade da decisão, estando tal entendimento sumulado pelo Supremo Tribunal Federal[56].

Na parte final do dispositivo, vem prevista uma limitação à ausência de efeito suspensivo da apelação: as hipóteses em que a própria lei veda a concessão de liminar. A norma era em sua redação original compreensível sob a perspectiva de tutela do Estado: em algumas hipóteses, o legislador não queria um cumprimento de sentença provisório sem grande grau de probabilidade do direito do exequente. Poderia, como fez, proibir a concessão de liminar, mas obviamente não de concessão da tutela em sentença. Contudo, poderia, como fez, tirar a eficácia da tutela reconhecida em sentença ao garantir efeito suspensivo à apelação.

Tudo, porém, deixou de fazer qualquer sentido a partir do julgamento da ADIN 4.296 que declarou inconstitucional o art. 7º, § 2º, da Lei 12.016/2009[57], justamente o dispositivo que previa as hipóteses de proibição à concessão de liminares em mandado de segurança. Como já defendi em outra obra, essa declaração arrastou o § 5º do mesmo dispositivo e o art. 1.059 do CPC[58]. E, para o que interessa à presente análise, tornou prejudicada a parte final do art. 14, § 3º, da Lei 12.016/2009.

Conclusivamente, não existem limites para o afastamento do efeito suspensivo da apelação contra sentença que concede a ordem no mandado de segurança.

No mandado de injunção, não há norma expressa que trata do tema, mas o art. 14 da Lei 13.300/2016 prevê que se aplicam subsidiariamente ao mandado de injunção as normas do mandado de

[56] Súmula 405/STF. Contra, com opinião amplamente minoritária: BUENO, Cassio Scarpinella. A nova etapa da reforma do Código de Processo Civil. São Paulo: Saraiva, 2006. v. 2, p. 82.

[57] Informativo 1021/STF, ADI 4296/DF, Tribunal Pleno, Rel. Min. Marco Aurélio, rel. p/ acórdão Min. Alexandre Moraes, j. 09.06.2021.

[58] NEVES, Daniel Amorim Assumpção. Ações constitucionais. 7. ed. Salvador: Juspodivm, 2023. volume único, n. 6.12.5, p. 236.

segurança e do Código de Processo Civil. Tratando a lei do mandado de segurança de norma especial, ela prefere o Código de Processo Civil, tendo este uma aplicação subsidiária no mandado de injunção, de forma a ser aplicável o art. 14, § 3º, da Lei 12.016/2009, e não o art. 1.012 do CPC.

Dessa forma, a sentença proferida no mandado de injução é recorrível pela apelação sem efeito suspensivo.

4.3.1.2.3. Ações Locatícias

A Lei 8.245/1991 dispõe sobre as locações dos imóveis urbanos e os procedimentos a elas pertinentes. Em seu título II, depois de uma substancial parte em que versa sobre aspectos do direito material da locação, o diploma legal trata dos procedimentos.

O Capítulo II, que vai do art. 59 ao art. 66, versa sobre a ação de despejo; o Capítulo III, que tem apenas o art. 67, trata da ação de consignação de aluguel e acessórios da locação; o Capítulo IV, que abrange do art. 68 a art. 70, cuida da ação revisional de aluguel; o Capítulo V, que compreende do art. 71 ao art. 75, versa sobre a ação renovatória. São as chamadas ações locatícias, porque previstas e regulamentas pela Lei de Locações.

O Capítulo I do Título II da Lei 8.245/1991 prevê algumas disposições gerais, ou seja, regras procedimentais a serem aplicadas em todas as espécies de ações locatícias. Interessa na presente análise a previsão do inciso V, no sentido de que os recursos interpostos contra as sentenças terão efeito somente devolutivo, o que, conforme já analisado, significa que a apelação não terá efeito suspensivo.

Um registro interessante é a possibilidade de o autor, na ação de despejo, nos termos do art. 62, I, da Lei 8.245/1991, cumular com o pedido de rescisão da locação o de cobrança dos aluguéis e acessórios da locação. Nesse caso, havendo o acolhimento de ambos os pedidos, pode-se questionar se o capítulo referente à condenação ao pagamento também teria eficácia imediata, porque nesse caso não se trata propriamente do despejo.

O Superior Tribunal de Justiça tem entendimento consolidado no sentido de que nesse cenário a apelação não será capaz de impedir o cumprimento de sentença provisório de nenhum dos capítulos da sentença.[59]

Não vejo sentido nesse entendimento porque a razão de ser da retirada do efeito suspensivo da apelação interposta contra a sentença que decreta o despejo é a retomada imediata da posse do imóvel, o que é claramente justificável pela função social da posse. A cobrança de uma obrigação de pagar, entretanto, independentemente de sua origem ser uma relação locatícia, não tem justificativa para ter eficácia imediata. O entendimento jurisprudencial dá um *status* diferenciado à obrigação de pagar derivada do contrato de locação absolutamente sem fundamento.

4.3.1.2.4. Processo Coletivo

4.3.1.2.4.1. Ação civil pública

O art. 14 da Lei 7.347/1985 prevê que na ação civil pública o juiz poderá conferir efeito suspensivo aos recursos para evitar dano irreparável à parte. É mesmo fértil a imaginação do legislador em prever que o recurso de apelação não terá efeito suspensivo sem expressamente fazê-lo. A exata mesma regra legal é reproduzida no art. 85 do Estatuto da Pessoa Idosa (Lei 10.741/2003) e no art. 215 do Estatuto da Criança e do Adolescente (Lei 8.069/1990), em repetições desnecessárias.

O dispositivo tem duas curiosidades que chamam a atenção e que precisam ser devidamente analisadas.

Nos termos do art. 1.012, § 4º, do CPC, para que o efeito suspensivo impróprio seja concedido no caso concreto, o relator deve ser convencido da probabilidade de provimento do recurso ou se, sendo relevante a fundamentação, houver risco de dano grave ou de difícil reparação. Esses requisitos, note-se, são exigidos não só para as hipóteses previstas nos incisos no mesmo dispositivo, mas para

[59] STJ, 4ª Turma, AgInt no AREsp 781.068/RJ, Rel. Min. Marco Buzzi, j. 19.09.2017, DJe 28.09.2017.

todas as hipóteses de apelação sem efeito suspensivo estabelecidas em legislação extravagante fora da tutela coletiva, uma vez que nestas não há previsão específica de quais requisitos devem ser preenchidos para a concessão do efeito suspensivo impróprio, o que atrai a regra geral disposta no Código de Processo Civil.

Tais requisitos são devidamente analisados no tópico 4.3.2, mas, *grosso modo*, são requisitos típicos de tutela provisória - urgência e evidência -, com o que tem um elemento em comum: a probabilidade do direito. Para a concessão de efeito suspensivo, essa probabilidade significa uma boa chance de o apelante ter como resultado de julgamento no tribunal o provimento da apelação. Para os clássicos, o bom e velho *fumus boni iuris*.

O art. 14 da Lei de Ação Civil Pública (e suas réplicas), entretanto, não prevê esse requisito para a concessão do efeito suspensivo. Não há no dispositivo legal nenhuma exigência de que as razões recursais criem no espírito de quem vai analisar o pedido de concessão de efeito suspensivo qualquer impressão de que aquele pedido recursal será acolhido. A única exigência é que o julgador esteja convencido de que a sentença, gerando efeitos imediatos, causará dano irreparável ao apelante. Para os clássicos, o velho e bom *periculum in mora*.

É difícil encontrar uma justificativa plausível para a escolha legislativa. Afinal, ao deixar de exigir a probabilidade de provimento da apelação como requisito para a concessão do efeito suspensivo, permite-se no caso concreto que apelações manifestamente fadadas ao insucesso impeçam um cumprimento de sentença imediato. Eventualmente até mesmo apelações manifestamente inadmissíveis poderão gerar tal resultado, bastando para isso estar comprovado o grave risco de dano em razão de geração imediata dos efeitos da sentença apelada.

Pode haver um antídoto a ser aplicado pelo julgador no caso concreto para sanear o equívoco legislativo. Mesmo convencido do dano irreparável com a geração imediata de efeitos da sentença, se não entender provável o provimento da apelação, simplesmente não concede o efeito suspensivo. Cria, portanto, um requisito de forma tácita, fazendo uma análise ao arrepio da lei sem anunciá-la ou fundamentá-la, contaminando, assim, a fundamentação da decisão denegatória. Afinal, terá que fundamentar a ausência de dano irreparável no caso concreto.

Para os que acreditam que os meios justificam os fins, a solução pode agradar. Como não sou um deles, não tenho como apoiar uma decisão que mente na fundamentação para esconder outra baseada num requisito que não existe na lei. Sinceramente, para mim é um pouco demais.

Interessante notar que parcela da doutrina, ao tratar do tema, simplesmente defende que o dispositivo "invoca" a exigência de plausibilidade da argumentação[60], enquanto outra se limita a indicar a aplicação à hipótese do art. 995, parágrafo único, do CPC[61]. Por outro lado, há doutrina que, ao tratar do tema, menciona somente o requisito previsto no art. 14 da Lei de Ação Civil Pública[62]. O Superior Tribunal de Justiça, ao enfrentar o assunto, segue esse mesmo caminho[63].

Imagino que pelo que já escrevi até agora já tenha ficado claro que para mim é muito estranho o legislador ter previsto apenas o requisito associado ao perigo do tempo para a concessão do efeito suspensivo na apelação interposta em ação civil pública. Dito isso, não consigo encontrar motivação jurídica para afastar o art. 14 da Lei 7.347/1985 para aplicar o art. 1.012 do CPC.

Afigurasse-me significativo ser essa a única norma presente na legislação extravagante – além de suas réplicas inúteis – que, além de retirar o efeito suspensivo da apelação, preveja expressamente os requisitos para sua concessão no caso concreto. Se o teor da norma me agrada ou não, se me parece estranho ou não, é irrelevante. O que importa é que a singularidade da postura do legislador deve ser destacada e para mim é o suficiente para justificar o afastamento da aplicação da regra geral.

---

60 LEONEL, Ricardo de Barros. Manual de processo coletivo. 2. ed. São Paulo: RT, 2011. n. 5.24.2, p. 397.

61 PIZZOL, Patricia Miranda. Tutela coletiva. São Paulo: RT, 2020. n. 4.7.4, p. 403.

62 ARENHART, Sérgio Cruz; OSNA, Gustavo. Curso de processo civil coletivo. 4. ed. São Paulo: RT, 2020. n. 7.7.3, p. 378.

63 STJ, 2ª Turma, AgInt no AREsp 1.004.259/SP, Rel. Min. Og Fernandes, j. 17.08.2021, DJe 03.09.2021.

Há outro ponto que deve ser destacado. O dispositivo ora analisado prevê que cabe ao juiz a concessão de efeito suspensivo à apelação. A norma fazia sentido no procedimento recursal vigente no diploma processual revogado, no qual o juízo de primeiro grau fazia o juízo de admissibilidade da apelação, mas essa realidade mudou no atual Código de Processo Civil, conforme analisado no tópico 2.2.8.

Não tendo mais o juízo de primeiro grau competência para o juízo de admissibilidade para a apelação, naturalmente também não terá competência para se manifestar sobre os seus efeitos. Nesse caso, é inevitável a aplicação do art. 1.012, § 3º, do CPC, que consagra a competência originária do tribunal para a concessão do efeito suspensivo à apelação.

Não parece crível acreditar que o art. 14 da Lei 7.347/1985 tenha força suficiente para mudar essa realidade para a ação civil pública, de forma a manter, somente para esse tipo de demanda, um duplo juízo de admissibilidade da apelação. Uma espécie de procedimento especial no qual o juízo de primeiro grau manteria a competência para admitir a apelação e conceder o efeito suspensivo, única forma de cumprir a literalidade do dispositivo legal.

É mais racional concluir que a norma foi construída em 1985, ano de promulgação da Lei de Ação Civil Pública, quando a competência para a admissibilidade da apelação era do juízo de primeiro grau, e por isso o seu art. 14 indica o juiz como o responsável pela concessão do efeito suspensivo. Com a mudança da regra no Código de Processo Civil, também está modificada a regra na ação civil pública, passando a ser do tribunal a competência para tal concessão[64].

O Superior Tribunal de Justiça, entretanto, continua a mencionar o juiz como responsável pela decisão concessiva do efeito suspensivo[65]. A nota triste é que os acórdãos citam como precedentes

---

64 DIDIER JR., Fredie; ZANETI JR., Hermes. Curso de direito processual civil. 16. ed. Salvador: Juspodivm, 2022. v. 4, p. 493.

65 STJ, 2ª Turma, AgInt no AREsp 1.004.259/SP, Rel. Min. Og Fernandes, j. 17.08.2021, DJe 03.09.2021; STJ, 1ª Turma, AgInt no AREsp 1.235.685/BA, Rel. Min. Benedito Gonçalves, j. 06.08.2019, DJe 09.08.2019.

julgados antigos, alguns de 2010, ou seja, julgados proferidos durante a vigência do CPC/1973 e que, por razões óbvias, são imprestáveis como precedentes quanto ao tema ora analisado.

4.3.1.2.4.2. Ação popular

Diferente do que ocorre na ação civil pública, o art. 19, *caput*, da 4.717/1965 segue a mesma regra do art. 1.012, *caput*, do CPC, ao prever que a apelação na ação popular será recebida no efeito suspensivo. Aparentemente, portanto, seria indiscutível o recebimento da apelação contra sentença proferida em ação popular no duplo efeito. A tranquilidade desse entendimento, entretanto, é abalada justamente em razão da previsão contida no art. 14 da LACP.

Registre-se que a presente discussão só terá relevância na hipótese de sentença de procedência, considerando-se que as sentenças terminativas e de improcedência não geram efeitos além da extinção do processo e declaração de inexistência do direito material alegado, respectivamente, além de eventual condenação em verbas de sucumbência em caso de má-fé do autor. Ainda que exista corrente doutrinária que defenda, nesses casos, o recebimento da apelação somente no efeito devolutivo[66], a ausência de consequências práticas relevantes torna o assunto desinteressante.

Na tentativa de permitir que a sentença, mesmo recorrida pelos réus, gere efeitos imediatos, parcela da doutrina defende a aplicação da regra consagrada no art. 14 da LACP à ação popular[67]. Por outro lado, existe corrente doutrinária que defende a aplicação do art. 19, *caput*, da LAP, com o interessante fundamento de que o ato administrativo impugnado na ação popular goza de presunção relativa de legalidade, e mesmo diante de sentença de procedência que reconheça a existência de ilegalidade é preferível manter a situação jurídica consolidada pelo ato administrativo até o julgamento da apelação[68].

[66] MANCUSO, Rodolfo de Camargo. Ação popular. 4. ed. São Paulo: RT, 2001, p. 255.

[67] ALMEIDA, Gregório Assagra de. Manual das ações constitucionais. Belo Horizonte: Del Rey, 2007, p. 389.

[68] RODRIGUES, Marcelo Abelha. Comentários à tutela coletiva. Rio de Janeiro: Lumen Juris, 2009, p. 219.

Apesar de atraente, não me parece correta essa tese, porque insustentável diante da possibilidade de concessão de tutela de urgência, mediante cognição sumária e juízo de mera probabilidade, apta a modificar, ainda que provisoriamente, a situação jurídica consolidada pelo ato administrativo. Se uma decisão nessas condições já gera efeitos imediatos, como não permitir que o mesmo ocorra com a sentença, fundada em cognição exauriente e juízo de certeza?

Entendo que a existência de efeito suspensivo à apelação na ação popular passa por uma definição de premissa fundamental: a forma de encarar o microssistema coletivo. A melhor doutrina ensina que, antes de buscar a solução no Código de Processo Civil, deve-se resolver, no âmbito do microssistema, entre as diversas leis extravagantes que o compõem. No caso ora analisado, entretanto, existe previsão expressa no art. 19, *caput*, da LAP, que conflita com a previsão expressa do art. 14 da LACP. Como resolver o aparente impasse? Aplica-se a norma específica ou aquela que melhor se amolda ao direito tutelado pelo microssistema coletivo?

Particularmente, entendo que, diante de um conflito de normas como o apresentado, cabe a aplicação daquela que se mostrar mais adequada à tutela dos direitos coletivos *lato sensu*, de forma a ser preferível a aplicação do art. 14 da LACP, retirando-se o efeito suspensivo próprio da apelação e permitindo-se ao juiz a concessão de efeito suspensivo impróprio vinculada à verificação de grave dano com a geração imediata de efeitos da sentença impugnada. O Superior Tribunal de Justiça, entretanto, entende que a regra a ser aplicada é a do art. 19 da LAP, atribuindo efeito suspensivo à apelação[69], opinião compartilhada pela doutrina majoritária[70].

---

69 STJ, 2ª Turma, REsp 1.188.564/SP, Rel. Min. Mauro Campbell Marques, j. 10.08.2010, DJe 10.09.2010.

70 MANCUSO, Rodolfo de Camargo. Ação popular. 4. ed. São Paulo: RT, 2001. p. 255; SILVA, Afonso da José. Ação popular constitucional: doutrina e processo. São Paulo: Malheiros, 2013. p. 245; MEIRELES, Helly Lopes; WALD, Arnaldo; MENDES, Gilmar Ferreira. Mandado de segurança e ações constitucionais. 33. ed. São Paulo: Malheiros, 2010. p. 199; SIDOU, José Maria Othon. Habeas corpus, mandado de segurança, mandado de injunção, habeas data, ação popular: as garantias ativas dos direitos coletivos. Rio de Janeiro: Forense, 2000. p. 372; DIDIER JR., Fredie; ZANETI JR., Hermes. Curso de direito processual civil. 16. ed. Salvador: Juspodivm, 2022. v. 4, p. 352.

4.3.1.2.5. Ação de Improbidade Administrativa

Durante muito tempo, o Superior Tribunal de Justiça considerou a ação de improbidade administrativa como uma espécie de ação civil pública, não sendo, portanto, nenhuma anomalia diante de tal premissa a aplicação a tal espécie de processo da regra consagrada no art. 14 da Lei 7.347/1985. A única exceção ficava por conta da imposição das sanções de perda da função pública e de suspensão de direitos políticos, porque o art. 20 da Lei 8.429/1992, em sua redação originária, exigia para sua implementação o trânsito em julgado da sentença condenatória[71].

A Lei 14.230/2021 modificou profundamente não só a Lei 8.429/1992, mas também a própria concepção da ação de improbidade administrativa. E essa verdadeira revolução interessa muito ao tema do efeito suspensivo da apelação contra a sentença proferida no processo de improbidade administrativa.

O art. 17-D, *caput*, Lei 8.429/1992, ao prever que a ação de improbidade administrativa não é uma ação civil, parece, na realidade, referir-se à ação civil pública, o que pode ser confirmado pela segunda parte do dispositivo, ao estabelecer que seu ajuizamento seja vedado para o controle de legalidade de políticas públicas e para a proteção do patrimônio público e social, do meio ambiente e de outros interesses difusos, coletivos e individuais homogêneos.

E, de maneira ainda mais clara, no parágrafo único, ao prever que, fora as hipóteses contempladas pela Lei 8.429/1992, o controle de legalidade de políticas públicas e a responsabilidade de agentes públicos – inclusive políticos, entes públicos e governamentais – por danos ao meio ambiente, ao consumidor, a bens e direitos de valor artístico, estético, histórico, turístico e paisagístico, a qualquer outro interesse difuso ou coletivo, à ordem econômica, à ordem urbanística, à honra e à dignidade de grupos raciais, étnicos ou religiosos e ao patrimônio público e social submetem-se aos termos da Lei 7.347, de 24 de julho de 1985.

---

[71] STJ, 2ª Turma, AgInt no AREsp 1.004.259/SP, Rel. Min. Og Fernandes, j. 17.08.2021, DJe 03.09.2021.

A natureza civil da ação, por outro lado, parece inegável a partir do momento que o próprio legislador determina de forma expressa, no art. 17, *caput*, da LIA, a aplicação à ação de improbidade administrativa do procedimento comum previsto no Código de Processo Civil.

A partir do momento que a lei consagra de forma expressa a natureza sancionatória da ação de improbidade administrativa, automaticamente afasta-a do microssistema coletivo e isso já é o suficiente para a apelação, nos termos do art. 1.012, *caput*, do CPC, ter efeito suspensivo. Tem lógica uma sanção imposta em sentença apelada não ter eficácia imediata, até por conta do brocardo da presunção da inocência, comum ao microssistema dos processos punitivos. A questão, entretanto, não é tão simples como parece.

O legislador, de forma bastante contraditória, apesar de expressamente prever que a ação de improbidade administrativa não se presta à tutela do patrimônio público, prevê diversos dispositivos legais que só se justificam se em tal ação for formulado pedido de reparação de danos suportados pelo erário[72]. E isso, obviamente, é tutelar o patrimônio público.

Quanto a esses pedidos, nada há de sancionatório. E é simplesmente impossível deixar de reconhecer a sua natureza coletiva de defesa de direito difuso, em prol da coletividade. Não fosse assim, não haveria como explicar a presença do Ministério Público no polo ativo da demanda.

Havendo cumulação de pedidos de natureza sancionatória e não sancionatória, há, em tese, a aplicação do microssistema dos processos sancionatórios para os primeiros e o microssistema coletivo para os demais. Afirmo que a cumulação dos dois microssistemas no mesmo processo é sugerida apenas em princípio, porque eles são incompatíveis, visto que o sancionatório tem como objetivo proteger o réu e o coletivo, tutelar o autor. A única maneira de conviverem num mesmo processo será por meio da separação total dos pedi-

---

72 NEVES, Daniel Amorim Assumpção; OLIVEIRA, Rafael Carvalho Rezende. Manual de improbidade administrativa. 10ª ed. Rio de Janeiro. Forense. 2024, n. 7.1., pp. 147-150.

dos sancionatórios e não sancionatórios (anulatórios, reparatórios e reintegratórios).

Ainda considerando em tese, em vez de pensar em mera cumulação de pedidos, seria como imaginar uma genuína cumulação de ações, cada qual sendo regida pelo seu microssistema correspondente. Sendo isso concretamente possível, não teria problema em admitir a convivência, num mesmo processo, dos dois microssistemas.

Os efeitos da apelação é uma dessas hipóteses. Sendo julgados procedentes todos os pedidos formulados pelo autor e interposta apelação total, ela será recebida sem efeito suspensivo com relação aos pedidos não sancionatórios (anulatórios, reparatórios e reintegratórios), com utilização do microssistema coletivo (art. 14 da LACP) e no duplo efeito com relação ao capítulo em que forem aplicadas as sanções de natureza político-administrativas previstas no art. 12 da Lei 8.429/1992, com aplicação dos arts. 17, *caput*, da LIA, e 1.012, *caput*, do CPC).

4.3.2. Requisitos para a Obtenção do Efeito Suspensivo na Apelação

4.3.2.1. Tutela da Evidência

Para as hipóteses em que a apelação não tenha efeito suspensivo *ope legis*, o art. 1.012, § 4º, do CPC prevê a possibilidade de sua concessão, desde que o recorrente demonstre a probabilidade de provimento do recurso ou se, sendo relevante a fundamentação, houver risco de dano grave ou de difícil reparação. Ao exigir que o apelante demonstre os requisitos, o legislador consagra o requisito do requerimento expresso do recorrente, de forma a não ser admitida a concessão de ofício do efeito suspensivo[73].

---

[73] ASSIS, Araken de. Manual dos recursos. 8. ed. São Paulo: RT, 2017. n. 25.9, p. 310; JORGE, Flávio Cheim. Teoria geral dos recursos cíveis. 3. ed. São Paulo: RT, 2007. n. 11.6.1.1, p. 393; TALAMINI, Eduardo; WLADECK, Felipe Scripes. Comentários aos arts. 926 a 1.072. In: BUENO, Cassio Scarpinella (coord.). Comentários ao Código de Processo Civil. São Paulo: Saraiva, 2017. v. 4, p. 305-306; BONDIOLI, Luiz Guilherme Aidar. Comentários ao Código de Processo Civil. 2. ed. São Paulo: Saraiva, 2017. v. XX, p. 36; GRECO, Leonardo. Instituições de direito processual civil. Rio de Janeiro: Forense, 2015. v. III, p. 59. Contra, permitindo a concessão de ofício: NERY JR., Nelson. Teoria geral dos recursos. 6. ed. São Paulo: RT, 2004. n. 3.5.2.3, p. 456.

A doutrina caminha no sentido de compreender que em tal dispositivo há previsão tanto de tutela de urgência como de tutela da evidência[74]. Não resta dúvida de que o legislador criou uma regra específica para a apelação e outra regra geral tratando do mesmo tema. E aparentemente pretendeu ampliar as espécies de tutela que justificam a concessão de um efeito suspensivo à apelação, mas foi muito mal na redação dos dois dispositivos.

Como se pode notar da mera leitura dos dois dispositivos, é elemento comum de ambos a demonstração da probabilidade de provimento do recurso, e, para o art. 995, parágrafo único, do CPC, a concessão do efeito suspensivo está condicionada também ao perigo do tempo (*periculum in mora*), enquanto para o art. 1.012, § 4º, do CPC basta esse requisito para a concessão do efeito suspensivo.

Não faz qualquer sentido, porque, se interpretados literalmente, os dois dispositivos em análise, a conclusão seria de que a mesma probabilidade que se exige para as espécies de recursos em geral como não suficiente para a concessão do efeito suspensivo, na medida em que o deferimento também depende do *periculum in mora*, na apelação bastaria, sem qualquer risco de geração de grave dano, de difícil ou incerta reparação. Isso sem mencionar a dificuldade de separar a probabilidade do provimento da relevância da fundamentação...

Compreendo que o legislador crie hipótese de concessão de tutela da evidência para se atribuir efeito suspensivo a recurso, mas parece imprescindível que, nesse caso, exija-se uma probabilidade maior do que aquela exigida para a concessão de uma tutela de urgência[75]. Até porque, se for a mesma probabilidade de provimento, então não terá mais utilidade a tutela de urgência, bastando a tutela da evidência.

Como deixar a questão da probabilidade somente numa escala de maior ou menor intensidade sempre levará a uma dose exagerada de subjetivismo, o ideal aqui seria o legislador ter seguido o que fez com a regulamentação da própria tutela da evidência como espécie de tutela provisória no art. 311 do CPC. Lá, tem-se uma probabi-

[74] DIDIER JR., Fredie; CUNHA, Leonardo Carneiro da. Curso de direito processual civil. 19. ed. Salvador: Juspodivm, 2021. v. 3, p. 245.

[75] BONDIOLI, Luiz Guilherme Aidar. Comentários ao Código de Processo Civil. 2. ed. São Paulo: Saraiva, 2017. v. XX, p. 109.

lidade objetivada em lei (incisos II, III e IV) ou, quando subjetiva, exige-se o preenchimento de outro requisito para a concessão da tutela da evidência (inciso I)[76].

Mesmo diante da injustificável omissão legislativa, a melhor e mais segura solução para distinguir a probabilidade da tutela de urgência e da evidência para a concessão de efeito suspensivo em apelação é a mesma adotada para a concessão de tutela provisória para a antecipação dos efeitos práticos da tutela. Enquanto na tutela de urgência a probabilidade é aberta, dependendo sempre sua presença de elementos casuais do caso concreto, na tutela da evidência ela é objetivada por lei, dependendo sua presença no caso concreto de sua tipificação legal.

Entendo que a probabilidade exigida para a concessão de efeito suspensivo como espécie de tutela da evidência depende de uma alegação recursal que tenha como fundamento uma súmula ou precedente com eficácia vinculante, de forma que a única chance de derrota do apelante seja o tribunal se valer das técnicas da distinção ou da superação[77]. Menos do que isso, o apelante terá que se valer da tutela de urgência para obter o efeito suspensivo.

Existe corrente doutrinária que defende ainda uma segunda hipótese para a concessão de efeito suspensivo pela tutela da evidência em sede de apelação: a prolação de sentença absurda, manifestamente contrária ao texto legal[78]. Nessa situação de verdadeira teratologia jurídica, seria admissível a concessão de efeito suspensivo com fundamento em tutela provisória da evidência.

Concordo com a premissa, porque realmente, se uma sentença se configura, *prima facie*, num absurdo jurídico, facilmente identificado, não será preciso muito esforço intelectual para se chegar à conclusão de que provavelmente será reformada. E, nesse caso,

[76] Enunciado 47 da I Jornada de Direito Processual Civil do CJF: "A probabilidade do direito constitui requisito para concessão da tutela da evidência fundada em abuso do direito de defesa ou em manifesto propósito protelatório da parte contrária".

[77] MELLO, Rogerio Licastro Torres de. Comentários aos arts. 1.009 a 1.014. In: WAMBIER, Teresa Arruda Alvim; DIDIER JR., Fredie; TALAMINI, Eduardo; DANTAS, Bruno (coord.). Breves comentários ao Novo Código de Processo Civil. São Paulo: RT, 2015. p. 2.243.

[78] DIDIER JR., Fredie; CUNHA, Leonardo Carneiro da. Curso de direito processual civil. 19. ed. Salvador: Juspodivm, 2021. v. 3, p. 248.

mesmo que a produção de efeitos da decisão possa não gerar um grave dano de difícil ou incerta reparação, faz sentido atribuir efeito suspensivo à apelação, em razão do absurdo da situação criada pela decisão recorrida.

O risco, naturalmente, é a utilização da premissa de forma equivocada, para se atribuir efeito suspensivo a apelações que impugnem apenas sentenças erradas, mas que fiquem longe de verdadeiros absurdos jurídicos. O ideal, portanto, é reservar a hipótese para situações que beiram o folclore jurídico de tão surreais.

Por fim, não concordo com a possibilidade de concessão de efeito suspensivo como espécie de tutela da evidência para todas as espécies recursais. O legislador me pareceu bastante claro em suas opções: para a apelação, uma possibilidade maior de concessão de efeito suspensivo por meio de duas espécies diferentes de tutela provisória, mas, para as demais espécies recursais, a única forma de conseguir o efeito suspensivo é por meio de uma tutela de urgência.

Não tenho condições de afirmar ter sido ou não uma escolha consciente, mas é uma opção devidamente consolidada nos arts. 995, parágrafo único, do CPC, e 1.012, § 4º, do mesmo diploma legal. E ainda que não seja essa a preferência do intérprete, a hermenêutica tem limites.

Particularmente, vejo uma lógica no tratamento distinto dispensado pelo legislador à apelação sem efeito suspensivo. Sendo uma exceção à regra e servindo de recurso contra a decisão que decide a causa em primeiro grau, é compreensível que o legislador tenha maior preocupação com a geração imediata de efeitos da decisão recorrida. O mesmo, no entanto, não se pode dizer das demais espécies recursais, para as quais a concessão do efeito suspensivo deve ser estritamente excepcional, sendo razoável exigirem-se nesse caso os requisitos típicos a uma tutela de urgência.

4.3.2.2. Tutela de Urgência

4.3.2.2.1. Introdução

O art. 995, parágrafo único, do CPC é o dispositivo que consagra a regra geral de concessão de efeito suspensivo impróprio aos recursos. Entretanto, conforme já adiantado, para a apelação existe norma específica sobre o tema – art. 1.012, § 4º, do CPC –, o que já seria o suficiente para afastar a aplicação da regra geral para tal espécie recursal.

Uma comparação entre os dois dispositivos, naquilo que interessa, ou seja, o efeito suspensivo impróprio como espécie de tutela de urgência, demonstra a utilização dos exatos mesmos termos quanto a um dos requisitos e proximidade quanto a outro. Há identidade quanto à "probabilidade de provimento do recurso" e, enquanto na regra geral de recurso está previsto "risco de dano grave, de difícil ou impossível reparação", na regra específica da apelação está previsto "risco de dano grave ou de difícil reparação".

Uma última consideração preliminar. O efeito suspensivo como tutela de urgência na apelação tem posição subsidiária, só passando a importar se não for caso de efeito suspensivo com natureza de tutela da evidência. É natural que assim o seja, afinal, é abstratamente mais fácil ao apelante a obtenção desta, que exige o preenchimento de apenas um requisito, enquanto aquela exige dois.

No caso concreto, o apelante pode, inclusive, fazer uma cumulação subsidiária de pedidos de concessão de efeito suspensivo. Primeiro, alega que tem direito de sua obtenção com fundamento na tutela da evidência e, caso o relator entenda não ser esse o caso, que então o conceda com base na tutela de urgência.

> Jussara, após interpor apelação, peticionou perante o Tribunal Regional Federal requerendo a concessão de efeito suspensivo nos seguintes termos: primeiro alegou que sua fundamentação recursal estava baseada em um precedente firmado em julgamento repetitivo do Superior Tribunal de Justiça, portanto um precedente vinculante; em segundo, alegou que, se esse não fosse o entendimento do relator, que a fundamentação era aceita pela jurisprudência daquele tribunal e que a geração de efeitos da sentença geraria a ela um dano irreparável.

4.3.2.2.2. Risco de Dano Grave ou de Difícil Reparação

O primeiro requisito do efeito suspensivo como tutela de urgência é um antigo conhecido dessa espécie de tutela provisória: o tempo como inimigo. Enquanto o art. 1.014, § 4º, do CPC indica que caberá ao apelante demonstrar que a geração imediata dos efeitos da decisão recorrida é capaz de lhe gerar um dano grave ou de difícil reparação, o art. 995, parágrafo único, do CPC prevê como requisito a comprovação de um grave dano grave, de difícil ou impossível reparação, e o art. 300, *caput*, do CPC fala em perigo de dano ou risco ao resultado útil do processo.

Acredito, sinceramente, que o legislador não tenha pretendido, com as diferentes redações, distinguir as hipóteses. Seriam apenas formas distintas de descrever o mesmo fenômeno. A jurisprudência, inclusive, é consolidada no sentido de os requisitos para a concessão de efeito suspensivo se confundirem com os requisitos para a concessão de tutela de urgência[79].

Em obra dirigida ao estudo da teoria geral dos recursos, na qual desenvolvi o estudo do art. 995, parágrafo único, do CPC, destaquei a importância de distingui-lo do art. 300, *caput*, do CPC quanto ao requisito do "tempo como inimigo", levando-se a sério a sua redação. Afinal, o dispositivo legal exige como requisito a demonstração de um risco de dano grave e de difícil ou impossível reparação, qualificando de duas formas o dano provável a ser gerado pela eficácia imediata da decisão recorrida.

Partindo da premissa de serem a gravidade do dano e a dificuldade ou impossibilidade de sua reparação requisitos cumulativos para a concessão do efeito suspensivo, concluí que a situação econômica do recorrido seria indispensável na análise a ser feita pelo relator para a concessão do efeito suspensivo. Afinal, por mais grave que seja o dano, se o devedor do crédito for solvente, ele será reparável, e, quanto mais solvente ele for, mais fácil será essa reparação[80].

É possível que nesse momento o leitor esteja se questionando por que estou tratando do art. 995, parágrafo único, do CPC, se no tópico 4.3.2.2.1 adotei a premissa de ser tal dispositivo inaplicável

---

79 STF, 2ª Turma, RE 1.027.011 AgR, Rel. Min. Edson Fachin, j. 13.04.2018, DJe 24.04.2018; STJ, 4ª Turma, AgInt na Pet 15.634/SP, Rel. Min. Marco Buzzi, j. 20.03.2023, DJe 23.03.2023.

80 NEVES, Daniel Amorim Assumpção. Teoria geral dos recursos. Salvador: Juspodivm, 2023.

à apelação. Faço-o por dois motivos: primeiro, para pontuar que, da mesma forma que fiz questão de levar a sério a redação de tal dispositivo, assim também procedo com relação ao art. 1.012, § 4º, do CPC; e, segundo, porque a regra específica da apelação, em razão de sua redação, cria uma realidade distinta daquela criada pela regra geral.

O art. 1.012, § 4º, do CPC prevê o risco de um dano grave ou de difícil reparação, ou seja, aqui não há cumulatividade de características do dano, mas alternatividade. A conjectura utilizada pelo dispositivo não é um "e" ou uma vírgula, mas um sonoro "ou". Não há margem para interpretação em outro sentido: "ou" é "ou".

Essa realidade aproxima o dispositivo do art. 300, *caput*, do CPC, o que significa dizer, do *periculum in mora* clássico, de forma que, demonstrado o risco de ser gerado um grave dano com a eficácia imediata da sentença, é irrelevante saber se a reparação de tal dano seria fácil, difícil, moderada ou impossível. O simples fato de ser comprovada a gravidade do dano já é o suficiente para o preenchimento do requisito.

Por outro lado, a dificuldade de reparação do dano passa a ser uma característica que, isoladamente, também garante o preenchimento do requisito legal. Significa dizer que, independentemente da intensidade do dano, se o apelante demonstrar que a sua reparação é de difícil reparação, terá preenchido o requisito. Mesmo vícios que não sejam graves, portanto, podem levar à concessão de efeito suspensivo. Para tanto, por exemplo, basta ao apelante demonstrar que a condição econômica do apelado não é saudável e que há risco de não ter como arcar com futura e eventual reparação na hipótese de provimento do recurso.

Por fim, há corrente doutrinária que tem posição crítica à expressa menção ao risco de dano como requisito quando, em determinadas espécies de tutela, como a inibitória, o que se busca evitar não é a geração de dano, mas sim a prática do ato ilícito. O art. 497, parágrafo único, do CPC foi suficientemente claro ao prever que para a tutela preventiva o dano é requisito estranho e irrelevante. Nesse caso, para essa corrente doutrinária, exigir do recorrente a comprovação de perigo de dano equivale a, incorretamente, ampliar o próprio objeto do processo[81]. Afinal, se não seria preciso provar o dano para ser tutelado, como exigir tal comprovação para a obtenção do efeito suspensivo em seu recurso?

Parece-me que aqui o dano que deverá ser demonstrado pelo apelante não é o associado ao suposto ato ilícito que se busca evitar a prática, a continuidade ou a repetição. Refere-se ao dano justamente que será produzido se a sentença que impede essa prática, continuidade ou repetição gerar efeitos imediatamente. Não se trata, portanto, de discutir a geração, real ou potencial de danos do ato ilícito, mas dos danos associados à abstenção de sua prática, o que será consequência da geração imediata de efeitos da sentença impugnada pela apelação sem efeito suspensivo.

A título de exemplo, pense-se que uma empresa vem funcionando normalmente e é condenada a interromper suas atividades por determinado período diário para adequar a emissão de poluentes no ar. Interposta a apelação sem efeito suspensivo contra a decisão, a empresa recorrente deve, para obter o efeito suspensivo em sua apelação, demonstrar que a geração imediata de seus efeitos, isto é, a diminuição da carga horária de funcionamento, gerar-lhe-á graves danos ou danos de difícil reparação.

4.3.2.2.3. Demonstração de Probabilidade de Provimento do Recurso

Conforme analisado no tópico 4.3.2.2.1, o legislador faz uma enorme confusão ao prever os requisitos para a concessão do efeito suspensivo no art. 1.012, § 4º, do CPC. Deixa a probabilidade do provimento da apelação sozinha, como se fosse o requisito único do efeito suspensivo como tutela de evidência, e prevê a relevância da fundamentação ao lado do perigo de dano grave ou de difícil reparação como os dois requisitos do efeito suspensivo como tutela de urgência.

A barbeiragem legislativa, entretanto, é incapaz de afastar a apelação das demais espécies recursais no que diz respeito a esse requisito tradi-

81 MARINONI, Luiz Guilherme; MITIDIERO, Daniel. Comentários ao Código de Processo Civil. São Paulo: RT, 2017. v. XVI, p. 202.

cionalmente associado ao *fumus boni iuris* na tutela de urgência. Ainda que, por força da redação dos dispositivos legais, tenha-se que afirmar que na apelação trata-se da relevância da fundamentação recursal e nas demais espécies recursais de probabilidade de provimento do recurso. A lógica sistêmica do efeito suspensivo impróprio depende disso.

Digo mais, a relevância da fundamentação é a causa, enquanto a probabilidade de provimento do recurso é a consequência. Ter uma fundamentação relevante, afinal, significa ter uma causa de pedir capaz de convencer os julgadores, o que, ao final, levará ao provimento do recurso. São termos, portanto, que se misturam. Digo isso porque, apesar de já ter afirmado que na apelação aplica-se o art. 1.012, § 4º, do CPC, e não o art. 995, parágrafo único, nesse tocante, parece-me adequado fala em probabilidade de provimento da apelação, com o que, seguramente, também se estará referindo à relevância da fundamentação recursal.

Cabe ao recorrente convencer o juízo competente para a análise do efeito suspensivo de que, sendo relevante a fundamentação de sua apelação, há uma probabilidade de provimento do recurso. É natural que existam diferentes graus de probabilidade, mas o legislador não faz qualquer distinção, apenas exigindo a demonstração de probabilidade de provimento, ainda que corrente doutrinária exija uma elevada possibilidade de êxito da insurgência[82].

No entanto, apesar de não ser incorreto, não resolve o problema determinar que a mera verossimilhança não garante o preenchimento do requisito, devendo haver no caso concreto uma forte probabilidade de sucesso[83]. Afinal, o que significa forte probabilidade de êxito? Por outro lado, a confusão é tamanha que há quantidade razoável de decisões que condicionam a concessão de efeito suspensivo à verossimilhança das alegações – *fumus boni iuris* – consubstanciadas na elevada probabilidade de êxito do recurso interposto[84].

---

[82] ASSIS, Araken de. Manual dos recursos. 8. ed. São Paulo: RT, 2017. n. 25.9, p. 312.

[83] STJ, 2ª Turma, AgRg na MC 16.826/PA, Rel. Min. Mauro Campbell Marques, j. 15.06.2010, DJe 23.06.2010.

[84] STJ, 1ª Turma, AgInt no TP 3.508/SC, Rel. Min. Gurgel de Faria, j. 21.03.2022, DJe 30.03.2022; STJ, 1ª Seção, AgInt na AR 7.010/DF, Rel. Min. Regina Helena Costa, j. 28.09.2021, DJe 08.10.2021.

Antes de qualquer outra análise, é importante observar que, criada alguma desconfiança no relator da apelação a respeito da própria admissibilidade recursal, não será possível o preenchimento do requisito ora examinado. Digo desconfiança porque, se o relator tiver certeza da inadmissibilidade, já poderá julgar monocraticamente a apelação, nos termos do art. 932, III, do CPC. E, nesse caso, naturalmente, não há que falar em concessão de efeito suspensivo.

Entretanto, não tendo certeza do vício formal, o ideal é que leve o recurso para a sessão de julgamento. Entendo que nesse caso, ainda que o relator se impressione com o conteúdo recursal, convencendo-se da relevância da fundamentação exigida pelo art. 1.012, § 4º, do CPC, não poderá conceder o efeito suspensivo por ter dúvidas a respeito da própria admissibilidade recursal. É consequência lógica dos juízos de admissibilidade e de mérito realizados pelo órgão julgador. De nada adianta estar sumariamente convencido do mérito se não estiver, ainda que sumariamente, convencido da admissibilidade da apelação.

Tendo formado um convencimento, ainda que sumário, de que a apelação é admissível, caberá ao relator passar à análise de probabilidade de provimento: o que, no caso concreto, será suficiente ao apelante fazer para convencer o relator de que merece a concessão de efeito suspensivo?

Acredito que, sendo a causa de pedir recursal fundada em *error in procedendo*, e/ou *error in judicando* jurídico, a análise deva ser realizada da mesma forma, porque sempre se estará no recurso discutindo uma questão jurídica. E, nesse caso, o mais provável é que essa questão já tenha sido decidida em outros recursos pelo tribunal competente para o julgamento da apelação e, eventualmente, até mesmo pelos tribunais superiores, o que será determinante para a análise do preenchimento do requisito ora examinado.

O maior grau de probabilidade possível é estar a sentença recorrida em sentido contrário ao estabelecido em precedente vinculante – ou qualificado[85] – ou súmula com eficácia vinculante. Contudo,

[85] STJ, 1ª Turma, AgInt no REsp 1.603.354/SP, Rel. Min. Regina Helena Costa, j. 20.05.2019, DJe 22.05.2019.

mesmo nesse caso é possível divisar diferentes graus de probabilidade. Tome-se a decisão judicial que contraria expressamente precedente vinculante ou súmula vinculante com o fundamento de não concordar com seu conteúdo. Nesse cenário, como se pode notar, a decisão não teve como fundamento a distinção ou a superação, mas o mero inconformismo do órgão julgador com o entendimento consagrado com eficácia vinculante. Tem-se nesse caso a maior probabilidade de provimento do recurso.

Tanto assim o é que, conforme analisado no tópico 4.3.2.1, será caso de concessão de efeito suspensivo como espécie de tutela da evidência, sendo dispensável qualquer análise de eventual geração de dano de qualquer espécie por conta da eficácia imediata da sentença. Existe, contudo, espaço para a concessão de efeito suspensivo como tutela de urgência na apelação com fundamentos que versam sobre precedentes vinculantes e súmulas vinculantes distintos desse ora analisado.

É possível que a não aplicação do entendimento consagrado com eficácia vinculante tenha se dado justamente em razão de distinção ou superação, hipótese na qual o apelante argumentará em seu recurso a impropriedade da utilização da técnica de afastamento da eficácia vinculante. Não se discute que a aplicação de tais técnicas seja excepcional, porém a sua adequação ao caso concreto naturalmente dependerá de uma análise casuística.

O grau médio de probabilidade é a sentença contrariar uma súmula sem eficácia vinculante ou precedente persuasivo do tribunal competente para o julgamento do recurso ou de tribunal superior. Nesse contexto, ainda que o tribunal não tenha o dever de seguir o entendimento consagrado na sentença apelada, é o mais provável de acontecer, seja em razão da exigência do art. 926 do CPC, seja pelo respeito natural que os precedentes geram em órgãos jurisdicionais de hierarquia inferior ou do próprio tribunal que os criou.

Apesar de parecer sem sentido, é necessário destacar uma situação de eventual conflito de entendimentos entre tribunais de diferentes graus de jurisdição. O Tribunal de Justiça tem um entendimento consolidado sobre a questão jurídica no mesmo sentido do que foi decidido na sentença, enquanto o Superior Tribunal de Justiça já consolidou entendimento no sentido do arguido nas razões recursais.

Imagino que nesse caso a probabilidade de sucesso do apelante num eventual julgamento em tribunal superior não será suficiente para o relator conceder o efeito suspensivo ao recurso, porque provavelmente adotará como premissa de análise a probabilidade de provimento da apelação a ser julgada, e não de um futuro e eventual recurso especial ou extraordinário. Logo, o que vai interessar será a probabilidade do julgamento recursal, e não necessariamente do resultado final do processo caso o caminho recursal seja esgotado.

Novamente, é possível descrever diferentes graus de probabilidade nessa circunstância a depender do caso concreto. Consigo imaginar algumas hipóteses possíveis.

A sentença apelada contraria não só precedente persuasivo, mas também súmula ou jurisprudência consolidada do tribunal. Nesse caso, parece-me que está o maior grau de probabilidade de provimento da apelação, porque, ainda que não exista a eficácia vinculante, haverá a eficácia natural de o tribunal, por meio de seus membros, respeitar a sua jurisprudência, conforme, inclusive, exige o art. 926 do CPC.

Situação próxima, mas com um grau menor de probabilidade, verificar-se-á quando houver jurisprudência consolidada ou súmula de tribunal superior, porém não do tribunal de segundo grau, que mantém uma indesejada divergência interna sobre o tema. À vista disso, tudo dependerá da loteria judiciária, porque, se a apelação for distribuída a relator que já tem entendimento consagrado sobre o tema, assim decidirá. E de nada adiantará o apelante alegar que a probabilidade decorre de jurisprudência de tribunal superior porque não é ele quem julgará a apelação na qual se requer a concessão de efeito suspensivo.

A sentença contraria um único precedente não vinculante do tribunal, que na verdade teve apenas essa oportunidade de decidir sobre a questão jurídica versada no recurso. Não há sequer divergência, porque o tema chegou somente uma vez antes ao tribunal. Aqui teremos o menor grau de probabilidade nessa classificação de probabilidade média que adotei, uma vez que tudo dependerá de o relator comungar ou não do entendimento consagrado no julgamento anterior. Naturalmente, tratando-se de diferentes julgadores, pois, se forem os mesmos, a probabilidade de provimento da apelação crescerá exponencialmente.

Finalmente, é possível imaginar um tema jurídico que seja simplesmente inédito no tribunal. Nunca foi analisado, de forma que não existe precedente para ser seguido ou afastado, muito menos jurisprudência ou súmula. Total ineditismo da questão jurídica. Aqui, tecnicamente, é simplesmente impossível falar em probabilidade de provimento do recurso.

Na praxe forense, entretanto, ocorre um fenômeno peculiar. Um prejulgamento por parte do relator, que, convencido das razões recursais, entende que provavelmente dará provimento à apelação quando chegar o momento procedimental previsto em lei e, por isso, decide pela concessão do efeito suspensivo. O subjetivismo não poderia ser maior e mais prejudicial à segurança jurídica.

Havendo na causa de pedir recursal um *error in judicando* fático, o apelante terá que convencer o tribunal a modificar a base fática da decisão ou a valoração que foi realizada da prova produzida para, a partir daí, aplicar outro fundamento jurídico que o leve à vitória. É, em realidade, uma dupla missão, porque o apelante pretende reverter a situação fática desvantajosa e, a partir de então, ver aplicada regra jurídica que lhe favoreça. Aponto para uma dupla missão porquanto é possível que o tribunal, ainda que concorde com a reversão da parte fática da demanda, discorde da qualificação jurídica pretendida pelo apelante, de forma a manter a fundamentação jurídica que o prejudica. Trata-se, portanto, de um duplo convencimento para garantir-lhe a vitória.

Essa constatação é importante pois, em termos de probabilidade de provimento, esses dois aspectos deverão ser considerados. Primeiro, deve ser provável a alteração da base fática da sentença ou da valoração probatória realizada. Depois, diante dessa provável nova realidade, deve ser plausível a consequência jurídica pretendida pelo apelante. Não basta uma probabilidade sem a outra.

Quando o apelante alegar em seu recurso que a base fática da decisão foi formada incorretamente, terá como fonte de alegação somente dados extraídos do processo. Determinar a irrelevância ou impertinência de um fato é algo absolutamente subjetivo, e imaginar que nesse caso se possa apontar algum elemento objetivo para estabelecer a existência de grande probabilidade de tal fundamento ser acolhido pelo relator não é trabalhar com a realidade.

É evidente que o apelante, ao alegar que houve um *error in judicando* quanto à fixação do objeto da prova, apontará as alegações elaboradas pelas partes no processo, suas impugnações e as normas legais aplicáveis ao tema, tentando demonstrar a inadequação e/ou a ilegalidade da decisão. Acredito que, quanto mais demonstráveis *prima facie* forem tais inadequações e/ou ilegalidades, maior será a probabilidade de provimento do recurso e mais perto ficará o apelante da concessão do efeito suspensivo.

Assim, por exemplo, no caso de haver um fato em cujo favor milita uma presunção absoluta de veracidade (art. 374, IV, do CPC), e, ainda assim, o juiz determinar produção de prova a seu respeito, que por fim acaba não sendo produzida, e o magistrado decidir com base em sua não produção. Nesse caso, há uma grande probabilidade de alteração da sentença no julgamento da apelação, tendo em vista a sua manifesta ilegalidade.

Por outra perspectiva, o autor alega um fato em sua petição inicial e o réu, em sua contestação, rebate-o, mas não fica muito claro se há em sua defesa uma impugnação específica ou geral. O juiz interpreta no segundo sentido, considerando o fato como incontroverso e assim sentencia o processo. O réu, inconformado, apela alegando ter impugnado especificamente o fato, controvertendo-o nos termos da lei. Nessa circunstância, tendo sido controvertida a efetiva impugnação específica, não há como apontar a probabilidade de provimento do recurso.

Ainda quando a causa de pedir é formada por *error in judicando* fático, o recorrente pode suscitar a indevida escolha das provas utilizadas pelo juízo *a quo* para formar o seu convencimento, podendo-se citar a utilização de uma prova manifestamente ilícita ou de uma prova emprestada que não tenha cumprido os requisitos mínimos para se legitimar tal empréstimo. A probabilidade, aqui, será tão maior quanto o for a demonstração de ilegalidade.

Finalmente, o *error in judicando* fático poderá ter como objeto a valoração da prova. Dessarte, o recorrente indicará a incorreção na carga de convencimento dada pelo juízo *a quo* às provas produzidas. Em geral, por conta da liberdade concedida ao juízo nessa atividade, desde que motivada, dificilmente se pode considerar, *a priori*, como muito provável o acolhimento da tese recursal. É evidente que o tribunal pode valorar a prova de outra forma, mas daí a entender que isso provavelmente ocorrerá há uma distância considerável.

O que pode acontecer é uma valoração absolutamente irrazoável, ainda que fundamentada. Nessa hipótese, a situação é distinta e a probabilidade de acolhimento da tese recursal, real. Seguindo as lições de Malatesta, que chamou de sociabilidade do convencimento, que buscava afastar a valoração de apreciações subjetivas do juiz, a valoração deve ser a mesma que seria realizada por qualquer outra pessoa racional, devendo o juiz se convencer da mesma forma como o seria qualquer pessoa[86]. Como lembra abalizada doutrina, o juiz deve, em sua valoração da prova, buscar o consenso mais generalizado possível da sociedade em que é inserida, proferindo uma decisão que atenda às expectativas sociais[87].

> Doron, representado por sua mãe Mor Talchi, ingressa com ação de investigação de paternidade cumulada com alimentos contra Felipe, sendo concedida liminar para o pagamento de alimentos no valor de R$ 5.000,00. É produzida prova pericial (DNA) que aponta a paternidade do réu e ouvida uma testemunha, Mariana, que em seu depoimento afirma que põe a mão no fogo por Felipe e que pode atestar com certeza que Doron não é seu filho. O juiz julga improcedente o pedido e revoga a liminar, afirmando que não se convence pela perícia por ser um descrente com a ciência desde que descobriram que o mertiolate não

86 Apud SANTOS, Moacyr Amaral. Prova judiciária no cível e comercial. 4. ed. São Paulo: Max Limonad, 1970. v. I, p. 354.

87 OLIVEIRA, Carlos Alberto Alvaro de. Do formalismo no processo civil. São Paulo: Saraiva, 1997. p. 163.

> funcionava para nada, dando ainda o exemplo da oscilação científica a respeito dos benefícios e malefícios do ovo. Por outro lado, afirma que confia muito nas pessoas, que depois de Adão e Eva só nos dão motivo de orgulho e que foi muito com a cara de Mariana, que prestou um depoimento seguro e confiante. Doron interpõe apelação e, ao requerer efeito suspensivo, alega que existe uma boa probabilidade de provimento em seu recurso porque a fundamentação fática da sentença é, por assim dizer, um tanto extravagante.

Seja como for, sempre que o apelante alegar em sua causa de pedir recursal um *error in judicando* fático, haverá a já mencionada dupla missão de convencimento: probabilidade de reversão da base fática da decisão recorrida e probabilidade de reversão da aplicação do Direito ao caso concreto.

4.3.3. Procedimento para a Obtenção do Efeito Suspensivo

O procedimento para a obtenção do efeito suspensivo em apelação está previsto no art. 1.012, § 4º, do CPC, que deixa claro ser do tribunal de segundo grau a competência exclusiva para decidir sobre o tema. O que faz toda lógica, considerando-se que, se o juízo de primeiro grau não tem mais competência para o juízo de admissibilidade recursal, consequencialmente também não tem mais competência para se manifestar sobre os efeitos do recurso.

Essa nova realidade, entretanto, é capaz de causar insegurança no caso concreto porque, ainda que a apelação em regra tenha o chamado duplo efeito e as hipóteses de exclusão do efeito suspensivo estejam objetivamente previstas em norma legal – salvo a da sentença que decide os embargos ao mandado monitório –, é possível que surja no caso concreto alguma zona cinzenta em que as partes não saibam com certeza se a sentença está ou não gerando efeitos.

No sistema revogado, a situação de dúvida também podia existir, mas durava pouco, porque logo após a interposição da apelação já vinha uma decisão declarando os efeitos do recebimento da apelação (naturalmente quando o recurso era admitido). E a parte que discordasse do capítulo referente ao efeito suspensivo dessa decisão interlocutória tinha o agravo de instrumento à sua disposição.

Atualmente as partes, diante da dúvida, descobrem por experimentação. A parte vencedora, acreditando não ter a apelação da parte contrária efeito suspensivo, dá início ao cumprimento provisório de sentença. Se o juízo concordar com ela, determina a intimação do apelante, que, se discordar da interpretação de ambos, nesse sentido se manifestará no cumprimento de sentença, forçando assim a prolação de uma decisão interlocutória, recorrível por qualquer das partes, nos termos do art. 1.015, parágrafo único, do CPC. Caso a decisão seja pela extinção do cumprimento de sentença, entendo ser aplicável a regra da causalidade quanto aos honorários, não cabendo a condenação de qualquer das partes. Por outro lado, caso o juízo entenda pelo duplo efeito da apelação, extinguirá liminarmente o cumprimento de sentença, em decisão recorrível por agravo de instrumento, nos termos do art. 1.015, parágrafo único, do CPC.

Há outra situação que, apesar de inusitada, já vi ocorrer na praxe forense. O juízo de primeiro grau não tem dúvida de que a apelação não tem efeito suspensivo, mas, diante de pedido de sua concessão elaborado pelo apelante na própria peça recursal, profere decisão no sentido de que a sentença só deve passar a gerar efeitos depois de o relator decidir tal pedido. Não há dúvida do equívoco da decisão, porque até que ela seja proferida a decisão é eficaz e, somente a partir dela, sendo acolhido o pedido, a eficácia será suspensa. A questão é: como deve proceder o apelado nessa situação?

Havendo uma decisão interlocutória, entendo cabível o recurso de agravo de instrumento. Obviamente, tal decisão não estará no rol do art. 1.015 do CPC nem em outro dispositivo como recorrível por agravo de instrumento, por uma razão bem compreensível: ela não deveria sequer existir no caso concreto. Entendo ser aplicável ao caso a teoria da taxatividade mitigada da mesma forma que defendi, no tópico 1.1.3.2.3.13, para a decisão interlocutória que inadmite a apelação: se cabe agravo de instrumento porque o recurso previsto em lei se mostra inútil no caso concreto, com ainda mais razão será cabível se o recurso previsto em lei for materialmente incabível.

Por outro lado, entendo também cabível contra tal decisão a reclamação por usurpação de competência (art. 988, I, do CPC), afinal, o juízo de primeiro grau, ainda que indiretamente, dará efeito suspensivo a um recurso que não o tem. E essa competência só tem o relator em segundo grau de jurisdição. O cabimento de agravo de instrumento serve para dar à parte um prazo de 15 dias para o ingresso da reclamação, mas, sendo seu cabimento controverso, o mais seguro na praxe forense é valer-se da reclamação no prazo de cinco dias dos embargos de declaração.

Há, ainda, a possibilidade de o juízo de primeiro grau, quem sabe saudoso de outros tempos, proferir decisão conferindo efeito suspensivo ao recurso de apelação que não o tenha. Necessariamente, ter-se-á nesse caso o vício de competência. Pode haver também o vício de iniciativa, porque a concessão do efeito suspensivo depende de requerimento expresso do apelante, mas esse eventual vício fica num segundo plano.

Cabe aqui uma equiparação aos comentários que fiz no tópico 2.2.8 para a decisão interlocutória que inadmite a apelação. Diante da manifesta usurpação de competência, é indiscutível o cabimento de reclamação para o tribunal de segundo grau competente para julgar a apelação, nos termos do art. 988, I, do CPC. Como o art. 988, § 5º, I, do CPC consagra o não cabimento da reclamação contra decisão transitada em julgado, é importante resolver a questão da recorribilidade da decisão. Como entendo ser a decisão agravável, defendo ter a parte 15 dias para a reclamação, mas, reconhecendo a polêmica a respeito do tema, compreendo que o mais seguro, conforme já apontado, é ajuizá-la no prazo de cinco dias, correspondente ao prazo dos embargos de declaração.

Os dois incisos do § 3º do art. 1.012 do CPC preveem formas diferenciadas de o apelante requerer a concessão de efeito suspensivo a depender do grau de urgência ou do momento em que surge a urgência ou o interesse na formulação de tal pedido. Isso porque o efeito suspensivo pode ter a natureza de tutela da evidência ou de urgência, nos termos do art. 1.012, § 4º, do CPC.

Tratando-se de efeito suspensivo como espécie de tutela de urgência, é possível que o apelante enfrente um grau extremo ou considerável de urgência para impedir a geração de efeitos da sentença, o que certamente o fará proceder nos termos do inciso I do

§ 3º do art. 1.012 do CPC: interposição da apelação em primeiro grau e petição com o requerimento do efeito suspensivo distribuída no tribunal de segundo grau com o relator que a receber e decidir o pedido, ficando prevento para quando a apelação chegar ao tribunal.

O dispositivo ora analisado, ao prever a distribuição do requerimento e a prevenção do relator que o receber, parte da premissa de que já não exista uma prevenção determinada previamente nos termos do art. 930 do CPC. Conforme devidamente examinado no tópico 2.2.10.1.3, é possível, por exemplo, que no processo já tenha sido interposto agravo de instrumento, sendo nesse caso o requerimento dirigido ao relator de tal recurso, que estará já prevento para o recurso de apelação[88].

Nesse caso, a depender do grau de urgência, o apelante vai inclusive antecipar a própria interposição da apelação, fatalmente não se valendo do prazo total de 15 dias previsto em lei. Isso porque, conforme analisado no tópico 4.2, não tendo a apelação efeito suspensivo, a partir da publicação da sentença ela passa a gerar efeitos e, a depender do caso concreto, é possível que poucos dias de efeitos gerados já sejam suficientes para que o risco de grave dano deixe de ser somente um risco.

A circunstância, entretanto, de uma parte ter de antecipar-se na interposição de uma apelação, não tendo efetivamente o direito de aproveitar-se da integralidade do prazo recursal que a lei prevê, somente para poder requerer efeito suspensivo ao relator, não parece muito consentâneo com o princípio da ampla defesa.

Pensando justamente nesses casos, de extrema gravidade, nos quais a parte não possa admitir sequer que a sentença chegue a produzir em absoluto qualquer efeito, nem ao menos por um momento que seja. E que eventualmente, ainda que esteja disposta a não aproveitar todo o prazo recursal de 15 dias, a urgência seja ainda mais severa a ponto de não admitir sequer uma interposição expedita do recurso. Surge uma solução atípica.

---

88 FERREIRA, William Santos. In: BUENO, Cassio Scarpinella (coord.). Comentários ao Código de Processo Civil. São Paulo: Saraiva, 2017. v. 4, p. 439; DIDIER JR., Fredie; CUNHA, Leonardo Carneiro da. Curso de direito processual civil. 19. ed. Salvador: Juspodivm, 2021. v. 3, p. 247.

A decisão se torna pública assim que é juntada nos autos, quando passa a ser acessível por todos. Nesse momento, a parte sucumbente toma conhecimento de seu teor e já sabe que terá que apelar e pedir o efeito suspensivo. No entanto, a publicação se avizinha rapidamente e a elaboração da apelação, diante da complexidade do caso, demandará tempo. Pode a parte peticionar perante o tribunal de segundo grau requerendo a concessão de um efeito suspensivo de uma apelação que ainda será interposta?

Admitir tal solução não tem amparo legal, porque as duas hipóteses que preveem o requerimento dirigido ao relator com o requerimento de concessão de efeito suspensivo exigem a interposição da apelação. Até porque, imaginar a concessão de um efeito suspensivo a um recurso que nem sequer existe é de fato algo, pelo menos à primeira vista, inusitado.

Ainda que reconhecendo a anomalia da hipótese, se pensarmos exatamente no que se busca com a concessão de efeito suspensivo impróprio, pode não parecer tão estranha assim a tutela perseguida pela parte sucumbente na hipótese ora descrita, apesar do exotismo da forma processual escolhida.

O efeito suspensivo impróprio tem como objetivo retirar os efeitos da sentença, equiparando-a à sentença recorrível por apelação que tem efeito suspensivo próprio. Quero com isso apontar que o foco principal não é a apelação, e sim a sentença, mais precisamente os seus efeitos. Na hipótese do efeito suspensivo próprio, inclusive, como visto no tópico 4.2.1, tecnicamente nem é correto afirmar que a apelação é recebida no efeito suspensivo, porque o que tem efeito suspensivo é a própria sentença, servindo a apelação apenas para prorrogar tal efeito até seu julgamento.

Significa dizer que a apelação, a partir de sua interposição – no efeito suspensivo próprio –, ou da decisão do relator – no efeito suspensivo impróprio –, é apenas um instrumento procedimental de prorrogação de suspensão dos efeitos da sentença. Sob essa perspectiva, já não parece tão estranho que haja uma decisão do relator, antes da interposição da apelação, suspendendo os efeitos da sentença. Afinal, é exatamente isso o que ocorre no efeito suspensivo próprio, só que, em vez de uma decisão, tem-se a previsão legal a permitir tal estado de coisas. De qualquer forma, a suspensão dos efeitos da sentença precede a existência da apelação.

Registre-se corrente doutrinária no sentido de uma interpretação mais ampla do art. 1.012, § 3º, I, do CPC, justamente para abranger também o lapso temporal entre a publicação da decisão e a interposição do recurso[89]. O Superior Tribunal de Justiça, por sua vez, em caráter excepcional, já admitiu concessão de efeito suspensivo a recurso especial ainda não interposto[90].

E, ainda que pareça insuportável a ideia de se conceder efeito suspensivo para um recurso ainda não interposto, sempre será possível se afastar dessa espécie de tutela e concordar que não é legítimo deixar o sucumbente sem instrumento processual adequado para se defender dos efeitos da sentença entre sua prolação (ou publicação) e a interposição da apelação[91].

Se não for por efeito suspensivo da futura e eventual apelação a ser interposta, então que seja pela concessão de uma tutela de urgência nos termos do art. 300, *caput*, do CPC. O que não parece fazer sentido é deixar, durante certo lapso temporal, uma parte sem tutela, mesmo reconhecendo ter ela a probabilidade de estar certa e concordando que existe uma ameaça de suportar um grave risco de difícil reparação se não for imediatamente tutelada.

Não sendo tanta a urgência do apelante, poder-se-á valer do previsto no inciso II do § 3º do art. 1.012 do CPC, aguardando a distribuição da apelação, quando então será conhecido o relator do recurso e para ele poderá ser dirigido o requerimento para a concessão do efeito suspensivo. Também será esse o caso se o risco de dano surgir contemporaneamente à distribuição da apelação ou mesmo depois disso, quando só então passará a fazer sentido o pedido de concessão de efeito suspensivo.

---

89 BONDIOLI, Luiz Guilherme Aidar. Comentários ao Código de Processo Civil. 2. ed. São Paulo: Saraiva, 2017. v. XX, p. 107-108; MARINONI, Luiz Guilherme; ARENHART, Sérgio Cruz; MITIDIERO, Daniel. Novo curso de processo civil. São Paulo: RT, 2017. v. 2, p. 543; MEDINA, José Miguel Garcia. Código de Processo Civil comentado. 8. ed. São Paulo: RT, 2022. p. 1.245.

90 STJ, 4ª Turma, AgInt nos EDcl nos EDcl na MC 25.045/SP, Rel. Min. Marco Buzzi, j. 02.06.2016, DJe 07.06.2016; STJ, 3ª Turma, RCD no RCD na MC 24.189/PR, Rel. Min. João Otávio de Noronha, j. 12.05.2015, DJe 18.05.2015.

91 FERREIRA, William Santos. In: BUENO, Cassio Scarpinella (coord.). Comentários ao Código de Processo Civil. São Paulo: Saraiva, 2017. v. 4, p. 440.

Não vejo qualquer sentido a formulação de pedido de concessão de efeito suspensivo como espécie de tutela de urgência como tópico da peça recursal da apelação. E isso por uma razão muito simples. É sabido que a apelação, depois de interposta, precisa necessariamente passar por um procedimento pelo juízo de primeiro grau que, ainda que tramite perante um cartório extremamente ágil, demanda tempo. E, a depender de intercorrências, por exemplo, a interposição de apelação adesiva ou a impugnação de decisão interlocutória em contrarrazões de apelação, vai demorar ainda mais.

O apelante, portanto, faz um pedido alegando uma urgência sabendo que seu requerimento só será apreciado algum ou muito tempo depois. Qual a credibilidade que sua alegação, quanto a esse requisito, terá perante o relator quando finalmente a apelação chegar às suas mãos? Imagino que o normal seja pensar, de duas, uma: a urgência era real, e agora é tarde demais para tutelar o apelante, ou a urgência não existe, uma vez que o apelante nem sequer se incomodou em tanto esperar para seu requerimento ser apreciado.

Quero deixar claro que, não obstante o art. 1.012, § 3º, do CPC prever apenas o requerimento autônomo por petição como meio procedimental adequado para o requerimento de concessão de efeito suspensivo, não entendo como irregular ou viciada a formulação de tal pedido na própria apelação. Só não me parece fazer muito sentido na hipótese de efeito suspensivo como espécie de tutela de urgência.

O cenário, contudo, modifica-se substancialmente se o efeito suspensivo tiver natureza de tutela da evidência, porque, nesse caso, o apelante não se valerá do tempo como inimigo como justificativa para impedir a geração dos efeitos da sentença. Ainda que lhe possa ser interessante obter o efeito suspensivo o quanto antes, de forma a continuar a ter lógica a utilização do previsto no art. 1.012, § 3º, I, do CPC, não gera qualquer estranheza formular o pedido na própria apelação.

4.4. EFEITO SUSPENSIVO PARCIAL

Quando se aponta que a apelação tem efeito suspensivo ou que o relator concedeu efeito suspensivo à apelação, a primeira impressão é de que todos os capítulos da sentença são ineficazes ou deixam de gerar efeitos. No entanto, nem sempre é assim que as coisas acontecem, porque é possível que uma mesma apelação seja recebida, em parte, no duplo efeito e, em parte, somente no efeito devolutivo.

Uma primeira possibilidade é a norma legal que preveja para a apelação o efeito suspensivo a depender da matéria versada na sentença. Desse modo, se determinado capítulo versou sobre a matéria prevista na norma e outro não, o recurso terá efeito suspensivo parcial.

Basta imaginar uma sentença que confirma a tutela antecipada, condenando definitivamente o réu a retirar o nome do autor dos cadastros de inadimplentes e o condena originariamente ao pagamento de danos morais. Interposta apelação contra os dois capítulos, quanto ao primeiro será recebida sem efeito suspensivo (art. 1.012, § 1º, V, do CPC) e, quanto ao segundo, com efeito suspensivo (art. 1.012, *caput*, do CPC)[92].

Existe ainda a possibilidade de haver diferentes capítulos de sentença impugnados por uma apelação que, para nenhum deles, tenha efeito suspensivo previsto em lei. Aqui, consoante visto, o deferimento do efeito suspensivo impróprio dependerá do preenchimento de requisitos, que não necessariamente ocorrerá de forma homogênea no caso concreto. Dessa maneira, é possível que haja a concessão de efeito suspensivo apenas parcialmente, para um ou tão somente alguns dos capítulos recorridos.

Por exemplo, numa sentença é confirmada a tutela antecipada anteriormente concedida para os dois pedidos formulados pelo autor – rescisão contratual e reparação de danos – diante da total procedência. Interposta a apelação, o recorrente requer a concessão do efeito suspensivo e o relator decide que, não obstante a probabilidade de provimento do recurso, ficou demonstrado somente o risco de grave dano pela geração de efeitos do primeiro capítulo da sentença, considerando-se a essencialidade da manutenção do contrato porque sua rescisão põe em risco de sobrevivência a empresa apelante. Assim, concede-se um efeito suspensivo apenas parcial.

Também não se pode desconsiderar a possibilidade de o apelante requerer a concessão de efeito suspensivo somente para parte de sua apelação. Seja pela falta de interesse em impedir que parcela da

[92] DINAMARCO, Cândido Rangel. Instituições de direito processual civil. Salvador: Juspodivm, 2022. v. V, n. 2.258, p. 147.

sentença, ainda que impugnada, produza efeitos imediatos, seja pela desesperança de conseguir a concessão do efeito suspensivo, sem pedido não haverá concessão quanto àquela parcela do recurso, podendo, no entanto, ser acolhido o pedido quanto à outra parcela. Nesse caso, o efeito suspensivo parcial decorre de um pedido parcial de concessão.

Acredito haver outra hipótese de efeito suspensivo parcial, bem mais engenhosa do que as anteriores. Até porque ter-se-á no caso a suspensão de efeitos de um capítulo da sentença que nem sequer foi objeto da apelação, ou seja, não faz parte da extensão do efeito devolutivo do recurso.

O art. 1.002 do CPC prevê que a decisão pode ser impugnada no todo ou em parte. São chamados de *recursos totais* os que têm por objeto a integralidade da parcela da decisão que gerou sucumbência à parte recorrente, enquanto os *recursos parciais* são aqueles nos quais somente uma parcela da decisão que gerou a sucumbência da parte recorrente é objeto do recurso.

O capítulo da sentença não impugnado pela apelação pode transitar em julgado, quando então não só gerará efeitos imediatamente, como também o fará de forma definitiva. Para isso, basta que seja autônomo e independente dos capítulos que foram objeto de impugnação pela apelação, porque dessa forma não tem como ser atingido pelo julgamento do recurso. Trata-se da chamada coisa julgada parcial, admitida desde sempre no Supremo Tribunal Federal[93], pela melhor doutrina[94], e que mais recentemente passou a também ser admitida no Superior Tribunal de Justiça[95].

Tendo os capítulos da sentença não impugnados relação de dependência, acessoriedade ou prejudicialidade com os capítulos impugnados na apelação, a situação muda de figura. Por força do

93 STF, Tribunal Pleno, AP 470 QO-décima primeira/MG, Rel. Min. Joaquim Barbosa, j. 13.11.2013, DJe 19.02.2014; STF, 1.ª Turma, RE 666.589/DF, Rel. Min. Marco Aurélio, j. 05.03.2014, DJe 03.06.2014.

94 NERY JR., Nelson. Teoria geral dos recursos. 6. ed. São Paulo: RT, 2004. n. 3.5.3, p. 477; DINAMARCO, Cândido Rangel. Capítulos de sentença. São Paulo: Malheiros, 2002. n. 51, p. 111.

95 STJ, 3ª Turma, REsp 2.026.926/MG, Rel. Min. Nancy Andrighi, j. 25.04.2023, DJe 27.04.2023; STJ, 5ª Turma, AgRg no REsp 1.840.088/PR, Rel. Min. Felix Fischer, j. 30.03.2021, DJe 09.04.2021; STJ, 4ª Turma, REsp 1.909.451/SP, Rel. Min. Luis Felipe Salomão, j. 23.03.2021, DJe 13.04.2021.

efeito expansivo objetivo interno dos recursos, a depender da forma como o capítulo impugnado for julgado pelo tribunal, o capítulo não impugnado será inevitavelmente reformado ou anulado, por uma exigência de preservação de lógica interna da decisão[96].

Portanto, ainda que não impugnados, capítulos em tal situação não transitam em julgado. Além disso, e é este o ponto que aqui mais interessa, entendo que seguem a eficácia do capítulo cujo julgamento pode afetá-los, de modo que, se a apelação com relação a tal capítulo tiver ou receber efeito suspensivo, o capítulo não impugnado também não poderá gerar efeitos até o julgamento da apelação.

A ausência de impugnação em sede de apelação nesse aspecto não pode servir de justificativa para a eficácia imediata, porque essa omissão só se presta a justificar uma eficácia imediata definitiva, o que não existe em tal hipótese. Mais adequado parece ser aplicar regra tradicional do direito no sentido de o acessório seguir o principal.

4.5. IRRELEVÂNCIA DO EFEITO SUSPENSIVO

4.5.1. Efeitos Secundários da Sentença

Existem determinados efeitos da sentença que são gerados ainda que a apelação tenha efeito suspensivo, previsto em lei ou concedido por decisão do relator. São opções legislativas em que pontualmente pareceu razoável que, independentemente de qualquer outra circunstância, tal efeito fosse gerado na pendência da apelação.[97]

O art. 495 do CPC nos fornece uma dessas hipóteses, ao prever a possibilidade de o autor realizar hipoteca judiciária mesmo que a sentença condenatória tenha sido impugnada pelo réu por recurso com efeito suspensivo. Outro exemplo é o art. 512 do CPC ao permitir que a sentença, conquanto interposto recurso com efeito suspensivo, seja desde já liquidada.

---

96 NERY JR., Nelson. Teoria geral dos recursos. 6. ed. São Paulo: RT, 2004. n. 3.5.3, p. 477; DINAMARCO, Cândido Rangel. Capítulos de sentença. São Paulo: Malheiros, 2002. n. 51, p. 111; Informativo 355/STJ, 4ª Turma, REsp 440.993/DF, Rel. Min. Aldir Passarinho Jr., 15.05.2008.

97 BARBOSA MOREIRA, José Carlos. Comentários ao Código de Processo Civil. 17. ed. Rio de Janeiro: Forense, 2013. v. 5, n. 143, p. 258.

São os chamados efeitos secundários, acessórios ou anexos da sentença, que serão produzidos na pendência de apelação com efeito suspensivo, independentemente de pedido da parte[98] e de decisão expressa a seu respeito[99].

São gerados independentemente de qualquer provocação, de maneira que o autor de processo de conhecimento não precisa, *v.g.*, requerer em sua petição inicial que a sentença a ser proferida sirva de título a instruir uma futura e eventual hipoteca judiciária. Ao ser proferida e interposta a apelação com efeito suspensivo, o efeito secundário será gerado automaticamente.

No entanto, isso não significa que a realização da hipoteca judiciária não depende de provocação da parte interessada no caso concreto. O efeito secundário é gerado independentemente de pedido, mas a concretização da hipoteca judiciária, nos termos do art. 495, § 2º, do CPC, exige a provocação da parte junto ao Cartório de Imóveis. A necessidade de provocação da parte interessada justifica-se porque ela responderá pelos danos causados ao réu na hipótese de provimento da apelação pendente de julgamento, nos termos do art. 495, § 5º, do CPC.

De igual modo se passa com a liquidação da sentença na pendência de apelação com efeito suspensivo. Embora o art. 512 do CPC não preveja expressamente a necessidade de iniciativa do credor, aplica-se ao caso a regra genérica do art. 509 do CPC, que exige para a instauração da liquidação de sentença, em qualquer circunstância, a provocação do interessado[100]. E mais uma vez a exigência se justifica porquanto essa liquidação provisória se funda na teoria do risco-proveito, isto é, o liquidante responde

---

98 STJ, 3ª Turma, REsp 1.767.956/RJ, Rel. Min. Moura Ribeiro, j. 23.10.2018, DJe 26.10.2018; CAMARGO, Luiz Henrique Volpe. Comentários aos arts. 82 a 97. In: WAMBIER, Teresa Arruda Alvim; DIDIER JR., Fredie; TALAMINI, Eduardo; DANTAS, Bruno (coord.). Breves comentários ao Novo Código de Processo Civil. São Paulo: RT, 2015. p. 451.

99 STJ, 2ª Seção, REsp 1.548.749/RS, Rel. Min. Luis Felipe Salomão, j. 13.04.2016, DJe 06.06.2016; CUNHA, Leonardo Carneiro da. Comentários aos arts. 489 a 496. In: WAMBIER, Teresa Arruda Alvim; DIDIER JR., Fredie; TALAMINI, Eduardo; DANTAS, Bruno (coord.). Breves comentários ao Novo Código de Processo Civil. São Paulo: RT, 2015. p. 1.251.

100 CRUZ E TUCCI, José Rogério Comentários ao Código de Processo Civil: artigos 485 ao 535. São Paulo: RT, 2018. v. VIII, p. 245.

pelos danos causados caso o recurso pendente de julgamento seja provido[101].

Quando se afirma que os efeitos secundários não exigem decisão expressa, significa que a sentença que gerará tais efeitos nunca os mencionará. E nem teria qualquer sentido fazê-lo. De qualquer forma, eles ainda assim serão produzidos.

Com efeito, o mero efeito suspensivo do recurso não será suficiente para impedir a geração dos efeitos secundários, mas entendo que, se a parte demonstrar no caso concreto os requisitos para a concessão de uma tutela de urgência, poderá haver uma decisão pontual impedindo a geração de um efeito secundário.

Parece-me que o legislador, ao escolher esses efeitos secundários, parte de uma presunção de que eles poderão ser gerados, ainda que haja recurso com efeito suspensivo, justamente por não causarem à parte contrária eventuais danos. No entanto, essa presunção é relativa, de forma que, ficando demonstrado no caso concreto o grave dano a ser suportado pela parte em decorrência de uma hipoteca judiciária, ou de uma liquidação de obrigação contida em sentença apelada, somados à probabilidade de sucesso do recurso interposto, entendo cabível a concessão de uma tutela de urgência para impedir a produção de tais efeitos.

Ressalto que o entendimento ora defendido não contraria a corrente doutrinária que considera ilícito ao juiz negar a produção de efeito secundário, por estar a lei que prevê tais efeitos acima de seu poder[102]. Também entendo que a produção de tais efeitos é natural, não podendo o juiz impedi-la, salvo se houver o preenchimento de requisitos para a concessão de uma tutela de urgência e que ela seja expressamente requerida pela parte interessada.

Havendo interesse no requerimento de tutela de urgência para afastar um efeito secundário no caso concreto, é importante

---

[101] BUENO, Cassio Scarpinella. Comentários ao Código de Processo Civil. São Paulo: Saraiva, 2018. v. V, p. 77.

[102] DINAMARCO, Cândido Rangel. Instituições de direito processual civil. São Paulo: Malheiros, 2003. v. III, n. 897, p. 212.

recordar da previsão do art. 299, parágrafo único, do CPC, que versa sobre a competência para o requerimento e deferimento da tutela de urgência. Como se está aqui tratando de efeitos secundários de sentença, pressupõe-se a interposição de uma apelação contra ela, até porque, sem o recurso, a decisão transita em julgado e estará liberada, de maneira definitiva, a geração de todos os seus efeitos.

Aplicam-se ao réu que pretenda obter a tutela de urgência para suspender os efeitos secundários da sentença, por analogia, os arts. 1.012, § 3º, e 1.029, § 5º, ambos do CPC, cabendo a distribuição de uma petição no tribunal com o pedido de tutela provisória, com o que será fixada a prevenção do órgão incumbido de julgar o recurso. Caso os autos já tenham chegado ao tribunal competente para o exame da insurgência, basta uma mera petição dirigida ao juízo competente para tal julgamento com o pedido de concessão de tutela de urgência.

Sob outro enfoque, a possibilidade de suspensão dos efeitos secundários de uma sentença depende de tais efeitos serem gerados de forma provisória, como ocorre na hipoteca judiciária e na liquidação de sentença na pendência de recurso interposto pelo demandado. O efeito secundário só poderá ser suspenso se a decisão que lhe gera estiver sendo objeto de recurso pendente de julgamento[103]. Se a produção do efeito é definitiva, porque assim o é a decisão que lhe gera, será juridicamente impossível impedir a criação de tal efeito.

Um bom exemplo pode ser dado com base no entendimento consagrado pelo Superior Tribunal de Justiça, no sentido de ser efeito secundário da decisão que revoga tutela provisória a constituição de título executivo judicial em favor do executado provisório[104]. Operando-se o trânsito em julgado da decisão que revoga a tutela provisória, aquele que fora executado provisoriamente terá um título executivo judicial contra aquele que fora exequente provisório, e,

---

[103] DINAMARCO, Cândido Rangel. Instituições de direito processual civil. São Paulo: Malheiros, 2003. v. III, n. 897, p. 213.

[104] STJ, 3ª Turma, REsp 1.767.956/RJ, Rel. Min. Moura Ribeiro, j. 23.10.2018, DJe 26.10.2018.

nessa situação, em razão da definitividade da decisão, nada poderá ser feito para afastar a geração do efeito.

4.5.2. *Geração de Efeitos Condicionados ao Trânsito em Julgado*

Se o efeito suspensivo da apelação não impede a geração de determinados efeitos da sentença por opção legislativa, conforme analisado no capítulo anterior, também temos o fenômeno inverso. Por opção do legislador, alguns efeitos, mesmo que a apelação não tenha efeito suspensivo, não serão produzidos na pendência do recurso. Isso porque, também por opção legislativa, certamente influenciada por questões de segurança jurídica, são efeitos cuja produção está condicionada à ocorrência do trânsito em julgado da decisão.

Trata-se de uma opção legislativa curiosa, dado que, ao condicionar a geração de determinados efeitos ao trânsito em julgado da decisão, o legislador torna tacitamente toda a cadeia sucessiva de recursos dotados de efeito suspensivo *ope legis* com relação àqueles efeitos selecionados por ele. Assim, enquanto houver um recurso pendente de julgamento, independentemente de sua espécie, tal efeito não será gerado.

São várias as hipóteses de produção de efeitos de decisões condicionada ao trânsito em julgado.

Tome-se, como exemplo, o previsto no art. 501 do CPC: a decisão proferida em demanda que tenha por objeto a emissão de declaração de vontade só produzirá todos os efeitos da declaração se não emitida após o trânsito em julgado[105].

Da mesma forma se dá com o previsto no art. 77, § 3º, do CPC, que, diante de fixação de multa por ato atentatório à dignidade da

105 ASSIS, Araken de. Manual dos recursos. 8. ed. São Paulo: RT, 2017. n. 25.3.3, p. 301. Contra: SOUZA E SILVA, Rinaldo Mouzalas de. Do julgamento das ações relativas às prestações de fazer, de não fazer e de entregar coisa. In: WAMBIER, Teresa Arruda Alvim; DIDIER JR., Fredie; TALAMINI, Eduardo; DANTAS, Bruno (coord.). Breves comentários ao Novo Código de Processo Civil. São Paulo: RT, 2015. v. 1, p. 1.278; LUCON, Paulo Henrique dos Santos. Seção IV – Do julgamento das ações relativas às prestações de fazer, de não fazer e de entregar coisa: arts. 497 ao 501. In: BUENO, Cassio Scarpinella (org.). Comentários ao Código de Processo Civil. São Paulo: Saraiva, 2017, v. 2, p. 478.

justiça, exige para a sua inscrição como dívida ativa da União ou do Estado o trânsito em julgado da decisão que a fixou.

Sendo a perícia custeada por órgão público em consequência de gratuidade de justiça da parte que deveria arcar com esse ônus, o art. 95, § 4º, do CPC prevê que somente após o trânsito em julgado da decisão final o juiz poderá oficiar a Fazenda Pública para que promova, contra quem tiver sido condenado ao pagamento das despesas processuais, a execução dos valores gastos com a perícia particular ou com a utilização de servidor público ou da estrutura de órgão público.

Nos termos do art. 102 do CPC, a decisão que revoga a gratuidade só obrigará a parte a efetuar o recolhimento de todas as despesas de cujo adiantamento foi dispensada, inclusive as relativas ao recurso interposto, se houver, depois do trânsito em julgado.

A expedição de mandados de averbação aos cartórios de registro civil e de imóveis e, caso qualquer dos cônjuges seja empresário, ao Registro Público de Empresas Mercantis e Atividades Afins, nos termos do art. 734, § 3º, do CPC, depende do trânsito em julgado da decisão que altera o regime de bens do casamento[106].

Há um último dispositivo que merece ser considerado. Cuida-se do art. 756, § 3º, do CPC, que trata da decisão que determina o levantamento da interdição. A truncada redação do dispositivo legal leva parcela da doutrina a entender que o levantamento da interdição é um efeito condicionado ao trânsito em julgado[107], enquanto outra parcela defende que tal condicionamento diz respeito apenas à publicação da decisão, que deverá ser feita nos termos do art. 755, § 3º, do CPC[108]. Essa última corrente, inclusive, defende não ter a apelação efeito suspensivo, por analogia à apelação cabível contra

---

[106] GODINHO, Robson. Comentários ao Código de Processo Civil. Coordenação Antonio do Passo Cabral e Ronaldo Cramer. São Paulo: Saraiva, 2018. v. XIV, p. 255.

[107] SCHENK, Leonardo Faria. Interdição, disposições comuns à tutela e à curatela, organização e fiscalização das fundações. In: CABRAL, Antonio do Passo; CRAMER, Ronaldo (org.). Comentários ao novo Código de Processo Civil. 2. ed. Rio de Janeiro: Forense, 2016. v. 1, p. 1.075.

[108] MARINONI, Luiz Guilherme; ARENHART, Sérgio Cruz; MITIDIERO, Daniel. Novo Código de Processo Civil. São Paulo: RT, 2016. p. 728.

a sentença de interdição[109]. De toda sorte, algum efeito nesse caso estará condicionado ao trânsito em julgado.

[109] DIDIER JR., Fredie. Comentários aos arts. 747 a 758. In: WAMBIER, Teresa Arruda Alvim; DIDIER JR., Fredie; TALAMINI, Eduardo; DANTAS, Bruno (coord.). Breves comentários ao Novo Código de Processo Civil. São Paulo: RT, 2015. p. 1.751; GODINHO, Robson. Comentários ao Código de Processo Civil. Coordenação Antonio do Passo Cabral e Ronaldo Cramer. São Paulo: Saraiva, 2018. v. XIV, p. 450.

5

ATIVIDADE DESENVOLVIDA DE OFÍCIO NO JULGAMENTO DA APELAÇÃO

5.1. INTRODUÇÃO

Em razão do princípio da dialeticidade, todo recurso deve ser devidamente fundamentado e, embora não se imponha tal ônus para o recorrido em suas contrarrazões, é no mínimo recomendável que essa peça recursal também o seja.

Essas alegações, de apelante e apelado, servirão de material de trabalho para o tribunal quando a apelação chegar até ele, além de eventual manifestação do Ministério Público como fiscal da ordem jurídica e da Defensoria Pública como *custos vulnerabilis*. É, portanto, de interesse das partes fundamentar suas peças recursais porque assim contribuem, de forma parcial, para a formação do convencimento do órgão julgador.

Entretanto, a depender do caso concreto, existem inúmeras hipóteses de atuação de ofício do tribunal a partir do momento que a apelação passa a ser analisada pelo relator. Tanto a decisão monocrática quanto a colegiada podem ter como fundamento matéria que não consta da peça recursal nem das contrarrazões, sem que com isso haja qualquer vício processual.

É evidente que tal atuação oficiosa do tribunal, para que seja legítima, além de devidamente autorizada por lei, deve ser exercida em respeito ao princípio do contraditório, o que, conforme será analisado, infelizmente nem sempre acontece. Não deixa de ser curioso, porque nesse caso específico, além de a regra geral prevista no art. 10 do CPC garantir o contraditório, existe uma norma específica a obrigar o órgão jurisdicional a intimar as partes, dando-lhes prazo para manifestação antes de decidir sobre matéria de ofício.

O art. 933 do CPC não só consagra o princípio do contraditório nesses termos de forma específica para o ambiente recursal, como, ainda, prevê de forma detalhada o procedimental por meio do qual tal princípio deve ser objetivamente observado no caso concreto. Considero praticamente inacreditável que o Superior Tribunal de Justiça ocasionalmente consiga encontrar justificativa para ignorar tal dispositivo legal.

No presente capítulo, tem-se o objetivo de apontar toda espécie de atividade jurisdicional oficiosa possível de ser praticada pelo tribunal diante da interposição de uma apelação. No entanto, esse não é o único e, quem sabe, nem sequer o objetivo principal. O que efetivamente pretendo com este capítulo é alertar o operador do direito para essas ocorrências no tribunal, para que possa se organizar mais adequadamente e, dentro do possível, estar mais preparado para encarar a surpresa da atividade oficiosa do tribunal.

5.2. JUÍZO DE ADMISSIBILIDADE

5.2.1. Introdução

Para que se possa chegar ao julgamento do mérito da ação, devem ser preenchidos alguns requisitos formais no caso concreto. Trata-se das condições da ação e dos pressupostos processuais. Com o recurso ocorre fenômeno similar[1]. Para que seja concretamente possível o julgamento do mérito recursal, é preciso o preenchimento de alguns requisitos formais. Trata-se dos pressupostos de admissibilidade recursal[2]. Há, inclusive, corrente doutrinária que entende serem tais pressupostos exatamente as condições da ação e pressupostos processuais aplicados ao âmbito recursal[3].

Os pressupostos de admissibilidade recursal são preliminares ao mérito, porque o julgamento deste depende da superação daqueles, só havendo o juízo de mérito (dando-se ou negando-se provimento ao recurso) se o juízo de admissibilidade for positivo[4]. Não é correto falar que a admissibilidade é prejudicial ao mérito porque sua análise não influencia o julgamento do mérito, apenas condiciona sua realização no caso concreto.

Conforme já analisado no tópico 2.2.8, na apelação o juízo de admissibilidade é de competência exclusiva do tribunal de segundo grau, de forma que toda apelação interposta perante o juízo sentenciante deve ser remetida ao tribunal. Uma vez lá, passa primeiro pelo relator, que já pode monocraticamente inadmitir a apelação, nos termos do art. 932, III, do CPC. Nada impede, entretanto, que a inadmissão ocorra por julgamento colegiado.

5.2.2. Causas de Inadmissão da Apelação

A doutrina majoritária entende como pressupostos intrínsecos os referentes à própria existência do poder de recorrer e os extrínsecos,

1 BUENO, Cassio Scarpinella. Curso sistematizado de direito processual civil. 10. ed. São Paulo: Saraiva, 2021. v. 2, p. 555.

2 DINAMARCO, Cândido Rangel. Instituições de direito processual civil. Salvador: Juspodivm, 2022. v. V, n. 2.215, p. 65-66.

3 CÂMARA, Alexandre Freitas. Manual de direito processual civil. São Paulo: Atlas, 2022. n. 33.1.3, p. 982.

4 NERY JR., Nelson. Teoria geral dos recursos. 6. ed. São Paulo: RT, 2004. n. 3.4, p. 252.

aqueles referentes ao modo de exercer tal poder. Nessa concepção, são pressupostos intrínsecos: (a) cabimento; (b) legitimidade; (c) interesse em recorrer; e (d) inexistência de fato impeditivo ou extintivo do poder de recorrer. Os pressupostos extrínsecos são: (a) tempestividade; (b) preparo; e (c) regularidade formal[5].

O recurso de apelação não tem pressupostos de admissibilidade específicos, tais como o prequestionamento nos recursos especial e extraordinário, a juntada de peças no agravo de instrumento, a comparação analítica no recurso especial com fundamento no art. 105, III, *c*, e nos embargos de divergência. Provavelmente em razão de sua função de recurso-padrão, na apelação os pressupostos de admissibilidade são os comuns, exigidos em todas as espécies recursais.

Mesmo no tocante à sua regularidade formal, exige-se no recurso de apelação aquilo que se demanda nas demais espécies recursais: assinatura, procuração do advogado que assinou a peça, impugnação específica dos fundamentos da decisão recorrida.

Com relação a esses pressupostos genéricos de admissibilidade, à apelação aplica-se a teoria geral dos recursos, sem qualquer especialidade digna de nota. A legitimidade segue o previsto no art. 996, a renúncia ao direito de apelar, o art. 999, a desistência da apelação, o art. 1.000, a aquiescência como fator impeditivo do exercício de apelar, o art. 1.001, o preparo, o art. 1.007, todos do CPC.

5.2.3. Natureza Jurídica do Juízo de Admissibilidade

É pacificado o entendimento, tanto na doutrina[6] como na jurisprudência[7], de ser o juízo de admissibilidade recursal matéria de ordem pública, o que permite que a ausência dos pressupostos, ou,

---

[5] BARBOSA MOREIRA, José Carlos. Comentários ao Código de Processo Civil. 17. ed. Rio de Janeiro: Forense, 2013. v. 5, n. 145, p. 263; JORGE, Flávio Cheim. Teoria geral dos recursos cíveis. 3. ed. São Paulo: RT, 2007. n. 9.1, p. 79; MARINONI, Luiz Guilherme; ARENHART, Sérgio Cruz. Manual do processo de conhecimento. 4. ed. São Paulo: RT, 2005. p. 525-529; ASSIS, Araken de. Manual dos recursos. 8. ed. São Paulo: RT, 2017. n. 18, p. 131-132.

[6] Por todos, ASSIS, Araken de. Manual dos recursos. 8. ed. São Paulo: RT, 2017. n. 16.1, p. 150.

[7] STJ, 4ª Turma, EDcl no AREsp 1.829.086/GO, Rel. Min. Luis Felipe Salomão, j. 22.11.2021, DJe 25.11.2021.

em outros termos, a existência de vícios formais, seja reconhecida de ofício e a qualquer tempo do procedimento do recurso.

Diferente do que ocorre com a ação, na qual é mais vantajoso para o réu um julgamento de improcedência do pedido (julgamento de mérito) do que um julgamento terminativo, em razão da formação da coisa julgada material, para o recorrido a vitória é a mesma com a inadmissão ou com a negativa de provimento. Tanto o julgamento terminativo quanto o julgamento de mérito contrário ao recorrente tornam o recorrido vencedor na exata mesma medida, porque em ambos os casos a situação anterior à interposição do recurso mantém-se inalterada.

Essa consideração é importante para demonstrar que o apelado tem todo o interesse na inadmissão do recurso e, numa situação de normalidade, irá alegar nas contrarrazões toda matéria passível de convencer o relator e/ou o órgão colegiado a fazerem o juízo negativo. É algo normal na praxe forense as contrarrazões levantarem preliminarmente vícios formais da apelação, sendo tal postura altamente recomendável.

Não é porque uma matéria é reconhecível de ofício que a parte que se aproveita de seu conhecimento deixará conscientemente de alegá-la. Esse tipo de omissão não faz sentido algum, e o apelado deve sempre lembrar que a inadmissão da apelação dá a ele o melhor resultado possível do julgamento de tal recurso. Tanto quanto um julgamento que nega o provimento ao recurso, mas sem sequer precisar que o mérito recursal seja enfrentado. Não há, realmente, nenhuma razão para deixar de alegar a ausência de um pressuposto de admissibilidade em sede de contrarrazões.

Seja como for, caso tal alegação não ocorra, ou aconteça tendo como objeto pressuposto de admissibilidade que não venha a ser o utilizado como fundamento pelo órgão jurisdicional para inadmitir a apelação, ele está autorizado a fazer um juízo negativo de admissibilidade, valendo-se de fundamentos não alegados pelo apelado.

5.2.4. *Necessidade de Respeito ao Contraditório*

Não tenho dúvida de que o conhecimento de ofício de vícios formais capazes de levar a apelação à inadmissão atraem inexoravelmente o art. 933 do CPC. Afinal, o dispositivo prevê "questão apreciável de ofício ainda não examinada que devam ser consideradas no julgamento do recurso". Não há qualquer especificação a respeito da natureza de tal questão, de forma a ser legítimo compreender que ela possa ser tanto de ordem processual quanto material. Por outro lado, é claro que o juízo de admissibilidade faz parte do julgamento do recurso. Havendo o art. 933, nem sinto necessidade de utilização do art. 10, ambos do CPC.

Surpreendentemente, o Superior Tribunal de Justiça consolidou a compreensão em sentido contrário, na esteira do curioso entendimento de não ter o art. 10 do CPC caráter absoluto[8]. Entende o Tribunal que, tratando-se a inadmissibilidade de pressupostos previstos em lei e reiteradamente proclamados pelo órgão julgador, o seu enfrentamento não traria qualquer inovação ao litígio ou adoção de fundamentos que seriam desconhecidos pelas partes[9], o que justificaria a ausência de intimação prévia.

O entendimento é frágil. A circunstância de os pressupostos de admissibilidade estarem previstos em lei é o que legitima a decisão, não justificando a dispensa do contraditório. Aliás, espera-se que não só as decisões sobre admissibilidade recursal sejam fundadas em legalidade. O fato de haver posicionamento prévio do tribunal sobre a matéria tampouco é justificativa de dispensa do contraditório, porque sem a prolação da decisão as partes nunca saberão se tal entendimento, ainda que consagrado, será efetivamente aplicado ao caso concreto. Os fundamentos são desconhecidos das partes porque não foram levados ao processo antes da decisão, e o conhecimento que elas precisam ter para se preservar o contraditório é aquele adquirido dentro do processo.

Resumidamente, um entendimento esfericamente errado. De todos os ângulos pelos quais ele seja analisado, está equivocado[10].

---

8 STJ, 2ª Turma, REsp 1.781.459/MG, Rel. Min. Herman Benjamin, j. 02.06.2020, DJe 21.08.2020.

9 STJ, 2ª Turma, AgInt no AREsp 1.205.959/SP, Rel. Min. Assusete Magalhães, j. 19.09.2019, DJe 25.09.2019.

10 Expressão cunhada pelo meu grande amigo e excelente processualista Rodrigo da Cunha Lima Freire, a quem deixo prestada minha homenagem.

Infelizmente, entretanto, com a consolidação do entendimento, o que resta ao apelante é recorrer da decisão de inadmissão; sendo decisão monocrática, primeiro por agravo interno e depois embargos de declaração, sendo decisão colegiada, direito por embargos de declaração, para prequestionar, ao menos, a violação aos arts. 933 e 10 do CPC. A admissibilidade do recurso especial é até provável, mas no mérito a tarefa é extremamente difícil.

5.3. PROFUNDIDADE DO EFEITO DEVOLUTIVO

5.3.1. Introdução

Conforme analisado no tópico 2.2.2.4.2.1, a extensão da devolução é definida pela vontade do apelante, nos termos do art. 1.013, *caput*, do CPC, sendo ele que escolhe os capítulos da sentença que serão devolvidos ao tribunal de segundo grau. A partir de tal escolha, caberá ao apelante impugnar, inclusive de forma específica, os fundamentos decisórios utilizados pelo juízo naquele capítulo impugnado.

Como a regularidade formal da apelação depende dessa forma de impugnação dos fundamentos decisórios quanto ao capítulo devolvido, é natural esperar do apelado, em suas contrarrazões, uma impugnação aos fundamentos recursais utilizados pelo apelante para criticar a sentença. Essa controvérsia argumentativa é o expectável em termos de enfrentamento pelo tribunal no julgamento da apelação.

Até porque será esse o objeto recursal e, dessa forma, ao menos *a priori*, será o tema enfrentado pelo tribunal para julgar a apelação. Entretanto, o efeito devolutivo não existe apenas em sua extensão, mas também em sua profundidade. Quanto a ela, conforme será visto, há possibilidade de atividade oficiosa a ser desenvolvida pelo tribunal.

5.3.2. Objeto da Profundidade da Devolução

Uma vez fixada a extensão do efeito devolutivo, a profundidade será uma consequência natural e inevitável de tal efeito, de forma que independe de qualquer manifestação nesse sentido pelo apelante. Na realidade, a vontade do recorrente é irrelevante para determinar os contornos da profundidade da devolução, que são definidos e impostos por lei.

O art. 1.013, § 1º, do CPC prevê de forma expressa que a profundidade da devolução quanto a todas as questões suscitadas e discutidas, ainda que não solucionadas, está limitada ao capítulo impugnado, isto é, à extensão da devolução.[11] Ainda que não exista no § 2º do mesmo dispositivo uma regra expressa nesse sentido, compreende-se que ocorra o mesmo. Trata-se de antiga lição de que a profundidade do efeito devolutivo está condicionada à sua extensão.[12]

Enquanto a extensão da devolução decorre do princípio dispositivo, respeitando-se a vontade da parte ao recorrer, a profundidade tem outra motivação, inspirada num sistema inquisitivo. Afinal, a devolução de todas as questões e fundamentos que digam respeito ao capítulo da sentença devidamente impugnado e devolvido no plano horizontal é automática, decorrendo da própria lei, e não da vontade das partes.[13] Dessa forma, o tribunal de segundo grau está obrigado a aplicar as regras do art. 1.013, §§ 1º e 2º, do CPC, cuja omissão, inclusive, causa vício processual sanável por meio de embargos de declaração.

Consoante correto entendimento do Superior Tribunal de Justiça, a aplicação do art. 1.013, §§ 1º e 2º, do CPC independe de qualquer alegação na apelação ou nas contrarrazões, ainda que equivocadamente o julgado tenha qualificado tal efeito como translativo, não o relacionando com a profundidade da devolução, como teria sido o mais adequado[14].

5.3.3. *Devolução de Questões Suscitadas e Discutidas no Processo*

Nos termos do art. 1.013, § 1º, do CPC, serão, nos limites do capítulo impugnado, devolvidas ao tribunal todas as questões suscitadas e discutidas no processo, ainda que não tenham sido solucio-

---

[11] STJ, Corte Especial, EREsp 970.708/BA, Rel. Min. Jorge Mussi, j. 20.09.2017, DJe 20.10.2017.

[12] STJ, 3ª Turma, REsp 1.998.498/RJ, Rel. Min. Nancy Andrighi, j. 24.05.2022, DJe 30.05.2022.

[13] FUX, Luiz. Curso de direito processual civil. 2. ed. Rio de Janeiro: Forense, 2004. p. 957.

[14] Informativo 465/STJ: 2ª Turma, REsp 1.125.039/RS, Rel. Min. Humberto Martins, j. 1º.03.2011; Informativo 468/STJ: 1ª Turma, REsp 1.201.359/AC, Rel. Min. Teori Albino Zavascki, j. 05.04.2011.

nadas. É importante que as partes da apelação saibam exatamente que questões são essas porque, apesar de poderem ser conhecidas de ofício, nada impede que sejam também alegadas expressamente em sede de apelação ou contrarrazões.

Essa é uma vantagem essencial de saber quais são as matérias que podem ser conhecidas de ofício: a antecipação ao juízo. A parte, sabendo que o reconhecimento de determinada matéria beneficia-a, não espera a manifestação oficiosa, e antes disso provoca o juízo a se manifestar, fazendo-o de forma fundamentada. Com isso, além de reforçar no juízo o seu dever de enfrentar a matéria, leva a ele subsídios que podem influenciar a formação de seu convencimento.

Noto na doutrina certa confusão entre os dois primeiros parágrafos do art. 1.013 do CPC. Assim, por exemplo, como apontar o primeiro parágrafo como responsável por permitir ao tribunal conhecer em apelação a alegação do réu de compensação, não apreciada em primeiro grau em razão do acolhimento da alegação de pagamento, quando esse argumento for afastado pelo tribunal[15]. Ou a permissão ao tribunal de enfrentar a alegação de nulidade do contrato quando a prescrição, reconhecida pelo órgão *a quo*, for rejeitada pelo órgão *ad quem*[16].

São exemplos, na verdade, de profundidade da devolução por conta do art. 1.013, § 2º, do CPC, e não do § 1º do mesmo dispositivo. É preciso, portanto, identificar quais são as questões devolvidas ao tribunal (art. 1.013, § 1º, do CPC), não as confundindo indevidamente com alegações do autor ou do réu que deixaram de ser apreciadas pela sentença apelada (art. 1.013, § 2º, do CPC).

Questões surgem durante todo o trâmite do processo em primeiro grau e são resolvidas por decisão interlocutória. Nesse caso, de duas uma: se a decisão era recorrível por agravo de instrumento, não se admitirá sua impugnação pela apelação/contrarrazões; se era irrecorrível por agravo, poderá ser objeto de impugnação nos termos

15 DIDIER JR., Fredie; CUNHA, Leonardo Carneiro da. Curso de direito processual civil. 19. ed. Salvador: Juspodivm, 2021. v. 3, p. 193.

16 MEDINA, José Miguel Garcia. Código de Processo Civil comentado. 7. ed. São Paulo: RT/Thomson Reuters Brasil, 2021. p. 1.523.

do art. 1.009, § 1º, do CPC. De qualquer forma, essa questão resolvida por decisão interlocutória nada tem a ver com a profundidade do efeito devolutivo da apelação prevista no art. 1.013, § 1º, do CPC.

Também é possível que uma questão incidental seja decidida na própria sentença, criando-se dessa forma um capítulo interlocutório dentro dessa espécie de decisão. Nessa situação, entendo que a devolução ou não dependerá da vontade do apelante, tratando-se, portanto, de extensão da devolução, e não de sua profundidade.

> Mila ingressou com demanda judicial requerendo alternativamente a entrega de um cavalo no valor de € 100.000,00 ou a condenação do réu ao pagamento de € 200.000,00, dando à causa o valor de € 100.000,00. O réu, Clube Don Carlos, impugnou o valor da causa como preliminar de contestação, alegando que, nos termos do art. 292, VII, do CPC, havendo pedidos alternativos, o valor da causa deveria ter sido o de maior valor. O juiz deixou para decidir essa questão na sentença, quando acolheu a alegação e aumentou o valor da causa para € 200.000,00 e julgou improcedentes ambos os pedidos de Mila, que apelou da sentença impugnando apenas os capítulos principais, ou seja, os capítulos que rejeitaram seus pedidos alternativos. Nesse caso, ao não devolver – *tantum devolutum quantum apellatum* – o capítulo interlocutório que decidiu sobre o valor da causa, ele transitou em julgado.

Pelo exposto, tenho extrema dificuldade de compreender o que o legislador quis exatamente dizer quando aponta que as questões serão devolvidas, ainda que não decididas, dando a entender que, sendo decididas, também seriam devolvidas pela profundidade. Entendo que não. A aplicação do art. 1.013, § 1º, do CPC, na verdade, depende da ausência de decisão sobre a questão. Se a questão for decidida, será devolvida pela extensão da devolução de algum recurso ou já estará preclusa[17]. Não tendo sido decidida, naturalmente não há que falar em preclusão, sendo nesse caso incluída na profundidade do efeito devolutivo.

Desse modo, compreendo que a profundidade da devolução prevista no art. 1.013, § 1º, do CPC exige uma questão que poderia ter sido objeto de decisão pelo juízo de primeiro grau, mas que,

---

17 BUENO, Cassio Scarpinella. Efeitos dos recursos. In: NERY JR., Nelson; WAMBIER, Teresa Arruda Alvim. Aspectos polêmicos e atuais dos recursos cíveis. São Paulo: RT, 2006. v. 10, p. 81.

por sua indevida omissão, não foi decidida. Não importa que tenha faltado no processo uma decisão interlocutória ou mesmo uma decisão expressa em sentença, o que interessa é que uma questão que deveria ter sido decidida pelo órgão *ad quo* não o foi.

Uma impugnação ao valor da causa não decidida[18], uma impugnação à concessão dos benefícios à assistência judiciária não decidida e um pedido de aplicação de multa por violação ao princípio da boa-fé não resolvido: são essas, para mim, as espécies de questões previstas pelo art. 1.013, § 1º, do CPC que serão devolvidas ao tribunal por conta da profundidade do efeito devolutivo.

A praxe forense está repleta de exemplos de omissão injustificada do juízo em decidir questões no momento procedimental para tanto. E, mesmo quando sucessivamente provocado a proferir a decisão, simplesmente ignora as petições e os despachos e mantém o andamento do processo fingindo que não existe uma questão pendente de decisão.

Naturalmente não existe recurso cabível, porque sem decisão não há do que recorrer, e mesmo que doutrina[19] e jurisprudência[20] entendam cabível nessa situação a correição parcial, a verdade é que o exotismo dessa via impugnativa afasta consideravelmente o interesse por sua utilização na praxe forense.

O resultado é a prolação da sentença com a questão ainda pendente de julgamento, quando então, conforme já indicado, ela estará automaticamente devolvida pela apelação interposta nos termos do § 1º do art. 1.013 do CPC. Questão é ponto controvertido, de forma que a omissão do juízo de primeiro grau envolve algum tipo de controvérsia surgida entre as partes a respeito de um ponto. Isso é o suficiente para concluir que existe um interesse delas na solução da questão, ou pelo menos de uma delas (daquela que tenha

[18] ELIAS, Carlos Eduardo Stefen. Apelação: os limites objetivos do efeito devolutivo. São Paulo: Atlas, 2010. p. 119.

[19] THEODORO JR., Humberto. Curso de direito processual civil. 55. ed. Rio de Janeiro: Forense, 2022. v. III, n. 723, p. 816; ASSIS, Araken de. Manual dos recursos. 8. ed. São Paulo: RT, 2017. n. 108.3, p. 862.

[20] STJ, 1ª Turma, AgRg no AgRg no REsp 1.038.446/RJ, Rel. Min. Luiz Fux, j. 20.05.2010, DJe 14.06.2010.

mais convicção de que a questão será resolvida a seu favor e/ou que precisa da alteração do *status quo*).

Essa constatação é importante porque, mesmo que a questão deva ser decidida de ofício pelo tribunal em virtude da extensão do efeito devolutivo da apelação, se a parte tem interesse nessa solução, é altamente recomendável que expressamente requeira ao tribunal tal decisão. E que o faça de forma fundamentada, levando subsídios que possam auxiliar o órgão a formar o convencimento a seu favor.

Tanto na apelação como nas contrarrazões tal requerimento poderá constar, a depender de que parte tiver o interesse na solução da questão. Constando da apelação, caberá ao apelado, em contrarrazões, contrapor-se ao alegado. Quando alegado em contrarrazões, conforme analisado no tópico 2.2.6, não existe previsão expressa de uma "réplica recursal", mas é interessante o apelante "atravessar" uma peça forçando um contraditório não previsto em lei e impugnar o alegado em contrarrazões.

5.3.4. Devolução de Fundamentos do Pedido e da Defesa

As partes buscam a vitória no processo, o que significa que num processo ou fase de conhecimento o autor pretende a procedência de seu pedido e o réu, a sua improcedência. Para isso, deduzem alegações de ataque (causa de pedir) e de defesa, que se prestam no caso concreto como instrumentos de convencimento do juízo.

Diante dessa constatação, é possível concluir que, havendo uma pluralidade de causas de pedir alegadas pelo autor, e sendo acolhida uma delas, ele já terá sido plenamente satisfeito em sua pretensão. Afinal, o acolhimento de uma causa de pedir já é o suficiente para que o seu pedido seja julgado procedente. Como a função do juízo é decidir o pedido, e não enfrentar todas as causas de pedir, numa situação tal como a descrita, o juiz deixará de analisar as demais causas de pedir, que restarão prejudicadas, sem qualquer prejuízo ao autor.

> João ingressou com ação contra Marina requerendo a rescisão de contrato de fornecimento de latinhas de Coca-Cola zero alegando: (a) erro, por ter sido induzido a crer que Marina consumiria a bebida somente

> depois do meio-dia; (b) dolo, por ter Marina empregado artifício ardiloso na celebração do acordo; (c) coação, por ter Felipe lhe pressionado a assinar afirmando que lhe daria uma sova se não o fizesse. Em sentença, o juiz, ao analisar o primeiro vício do consentimento alegado por João, entendeu por presente o erro e julgou procedente o pedido, com o que deixou, legitimamente, de analisar na sentença as alegações de dolo e de coação.

O mesmo ocorre sob a perspectiva do réu que, em virtude do princípio da concentração previsto no art. 341 do CPC, tem o ônus de alegar todas as matérias de defesa em sua contestação. O acolhimento de uma delas, sendo o suficiente para a rejeição do pedido do autor, já será o bastante, de modo que o juiz deixará de enfrentar as demais, que restarão prejudicadas.

> Joaquim ingressa com ação de cobrança em razão de inadimplemento de contrato de mútuo celebrado com Fernando. Em sua contestação, Fernando alega a prescrição da pretensão de Joaquim e a compensação, afirmando que Joaquim lhe deve também. O juiz, em sentença, ao acolher a alegação de prescrição, rejeita a pretensão de Joaquim e extingue o processo nos termos do art. 487, II, do CPC, legitimamente deixando de enfrentar a alegação defensiva de compensação.

Reforce-se que nas condutas indicadas não existe vício, não sendo tais sentenças consideradas *citra petita* ou *citra causa petendi.* No tocante à causa de pedir e aos fundamentos de defesa, o juízo estará dispensado de fundamentar sua decisão, valendo-se de todas as alegações da parte sempre que a omissão diga respeito à alegação feita pela parte vencedora. A sentença somente será viciada se o juízo deixar de considerar uma causa de pedir ou um fundamento de defesa alegado pela parte vencida[21].

As hipóteses descritas são contempladas pela previsão do art. 1.013, § 2º, do CPC porque as causas de pedir e fundamentos de defesa, não enfrentados pelo órgão *a quo,* serão devolvidos ao órgão *ad quem* sempre que no julgamento do recurso a causa de pedir ou fundamento de defesa acolhido para fundamentar a decisão recorrida for afastado.

---

21 NEVES, Daniel Amorim Assumpção. Manual de direito processual civil. 14. ed. Salvador: Juspodivm, 2021. n. 23.8.1, p. 572.

Assim, na hipótese da sentença que acolheu a alegação de erro e rescindiu o contrato, sendo interposta apelação pelo réu e reconhecido pelo tribunal não ter ocorrido o erro, deverá ser analisada a alegação de dolo e coação. Da mesma forma, na sentença com fundamento na prescrição, sendo interposta apelação pelo autor e afastada a prescrição pelo tribunal, deverá ser analisada a alegação de compensação.

Entendo, inclusive, que, em razão da regra geral prevista no art. 1.013, § 2º, do CPC, a previsão específica contida no § 4º do mesmo dispositivo legal é inútil. Afinal, o tribunal passar a analisar as demais questões – na verdade, demais fundamentos de defesa –, quando afasta prescrição ou decadência que fundamentou a sentença recorrida, é consequência da profundidade do efeito devolutivo. A prova maior do alegado é que mesmo durante a vigência do CPC/1973, sem qualquer norma expressa nesse sentido, os tribunais já vinham atuando dessa maneira com fundamento nos §§ 1º e 2º do art. 515 do diploma legal revogado, devolvendo o processo ao primeiro grau somente no caso de as outras matérias não estarem maduras para imediato julgamento[22].

Interessante notar que, nas hipóteses indicadas, a causa de pedir e o fundamento de defesa não enfrentados não serão, nem podem sê-lo, objeto de impugnação recursal. Afinal, só se pode impugnar aquilo que foi efetivamente decidido. Tal circunstância é irrelevante, porque na profundidade, como é o caso, a devolução independe de vontade e/ou manifestação das partes.

Na praxe forense, entretanto, não há qualquer vedação para que o apelante mencione expressamente a causa de pedir ou fundamento de defesa não decidido, já comunicando expressamente o tribunal que, após o provimento recursal, caberá outra análise, agora originária, da causa de pedir ou fundamento de defesa não decidido pelo órgão *a quo*.

Apesar de se tratar de uma mera faculdade do apelante, entendo ser proveitoso não só "lembrar" ao tribunal da profundidade

---

[22] STJ, 3ª Turma, REsp 1.172.707/AL, Rel. Min. Paulo de Tarso Sanseverino, j. 28.05.2013, DJe 05.11.2013.

do efeito devolutivo, como também aproveitar a oportunidade para reforçar os argumentos já lançados no grau inferior.

Por parte do apelado, também vale a pena nesse caso impugnar a causa de pedir ou fundamento de defesa não decidido em suas contrarrazões. Pelo princípio da eventualidade, defenderá a manutenção da sentença recorrida, mas, não sendo esse o caso, deve se valer de suas contrarrazões para impugnar as alegações lançadas no recurso a respeito do eventual enfrentamento de causas de pedir e fundamentos de defesa não decididos em primeiro grau.

Com ou sem essa discussão sobre a profundidade do efeito devolutivo nas razões e contrarrazões do recurso, caso o tribunal deixe de aplicá-lo no caso concreto, caberá embargos de declaração em decorrência de omissão, nos termos do art. 1.022, II, do CPC.

5.3.5. *Efeito Devolutivo e Cumulação de Pedidos*

A cumulação de pedidos pode ser classificada em sentido estrito, também chamada de *cumulação própria*, quando for possível a procedência simultânea de todos os pedidos. Nesse caso, poderá ser simples ou sucessiva. Em sentido amplo, também chamada de *cumulação imprópria*, há cumulação quando formulado mais de um pedido, mas somente um deles puder ser concedido. Nesse caso, poderá ser subsidiária - ou eventual - e alternativa.

Tem-se cumulação simples quando os pedidos forem absolutamente independentes entre si, ou seja, quando o resultado de um pedido não interfere na solução dos demais, de forma que a decisão de um não condiciona o resultado dos outros. Em razão dessa independência, qualquer resultado é possível, inclusive o acolhimento de todos os pedidos cumulados[23], como ocorre na cumulação de pedidos de dano moral e material[24].

Nesse tipo de cumulação, o capítulo que decide o pedido só poderá ser reexaminado pelo tribunal se houver a sua expressa

---

23 CALMON DE PASSOS, José Joaquim. Comentários ao Código de Processo Civil: arts. 270 a 331. 8. ed. Rio de Janeiro: Forense, 2000. n. 31.2, p. 229; SILVA, Ovídio A. Baptista da. Curso de processo civil. 4. ed. São Paulo: RT, 2000. v. 2, p. 230.

24 Súmula 37 do STJ: "São cumuláveis as indenizações por dano material e dano moral oriundos do mesmo fato".

impugnação recursal. Trata-se de aplicação do art. 1.013, *caput*, do CPC, sendo devolvido apenas o capítulo que, por opção do recorrente, tenha sido devidamente impugnado.

Na cumulação sucessiva, há uma relação de prejudicialidade entre os pedidos, de modo que, sendo o pedido anterior rejeitado, o pedido posterior perderá o seu objeto (ou seja, restará prejudicado), não chegando sequer a ser analisado[25]. Numa demanda de investigação de paternidade cumulada com a condenação ao pagamento de alimentos, sendo rejeitado o pedido de investigação de paternidade, com a declaração de que o réu não é o pai do autor, o pedido de alimentos perderá o objeto. O mesmo ocorre numa demanda em que se cumulam pedidos de rescisão contratual e reintegração de posse: quando mantido o contrato celebrado entre as partes, o pedido reintegratório restará prejudicado[26].

Imagine-se uma sentença que declare o réu pai e o condene ao pagamento de alimentos, havendo a interposição de apelação somente quanto ao capítulo referente à declaração de paternidade. Uma vez dado provimento à apelação e reconhecido que o réu-apelante não é pai do autor, deve ser mantida sua condenação ao pagamento de alimentos?

A relação de prejudicialidade entre os dois pedidos parece suficiente para a resposta negativa, devendo o capítulo que decidiu pela condenação ao pagamento de alimentos ser julgado prejudicado, independentemente de sua devolução ao tribunal pelo recurso. Naturalmente que, sendo rejeitado o pedido recursal, o capítulo referente à condenação ao pagamento de alimentos será mantido[27]. Essa reforma do capítulo não impugnado, todavia, não ocorre por conta do efeito devolutivo, que no caso não será gerado com relação ao capítulo não impugnado, mas em razão do efeito expansivo objetivo interno, tema a ser tratado no item 5.5.2.

---

[25] DINAMARCO, Cândido Rangel. Instituições de direito processual civil. 6. ed. São Paulo: Malheiros, 2009. v. II, n. 473, p. 167; BARBOSA MOREIRA, José Carlos. O novo processo civil brasileiro. 22. ed. Rio de Janeiro: Forense, 2002. p. 14; BUENO, Cassio Scarpinella. Curso sistematizado de direito processual civil. 10. ed. São Paulo: Saraiva, 2021. v. 2, p. 81.

[26] SILVA, Ovídio A. Baptista da. Curso de processo civil. 4. ed. São Paulo: RT, 2000. v. 2, p. 230.

[27] ELIAS, Carlos Eduardo Stefen. Apelação: os limites objetivos do efeito devolutivo. São Paulo: Atlas, 2010. p. 50.

Na cumulação subsidiária/eventual, prevista no art. 326, *caput*, do CPC, o autor estabelece uma ordem de preferência entre os pedidos, deixando claro na petição inicial que prefere o acolhimento do pedido anterior e que somente na eventualidade de esse pedido ser rejeitado ficará satisfeito com o acolhimento do pedido posterior[28]. Um bom exemplo é do autor que pede a rescisão integral do contrato em razão de alegada abusividade e, de forma subsidiária, postula que, em caso de improcedência do pedido principal, seja a ele concedida a revisão de determinada cláusula do contrato para diminuir a taxa de juros. Não era exatamente o que o autor pretendia, mas diante da rejeição de seu pedido principal terá alguma vantagem (ainda que parcial) resultante do processo.

Nesse caso, havendo a rejeição do primeiro pedido e a rejeição/acolhimento do segundo, o eventual recurso que se limite a impugnar o primeiro deles naturalmente pode gerar efeitos no capítulo subsequente, não recorrido. Para que tal capítulo reste prejudicado, basta que o pedido recursal seja provido. Mais uma vez, entretanto, tal afetação do capítulo não recorrido não se dará por conta do efeito devolutivo, porque tal capítulo, ao deixar de ser impugnado, não foi devolvido ao tribunal. O efeito gerado nesse caso é o expansivo objetivo interno, tratado no item 5.5.2.

Na cumulação alternativa, prevista no parágrafo único do art. 326 do CPC, o autor cumula os pedidos, mas não estabelece uma ordem de preferência entre eles, de maneira que a escolha do pedido a ser acolhido fica a cargo do juiz, dando-se o autor igualmente por satisfeito com o acolhimento de qualquer um deles[29]. Nessa espécie de cumulação, o acolhimento de qualquer um dos pedidos não gera interesse recursal ao autor para que outros sejam acolhidos[30], de

---

28 DINAMARCO, Cândido Rangel. Instituições de direito processual civil. 6. ed. São Paulo: Malheiros, 2009. v. II, n. 475, p. 171-172.

29 BUENO, Cassio Scarpinella. Curso sistematizado de direito processual civil. 10. ed. São Paulo: Saraiva, 2021. v. 2, p. 82; DIDIER JR., Fredie. Curso de direito processual civil. 7. ed. Salvador: Juspodivm, 2007. v. 1, p. 389.

30 Enunciado 109 da II Jornada de Direito Processual Civil do CJF: "Na hipótese de cumulação alternativa, acolhido integralmente um dos pedidos, a sucumbência deve ser suportada pelo réu".

forma que o único capítulo impugnável será o que concede alguns dos pedidos.

Nesse tipo de cumulação, ter-se-á apenas um capítulo na decisão, ao menos um capítulo principal, porque o juiz, entre uma ou algumas opções, escolherá uma para tutelar o autor. Nesse sentido, não há dificuldades quanto à definição da extensão do efeito devolutivo.

Resumidamente, quando se tem cumulação de pedidos, e mais de um deles é decidido na mesma decisão, independentemente dos capítulos impugnados, sempre que existir um recurso parcial, os capítulos não impugnados não serão devolvidos ao tribunal. Trata-se sempre de extensão da devolução, nos termos do art. 1.013, *caput*, do CPC, sendo a vontade do recorrente determinante para sua definição. Qualquer reforma ou anulação de capítulo não impugnado ficará por conta de outro efeito, o expansivo objetivo interno, nunca do devolutivo.

5.3.6. No Sistema Atual é quase Irrelevante a Causa de pedir Recursal?

No item 5.3.3, demonstrei minha irresignação com a redação do § 1º do art. 1.013 do CPC, ou melhor, com uma interpretação literal do dispositivo. Ao se valer do termo "ainda que não tenham sido solucionadas", para se referir às questões que seriam automaticamente devolvidas ao tribunal pela profundidade do efeito devolutivo, dá o legislador a entender que questões que tenham sido expressamente decididas também estariam incluídas nessa devolução automática.

E isso, para mim, não faz nenhum sentido. Questões são pontos controvertidos, e, se foram expressamente decididas, é porque houve a prolação de uma decisão interlocutória ou de uma sentença para tanto. Se a parte interessada deixou de impugnar tal decisão, pela via recursal cabível, como se admitir que o tribunal, sem qualquer alegação do recorrente no momento oportuno e na forma adequada, simplesmente se valha da questão resolvida em tal decisão para fundamentar o julgamento da apelação?

Uma interpretação literal do dispositivo legal ora analisado, no sentido de que questões, inclusive as já decididas, desde que se relacionem ao capítulo objeto de impugnação (extensão da devolução), além de suscitar séria dúvida a respeito da efetiva ocorrência de preclusão a respeito de questões resolvidas durante o procedimento, gera uma incrível insegurança jurídica no sentido de permitir, muito tempo depois de a questão já ter sido decidida e superada, sua rediscussão.

Cito o exemplo de uma questão que verse sobre instrução probatória. A parte requer uma exibição de documento e a parte contrária se insurge contra o pedido, afirmando que a exibição não tem cabimento porque o documento guarda informações sigilosas que, por conta do ofício, ela não pode revelar. O juiz decide essa questão determinando a exibição. Trata-se de questão resolvida por decisão interlocutória recorrível por agravo de instrumento (art. 1.015, VI, do CPC) que, entretanto, não é interposto, sendo o documento exibido.

O juiz se vale do conteúdo do documento para fundamentar a sua sentença e a parte sucumbente, em sua apelação, alega que a exibição nunca poderia ter ocorrido em razão do caráter sigiloso e requer que o documento seja desconsiderado, afirmando que essa questão, nos termos do art. 1.013, § 1º, do CPC, está devolvida ao tribunal; ou, ainda, nada alega em sua apelação, deixando para levantar a questão em sede de memorial e/ou sustentação oral; ou, pior, o afastamento do documento dá-se de ofício...

Nesse ponto, percebe-se claramente o grave defeito de nossa atual previsão legal, ou de sua interpretação literal, que protege um apelante que, mesmo ao deixar de impugnar como a lei determina de uma questão resolvida e indiretamente utilizada na sentença recorrida, pode ser beneficiado por uma reapreciação – de ofício ou provocada – de tal fundamento no julgamento de seu recurso.

E tudo faz ainda menos sentido se considerarmos o entendimento consagrado no Superior Tribunal de Justiça na direção de que o recurso deve ser inadmitido caso o recorrente deixe de impugnar especificamente todos os fundamentos da decisão recorrida[31].

---

[31] STJ, Corte Especial, EDcl no AgInt nos EDv nos EREsp 1.632.679/PR, Rel. Min. Maria Isabel Gallotti, j. 14.12.2023, DJe 20.12.2023.

Assim, a depender da omissão do recorrente, seu destino será a inadmissão recursal ou não haverá consequência alguma, podendo inclusive tirar proveito do lapso, bastando para tanto contratar um novo advogado que, percebendo a "comida de bola", elabore memorial e sustente oralmente no tribunal alegando o que deixou de ser impugnado. Não faz qualquer sentido.

Existe, ainda, outro dado a ser acrescido. O Superior Tribunal de Justiça não admite que a parte alegue uma nulidade depois de determinado lapso temporal para disso tirar alguma vantagem processual, com a justificativa de que tal postura viola a boa-fé processual. Trata-se da chamada nulidade de algibeira[32]. Como então admitir que uma questão que tenha sido objeto de decisão não recorrida venha a ser reapreciada tempos depois em razão da profundidade do efeito devolutivo? Por que essa vantagem gerada ao recorrente não viola a boa-fé processual?

Não vejo como se pode tolerar esse estado de coisas, mesmo diante da redação do art. 1.013, § 1º, do CPC. É necessário, portanto, fazer uma leitura do dispositivo que leve em consideração a preclusão, a segurança jurídica e a boa-fé processual.

E o problema não para por aí. Tem-se ainda o art. 1.013, § 2º, do CPC. Há sentido em permitir ao tribunal o enfrentamento de fundamentos que não tenham sido objeto de decisão por restarem prejudicados em virtude de outro fundamento ter sido adotado como razão de decidir? Nesse caso, como já apontado no item 5.3.4, não haveria sentido cobrar a impugnação expressa por parte do apelante, uma vez que nem mesmo houve decisão do fundamento a ser impugnada no recurso.

Contudo, se o órgão julgador passa a aplicar o princípio do *iura novit curia* para concluir que, na causa de pedir, é possível ao apelante alegar matérias de direito que simplesmente não foram suscitadas perante o juízo inferior, as coisas se complicam sensivelmente. Nesse caso, não são mais fundamentos não decididos por conta da prejudicialidade; são fundamentos não decididos porque nem sequer chegaram a ser alegados em primeiro grau.

---

32 STJ, 1ª Turma, AgInt no REsp 1.837.482/PR, Rel. Min. Gurgel Faria, j. 07.11.2023, DJe 15.12.2023.

O Superior Tribunal de Justiça, num precedente no qual se valeu da teoria do *iura novit curia* em grau recursal, viu como legítima a atuação de tribunal de segundo grau em adotar tese jurídica, no julgamento de apelação, que havia sido alegada pela parte em embargos de declaração contra a sentença, mas que não voltou a ser repetida em sede de apelação.[33] O que significa dizer que o tribunal, no julgamento da apelação, valeu-se de atividade oficiosa para fundamentar sua decisão, servindo-se para isso, como justificativa, da profundidade do efeito devolutivo.

Há outro precedente do Superior Tribunal de Justiça que considerou possível, à luz da profundidade da devolução, que um réu revel, portanto um réu que não tinha apresentado contestação, pudesse em sua apelação apresentar todo e qualquer argumento jurídico capaz de alterar o resultado do julgamento[34]. O que se extrai desse precedente é a possibilidade de alegações em sede de apelação de matérias de direito que não tenham sido alegadas antes de a decisão recorrida ter sido proferida, com o que se liberam inovações argumentativas jurídicas em sede recursal.

Sendo o fundamento a liberdade de o tribunal aplicar o direito correto ao caso concreto porque o juiz conhece o direito (*iura novit curia*), a conclusão necessária é que a alegação do apelante é, inclusive, dispensável, porque a fundamentação da decisão que julga a apelação pode se dar de ofício, sem qualquer provocação dele e mesmo do apelado.

E com isso tem-se o produto final. A profundidade da devolução, nos termos previstos em lei e conforme a interpretação que vem sendo dada pelo Superior Tribunal de Justiça, é um poço sem fim, um verdadeiro buraco negro, onde cabe tudo e mais um pouco. A fundamentação recursal, aquilo que o apelante efetivamente alega como causa de pedir, acaba sendo um mero detalhe, até certo ponto algo até desinteressante.

---

33 STJ, 4ª Turma, AgInt no REsp 1.332.856/SP, Rel. Min. Lázaro Guimarães (Desembargador convocado TRF 5ª Região), j. 20.09.2018, DJe 26.09.2018.

34 STJ, 4ª Turma, AgInt no REsp 1.848.104/SP, Rel. Min. Luis Felipe Salomão, rel. p/ acórdão Min. Antonio Carlos Ferreira, j. 20.04.2021, DJe 11.05.2021.

Conforme bem notado pela doutrina que se dedicou ao tema com o devido aprofundamento, o sistema criado pelos dois primeiros parágrafos do art. 1.013 do CPC praticamente torna irrelevante a causa de pedir recursal[35]. Isso porque, independentemente da fundamentação recursal, o tribunal poderá rever todos os fundamentos formulados perante o órgão prolator da decisão recorrida e outros que nem alegados tenham sido, além de questões decididas, mesmo que não impugnadas, e questões ainda não decididas.

Quero crer, entretanto, não ser a situação assim tão drástica quanto pode parecer numa primeira análise. E é a jurisprudência do próprio Superior Tribunal de Justiça que me traz essa esperança, de que existem, afinal, alguma ordem e segurança jurídica quanto ao tema.

Primeiro no tocante à interpretação a quais as questões exatamente que serão devolvidas ao tribunal na profundidade da devolução, ou seja, na interpretação do § 1º do art. 1.013 do CPC.

Nesse sentido, é importante registrar a existência de precedentes do Superior Tribunal de Justiça que, interpretando o art. 515, § 1º, do CPC/1973 (atual art. 1.013, § 1º, do CPC), entendem que

> [...] a apelação devolve ao tribunal o conhecimento da matéria impugnada, bem como das questões suscitadas e discutidas no processo, sendo vedado o conhecimento de matéria não suscitada oportunamente perante o magistrado de primeiro grau, com exceção das questões de ordem pública[36].

São precedentes que, claramente, prestigiam a preclusão de decisões interlocutórias que, tendo resolvido questões durante o procedimento, não foram devidamente impugnadas pelo recurso cabível, no caso o agravo de instrumento. O entendimento pode, também, ser aplicado ao atual sistema recursal para decisões in-

---

[35] MACÊDO, Lucas Buril de. Efeito devolutivo e limites objetivos do juízo recursal: da irrelevância da causa de pedir recursal. Revista de Processo, São Paulo, v. 292, p. 215-250, jun. 2019.

[36] STJ, 3ª Turma, AgInt no AREsp 1.632.907/SP, Rel. Min. Marco Aurélio Bellizze, j. 08.03.2021, DJe 15.03.2021; STJ, 2ª Turma, EDcl no REsp 1.891.064/MG, Rel. Min. Herman Benjamin, j. 16.12.2020, DJe 18.12.2020; STJ, 4ª Turma, AgInt no AREsp 1.001.245/SP, Rel. Min. Lázaro Guimarães (Desembargador convocado TRF 5ª Região), j. 05.06.2018, DJe 13.06.2018.

terlocutórias não recorríveis por agravo, compreendendo-se que, se não forem impugnadas expressamente em sede de apelação ou contrarrazões, nos termos do art. 1.009, § 1º, do CPC, também se opera a preclusão.

Assim, se o juiz decide durante a instrução probatória que a primeira perícia foi realizada com base em premissa incorreta, chegando por essa razão em valor absolutamente alheio à realidade, e determina a realização de uma segunda perícia, e a parte deixa de impugnar tal decisão em sua apelação ou contrarrazões de apelação, a questão estará preclusa, não sendo devolvida ao tribunal por força do art. 1.013, § 1º, do CPC. Não cabe ao tribunal, dessa forma, com a justificativa da profundidade da devolução, no julgamento da apelação entender que a decisão sobre a inadequação da primeira perícia estava equivocada e adotá-la como razão de decidir.

Por outro lado, ao realizar a interpretação do art. 515, § 2º, do CPC/1973 (art. 1.013, § 2º, do CPC), o Superior Tribunal de Justiça tem precedentes no sentido de que a inovação recursal, mesmo tratando-se de alegações jurídicas, está limitada às hipóteses descritas no art. 517 do CPC/1973 (art. 1.014 do CPC vigente), isto é, deve ser demonstrada força maior para a alegação ter ocorrido somente de forma originária em sede recursal[37].

Não deixa de ser uma interpretação curiosa do dispositivo, porque claramente a norma legal se refere à inovação quanto à matéria de fato, provavelmente inibindo-se em incluir matéria de direito, justamente em razão do brocardo *iura novit curia*. A inibição do legislador, aparentemente, não inibiu o Superior Tribunal de Justiça.

5.4. EFEITO TRANSLATIVO

5.4.1. Introdução

Por efeito translativo entende-se o efeito que permite ao órgão julgador, no julgamento do recurso, conhecer, mesmo sem ter sido

[37] STJ, 2ª Turma, EDcl no REsp 1.891.064/MG, Rel. Min. Herman Benjamin, j. 16.12.2020, DJe 18.12.2020; STJ, 1ª Turma, AgInt nos EDcl no REsp 1.707.491/RJ, Rel. Min. Sérgio Kukina, j. 11.11.2020, DJe 17.11.2020; STJ, 3ª Turma, AgInt no REsp 1.685.332/RJ, Rel. Min. Moura Ribeiro, j. 17.02.2020, DJe 19.02.2020.

provocado, matérias cognoscíveis de ofício[38]. Trata-se de efeito cuja própria existência não é tranquila na doutrina, existindo parcela doutrinária que compreende estar esse poder do órgão julgador dentro da profundidade do efeito devolutivo[39], entendimento que, inclusive, eventualmente aparece em decisões do Superior Tribunal de Justiça[40].

Sem desmerecer o debate doutrinário a respeito do tema, a verdade é que situar o poder de o órgão julgador conhecer matérias cognoscíveis de ofício como efeito próprio, chamando-o de translativo, ou entendê-lo como parte da profundidade do efeito devolutivo, não gera maiores repercussões práticas. O próprio Superior Tribunal de Justiça já teve a oportunidade de se valer de ambos os entendimentos num mesmo julgamento[41].

Na realidade, a adoção do entendimento no sentido de o poder ora tratado estar compreendido na profundidade do efeito devolutivo facilita – na verdade impõe – a conclusão de estar limitado pela extensão da devolução[42]. Capítulo da sentença não devolvido pela apelação não pode ser reexaminado, inclusive quanto às matérias de ordem pública.

Quanto ao tema, no entanto, não há qualquer problema mesmo reconhecendo-se no poder ora analisado uma espécie de efeito autônomo, porque chega-se à mesma conclusão de ser gerado nos limites da extensão da devolução. O tribunal não pode atuar, ainda que a matéria seja de ordem pública, naquilo que não lhe chegou por vontade da parte para apreciar. Sem sequer chegar ao tribunal, como poderia se aceitar uma decisão sobre o capítulo, independentemente da fundamentação?

---

38 NERY JR., Nelson. Teoria geral dos recursos. 6. ed. São Paulo: RT, 2004. n. 3.5.4, p. 482-488; STJ, 1ª Turma, RMS 63.004/DF, Rel. Min. Sérgio Kukina, j. 18.08.2020, DJe 24.08.2020.

39 BARBOSA MOREIRA, José Carlos. Comentários ao Código de Processo Civil. 17. ed. Rio de Janeiro: Forense, 2013. v. 5, n. 244, p. 444; ASSIS, Araken de. Manual dos recursos. 8. ed. São Paulo: RT, 2017. n. 24.8, p. 226; JORGE, Flávio Cheim. Teoria geral dos recursos cíveis. 3. ed. São Paulo: RT, 2007. p. 242.

40 STJ, 4ª Turma, AgInt no AREsp 569.059/PE, Rel. Min. Lázaro Guimarães (Desembargador convocado do TRF da 5ª Região), j. 14.08.2018, DJe 23.08.2018.

41 STJ, 2ª Turma, AgInt no AREsp 583.239/SP, Rel. Min. Assusete Magalhães, j. 07.06.2016, DJe 16.06.2016.

42 ASSIS, Araken de. Manual dos recursos. 8. ed. São Paulo: RT, 2017. n. 24.8, p. 286.

Concluir em sentido contrário seria igual a permitir que, mesmo diante da não interposição do recurso, o tribunal, ciente de uma matéria de ordem pública, pudesse simplesmente reconhecê-la no processo. Rigorosamente não pode, até porque com o trânsito em julgado não se podem mais conhecer matérias de ordem pública. Conforme analisado no item 5.5.2, o capítulo autônomo e independente que não foi objeto de recurso transita em julgado, e dessa forma não poderá o tribunal revê-lo, ainda que com o argumento de se tratar de matéria cognoscível de ofício[43].

5.4.2. *Objeto do Efeito Translativo*

Há uma tendência doutrinária a apontar as matérias de ordem pública como passíveis de conhecimento pelo órgão julgador por conta do efeito translativo.

Nos termos do art. 485, § 3º, do CPC, o juiz conhecerá de ofício a matéria constante dos incisos IV, V, VI e IX, em qualquer tempo e grau de jurisdição, enquanto não ocorrer o trânsito em julgado. Tais matérias são a ausência de pressupostos processuais positivos, a existência de perempção, de litispendência ou de coisa julgada, a ausência de legitimidade ou de interesse processual (condições da ação) e a intransmissibilidade da ação em caso de morte da parte.

Têm-se, então, as chamadas matérias de ordem pública processuais, que poderão ser reconhecidas a qualquer tempo do processo, o que inclui naturalmente o grau recursal, fazem parte do objeto do efeito translativo. No entanto, existem também as matérias de ordem pública de direito material, que, da mesma forma, são cognoscíveis de ofício e, portanto, fazem parte do efeito translativo, tal como a inconstitucionalidade da norma legal[44].

Incluo no rol de matérias aptas a serem conhecidas de ofício no julgamento do recurso todas aquelas para as quais exista previsão expressa autorizando o juízo a tal conhecimento. Nesse caso, ainda

---

43 STF, Tribunal Pleno, AC 112, Rel. Min. Cezar Peluso, j. 01.12.2004, DJ 04.02.2005.

44 STJ, 2ª Turma, REsp 1.325.838/DF, Rel. Min. Herman Benjamin, j. 20.09.2012, DJe 10.10.2012.

que a matéria não seja de ordem pública, a mera autorização legal para o seu reconhecimento de ofício permite que a decisão da apelação seja proferida valendo-se dela como fundamentação.

Não consigo, por exemplo, conformar-me com o entendimento consolidado do Superior Tribunal de Justiça no sentido de ser a prescrição uma matéria de ordem pública[45]. Podendo ser objeto de renúncia pelo devedor, nos termos do art. 191 do CC, é disponível e, como tal, não me parece que possa ser considerada matéria de ordem pública. Não significa dizer, com isso, que a prescrição não possa ser reconhecida de ofício no julgamento de um recurso por conta do efeito translativo, porque existe expressa autorização legal que assim o autoriza.

No tocante ao conhecimento da prescrição de ofício em julgamento recursal, amplamente admitido na jurisprudência, registre-se posicionamento do Superior Tribunal de Justiça no sentido de não admitir o efeito translativo para que o tribunal modifique, sem provocação, a aplicabilidade de prazo maior ou menor à prescrição. Nesse caso, entende-se que a abrangência temporal dos efeitos da sentença não pode ser modificada de ofício, porque não se justifica a *ratio* de ser a prescrição reconhecível de ofício, qual seja, evitar o desenvolvimento de um processo em que haja perda do direito de ação, o que violaria o princípio da economia processual[46].

Por fim, é natural que as matérias cognoscíveis de ofício não precisarão necessariamente do efeito translativo para serem conhecidas no julgamento da apelação, visto que podem já ter sido objeto de decisão na sentença e estar nos limites da extensão do efeito devolutivo.[47]

A permissão concedida ao tribunal para que conheça de determinadas matérias pela primeira vez, ainda que nenhuma das partes as tenha alegado até o momento do julgamento, abre uma oportunidade para elas de se anteciparem à atividade oficiosa.

---

[45] STJ, 1ª Turma, AgInt no REsp 1.905.487/RJ, Rel. Min. Benedito Gonçalves, j. 17.05.2021, DJe 19.05.2021.

[46] Informativo 546/STJ: 3ª Turma, REsp 1.304.953/RS, Rel. Min. Nancy Andrighi, j. 26.08.2014.

[47] APRIGLIANO, Ricardo de Carvalho. A apelação e seus efeitos. 2. ed. São Paulo: Atlas, 2007. p. 169.

O princípio da complementaridade cria um ônus ao recorrente, de forma que todas as razões que pretende que o tribunal enfrente no julgamento recursal devem ser apresentadas no momento da interposição. A partir daí, opera-se a preclusão consumativa, sendo vedados a complementação, o aditamento, o melhoramento ou qualquer espécie de mudança nas razões já existentes no recurso interposto[48].

A ideia, portanto, de o apelante, depois de interposta a apelação, levar ao tribunal um novo fundamento jurídico que lhe aproveite, que não tenha sido alegado em seu recurso, pode ser complicada, salvo se conseguir, conforme já analisado no tópico 5.3, encaixar a novidade na profundidade do efeito devolutivo. Sendo, entretanto, a matéria conhecível de ofício, as potenciais dificuldades de tal alegação superveniente à interposição da apelação desaparecem. Afinal, se em razão do efeito translativo o tribunal pode conhecer de tal matéria de ofício, está liberada sua alegação pela parte interessada.

O apelante, ou mesmo o apelado, caso tenha alguma pretensão recursal veiculada em apelação adesiva ou em contrarrazões de apelação (impugnação de decisão interlocutória não agravável), pode alegar a matéria contida no efeito translativo até o final do julgamento do recurso, ainda que o mais conveniente seja a sua alegação o quanto antes.

Registro apenas que, havendo uma pluralidade de pretensões recursais perante o tribunal, com apelação principal e adesiva, ou mesmo contrarrazões com capítulo recursal, cabe à parte uma cuidadosa análise do alcance do reconhecimento da matéria a ser alegada. Isso porque é possível que o seu reconhecimento pelo tribunal seja capaz de anular a sentença por completo, de forma que mesmo o capítulo que beneficiava a parte será anulado. A depender da quantidade de sucumbência, pode simplesmente não valer a pena a alegação no caso concreto.

É claro que essa consciente omissão da parte não impedirá o tribunal de atuar de ofício, mas sem a provocação nada garante

48 NERY JR., Nelson. Teoria geral dos recursos. 6. ed. São Paulo: RT, 2004. n. 2.9, p. 181.

que isso ocorra. Uma coisa é certa: com a provocação haverá decisão, e, se isso gerar mais desvantagens do que vantagens à parte, obviamente não é interessante provocar o tribunal. Espera-se que a parte contrária não alegue e que o tribunal não se manifeste de ofício.

5.4.3. Contraditório

A possibilidade de o tribunal de segundo grau decidir uma apelação com base em matéria que até então nem sequer chegou a ser aventada no processo não significa carta branca para o desrespeito ao princípio do contraditório. Rejeita-se a ideia de decisão-surpresa, de modo que o tribunal, ao conhecer uma matéria de forma originária no julgamento do recurso, deve antes intimar as partes e permitir sua manifestação prévia[49].

A previsão do art. 10 do CPC já seria o suficiente para embasar o entendimento ora defendido, por deixar claro que mesmo as matérias cognoscíveis de ofício devem ser objeto de prévia oportunidade de pronunciamento das partes, única forma de preservar o princípio do contraditório e evitar a prolação de decisões-surpresa.

Conforme já visto, entretanto, há um dispositivo ainda mais específico a respeito do tema ora enfrentado. O art. 933, *caput*, do CPC é suficientemente claro e autoexplicativo ao prever que, reconhecida a existência de questão apreciável de ofício ainda não examinada que deva ser considerada no julgamento do recurso, caberá a intimação das partes para que se manifestem no prazo de cinco dias[50]. A aplicação do dispositivo impede a prolação de decisão-surpresa em função da geração do efeito translativo[51].

---

49 STJ, 4ª Turma, REsp 1.909.451/SP, Rel. Min. Luis Felipe Salomão, j. 23.03.2021, DJe 13.04.2021.

50 STJ, 4ª Turma, REsp 1.755.266/SC, Rel. Min. Luis Felipe Salomão, j. 18.10.2018, DJe 20.11.2018; GAJARDONI, Fernando da Fonseca; DELLORE, Luiz; ROQUE, Andre Vasconcelos; OLIVEIRA JR., Zulmar Duarte de. Execução e recursos: comentários ao CPC de 2015. São Paulo: Método, 2017. p. 1.019.

51 ZANETI JR., Hermes. Arts. 926 a 946. In: CABRAL, Antonio do Passo; CRAMER, Ronaldo (coord.). Comentários ao Novo Código de Processo Civil. Rio de Janeiro: Forense, 2015. p. 1.360.

5.5. EFEITO EXPANSIVO

5.5.1. *Introdução*

O efeito expansivo tem como característica ir além do objeto da impugnação e/ou dos sujeitos recursais.

Por meio desse efeito é possível que um capítulo não impugnado da sentença recorrida seja afetado pelo julgamento da apelação, sendo reformado ou anulado (efeito expansivo objetivo interno), bem como uma decisão que nem sequer foi objeto de recurso venha a ser anulada por conta do julgamento do recurso (efeito expansivo objetivo interno).

Também há a possibilidade de um recurso prejudicar ou beneficiar um sujeito que, apesar de participar do processo, não faz parte do recurso, isto é, embora seja sujeito processual, não é sujeito do recurso (efeito expansivo subjetivo).

Há uma questão bastante delicada a ser tratada a respeito do efeito ora analisado, que inclusive justificará ou não a sua presença no presente Capítulo.

Quando se fala em efeitos do recurso, é natural compreender que eles sejam gerados desde que as condições necessárias para tanto se façam presentes. Disso não depende, regra geral, a vontade das partes, tampouco do órgão julgador, como também não depende a geração de tal efeito de uma expressa decisão do órgão julgador. Uma apelação, portanto, desde que admissível, gera o efeito obstativo porque impede o trânsito em julgado da sentença recorrida; o efeito devolutivo, em sua extensão, a depender da vontade do apelante e em sua profundidade; o suspensivo, a depender de previsão legal; o translativo, a depender de ser o recurso ordinário por conta da exigência de prequestionamento nos recursos excepcionais; e assim por diante.

No entanto, há uma diferença essencial entre os efeitos recursais. Existem aqueles que são simplesmente gerados, independentemente de qualquer tipo de atividade a ser exercida pelo órgão julgador, bastando para isso a interposição de um recurso admissível. Assim ocorre com o efeito obstativo e o efeito suspensivo próprio.

Há outros, entretanto, que funcionam de forma diferente. São efeitos que não transformam nada por terem sido gerados, mas simplesmente permitem – na verdade exigem –, por meio de sua geração, o exercício de uma atividade por parte do órgão julgador. Assim ocorre com o efeito devolutivo, que força o tribunal a enfrentar as questões e os fundamentos dentro do capítulo devolvido pelo recorrente, e com o efeito translativo, que permite ao tribunal conhecer de certas espécies de matérias de ofício.

Reconhecer essa diferença entre os efeitos recursais é de extrema relevância quando o efeito tratado é o expansivo, porque será preciso definir se tal efeito é daqueles que são automaticamente gerados desde que presentes as condições, ou se são daqueles cuja geração apenas permite ao tribunal determinada atuação.

A definição tem relevância prática manifesta. Caso se reconheça ser o efeito expansivo da segunda espécie, sempre será possível contar com a omissão do órgão julgador, que simplesmente pode ignorar a geração de tal efeito e deixar de se manifestar conforme deveria. Vício passível de correção por embargos de declaração, certamente. E depois do trânsito em julgado?

> Carlos foi condenado em primeiro grau a pagar R$ 5.000,00 a Marilena em razão de serviços não prestados de Uber, com condenação de honorários advocatícios de 10% desse valor. Carlos interpôs apelação impugnando apenas o capítulo principal da sentença, alegando que teria sido Marilena quem deu causa à não prestação do serviço. O Tribunal deu provimento à apelação de Carlos, invertendo o resultado do processo e julgando o pedido de Marilena totalmente improcedente. Não se manifestou, entretanto, sobre a condenação em honorários advocatícios, tendo o acórdão transitado em julgado.

Se o tribunal, por conta do efeito expansivo, ao julgar a apelação e reformar o capítulo principal da sentença, tinha também que reformar o capítulo acessório, mas não o fez, com o trânsito em julgado a incongruência lógica da decisão torna-se imutável e indiscutível? A única maneira de desconstituí-la será com a propositura da ação rescisória? Ou no momento do cumprimento de sentença o exequente poderá alegar que, por conta do efeito suspensivo objetivo interno, ainda que não tenha havido manifestação expressa do tribunal, por uma exigência de lógica interna da decisão, houve de qualquer forma a reforma do capítulo acessório? Contudo, para isso o efeito expansivo deve ser daquela espécie que tem um efeito transformador independentemente da necessidade de atividade a ser desenvolvida pelo órgão julgador.

O efeito expansivo subjetivo é amplamente entendido como não sendo um efeito autônomo, mas um efeito que deve ser compreendido dentro da profundidade do efeito devolutivo. Conforme essa corrente doutrinária, seria a extensão subjetiva do efeito devolutivo[52]. Quanto ao efeito expansivo objetivo, ainda que com menos entusiasmo, também há doutrina que entende não existir propriamente um efeito expansivo, defendendo-se na realidade tratar-se ora de profundidade do efeito devolutivo[53], ora de efeito translativo[54].

Nesse ponto, seria de supor que, partindo-se de tal premissa, a conclusão seria no sentido de a geração do efeito expansivo permitir ao tribunal uma atuação concreta além dos limites estabelecidos pela apelação, mas que a transformação no plano prático dependeria de algum tipo de atividade a ser desempenhada pelo órgão julgador. Assim como ocorre, conforme já afirmado, no efeito devolutivo e no efeito translativo, que, uma vez gerados, apenas permitem ao tribunal, dentro de certos limites, o exercício da atividade jurisdicional no julgamento do recurso.

É nesse sentido também que concluo quando, na conceituação do efeito expansivo, encontro expressa menção a uma autorização para o tribunal julgar o que não foi devolvido para o tribunal ou para quem não participou do recurso. Isso porque, ao mencionar tal autorização de decidir, está-se afirmando que a geração do efeito não transforma nada pela sua simples geração, apenas permite ao tribunal atuar, ou seja, decidir. Impõe-se, dessa forma, uma decisão.

---

52 BARBOSA MOREIRA, José Carlos. Comentários ao Código de Processo Civil. 17. ed. Rio de Janeiro: Forense, 2013. v. 5, n. 143, p. 257; JORGE, Flávio Cheim. Teoria geral dos recursos cíveis. 3. ed. São Paulo: RT, 2007. n. 11.5.3, p. 378.

53 DINAMARCO, Cândido Rangel. Capítulos de sentença. São Paulo: Malheiros, 2002. n. 51, p. 111-112.

54 BUENO, Cassio Scarpinella. Curso sistematizado de direito processual civil. 10. ed. São Paulo: Saraiva, 2021. v. 2, p. 588.

Paradoxalmente, entretanto, ao menos no tocante ao efeito expansivo subjetivo, a mesma doutrina que defende que o resultado do julgamento de um recurso afetar um litisconsorte que não participou do processo faz parte da extensão subjetiva do efeito devolutivo, entende que tal efeito é gerado independentemente de qualquer manifestação judicial expressa a esse respeito[55]. Um efeito, portanto, cuja geração depende exclusivamente das condições exigidas por lei para que seja gerado, independentemente da vontade ou manifestação das partes, tampouco de decisão expressa a seu respeito.

Particularmente, não entendo tratar-se de extensão subjetiva do efeito devolutivo, por ausência de previsão legal nesse sentido. Para mim, portanto, é ainda mais confortável concordar com a conclusão de ser o efeito expansivo subjetivo gerado independentemente de uma decisão expressa no sentido de indicar o alcance do julgamento da apelação além das partes recursais. Ao concluir nesse sentido, entretanto, excluo tal efeito do presente Capítulo, porque nele só interessam aqueles que autorizam o tribunal a proferir uma decisão de ofício. O tema é mais bem tratado no tópico 3.2.

Registre-se a existência de corrente doutrinária que, ao conceituar o efeito translativo, limita-se a indicar que, por conta dele, os efeitos do julgamento do recurso vão além do recorrente ou além do ato impugnado[56]. Ou ainda ser o efeito de que decorre o atingimento de outras pessoas que não os sujeitos recursais, ou de outros atos processuais distintos da decisão recorrida[57].

Essas formas de conceituar o efeito expansivo, sem indicar que o efeito leva a uma ampliação legitimada da decisão do recurso, sugere ser tal efeito um daqueles cuja geração pela simples interposição de

---

55 BARBOSA MOREIRA, José Carlos. Comentários ao Código de Processo Civil. 17. ed. Rio de Janeiro: Forense, 2013. v. 5, n. 216, p. 387: ASSIS, Araken de. Manual dos recursos. 8. ed. São Paulo: RT, 2017. n. 24.9.3, p. 294.

56 ARRUDA ALVIM, José Manoel de. Manual de direito processual civil. 20. ed. São Paulo: RT, 2021. n. 31.4.5, p. 1.331.

57 ALVIM, Teresa Arruda. Os agravos no CPC de 2015. 5. ed. Curitiba: EDC, 2021. n. 5.6, p. 351.

recurso admissível já é o suficiente para transformar o plano prático. Portanto, independentemente de uma decisão expressa nesse sentido, o capítulo interno da sentença seria reformado, os atos dependentes da sentença ou decisão interlocutória seriam anulados e o litisconsorte seria atingido pelo julgamento da apelação.

Corrobora essa conclusão a ineficácia do capítulo impugnado em apelação com efeito suspensivo por litisconsorte quando aquele que não apelou for potencialmente beneficiado pelo julgamento do recurso[58]. O efeito suspensivo aproveita ao litisconsorte não recorrente porque o efeito expansivo subjetivo está também sendo gerado.

No efeito expansivo objetivo externo, parece-me razoável esse entendimento, até porque nesse caso estar-se-á diante de regra mais ampla, o art. 281 do CPC, que prevê que, anulado o ato, reputam-se de nenhum efeito todos os subsequentes, que dele dependam. O dispositivo não exige qualquer declaração expressa para que os atos dependentes do ato anulado – no caso do recurso a decisão pode também ser reformada – sejam anulados[59]. Nesse sentido, devem-se considerar como anulados os atos subordinados *ipso facto*[60].

Pelo mesmo motivo do efeito expansivo subjetivo, o efeito expansivo objetivo externo deixa de ser objeto de análise no presente capítulo. Contudo, antes disso, uma dica de caráter prático. Embora o efeito ora examinado seja gerado independentemente de decisão judicial e os atos dependentes da decisão anulada ou reformada em regra sejam facilmente identificáveis, em especial quando houver uma zona cinzenta nessa definição, será interessante, sob uma perspectiva de segurança jurídica, provocar o tribunal para uma definição exata de quais os atos atingidos pela geração do efeito. A interposição de embargos de declaração, nesse caso, vem bem a calhar.

No final, de todas as espécies de efeito expansivo a única que entendo não gerar qualquer transformação no plano prático pela sua

---

58 APRIGLIANO, Ricardo de Carvalho. A apelação e seus efeitos. 2. ed. São Paulo: Atlas, 2007. pp. 303-304.

59 Contra: CUNHA, Leonardo Carneiro da. Comentários ao Código de Processo Civil. São Paulo: RT, 2017. v. III, p. 275.

60 NERY JR., Nelson. Teoria geral dos recursos. 6. ed. São Paulo: RT, 2004. n. 3.5.3, p. 478.

simples geração é o objetivo interno. Nesse caso, entendo que o efeito tão somente amplia, de forma condicionada, o objeto cognitivo do tribunal no julgamento da apelação. Caso não haja, portanto, uma decisão expressa reformando ou anulando o capítulo não impugnado por conta de omissão ilegal do tribunal, a decisão será nula. Não se poderá, simplesmente, considerar que houve nesse caso uma reforma ou anulação tácita de tal capítulo.

5.5.2. Efeito Expansivo Objetivo Interno

Conforme amplamente analisado no item 2.2.2.4.2.1, cabe ao apelante escolher os capítulos da sentença que lhe tenham gerado sucumbência em sua impugnação recursal. Trata-se do tradicional *tantum devolutum quantum apellatum*, devidamente consagrado no art. 1.013, *caput*, do CPC.

No item 5.5.2, defendi que os capítulos não impugnados, desde que autônomos e independentes, transitam em julgado, não podendo ser objeto de análise pelo tribunal, inclusive quanto às matérias de ordem pública. Os capítulos não impugnados, mas que não sejam autônomos nem independentes, não transitam em julgado justamente em razão do efeito expansivo objetivo interno.

O efeito ora analisado permite ao tribunal a reforma e/ou a anulação de um capítulo não impugnado da decisão, a depender do resultado do julgamento recursal quanto ao capítulo impugnado. Resta definir quais são as circunstâncias que permitem a geração de tal efeito, que não deixa de ser uma exceção ao caráter dispositivo do recurso, uma vez que permite a alteração de capítulo que, ainda que pudesse sê-lo, não foi impugnado pelo apelante.

Afirma-se que, mesmo sem uma previsão expressa em lei, a relação de prejudicialidade entre os capítulos de uma mesma sentença, com capítulos dependentes de outros, permite a produção do efeito expansivo objetivo interno[61]. Entretanto, mesmo quanto à espécie de prejudicialidade e da relação entre os diferentes capítulos (prejudicial e prejudicado), existem divergências dignas de nota.

---

[61] DINAMARCO, Cândido Rangel. Capítulos de sentença. São Paulo: Malheiros, 2002. n. 51, p. 111.

A corrente doutrinária mais restritiva limita a geração do efeito ora analisado aos capítulos acessórios não impugnados, como são os capítulos referentes aos juros de mora e à correção monetária, ou à condenação ao pagamento de custas processuais e de honorários advocatícios. Fora dessa hipótese, ainda que se criando incoerências teóricas, para essa corrente doutrinária deve-se respeitar a extensão do efeito devolutivo do recurso[62].

Para a corrente majoritária, entretanto, o efeito é mais amplo, porque, sendo recorrido apenas o capítulo prejudicial e sendo tal recurso provido, o julgamento também modificaria o capítulo prejudicado, ainda que não impugnado pelo recorrente[63]. Registre-se que não é a mera impugnação do capítulo prejudicial que, por si só, gera o efeito ora analisado, dependendo do resultado do recurso. Se o julgamento não criar uma incompatibilidade lógica interna na decisão, o efeito não será gerado[64].

Por exemplo, uma sentença é proferida condenando-se o réu ao pagamento de determinada quantia relacionada ao reconhecimento de uma dívida e ao pagamento de custas e honorários. O réu apela impugnando somente o capítulo principal, alegando a inexistência de dívida. Se o tribunal negar provimento ao recurso, o capítulo acessório das verbas sucumbenciais não será alterado, porque o réu continuará vencido e continuará sendo lógica sua condenação ao pagamento de custas e honorários. Só haverá, portanto, a produção do efeito expansivo objetivo interno, com a reforma de tal capítulo, com o provimento da apelação, porque, nesse caso, o réu deixa de estar condenado ao pagamento do principal, não havendo mais sentido lógico permanecer condenado a pagar as custas e honorários advocatícios, que a partir de então deverão ser pagos pelo autor.

Há, ainda, corrente doutrinária que defende que, mesmo tendo sido impugnado apenas o capítulo prejudicado, para manter a coerência lógica da decisão, a depender do resultado do recurso, o

62 BARBOSA MOREIRA, José Carlos. Comentários ao Código de Processo Civil. 17. ed. Rio de Janeiro: Forense, 2013. v. 5, n. 196, p. 355-356.

63 NERY JR., Nelson. Teoria geral dos recursos. 6. ed. São Paulo: RT, 2004. n. 3.5.3, p. 478.

64 LEITE, Clarisse Frechiani Lara. Prejudicialidade no processo civil. São Paulo: Saraiva, 2008. p. 210.

capítulo prejudicial não impugnado poderia ser alterado[65]. Ainda que o efeito expansivo objetivo interno sempre excepcione o art. 1.013, *caput*, do CPC, entendo que o sacrifício deva ser o mínimo possível, evitando-se apenas a incoerência máxima que seria a alteração do capítulo prejudicial e a manutenção do prejudicado.

Conforme já adiantado, discordo da corrente doutrinária que desconsidera o efeito expansivo objetivo interno como efeito autônomo, preferindo explicar o fenômeno dentro da profundidade do efeito devolutivo[66]. Isso, entretanto, não me cria qualquer dificuldade em concluir, conforme também já afirmado, que a geração de referido efeito apenas permite ao tribunal a decisão sobre capítulo não impugnado, dependendo-se, portanto, de decisão expressa do tribunal a respeito de tal capítulo[67].

Tenho desde sempre uma dificuldade enorme em aceitar a existência de decisões implícitas em razão da necessidade de fundamentação das decisões (art. 93, IX, da CF e art. 489, § 1º, do CPC). Se toda decisão não fundamentada é nula, e toda decisão implícita não tem fundamentação, como aceitá-la em nosso ordenamento jurídico?

Significa dizer que pelo efeito ora analisado o tribunal estará autorizado a decidir capítulo não impugnado, mas que, incorretamente não o fazendo, tal capítulo manter-se-á inalterado, ainda que às custas da coerência decisória. Nessa hipótese, cabe ao advogado da parte embargar de declaração apontando a omissão do órgão julgador, porque, se a decisão não for proferida e ocorrer o trânsito em julgado, o único caminho viável, e difícil, será o da ação rescisória. E, decorrido o prazo decadencial de dois anos sem a provocação da parte, virá a coisa julgada soberana.

Por isso, reputo correto o precedente do Superior Tribunal de Justiça que aponta não ser julgamento *extra petita* o que tem como

---

65 APRIGLIANO, Ricardo de Carvalho. A apelação e seus efeitos. 2. ed. São Paulo: Atlas, 2007. p. 135-136.

66 Por todos, DINAMARCO, Cândido Rangel. Capítulos de sentença. São Paulo: Malheiros, 2002. n. 51, p. 111-112.

67 LEITE, Clarisse Frechiani Lara. Prejudicialidade no processo civil. São Paulo: Saraiva, 2008. p. 207.

objeto capítulo prejudicado da decisão recorrida[68]. Ou seja, exige-se uma decisão que se considerava válida em virtude do efeito ora analisado que, inclusive, no precedente mencionado, foi considerado como devolutivo.

Até se poderia dizer que o efeito expansivo objetivo interno é o caminho para se chegar ao efeito devolutivo, porque por meio do primeiro o capítulo não impugnado será "devolvido" ao tribunal. No entanto, como acredito ser a extensão da devolução guiada pelo caráter dispositivo, continuo com dificuldade de aceitar uma devolução não provocada pelo recorrente.

Seja como for, na prática o que interessa saber é que o capítulo prejudicado não recorrido poderá ser anulado ou reformado no julgamento de provimento do recurso que impugna o capítulo prejudicial.

Ainda que o julgamento permitido pelo efeito ora analisado deva ocorrer de ofício e o apelante já tenha deixado de impugnar o capítulo que será objeto de julgamento, nada impede que ele, após a propositura da apelação, complemente seu recurso ampliando o seu objeto. Ainda que se reconheça que o princípio da complementaridade não admite esse complemento, salvo na hipótese de sucumbência superveniente à interposição do recurso[69], o que não é o caso, a ampliação nessa hipótese específica deve ser admitida porque não se pode proibir à parte a alegação de matéria que deve ser conhecida de ofício.

5.5.3. *Efeito Expansivo Objetivo Integrativo*

Numa cumulação sucessiva de pedidos, quando o primeiro deles é rejeitado, o subsequente resta prejudicado, e, por isso, nem chega a ser decidido. Por exemplo, julgado improcedente o pedido de declaração de paternidade, não tem sentido decidir o relativo à condenação ao pagamento de alimentos.

Na cumulação subsidiária de pedidos, por sua vez, acolhido o primeiro, resta prejudicado o subsequente, que nem chega a ser

68 STJ, 2ª Turma, REsp 1.245.082/ES, Rel. Min. Mauro Campbell Marques, j. 26.04.2011, DJe 05.05.2011.

69 NEVES, Daniel Amorim Assumpção. Teoria geral dos recursos. Salvador: Juspodivm, 2023.

decidido. Por exemplo, julgado procedente o pedido de rescisão contratual, não tem sentido decidir o pedido para a revisão de determinada cláusula contratual.

Nas duas hipóteses, tem-se um pedido não decidido por conta da perda de seu objeto em razão do julgamento de outro, e a interposição de um recurso impugnando o pedido decidido. Indaga-se: sendo dado provimento ao recurso interposto, poderá o tribunal decidir o pedido subsequente, ou seja, aquele que não fora decidido perante o juízo *a quo*? Reconhecida a paternidade em sede de apelação, o tribunal julgará o pedido condenatório ao pagamento de alimentos? Mantido o contrato celebrado entre as partes, o tribunal julgará o pedido de revisão de cláusula contratual?

Entendo que a resposta deva ser positiva, porque o pedido prejudicado não foi julgado na primeira sentença somente porque não teria mesmo sentido lógico decidi-lo, mas, com a decisão da apelação, a situação se modifica e passa a não só ser logicamente possível o julgamento do pedido, como legalmente imperioso que se faça.

Afinal, as correlações entre pedido anterior e posterior modificaram-se com o julgamento recursal. Agora, na cumulação sucessiva, o pedido anterior foi provido e, naturalmente, o órgão jurisdicional deve enfrentar e decidir o posterior. E, na cumulação subsidiária, o pedido anterior foi rejeitado e o tribunal deve enfrentar e decidir o posterior.

A pergunta, no entanto, é: qual o efeito recursal que permite esse conhecimento pelo órgão *ad quem*?

Certamente não se trata da extensão do efeito devolutivo, uma vez que, se o pedido nem sequer foi objeto de decisão na sentença, naturalmente não poderá ser objeto da apelação. Não concordo que o apelante tenha o ônus de requerer expressamente ao tribunal o julgamento do pedido não decidido, porque esse pedido originário não faz parte da extensão da devolução[70]. Insisto que não se pode devolver o que não foi decidido.

[70] Nesse sentido: APRIGLIANO, Ricardo de Carvalho. A apelação e seus efeitos. 2. ed. São Paulo: Atlas, 2007. p. 132-133.

Isso não significa que o apelante não possa, inspirado pelo princípio da eventualidade, projetando um provimento de seu recurso, já indicar ao tribunal que há outro pedido que, diante de sua derrota em primeiro grau, restou prejudicado e que, diante da reversão do resultado, agora precisa ser enfrentado. Como venho insistindo ao longo do presente capítulo, o poder de o tribunal decidir de ofício não afasta a liberalidade da parte de alegar a matéria. Contudo, é simplesmente disso que se trata, de uma faculdade, nunca de um ônus processual. A distinção é relevante porque, caso o apelante se omita, nenhuma desvantagem sofrerá, pois continua a ser dever do tribunal decidir o pedido ainda não decidido[71].

Tampouco parece tratar-se da devolução em sua profundidade. Enquanto o § 1º do art. 1.013 do CPC cuida de questões vinculadas ao capítulo impugnado[72] e o § 2º do mesmo dispositivo, dos fundamentos do pedido ou de defesa[73], não há menção expressa quanto à devolução, pela profundidade, de pedido não enfrentado pelo juízo inferior.

Poder-se-ia arguir que a *ratio* da profundidade da devolução levaria à conclusão de que esse pedido deve ser decidido originariamente pelo tribunal, desde que maduro para imediato julgamento. Uma interpretação análoga ao previsto no art. 1.013, § 3º, III, do CPC que consagra a possibilidade de decisão originária pelo tribunal em julgamento de apelação, na hipótese de ser constatada omissão no exame de um dos pedidos.

Não me convenço da tese porque são situações diferentes; no pedido não julgado, por estar prejudicado, não há qualquer vício na sentença (o pedido não deveria mesmo ter sido julgado), enquanto a omissão prevista no art. 1.013, § 3º, III, do CPC gera sentença viciada (pedido que deveria ser decidido e não o foi). A analogia, entretanto, não parece ser absurda, até porque o julgamento pelo

---

71 Em sentido contrário, entendendo ser necessária a menção a esse pedido no recurso, APRIGLIANO, Ricardo de Carvalho. A apelação e seus efeitos. 2. ed. São Paulo: Atlas, 2007, pp. 131-132.

72 Araken de Assis (Manual dos recursos. 8. ed. São Paulo: RT, 2017. n. 39.1.4.2, p. 522) defende o julgamento do pedido não decidido em cumulação sucessiva à luz do art. 1.013, § 1º, do CPC.

73 Araken de Assis (Manual dos recursos. 8. ed. São Paulo: RT, 2017. n. 39.1.4.2, p. 522) defende o julgamento do pedido não decidido em cumulação subsidiária à luz do art. 1.013, § 2º, do CPC.

tribunal do pedido não decidido pelo primeiro grau depende de ele estar maduro para tal decisão imediata.

A minha dificuldade maior nesse caso é a limitação da profundidade da devolução ao capítulo impugnado. É difícil explicar a "devolução" de um pedido que nem sequer foi decidido e que, por isso, não pode fazer parte do capítulo indevidamente impugnado. E essa, para mim, é uma barreira intransponível.

Eliminada a possibilidade de permitir o julgamento ora defendido por conta do efeito devolutivo, poder-se-ia tentar justificá-lo à luz do efeito expansivo. Entendo que seja o mais adequado, ainda que o fenômeno ora analisado não consiga ser explicado pelas espécies clássicas desse efeito.

Não se trata, naturalmente, de efeito expansivo subjetivo. Também não é efeito expansivo objetivo interno, porque aqui não se refere a capítulo decidido e não recorrido. Finalmente, não é efeito expansivo objetivo externo, porque não se busca atingir outros atos distintos do impugnado pelo recurso.

Daí o nome sugerido no título do presente tópico. É expansivo porque vai além do que foi devolvido ao tribunal; é objetivo porque permite ao tribunal a análise de objeto alheio ao objeto recursal; e é integrativo porque integra a prestação jurisdicional ao permitir o julgamento originário de um pedido. E definitivamente, a exemplo do objetivo interno, do qual mais se aproxima, sua geração apenas permite ao tribunal decidir além do objeto recursal, de forma que o pedido não decidido em primeiro grau só será considerado decidido pelo tribunal se assim restar expresso no julgamento da apelação.

5.6. TEORIA DA CAUSA MADURA

5.6.1. Introdução

O art. 1.013, § 3º, do CPC consagrou a teoria da causa madura ao permitir, em algumas hipóteses, que o tribunal, no julgamento da apelação, julgue também, de forma originária ou não, de modo integral ou parcial, o mérito da ação, desde que a causa esteja pronta para tal julgamento.

Antes propriamente de analisar o fenômeno processual previsto no dispositivo mencionado, cabe uma breve explicação a respeito da nomenclatura que será utilizada. É comum afirmar que uma teoria só pode assim ser chamada enquanto não for materializada numa norma jurídica, de forma que continuar a falar em teoria da causa madura seria um equívoco. A maior parte da doutrina já não o faz, preferindo, ao tratar do art. 1.013, § 3º, do CPC, falar em julgamento imediato do mérito.

Tenho um apreço pela expressão *teoria da causa madura* e, exclusivamente por essa razão, continuo a utilizá-la. Coisa de gosto mesmo. Por outro lado, a locução "imediato julgamento de mérito" vem invariavelmente associada à ideia de julgamento originário de mérito pelo tribunal, o que era uma realidade no diploma legal revogado, mas nem sempre o será atualmente. Afinal, quando o juiz profere uma sentença *extra petita* julga o mérito, ainda que não o mérito pedido pelo autor. Ainda pior a sentença não fundamentada, quando o mérito pedido pelo autor é o julgado. Daí uma das razões pelas quais a expressão não me atrai.

Seja como for, trata-se de questão de somenos importância. Nomenclatura, nada além disso.

Registre-se no Superior Tribunal de Justiça entendimento que inclui na concepção de julgamento da causa madura a hipótese prevista no art. 1.013, § 4º, do CPC.[74] Conforme devidamente analisado no tópico 5.6.1, entendo que o dispositivo tão somente exemplifica uma hipótese de extensão de efeito devolutivo que, como tal, sempre depende para ser gerado de a causa estar madura para ser julgada.

A diferença, nesse caso, seria somente no resultado de julgamento da apelação. Nas hipóteses previstas no art. 1.013, § 3º, do CPC, incisos I, II e IV, entendo que há uma anulação da sentença e, num julgamento posterior ao da apelação, o tribunal passa ao julgamento do mérito da ação. Na hipótese prevista no art. 1.013, § 3º, III, do CPC, ter-se-á a atípica hipótese na qual no julgamento da apelação haverá uma mera declaração do vício, igualmente seguido

[74] STJ, 3ª Turma, REsp 1.798.849/SC, Rel. Min. Nancy Andrighi, j. 1º.09.2020, DJe 09.09.2020.

de um posterior julgamento originário do pedido que deveria ter sido decidido na sentença, mas não o foi. Já na hipótese do art. 1.014, § 4º, do CPC haverá a reforma da sentença de mérito, com o afastamento da prescrição ou decadência e consequente acolhimento ou rejeição do pedido.

Essa é a única razão pela qual não incluo o art. 1.013, § 4º, do CPC na teoria da causa madura, ainda que reconheça suas semelhanças com o fenômeno e por isso compreenda por que o Superior Tribunal de Justiça assim o faça. Afinal, a aplicação de tal dispositivo levará o tribunal a julgar um mérito de forma originária (diferente da prescrição ou decadência, será analisado o direito material alegado pelo autor) e dependerá de a causa estar madura para julgamento.

Não haverá, entretanto, a duplicidade de julgamentos que me parece da própria essência da teoria da causa madura: um primeiro julgamento da apelação, que necessariamente será de provimento do recurso, e um segundo julgamento do mérito da ação, de forma originária, no caso dos três primeiros incisos, e, de forma repetida, na hipótese do último.

Trata-se notoriamente de teoria fundada nos princípios da economia processual[75], da duração razoável do processo[76] e eficiência[77] porque evita a devolução do processo ao primeiro grau para que uma nova sentença seja proferida quando apenas esse ato processual seja necessário diante da anulação da sentença apelada ou do reconhecimento de omissão. Ainda que com isso se afaste, pontualmente, o duplo grau de jurisdição do caso concreto.

Como o próprio nome aponta, o indispensável para a aplicação da teoria é estar a causa madura para julgamento, ou seja, o tribunal deve entender que o julgamento originário de mérito previsto pelo art. 1.013, § 3º, do CPC está pronto para acontecer, não dependendo de qualquer ato prévio. Caso exista a necessidade de prática de

---

[75] LEMOS, Vinícius Silva. Recursos e processos nos tribunais. 6. ed. Salvador: Juspodivm, 2023. n. 9.5, p. 348.

[76] FERREIRA, William Santos. In: BUENO, Cassio Scarpinella (coord.). Comentários ao Código de Processo Civil. São Paulo: Saraiva, 2017. v. 4, p. 443.

[77] RODRIGUES, Marco Antonio. Manual dos recursos. São Paulo: Juspodivm, 2023. n. 7.1.3, p. 160.

qualquer ato preparatório, essencialmente de natureza probatória[78], não cabe a aplicação da teoria, sendo caso de devolução do processo ao primeiro grau.

Não cabe, portanto, a conversão do julgamento em diligência para a aplicação do dispositivo ora em comento. Não há aqui meio-termo: ou o mérito a ser julgado está absolutamente pronto para ser decidido ou o processo é devolvido ao primeiro grau para que lá retome o seu andamento até que esteja pronto para ser julgado novamente.

Sendo o próprio art. 1.013, § 3º, *caput*, do CPC a exigir que o processo esteja em condições de imediato julgamento, não concordo com a doutrina que defende a conjugação de tal dispositivo com o art. 938, § 3º, do mesmo diploma legal, que permite ao relator a conversão do julgamento em diligência para a produção de prova[79]. Esse poder está limitado a instrução para o julgamento de mérito recursal, e não para o mérito da ação, objetivo da aplicação da teoria da causa madura. Para essa espécie de julgamento, a prova deve ter sido necessariamente produzida em primeiro grau de jurisdição.

5.6.2. *Hipóteses de Cabimento*

5.6.2.1. *Sentença Terminativa*

No inciso I do art. 1.013, § 3º, do CPC, tem-se a mais antiga hipótese de aplicação da teoria da causa madura, vinda do antigo diploma legal. A triste constatação é que a redação antiga era sofrível – menções expressas à "lide" raramente são felizes –, mas a atual não é muito melhor.

Segundo o dispositivo legal, a aplicação da teoria levaria à reforma da sentença terminativa proferida nos termos do art. 485 do CPC, quando na verdade não é isso o que ocorre no caso concreto. A simples ideia de uma reforma da sentença contraria a própria

[78] STJ, 3ª Turma, REsp 1.959.787/SP, Rel. Min. Marco Aurélio Bellizze, j. 12.12.2023, DJe 15.12.2023; STJ, 3ª Turma, REsp 1.798.849/SC, Rel. Min. Nancy Andrighi, j. 1º.09.2020, DJe 09.09.2020.

[79] LEMOS, Vinícius Silva. Recursos e processos nos tribunais. 6. ed. Salvador: Juspodivm, 2023. n. 9.5.2, p. 354-355.

concepção estrutural da teoria da causa madura: provimento da apelação seguido de um segundo julgamento.

É possível presumir a fonte do dispositivo legal, afinal, a doutrina majoritariamente defende a correlação entre causa de pedir recursal e pedido: sendo a causa de pedir um *error in procedendo*, o pedido será de anulação; sendo a causa de pedir um *error in judicando*, o pedido será de reforma[80].

Por outro lado, a indevida utilização do termo "reforma" no dispositivo pode estar associada a uma espécie de senha de interpretação. Note-se que nos incisos seguintes o legislador foi suficientemente claro ao apontar a existência de um vício – de natureza formal – na sentença impugnada: *extra petita* ou *causa petendi*, *citra petita* e sem fundamentação. Entretanto, no inciso I não existe a indicação de qual vício teria a sentença, apenas a previsão do *caput* de que ela deve ser substituída por uma decisão de mérito. A previsão de sua reforma pode ter vindo a reforçar a ideia de que o vício nesse caso é de conteúdo, e não formal.

Significa dizer que, na hipótese do art. 1.013, § 3º, I, do CPC, o apelante alega um *error in judicando*[81], ou seja, alega que o juiz interpretou e aplicou mal o direito ao caso concreto, extinguindo um processo sem a resolução do mérito quando, na verdade, o processo deveria ter seu mérito julgado. Essa percepção deve ter influenciado o legislador a ter previsto tratar-se de hipótese de reforma da sentença.

A correlação entre causa de pedir e pedido recursal, entretanto, não é absoluta. O fim normal do processo/fase de conhecimento é o julgamento de mérito após o desenvolvimento das fases postulatória, de saneamento e probatória. Sempre que o processo/fase de conhecimento for extinto antes disso, pode-se considerar que teve um fim anômalo. Numa situação como essa, o recorrente pretende fazer com que a sentença desapareça para que o procedimento pos-

---

80 ASSIS, Araken de. Manual dos recursos. 8. ed. São Paulo: RT, 2017. n. 17.5.2, p. 165; JORGE, Flávio Cheim. Teoria geral dos recursos cíveis. 3. ed. São Paulo: RT, 2007. n. 6.2.1, p. 90.

81 Nesse sentido OLIVEIRA JR., Zulmar Duarte de. Execução e recursos: comentários ao CPC de 2015. 2. ed. São Paulo: Método, 2018. p. 1.019.

sa continuar seu normal trâmite, não sendo correto imaginar um pedido de reforma da decisão.

Uma dessas situações é justamente a presente, quando um processo é extinto por sentença terminativa e o apelante alega que ele deve ter seu mérito julgado. Note-se que nesse caso ele terá sido encerrado antes de seu momento normal, havendo, portanto, um ato – sentença terminativa – que impede que esse final normal – decisão de mérito – seja alcançado. A única forma disso ocorrer será a superação desse obstáculo, o que se dará com a sua anulação.

Há uma maneira bastante simples de provar a tese. Basta pensar numa hipótese na qual não se aplique a teoria da causa madura. Sentença terminativa apelada, tribunal considera inadequada a aplicação do art. 485 do CPC ao caso concreto e o processo não está pronto para o julgamento do mérito. O que faz o tribunal nesse caso? Não há dúvida de que anula a sentença e devolve o processo para que se retome o seu regular andamento em primeiro grau. E por que seria diferente quando da aplicação da teoria da causa madura?

Dependerá sempre do caso concreto a aplicação da teoria ora analisada, mas há hipóteses em que *a priori* já se pode antecipar a dificuldade em sua aplicação, como no caso de sentença que indefere a petição inicial. Ainda que o réu nesse caso seja intimado a contrarrazoar a apelação, dificilmente haverá um processo pronto para o imediato julgamento de mérito, até porque o contraditório nesse momento estará limitado ao objeto da sentença, ou seja, o vício formal reconhecido na decisão apelada. A única possibilidade que vejo seria uma combinação do art. 1.013, § 3º, I, e art. 332 do CPC, com o tribunal anulando a sentença e passando imediatamente ao julgamento liminar de improcedência do pedido do autor[82].

Por fim, há a possibilidade de o tribunal considerar que a sentença terminativa deve ser anulada, mas não por *error in judicando*, e sim

---

[82] Contra: ASSIS, Araken de. Manual dos recursos. 8. ed. São Paulo: RT, 2017. n. 39.1.4.3, p. 528; NERY JR., Nelson; NERY, Rosa Maria de Andrade. Código de Processo Civil comentado. 10. ed. São Paulo: RT, 2008. p. 2.071, os quais mencionam a hipótese de o tribunal anular a sentença terminativa e reconhecer a prescrição ou decadência.

por *error in procedendo*. Nesse caso, portanto, o vício da sentença não será a impropriedade da prolação de uma sentença terminativa num processo que merecia uma sentença de mérito, mas um vício formal da própria sentença. Ainda que exista doutrina no sentido de ser sempre caso de aplicação do art. 1.013, § 3º, I, do CPC[83], a situação merece uma análise mais detida.

O dispositivo, como mencionado, ao se referir indevidamente à reforma da sentença, dá a entender que o vício exigido na decisão seja de conteúdo, ou seja, uma má aplicação do art. 485 do CPC ao caso concreto. Sendo essa a premissa criada, um vício formal da sentença não será apto a justificar a aplicação de tal dispositivo. Nesse caso, se o vício estiver tipificado em outro inciso, ainda será possível aplicar a teoria da causa madura; não estando, aplica-se o entendimento desenvolvido no tópico 5.6.2.9.

5.6.2.2. Sentença Extra Petita *e* Extra Causa Petendi

O inciso II do art. 1.013, § 3º, do CPC prevê a decretação de nulidade da sentença por não ser ela congruente com os limites do pedido ou da causa de pedir. A não congruência com tais elementos da ação pode ocorrer de duas formas, ao menos quanto ao pedido, mas entendo que somente em uma delas haverá a incidência do dispositivo legal ora mencionado.

Segundo o art. 492, *caput*, do CPC, é vedado ao juiz proferir decisão de natureza diversa da pedida, bem como condenar a parte em quantidade superior ou em objeto diverso do que lhe foi demandado. Significa substancialmente dizer que o juiz não pode conceder diferente ou a mais do que for pedido pelo autor. Trata-se do *princípio da congruência*, também conhecido como princípio da *correlação* ou da *adstrição*.

A melhor doutrina aponta para a incompletude do dispositivo, porque os limites da sentença devem respeitar não só o pedido, mas também a causa de pedir e as partes que participam

[83] DIDIER JR., Fredie; CUNHA, Leonardo Carneiro da. Curso de direito processual civil. 19. ed. Salvador: Juspodivm, 2021. v. 3, p. 256.

do processo[84]. É nula a sentença que concede a mais ou diferente do que foi pedido, como também há nulidade na sentença fundada em causa de pedir não narrada pelo autor, na sentença que julga o pedido para terceiros que não participaram do processo ou que não julga a demanda relativamente a certos demandantes. Ao menos com relação à causa de pedir, o art. 1.013, § 3º, II, do CPC deu razão a tal entendimento.

A teoria de adstrição da sentença à causa de pedir já havia sido expressamente reconhecida pelo Superior Tribunal de Justiça, mesmo sem previsão expressa nesse sentido.[85] O julgamento, entretanto, merece um reparo, porque menciona a possibilidade de ocorrência de decisões *ultra e extra causa petendi*, quando é materialmente impossível a existência de uma sentença *ultra causa petendi*, porque não há como quantificar a causa de pedir. A causa de pedir que fundamenta a sentença pode ser diferente daquela narrada pelo autor, mas nunca poderá ir além dela.

Nesse sentido, prefiro outro procedente do Superior Tribunal de Justiça, inclusive mais recente, no qual o tribunal não só reconhece o julgamento *extra causa petendi*, como também o faz levando em conta o seu entendimento arraigado de não estar o órgão julgador vinculado em sua decisão à qualificação jurídica presente na causa de pedir narrada pelo autor[86]. Em outras palavras, só se considera *extra causa petendi* a sentença proferida com base em fatos jurídicos distintos daqueles narrados na causa de pedir.

Das três espécies de vícios possíveis extraíveis do dispositivo ora examinado excluo de sua incidência a sentença *ultra petita*[87], porque nesse caso entendo que o tribunal deve se limitar a dar provimento à apelação para anular parcialmente a sentença apelada naquilo que

---

[84] DINAMARCO, Cândido Rangel. Instituições de direito processual civil. 6. ed. São Paulo: Malheiros, 2009. v. II, n. 948, p. 287-289.

[85] STJ, Corte Especial, EREsp 1.284.814/PR, Rel. Min. Napoleão Nunes Maia Filho, j. 18.12.2013, DJe 06.02.2014.

[86] STJ, 2ª Turma, AgInt no AgInt no REsp 1.826.102/PA, Rel. Min. Assusete Magalhães, j. 25.04.2023, DJe 03.05.2023.

[87] Contra: NERY JR., Nelson; NERY, Rosa Maria de Andrade. Código de Processo Civil comentado. 10. ed. São Paulo: RT, 2008. p. 2.069.

ela extrapolou o pedido formulado[88]. Não há, simplesmente, necessidade para a aplicação da teoria da causa madura porque nem sequer se discutirá se a causa estava ou não madura para julgamento, uma vez que isso estará pressuposto. A única discussão será se a sentença respeitou ou não os limites do pedido.

Por outro lado, não há nesse caso o duplo julgamento, que é para mim essencial para a caracterização da teoria da causa madura. Há, apenas, o julgamento da apelação, com a anulação da parte da sentença que exceder o pedido. Não há, por absoluta falta de necessidade, qualquer atividade julgadora complementar do tribunal após o julgamento da apelação.

A efetiva aplicação da teoria no caso concreto dependerá de quanto o juízo se afastou do objeto do processo em sua cognição para decidir em desconformidade com o pedido ou com a causa de pedir. É possível, e bem por isso contemplado como hipótese pelo legislador, que, apesar de a cognição ter sido realizada para o julgamento conforme os limites impostos pelo autor, estes não tenham sido respeitados no momento do julgamento, sendo exatamente essa a circunstância de aplicação do art. 1.013, § 3º, II, do CPC.

Por outro lado, não se deve desconsiderar que o desvio judicial tenha começado bem antes da prolação da sentença, tendo sido planejado pelo juízo desde o início do procedimento. Nesse caso, a cognição fatalmente estará contaminada porque, ainda que exista prova produzida no processo, ela estará voltada ao fato jurídico estranho à causa de pedir – no caso de sentença *extra causa petendi* – ou voltada ao pedido não elaborado pelo autor – no caso de sentença *extra petita*. Não será possível, portanto, a aplicação do art. 1.013, § 3º, II, do CPC.

> Stella ingressou com processo contra Aline requerendo sua condenação por dano material por conta de inadimplemento contratual. Segundo alegação contida em sua petição inicial, havia sido a ela prometido um valor de 50 dólares, duas bonecas Barbie e uma caixa de donuts pela

[88] STJ, 5ª Turma, AgRg nos EDcl no REsp 1.964.643/DF, Rel. Min. Ribeiro Dantas, j. 22.03.2022, DJe 25.03.2022; STJ, 2ª Turma, EDcl nos EDcl no AgRg no AREsp 73.857/PA, Rel. Min. Castro Meira, rel. p/ acórdão Min. Herman Benjamin, j. 07.03.2017, DJe 1º.08.2017.

apresentação do *show* de fim de ano e o pagamento nunca teria sido feito. O juiz instruiu o processo e ouviu como testemunhas Santiago, Fernando, Olivia e Martina, tendo todas as perguntas se concentrado em supostas críticas que Aline teria feito à apresentação perante a família. Na sentença, condenou Aline a pagar Stella 50 dólares por danos morais sofridos. Stella apelou da sentença alegando não ter tido seu pedido decidido e requereu a anulação da decisão. O tribunal, acolhendo a pretensão recursal, não pôde julgar imediatamente o pedido originariamente feito por Stella porque não houve a produção de qualquer prova nesse sentido, tendo que determinar a devolução do processo ao primeiro grau.

Uma última consideração. A depender da amplitude que se atribua ao conceito de sentença *extra petita*, é possível que em determinada circunstância não seja necessária a aplicação da causa madura. Há doutrina que entende ser *extra petita* a sentença que, além de decidir o pedido formulado pelo autor, também decide pedido não formulado, e, nesse caso, a solução deve ser a mesma sugerida para a sentença *ultra petita*: o tribunal, no julgamento da apelação, limita-se a anular a parte viciada da sentença, no caso o capítulo que decidiu o pedido não formulado[89]. Como na hipótese não há necessidade de novo julgamento após o julgamento da apelação, não há aplicação da teoria da causa madura.

5.6.2.3. Sentença Citra Petita

A terceira hipótese de aplicação da teoria da causa madura é também a mais singular porque é a única na qual, apesar do provimento da apelação, não haverá a anulação da sentença.

O legislador, no art. 1.013, § 3º, III, do CPC, parece ter acolhido antiga lição doutrinária no sentido de que na sentença *citra petita* o vício formal não está na decisão, mas naquilo que deixou de constar dela, de modo que não faz sentido sua anulação. Afinal, naquilo que ela decidiu não existe qualquer vício. Se o vício está justamente naquilo que o juízo deixou de decidir em primeiro grau, dá-se pelo dispositivo legal a oportunidade ao tribunal de fazer o

89 LEMOS, Vinícius Silva. Recursos e processos nos tribunais. 6. ed. Salvador: Juspodivm, 2023. n. 9.5.1, p. 352.

trabalho que deveria ter sido realizado na sentença, ou seja, decidir o pedido que deixou indevidamente de ter sido decidido.

Trata-se de grande novidade porque nesse caso, com o provimento da apelação, não haverá a anulação da sentença, como ocorre nas outras hipóteses previstas no dispositivo ora analisado. No entanto, se o provimento da apelação não leva à anulação da sentença, então qual é a consequência do acolhimento do pedido recursal?

O apelante que alegar o vício de omissão, apontando a sentença como *citra petita*, fatalmente pedirá o julgamento de tal pedido pelo tribunal, ou seja, a aplicação do art. 1.013, § 3º, do CPC. Tal circunstância aparentemente aproxima a apelação do recurso de embargos de declaração, por meio do qual o pedido recursal será de integração da decisão recorrida.

O problema desse entendimento é que, em sua adoção, não haverá aquilo que, para mim, é da essência da teoria da causa madura: a existência de dois julgamentos sucessivos. Como tenho como premissa que na aplicação da teoria ora analisada o tribunal sempre julga primeiro o recurso e somente depois julga originariamente o mérito – total ou parcial – da ação, a ideia de um provimento da apelação para simplesmente integrar a sentença é impossível de ser aceito.

Confesso, entretanto, que a circunstância de não haver uma anulação dessa sentença, nesse caso, ainda que haja provimento da apelação (claro que na hipótese de o tribunal concordar que a sentença foi *citra petita*), cria uma situação bem delicada. Afinal, se o recurso é provido e não anula a sentença, mas também não a integra, então qual será o efeito prático de tal provimento?

Acredito que estamos diante de uma decisão meramente declaratória, cujo único efeito é a geração de certeza jurídica a respeito da existência do vício jurídico contida na sentença recorrida, com a consequência prática de permitir que o tribunal passe imediatamente a julgar o pedido ainda não decidido.

Registro que, eu mesmo, num primeiro momento, defendi a excepcionalidade nesse caso de uma apelação com pedido de integração da decisão recorrida[90]. Contudo, nada como um dia após o outro e a oportunidade de aprofundar mais o estudo numa temática para depois se convencer de que estava errado. Tal como o faço agora.

Para confirmar por que não se deve considerar ser a integração derivada do julgamento da apelação, mas sim de uma atividade complementar exercida pelo tribunal após o julgamento do tribunal, convido o leitor a imaginar a hipótese de não ser caso de aplicação da teoria da causa madura. Ainda que admita a excepcionalidade da hipótese, não se deve descartar a possibilidade de, numa sentença *citra petita*, o pedido não decidido ter sido abandonado pelo juízo desde o início do procedimento, de maneira a ter ficado fora da instrução probatória, não estando dessa forma pronto para imediato julgamento no momento de julgamento da apelação. O que deve ocorrer nesse caso?

Defender uma anulação da sentença contraria tudo o que foi defendido até o momento. Não tem, afinal, sentido anular uma sentença naquilo que foi decidido, quando o vício está justamente naquilo que se deixou de decidir. Cabe ao tribunal, portanto, cindir o julgamento, reexaminando, se for o caso, os pedidos decididos em sentença (efeito devolutivo da apelação) e devolvendo ao primeiro grau o pedido não decidido para que ele seja devidamente instruído e decidido oportunamente.

Note-se que a apelação, nesse caso, na parte em que se alegou a existência de uma sentença *citra petita*, terá sido acolhida, mas não terá anulado a sentença, tampouco a terá integrado. O apelante será vitorioso em sua pretensão recursal, mas sem nenhuma das consequências práticas tradicionalmente obtidas no ambiente recursal – anulação, integração, esclarecimento e reforma. O provimento, nesse caso, terá uma natureza meramente declaratória e o efeito será a certeza jurídica da existência do vício (sentença *citra petita*).

No caso concreto, no entanto, imagino que será raro que o julgamento fique limitado ao reconhecimento de tal espécie de vício.

[90] NEVES, Daniel Amorim Assumpção. Teoria geral dos recursos. Salvador: Juspodivm, 2023. n. 5.7, p. 555.

Se o autor tiver, além da omissão quanto ao pedido, sucumbido nos pedidos decididos, é muito provável que haja uma cumulação em sua apelação: além de pedir o reconhecimento do vício da omissão, pedirá a anulação – por outra razão – ou reforma da sentença. E, mesmo que o sucumbente seja o réu, deve-se considerar nesse caso a interposição de apelação de ambas as partes, isso sem mencionar a possibilidade de o próprio réu apelar pedindo o julgamento do pedido não decidido – há interesse recursal para isso –, ainda que improvável.

Seja como for, é possível que a sentença esteja contida no efeito devolutivo de alguma apelação (ou de ambas) interposta contra a sentença. Nesse caso, é até possível uma dupla aplicação do art. 1.013, § 3º, do CPC, desde que a sentença seja anulável por motivo previsto nos incisos II ou IV e o processo esteja maduro para imediato julgamento.

> João cumulou os pedidos condenatórios de obrigação de não fazer e de indenização por perdas e danos contra Edison. O juiz, em sua sentença, após extensa instrução probatória, limitou-se a rejeitar o segundo pedido afirmando sucintamente que João não merecia o segundo pedido por estar constantemente enchendo a paciência do réu. João interpõe apelação alegando vício na fundamentação e omissão. O Tribunal acolhe ambas as alegações, dá provimento ao recurso de João e, em aplicação combinada dos incisos III e IV do art. 1.013, § 3º, do CPC, julga procedentes ambos os pedidos formulados na petição inicial.

Não sendo esse o caso, é possível que o tribunal reforme a sentença e julgue originariamente o pedido que até então não fora decidido. Como na hipótese de aplicação combinada de duas hipóteses do art. 1.013, § 3º, do CPC, essa também permite um julgamento total do pedido no momento de julgamento da apelação. É possível, entretanto, outro cenário.

Basta imaginar o provimento da apelação para reformar a sentença ou mesmo o não provimento ou a inadmissibilidade da apelação na parte em que impugna a sentença, apesar de seu provimento a respeito da alegação de omissão quanto a pedido que deveria ter sido decidido, com a não aplicação da teoria da causa madura. Da mesma forma, o provimento da apelação para anular a sentença com a necessidade de devolução do processo para o primeiro grau e ao mesmo tempo o provimento quanto à alegação de ser a sentença *citra petita*, com aplicação da teoria da causa madura.

Em ambos os casos haverá um capítulo do processo que está pronto para ser julgado no tribunal de segundo grau e, se for o caso, ser impugnado pelos recursos especial e extraordinário e seguir para os tribunais superiores, e outro capítulo que deverá retornar para o primeiro grau de jurisdição. E assim deverá ocorrer com a cisão do mérito e a continuidade do processo, conforme impõe a realidade, com as devidas adequações burocráticas, tais como a criação de autos suplementares e que tais.

O atual diploma processual derrubou o fetichismo da concentração do julgamento de mérito com a previsão do art. 356 do CPC. O dispositivo é, acima de tudo, uma inspiração e deve ir muito além daquilo que expressamente prevê. Deve, portanto, permitir a cisão do julgamento do mérito sempre que assim se justificar fazê-lo, que for o mais racional e não houver prejuízo para as partes nem para o processo. Exatamente o que se verifica na hipótese ora analisada, havendo inclusive precedente do Superior Tribunal de Justiça nesse sentido[91].

5.6.2.4. Sentença não Fundamentada

A última hipótese de aplicação da teoria da causa madura é a da sentença viciada por falta de fundamentação, aqui abrangidas tanto a sentença não fundamentada como a sentença pseudofundamentada. Não cabe na presente obra uma análise mais aprofundada do tema, mas trata-se daquela sentença que parece estar fundamentada, mas não o está realmente, com hipóteses indicadas nos três primeiros incisos do art. 489, § 1º, do CPC.

Reconhecendo o tribunal ser a sentença viciada por falta de fundamentação, dificilmente não será aplicado o art. 1.013, § 3º, IV, do CPC, porque o processo nesse caso terá sido julgado no momento adequado, não tendo havido qualquer precipitação nesse sentido por

[91] STJ, 3ª Turma, REsp 1.845.542/PR, Rel. Min. Nancy Andrighi, j. 11.05.2021, DJe 14.05.2021.

parte do juízo de primeiro grau. O problema, nesse caso, foi outro, relacionado a um vício intrínseco da sentença.

Por outro lado, há uma singularidade nessa hipótese que a distingue das demais. Embora aqui também haja uma atividade originária do tribunal, no sentido de fazer algo que o primeiro grau não fez – e deveria tê-lo feito –, não há propriamente um julgamento de mérito originário. O mérito, afinal, foi julgado em primeiro grau. A sentença, embora viciada, existe e acolheu ou rejeitou o pedido do autor, tendo, dessa forma, julgado o mérito nos termos do art. 487, I, do CPC.

A novidade, portanto, será com relação a fundamentação da decisão de mérito, e não quanto à sua existência.

5.6.2.5. Efeito Recursal

Existe uma divergência doutrinária a respeito de qual é o efeito recursal que permite ao tribunal, quando julga a apelação, passar ao julgamento do mérito da ação com a aplicação do art. 1.013, § 3º, do CPC. Já tive a oportunidade de defender que, ainda que a teoria da causa madura esteja prevista como parágrafo do art. 1.013 do CPC, que trata do efeito devolutivo dos recursos, a sua mera colocação em tal local não é suficiente para que se conclua que o fenômeno processual ora analisado esteja incluído em tal efeito[92].

Há corrente doutrinária que entende fazer a teoria da causa madura parte da extensão do efeito devolutivo, de forma que sua aplicação esteja dependente da vontade do recorrente, que deve ser expressa por pedido de sua aplicação no recurso[93].

Compreendo quando a doutrina busca associar a teoria da causa madura à extensão do efeito devolutivo levando em consideração

[92] NEVES, Daniel Amorim Assumpção. Manual de direito processual civil. 15. ed. Salvador: Juspodivm, 2023.

[93] DIDIER JR., Fredie; CUNHA, Leonardo Carneiro da. Curso de direito processual civil. 19. ed. Salvador: Juspodivm, 2021. v. 3, p. 88-89; JORGE, Flávio Cheim; DIDIER JR., Fredie. A nova reforma processual. 2. ed. São Paulo: Saraiva, 2002. p. 146-148; THEODORO JR., Humberto. Curso de direito processual civil. 55. ed. Rio de Janeiro: Forense, 2022. n. 543-a-2, p. 663; ASSIS, Araken de. Manual dos recursos. 8. ed. São Paulo: RT, 2017. n. 38.1.4.2, p. 396.

de ser a vontade do recorrente determinante quanto àquilo que o tribunal deve julgar. Reconheço a lógica desse raciocínio, mas a sua conclusão me mostra problemas insuperáveis.

Há, para começar, o texto da lei. O art. 1.013, *caput*, do CPC fala em "matéria impugnada", ou seja, o objeto da extensão da devolutividade é algo que será objeto de um ataque, de uma oposição por parte do recorrente. É essa a origem etimológica do termo impugnar. O que significa dizer que a matéria que fará parte da extensão da devolução é algo que terá contrariado os interesses do recorrente e que contra isso estará ele se insurgindo. Se com a aplicação da teoria da causa madura busca-se um novo julgamento, originário, como exatamente faria parte da extensão do efeito devolutivo, como "matéria impugnada", esse novo julgamento?

Lição doutrinária tradicional associa a extensão da devolução aos capítulos da decisão que geram sucumbência à parte, sendo dela a escolha de impugnar todos eles, devolvendo-os ao tribunal, ou impugnar somente alguns, limitando assim tal devolução[94], nos termos do art. 1.002 do CPC. Que capítulo devolvido seria esse que possibilitaria a aplicação da teoria da causa madura? Um capítulo implícito ou tácito da sentença apelada?

Tenho, ainda, uma resistência de ordem principiológica. Os que defendem o entendimento de fazer parte o art. 1.013, § 3º, do CPC da extensão do efeito devolutivo partem da equivocada premissa de que a norma trata de matéria atinente ao efeito devolutivo, de modo a depender da vontade do recorrente para ser aplicada. Na realidade, o objetivo da norma não é a proteção do interesse do recorrente, e sim a otimização do julgamento de processos, em nítido ganho de celeridade, economia processual e eficiência. Ainda que se critique a forma legal para a obtenção desse objetivo, é inegável que o propósito da norma é o oferecimento de uma tutela jurisdicional em menor tempo, com o que se presume prestar-se tutela jurisdicional de melhor qualidade. O propósito da norma, portanto, é de ordem pública, porque o seu objetivo não é a proteção do interesse das

94 DINAMARCO, Cândido Rangel. Nova era do processo civil. 4. ed. São Paulo: Malheiros, 2013. n. 65, p. 129.

partes, mas sim o interesse na prestação de um serviço jurisdicional de melhor qualidade.

Por outro lado, há corrente doutrinária no sentido de que a teoria ora analisada pertence à profundidade do efeito devolutivo, de maneira a ser dispensado o pedido expresso do recorrente para sua aplicação[95].

Essa corrente doutrinária tem o mérito de tornar homogêneos os parágrafos do art. 1.013 do CPC quanto à sua natureza jurídica: seriam todos associados à profundidade do efeito devolutivo. Também tem o mérito de compreender que, tal como na profundidade do efeito devolutivo[96], a aplicação da teoria da causa madura dá-se de forma impositiva, independentemente da vontade das partes. Não vejo, entretanto, como sustentar a tese.

O art. 1.013, § 1º, do CPC prevê de forma expressa que a profundidade da devolução quanto a todas as questões suscitadas e discutidas, ainda que não solucionadas, está limitada ao capítulo impugnado, isto é, à extensão da devolução[97]. Ainda que não exista no § 2º do mesmo dispositivo uma regra expressa nesse sentido, compreende-se que também nesse caso a profundidade está condicionada pela extensão. Trata-se de antiga lição de que a profundidade do efeito devolutivo está condicionada à sua extensão.[98]

Sendo assim, exatamente como a teoria da causa madura, pode estar compreendida na profundidade do efeito devolutivo se na extensão da devolução estarão somente capítulos expressamente decididos na sentença e impugnados na apelação? Não há como.

Há corrente doutrinária que, escapando do efeito devolutivo, prefere encaixar a teoria ora estudada no efeito expansivo[99], em

95 ARRUDA ALVIM, José Manoel de. Notas sobre algumas das mutações verificadas com a Lei 10.352/2001. In: NERY JR., Nelson; WAMBIER, Teresa Arruda Alvim (coord.). Aspectos polêmicos e atuais dos recursos e outros meios de impugnação às decisões judiciais. São Paulo: RT, 2002. v. 6, p. 81; DINAMARCO, Cândido Rangel. A reforma da reforma. 2. ed. São Paulo: Malheiros, 2002. p. 160; BARBOSA MOREIRA, José Carlos. Comentários ao Código de Processo Civil. 17. ed. Rio de Janeiro: Forense, 2013. v. 5, n. 238, p. 431.

96 FUX, Luiz. Curso de direito processual civil. 2. ed. Rio de Janeiro: Forense, 2004. p. 957.

97 STJ, Corte Especial, EREsp 970.708/BA, Rel. Min. Jorge Mussi, j. 20.09.2017, DJe 20.10.2017.

98 STJ, 3ª Turma, REsp 1.998.498/RJ, Rel. Min. Nancy Andrighi, j. 24.05.2022, DJe 30.05.2022.

99 BUENO, Cassio Scarpinella. Curso sistematizado de direito processual civil. 10. ed. São Paulo: Saraiva, 2021. v. 2, 7.7.1, p. 590.

explicação próxima do chamado efeito desobstrutivo[100], criado especificamente para a hipótese, no sentido de um efeito que existiria simplesmente para permitir ao tribunal, após o julgamento do recurso, o julgamento do mérito da ação.

Até me dedicar com mais afinco à matéria, compartilhava a minoritária opinião doutrinária de que a teoria seria mais bem explicada à luz do efeito translativo dos recursos[101], firme na percepção de ser uma teoria criada com fundamentos de ordem pública, criada para tutelar valores que superavam os interesses das partes. O problema dessa tese, entretanto, é que, da mesma forma da profundidade da devolução, a compreensão doutrinária e jurisprudencial é de estar o efeito translativo limitado à extensão do efeito devolutivo[102].

Sendo pacífico que a aplicação da teoria causa madura não leva a qualquer julgamento recursal, mas a um julgamento que ocorre em seguida ao julgamento do recurso, tendo por objeto não a pretensão recursal, mas o mérito da ação, entendo não haver a necessidade de associá-la a qualquer efeito recursal.

Penso que o art. 1.013, § 3º, do CPC é, na realidade, uma regra de competência originária do tribunal, para o julgamento de mérito de ação a ser aplicado desde que preenchidos certos requisitos no caso concreto. O julgamento ocorrido por conta de tal dispositivo, portanto, não é consequência de nenhum efeito do recurso julgado antes deles, mas simplesmente da aplicação de uma regra de competência funcional.

5.6.2.6. Reformatio in Pejus

A pergunta que interessa no primeiro momento é se esse julgamento do mérito da ação pode piorar a situação do recorrente

---

[100] LOPES JR., Gervásio. Julgamento direto do mérito na instância recursal. Salvador: Juspodivm, 2007. p. 36.

[101] FERREIRA, William Santos. Aspectos polêmicos e práticos da nova reforma processual civil: comentários e manual de consulta rápida com resumo das principais questões artigo por artigo. Rio de Janeiro: Forense, 2002. p. 97-99.

[102] NEVES, Daniel Amorim Assumpção. Teoria geral dos recursos. Salvador: Juspodivm, 2023.

e, em caso positivo, se essa piora representa a *reformatio in pejus* e, finalmente, se essa *refomatio in pejus* seria vetada ou permitida.

Parece ser a primeira pergunta a de menor complexidade. O recorrente sempre poderá ter, ao final do julgamento em segundo grau, a sua situação piorada se comparada com a situação que tinha diante da sentença impugnada.

Basta imaginar uma sentença terminativa sendo substituída por uma decisão de mérito contrária ao recorrente, quando então ele terá uma coisa julgada material que tornará sua derrota imutável e indiscutível, algo que não existia diante da extinção terminativa. A possibilidade de repropositura, que deixará de existir, é nitidamente uma piora na situação do recorrente[103].

Curioso, para dizer o mínimo, precedente do Superior Tribunal de Justiça que, apesar de admitir a substituição de uma sentença terminativa por um acórdão de mérito desfavorável à parte recorrente, não considera que tal circunstância represente uma "reforma em prejuízo contra o recorrente"[104]. O julgamento parte de duas premissas, uma discutível e outra correta, chegando a uma conclusão equivocada.

A primeira premissa é a de que "o julgamento de mérito que a Corte superior faz, em tal oportunidade, é o mesmo que faria se mandasse o processo de volta ao órgão julgador *a quo*, onde receberia julgado de mérito com posterior remessa ao mesmo tribunal". São muitas suposições para fundamentar a premissa: (i) de que haveria recurso contra a decisão de grau inferior; (ii) de que a composição do órgão julgador manter-se-ia; (iii) de que o entendimento do órgão não se alteraria.

É utilizada como segunda premissa no julgamento o fundamento de que a parte, "ao se insurgir contra a sentença terminativa, tem ciência do risco de seu apelo ter seu mérito julgado desfavoravelmente, de modo que a piora substancial que se impuser ao recorrente é inerente ao sistema". Nesse trecho do julgado, transparece, inclusive,

---

103 BARBOSA MOREIRA, José Carlos. Comentários ao Código de Processo Civil. 17. ed. Rio de Janeiro: Forense, 2013. v. 5, n. 239, p. 433.

104 STJ, 2ª Turma, RMS 59.709/RS, Rel. Min. Herman Benjamin, j. 19.05.2020, DJe 25.06.2020.

sua incongruência, porque é reconhecido expressamente haver uma piora substancial imposta ao recorrente. Ser a piora suportada pelo recorrente em razão de seu próprio recurso inerente ao sistema denota apenas se tratar de piora admitida pelo ordenamento jurídico, nada mais. Permissão legal para ter a situação piorada obviamente não significa dizer que a situação não foi piorada.

Situação similar pode-se imaginar na hipótese de integração da decisão se o tribunal decidir o pedido contrariamente à parte recorrente, porque aí, novamente, a parte terá contra si a coisa julgada material, o que não existia diante da omissão da sentença. E, mesmo no caso de sentença *extra petita*, há interesse recursal da parte vencedora, porque ela poderá até ser tutelada, mas não naquilo que pediu, e, no julgamento de recurso e aplicação do art. 1.013, § 3º, IV, do CPC, seu pedido poderá ser julgado improcedente, em nítida piora de sua situação.

Vejo com maior dificuldade o interesse recursal da parte vencedora nas hipóteses de sentença *extra causa petendi* e sem motivação, quando então não haveria recurso possível para piorar a situação do recorrente. De qualquer forma, as demais hipóteses são mais do que suficientes para demonstrar que a aplicação da teoria da causa madura no caso concreto pode piorar a situação do recorrente.

A segunda pergunta é mais complexa porque a piora na situação do recorrente não decorre propriamente do julgamento de seu recurso, que no caso sempre será a ele benéfico, sendo acolhida sua pretensão recursal no sentido de anular o julgamento equivocado (inciso I) ou viciado (incisos II e IV) ou integrar o julgamento omisso (inciso IV).

Parece ter sido essa a premissa de precedente do Superior Tribunal de Justiça ao permitir, na aplicação do antigo art. 515, § 3º, do CPC/1973 (atual art. 1.013, § 3º, I, do CPC), um julgamento de mérito contrário ao autor que apelou de sentença terminativa com o fundamento de ter sido tal julgamento apenas uma consequência lógica da decretação da nulidade da sentença[105].

[105] STJ, 4ª Turma, AgRg no REsp 704.218/SP, Rel. Min. Luis Felipe Salomão, j. 15.03.2011, DJe 18.03.2011.

Seja como for, sem a interposição do recurso, a situação do recorrente não teria sido piorada. A circunstância de a piora ter resultado não propriamente do julgamento do recurso, mas da continuidade da atividade julgadora do tribunal, não me parece suficiente para afastar a ideia de ocorrência de *reformatio in pejus*. Uma *reformatio in pejus* diferenciada, no máximo, mas ainda assim uma *reformatio in pejus*[106].

Esse entendimento, de qualquer forma, deve ser mais bem explorado nos termos já expostos no tópico 5.6.1, de que na aplicação da teoria da causa madura haverá sempre um duplo julgamento: da apelação e do mérito da ação. E, nesses termos, compreendem-se tanto os julgados quanto a doutrina[107], quando afirmam que a piora na situação do recorrente não advém do julgamento de seu recurso. Estão certos porque a piora decorre do segundo julgamento realizado pelo tribunal que, inclusive, depende, para acontecer, da vitória do recorrente no primeiro julgamento. Há, afinal, uma prejudicialidade entre eles.

Por isso, menciono uma *reformatio in pejus* diferenciada, justamente porque ela não decorre do julgamento do recurso, mas pelo julgamento do recurso. O resultado do recurso não é o causador da piora, mas o instrumento que permitirá que a piora ocorra, viabilizando a realização de outro julgamento que, sem a sua existência, não aconteceria. Uma *reformatio in pejus* instrumental, por assim dizer.

A terceira pergunta, no final das contas, é a mais importante, ao menos no campo prático. Caso não se admita que, na aplicação do art. 1.013, § 3º, do CPC, ocorra uma piora na situação do recorrente, estar-se-á direcionando tal julgamento a apenas um resultado possível. Será, portanto, criada mais uma condição para a aplicação da teoria da causa madura: se o julgamento do mérito não favorecer o recorrente, não pode ocorrer, devendo o processo

---

[106] Reconhecendo a hipótese como de reformatio in pejus legítima: ARRUDA ALVIM, José Manoel de. Manual de direito processual civil. 20. ed. São Paulo: RT, 2021. n. 31.3.6, p. 1.319; BONDIOLI, Luiz Guilherme Aidar. Comentários ao Código de Processo Civil. 2. ed. São Paulo: Saraiva, 2017. v. XX, p. 114.

[107] OLIVEIRA JR., Zulmar Duarte de. Execução e recursos: comentários ao CPC de 2015. 2. ed. São Paulo: Método, 2018. p. 1.020.

ser devolvido ao primeiro grau de jurisdição para lá ser proferida uma nova sentença.

É curioso notar a existência de precedentes no Superior Tribunal de Justiça que expressamente endossam tal entendimento, ao afirmarem ser "impositiva a observância à regra da proibição de *reformatio in pejus* na aplicação da teoria da causa madura[108]. A curiosidade não fica por conta apenas da existência de outros precedentes que, de forma mais ou menos clara, admitem a piora na situação do recorrente[109]. Explico.

O Superior Tribunal de Justiça tem entendimento consolidado no sentido de que a aplicação da teoria da causa madura dispensa o pedido expresso do recorrente[110]. Isso significa que, no entendimento consagrado por aquele Tribunal, o art. 1.013, § 3º, do CPC é aplicado de ofício. Sendo também pacificado o entendimento de que o conhecimento de matérias de ofício admite a geração de *reformatio in pejus*, como justificar, então, precedentes que impõem a proibição da *reformatio in pejus* como condição para a aplicação da teoria da causa madura? Não faz, naturalmente, sentido algum proibir a *reformatio in pejus* ao mesmo tempo que reconhece como aplicável de ofício a teoria da causa madura.

5.6.2.7. *Necessidade de Pedido do Apelante*

Há acesa controvérsia na doutrina a respeito da necessidade de pedido expresso do apelante a condicionar o tribunal na aplicação do art. 1.013, § 3º, do CPC. Tal controvérsia, na realidade, é antiga, tendo sido criada ainda na vigência do art. 515, § 3º, do CPC/1973.

A observação é importante porque o art. 1.013, § 3º, do CPC, além de ampliar as hipóteses de aplicação da teoria da causa madura, tem uma novidade em sua redação que precisa ser levada em

---

[108] STJ, 2ª Turma, REsp 1.771.499/PA, Rel. Min. Mauro Campbell Marques, j. 19.02.2019, DJe 26.02.2019; STJ, 3ª Turma, REsp 1.370.263/MG, Rel. Min. Sidnei Beneti, j. 20.02.2014, DJe 25.09.2014.

[109] STJ, 4ª Turma, AgRg no REsp 704.218/SP, Rel. Min. Luis Felipe Salomão, j. 15.03.2011, DJe 18.03.2011; STJ, 2ª Turma, RMS 59.709/RS, Rel. Min. Herman Benjamin, j. 19.05.2020, DJe 25.06.2020.

[110] STJ, 2ª Turma, REsp 1.166.052/AM, Rel. Min. Og Fernandes, j. 20.02.2014, DJe 18.03.2014; STJ, 3ª Turma, AgRg no AREsp 292.166/SP, rel. Sidnei Beneti, j. 16.04.2013, DJe 03.05.2013.

consideração: o dispositivo prevê que o "tribunal deve decidir desde logo o mérito", enquanto o art. 515, § 3º, do CPC/1973 previa "o tribunal pode decidir desde logo a lide".

Com tal previsão, parcela da doutrina, que na vigência do diploma legal revogado defendia a necessidade de pedido do apelante, passou a reconhecer que por vontade legislativa tal pressuposto não seria mais defensável[111], enquanto outra parcela, mesmo concordando com a premissa, tenta superar a previsão legal com fundamentos principiológicos[112].

O dispositivo aparentemente consagra o entendimento consolidado no Superior Tribunal de Justiça na vigência do diploma legal revogado no sentido de dispensa do pedido expresso da parte para a aplicação da regra disposta no art. 515, § 3º, do CPC/1973[113]. Entendimento, naturalmente, mantido no atual Código[114].

É natural para aqueles que entendem ser a regra presente no dispositivo pertencente à extensão do efeito devolutivo[115] a defesa da necessidade do pedido, afinal, *tantum devolutum quantum apellatum*. Por outro lado, para aqueles que entendem que a regra faz parte da profundidade do efeito do devolutivo[116], a conclusão só pode ser pela dispensa do pedido expresso. Ambas as conclusões são inevitáveis diante das premissas defendidas.

---

[111] JORGE, Flávio Cheim. Teoria geral dos recursos cíveis. 3. ed. São Paulo: RT, 2007. n. 11.5.1.1.2, p. 364. E mesmo a doutrina que já se inclina pela desnecessidade do pedido aponta que agora a redação do dispositivo resolve a questão: PORTO, Sérgio Gilberto; USTÁRROZ, Daniel. Manual dos recursos cíveis. Porto Alegre: Livraria do Advogado, 2020. p. 155. Contra: ALMEIDA, Diogo Rezende de. Recursos cíveis. 2. ed. Salvador: Juspodivm, 2020, 2.6.1.2, p. 130-131.

[112] THEODORO JR., Humberto. Curso de direito processual civil. 57. ed. Rio de Janeiro: Forense, 2024. v. III, n. 770, p. 876-877.

[113] STJ, 4ª Turma, AgInt no REsp 1.724.211/SC, Rel. Min. Antonio Carlos Ferreira, j. 13.12.2021, DJe 16.12.2021; STJ, 3ª Turma, AgInt no AREsp 1.498.234/MG, Rel. Min. Ricardo Villas Bôas Cueva, j. 16.12.2019, DJe 19.12.2019; STJ, 2ª Turma, REsp 1.166.052/AM, Rel. Min. Og Fernandes, j. 20.02.2014, DJe 18.03.2014.

[114] STJ, 4ª Turma, AgInt no REsp 1.904.155/AP, Rel. Min. Maria Isabel Gallotti, j. 29.08.2022, DJe 1º.09.2022.

[115] THEODORO JR., Humberto. Curso de direito processual civil. 57. ed. Rio de Janeiro: Forense, 2024. v. III, n. 770, p. 877.

[116] GRECO, Leonardo. Instituições de direito processual civil. Rio de Janeiro: Forense, 2016. v. III, p. 105.

Existem, entretanto, outros motivos levantados pela parcela doutrinária que defende a necessidade de pedido expresso que merecem ser considerados.

Há doutrina que entende que o apelante tem direito ao duplo exame e ampla disposição sobre a regra que lhe aproveita[117]. Não concordo com tal entendimento porque, conforme já defendido no tópico 5.6.1, considero que a norma não foi criada para tutelar o apelante, mas interesses de ordem pública, daí por que fora do âmbito de disponibilidade das partes.

Outros entendem que o princípio da inércia estaria sendo violado porque sem um pedido expresso o tribunal estaria atuando de ofício, o que não estaria autorizado a fazê-lo[118]. Há, certamente, uma relação com a ideia do princípio dispositivo, no sentido de que sem a provocação expressa o apelante estaria dispondo de seu direito de ter o mérito da ação julgado pelo tribunal.

Nesse ponto é importante apontar corrente doutrinária que defende que o tribunal na realidade não está atuando de ofício, tampouco depende de qualquer provocação para julgar o mérito porque, na realidade, está apenas realizando o julgamento que deveria ter sido feito pelo juízo de primeiro grau[119]. *Grosso modo*, está prestando a tutela jurisdicional nos termos que o Poder Judiciário foi provocado a fazê-lo. Dá-se andamento ao procedimento, nos termos do previsto no art. 2º do CPC, em consagração do impulso oficial[120], seguindo tão somente o que prevê o procedimento para a hipótese tipificada em lei.

---

117 ASSIS, Araken de. Manual dos recursos. 8. ed. São Paulo: RT, 2017. n. 39.1.4.3, p. 528. DIDIER JR., Fredie; CUNHA, Leonardo Carneiro da. Curso de direito processual civil. 19. ed. Salvador: Juspodivm, 2021. v. 3, n. 7.4, p. 254, também defendem a necessidade de pedido expresso na ideia de que "a delimitação daquilo que tem de ser decidido pelo órgão jurisdicional é, no ordenamento brasileiro, matéria adstrita ao princípio dispositivo e, pois, à provocação da parte interessada".

118 ALMEIDA, Diogo Rezende de. Teoria geral dos recursos. 2. ed. Salvador: Juspodivm, 2020, 2.6.1.2, p. 130-131. Contra: JORGE, Flávio Cheim. Teoria geral dos recursos cíveis. 3. ed. São Paulo: RT, 2007. n. 11.5.1.1.2, p. 364.

119 FERREIRA, William Santos. In: BUENO, Cassio Scarpinella (coord.). Comentários ao Código de Processo Civil. São Paulo: Saraiva, 2017. v. 4, p. 444.

120 LOPES JR., Gervásio. Julgamento direto do mérito na instância recursal. Salvador: Juspodivm, 2007. p. 164-165.

Entendo que existe outro fundamento para defender que a atuação do tribunal da aplicação do art. 1.013, § 3º, do CPC independe de pedido expresso do apelante. A discussão, como se pode notar das lições doutrinárias, é afinal de competência para o julgamento do mérito. Todos concordam que o processo está pronto para um julgamento imediato do mérito, havendo apenas discordância a respeito de ser uma escolha ou não do apelante o órgão que realizará tal julgamento: uma questão, portanto, de competência.

O art. 1.013, § 3º, do CPC prevê a competência do tribunal de segundo grau para o julgamento imediato do mérito nas hipóteses nele previstas. Trata-se, como toda regra de competência de tribunal, de competência absoluta, de natureza funcional. E, como toda regra de competência absoluta, tem natureza cogente, não podendo ser alterada por vontade das partes. Tem-se, portanto, por afastada qualquer disponibilidade a respeito da aplicação do dispositivo ao caso concreto.

A afirmação de que o pedido do apelante é dispensável, no entanto, não gera qualquer proibição à sua elaboração. Apesar de sua inutilidade, considerando-se que o tribunal não depende de provocação para aplicar o disposto no artigo ora comentado, a menção expressa pelo apelante pode ser interessante no sentido de destacar ao tribunal o preenchimento dos requisitos legais para sua aplicação. Pode-se afirmar o mesmo no sentido inverso, ou seja, pode se mostrar interessante uma alegação no sentido de, por não estarem presentes os requisitos legais, não ser caso de aplicação do art. 1.013, § 3º, do CPC.

5.6.2.8. Contraditório

É saudável a preocupação que qualquer espécie de julgamento possa gerar na doutrina por conta da necessária preservação do princípio do contraditório. Sendo a teoria da causa madura escorada nos princípios da economia processual, duração razoável do processo e eficácia processual, nem por isso poderá excepcionar o princípio do contraditório.

Quanto ao conteúdo do julgamento que se seguirá ao julgamento do recurso, não tenho maiores preocupações de violação ao contraditório porque, se o processo está maduro para tal julgamento, condição para que ele ocorra, isso significa que as partes já tiveram as oportunidades devidas de influenciar a formação do convencimento do órgão julgador[121].

Conforme já amplamente afirmado, a teoria da causa madura traduz-se tão somente numa regra de competência: em vez de o primeiro grau julgar, o segundo grau o faz. Isso significa que, mesmo que não fosse permitido o julgamento direto pelo tribunal, os autos retornariam ao primeiro grau e o processo seria novamente sentenciado, sem qualquer oportunidade de manifestação prévia das partes. E isso sem qualquer violação ao princípio do contraditório.

Por outro lado, a mera aplicação do art. 1.013, § 3º, do CPC pode ser considerada uma surpresa para as partes, sendo a violação do contraditório, inclusive, utilizada por doutrina como justificativa da exigência de pedido expresso do apelante para que o julgamento imediato do mérito da ação ocorra no tribunal após o julgamento da apelação.[122]

Uma exigência de intimação das partes por parte do relator em toda e qualquer hipótese de aplicação da regra legal ora analisada como modo de preservação do contraditório, na forma sustentada por parcela da doutrina[123], parece não fazer sentido, porque haverá situações nas quais tal aviso prévio será dispensável. Uma vez tendo sido requerida a aplicação do dispositivo pelo apelado, ou mesmo sugerida a sua aplicação na peça recursal, o apelado terá tido a oportunidade de se manifestar a respeito do tema em contrarrazões e, assim, estará devidamente respeitado o contraditório.

A intimação prévia das partes para se manifestarem sobre o cabimento do art. 1.013, § 3º, do CPC, portanto, será exigida, em

121 DINAMARCO, Cândido Rangel. Instituições de direito processual civil. Salvador: Juspodivm, 2022. v. V, n. 2.271, p. 166; STJ, 4ª Turma, REsp 1.909.451/SP, Rel. Min. Luis Felipe Salomão, j. 23.03.2021, DJe 13.04.2021.

122 DINAMARCO, Cândido Rangel. Instituições de direito processual civil. Salvador: Juspodivm, 2022. v. V, n. 2.300, p. 211; ALMEIDA, Diogo Rezende de. Recursos cíveis. 2. ed. Salvador: Juspodivm, 2020, 2.6.1.2, p. 131.

123 PORTO, Sérgio Gilberto; USTÁRROZ, Daniel. Manual dos recursos cíveis. Porto Alegre: Livraria do Advogado, 2020. p. 155; BUENO, Cassio Scarpinella. Curso sistematizado de direito processual civil. 10. ed. São Paulo: Saraiva, 2021. v. 2, n. 7.7., p. 592.

tese, para hipótese em que apelante e apelado foram omissos quanto ao tema em suas peças de razões recursais e contrarrazões. Afirmo que a violação se dará em tese porque, ainda que tais razões não se refiram expressamente a respeito do dispositivo ora comentado, se a sentença e a causa de pedir recursal se adequarem a uma das hipóteses legais nele descritas, as partes devem ter a ciência do possível julgamento imediato do mérito da ação no caso de provimento da apelação. Nesse caso, a omissão deve se reputar como uma opção das partes. Ao contraditório, afinal, basta a possibilidade de reação, e não uma reação efetiva.

Proferida uma sentença terminativa e sendo interposta uma apelação na qual se alega a má aplicação do direito por não ser caso de sentença terminativa, tanto apelante como apelado já devem ter ciência de que a hipótese poderá ser alcançada pela regra consagrada no art. 1.013, § 3º, I, do CPC. Caso o apelante entenda que a causa ainda não está madura para tal aplicação, que abra então um tópico na apelação e alegue nesse sentido, valendo o mesmo raciocínio se entender o contrário. Terá sua oportunidade e com isso o contraditório estará garantido.

Da mesma forma quando alega que a sentença apelada é *extra petita* ou *extra causa petendi* e requer a sua anulação ou quando, diante de sentença *citra petita*, requer sua integração (ainda que nesse caso o mais técnico fosse pedir a declaração do vício como julgamento do recurso seguido do julgamento do pedido não decidido em primeiro grau), ou quando alega que a sentença é nula por falta de fundamentação. São todas hipóteses tipificadas em lei como de incidência da teoria da causa madura e, nesse sentido, não podem as partes alegar surpresa se a teoria for aplicada pelo tribunal.

A necessidade de intimação das partes, portanto, fica reservada à hipótese de genuína surpresa com a aplicação do dispositivo ora em comento, em situação na qual não seria possível às partes prever tal ocorrência. Os vícios referentes aos princípios da correlação são reputados de ordem pública e, nesse sentido, podem ser conhecidos de ofício, assim como a ausência de fundamentação. Nesse sentido, ainda que não façam parte da causa de pedir recursal, é possível que o tribunal anule a sentença apelada por tais motivos e, entendendo que a causa está madura para imediato julgamento, considere cabível a aplicação do art. 1.013, § 3º, do CPC.

Nessa situação, certamente a aplicação do dispositivo surpreenderá as partes porque a decisão será tomada com base num fundamento jurídico inédito, não discutido e nem sequer alegado anteriormente no processo. É claro que tudo isso só é possível por conta de uma disfuncionalidade sistêmica, porque um julgamento como esse claramente viola o art. 10 do CPC, sendo ele próprio uma decisão-surpresa. O que o tribunal deveria fazer nesse caso, nos termos do art. 933 do CPC, seria interromper o julgamento, intimar as partes para se manifestarem sobre o vício e, nesse momento, as partes já teriam a oportunidade de se manifestar sobre a eventual aplicação da teoria da causa madura.

5.6.2.9. Rol Exemplificativo ou Exauriente?

Admite-se que o tribunal aplique a teoria da causa madura a outras hipóteses além daquelas previstas no art. 1.013, § 3º, do CPC? A questão não é pacífica na doutrina, havendo corrente que defende que o rol legal é meramente exemplificativo[124] e outra que o defende como exauriente.[125]

Antes propriamente de enfrentar o tema sob uma perspectiva acadêmica, vale uma consideração pragmática. Existem outras hipóteses que poderiam ser alcançadas pela teoria da causa madura e que não foram contempladas pelo art. 1.013, § 3º, do CPC?

A sentença terminativa que leva a um julgamento de mérito já está contemplada na norma legal, assim como as sentenças de mérito *extra petita, extra causa petendi, citra petita* e sem fundamentação. Como se pode notar, sentenças com *error in procedendo* intrínseco. Mesmo que se parta de uma premissa de o rol ser meramente exemplificativo, não parece adequado defender a aplicação da teoria

[124] GRECO, Leonardo. Instituições de direito processual civil. Rio de Janeiro: Forense, 2016. v. III, p. 105-106.

[125] NERY JR., Nelson; NERY, Rosa Maria de Andrade. Código de Processo Civil comentado. 10. ed. São Paulo: RT, 2008. p. 2.068-2.069.

da causa madura na hipótese de *error in procedendo* extrínseco[126], porque nesse caso a sentença será anulada como consequência do efeito expansivo da nulidade. Ou seja, o procedimento será anulado desde o momento em que se deu o vício e com isso o processo nunca estará pronto para o imediato julgamento do mérito.

Deve-se, portanto, pensar em algum vício formal intrínseco da sentença que não esteja previsto no art. 1.013, § 3º, do CPC. E que também não seja devolvido ao tribunal por conta da profundidade do efeito devolutivo, porque nesse caso nem sequer será necessária a teoria da causa madura para o enfrentamento da matéria pelo tribunal.

Serão, certamente, situações excepcionais. Algumas, inclusive, de sentenças juridicamente inexistentes. Nem vou radicalizar apresentando como exemplo a sentença proferida por quem não é juiz, porque aí se estaria no campo do folclore jurídico, mas pode-se pensar numa improvável sentença sem dispositivo. Ainda mais grave do que uma sentença sem fundamentação, uma vez interposta apelação, nem sequer será caso de anulação porque ela nem mesmo existe juridicamente. O tribunal, portanto, limitar-se-á a, dando provimento à apelação, declarar a inexistência jurídica. Pergunta-se: poderá, estando o processo maduro para julgamento, decidir imediatamente o mérito na sequência?

O art. 43 do CPC prevê exceções ao princípio da *perpetuatio jurisdictionis*, sendo uma delas a mudança de competência absoluta, de forma que uma alteração de fato ou de direito ocorrida durante o processo que crie uma competência absoluta pela matéria ou pessoa deve imediatamente gerar a remessa do processo ao novo juízo competente. Vamos imaginar que num processo concluso para a sentença verifique-se tal hipótese, mas a remessa não ocorra e a sentença seja proferida. Interposta a apelação, é alegada a incompetência absoluta do juízo de primeiro grau. Nesse caso, a incompetência absoluta é vício que contamina somente a sentença, devendo, dessa forma, ser considerada *error in procedendo* intrínseco. Sendo a apelação

---

[126] JORGE, Flávio Cheim. Teoria geral dos recursos cíveis. 3. ed. São Paulo: RT, 2007. n. 11.5.1.1.2, p. 366.

provida, com a sentença anulada, e tendo o tribunal competência para o julgamento de mérito da ação, poderá fazê-lo imediatamente?

> Marilena ingressou com ação judicial requerendo a guarda de Aline perante a vara comum da Comarca de Laranja do Sul. Com os autos conclusos para a sentença, foi inaugurada na referida comarca uma vara da família e das sucessões. O processo, entretanto, foi julgado na vara comum. Derrotada e inconformada, Marilena interpõe apelação para o Tribunal de Justiça alegando a incompetência absoluta da vara comum (violação ao art. 43 do CPC), sendo seu recurso provido. O tribunal, entendendo que a causa estava madura, passa então ao julgamento do pedido originário de Marilena, concedendo a ela a guarda de Aline.

Conforme indicado no tópico 5.6.1, o Superior Tribunal de Justiça inclui como parte da teoria da causa madura a hipótese prevista no art. 1.013, § 4º, do CPC. Tenho minhas resistências a esse entendimento, ainda que reconheça as similitudes procedimentais, como desenvolvido no referido capítulo. Partindo dessa premissa, poder-se-ia imaginar outra hipótese para a aplicação da teoria da causa madura além do rol legal.

Sentença de mérito homologatória de autocomposição recorrida por apelação e anulada pelo tribunal que entende estar a causa madura para o acolhimento ou rejeição do pedido do autor. Pode o tribunal aplicar a teoria da causa madura apesar de não haver previsão legal expressa que o autorize?

A primeira consideração necessária é que uma eventual decisão pelo caráter exemplificativo do rol legal alcançará poucas e raras hipóteses. Não será, portanto, nada de muito significativo na praxe forense. Por outro lado, ao menos pelos exemplos que consegui pensar, há uma similitude considerável com as hipóteses legais. Ou uma sentença sem dispositivo não se aproxima de uma sentença sem fundamentação? Falta em ambas um elemento essencial da sentença previsto no art. 489 do CPC. E a sentença homologatória com a sentença que reconhece a prescrição e a decadência? Não são ambas sentenças, apesar de serem de mérito, proferidas sem a análise do direito material alegado pelo autor?

As vantagens da aplicação da teoria da causa madura são conhecidas e já foram exaustivamente descritas. Uma aplicação fora das hipóteses legais gera naturalmente o incômodo de afastamento do duplo grau de jurisdição sem uma previsão expressa nesse sentido, o que sempre causa certa dose de trauma. Problemas relacionados ao princípio do contraditório são contornáveis.

No meu entendimento, o maior problema, quiçá incontornável, é a criação de uma competência originária de tribunal de segundo grau sem previsão legal expressa. Como já tive a oportunidade de afirmar reiteradas vezes, entendo que a teoria da causa madura é tão somente uma regra de competência, transferindo para o tribunal a competência de um julgamento que seria originariamente do primeiro grau.

Nesses termos, reside minha dificuldade de aceitar que o rol legal do art. 1.013, § 3º, do CPC seja meramente exemplificativo. Confesso que vontade não me falta, mas pelas premissas que criei para o fenômeno processual não me parece realmente possível fugir da conclusão de ser o rol legal exauriente.

REFERÊNCIAS

RODRIGUES, Marcelo Abelha. *Comentários à tutela coletiva.* Rio de Janeiro: Lumen Juris, 2009.

RODRIGUES, Marcelo Abelha. *Manual de direito processual civil.* 6. ed. Rio de Janeiro: Forense, 2016.

ALMEIDA, Diogo Rezende de. *Recursos cíveis.* 2. ed. Salvador: Juspodivm, 2020.

ALMEIDA, Diogo Rezende de. *Recursos cíveis.* Salvador: Juspodivm, 2023.

ALMEIDA, Gregório Assagra de. *Manual das ações constitucionais.* Belo Horizonte: Del Rey, 2007.

ALVIM, Teresa Arruda. Ampliar a colegialidade: a que custo?. *Revista de Doutrina TRF4*, 27 abr. 2017. Disponível em: https://revistadoutrina.trf4.jus.br/index.htm?https://revistadoutrina.trf4.jus.br/artigos/edicao077/Teresa_Arruda_Alvim.html. Acesso em: 19 jan. 2024.

ALVIM, Teresa Arruda. *Os agravos no CPC de 2015.* 5. ed. Curitiba: EDC, 2021.

ALVIM, Teresa Arruda; WAMBIER, Luiz Rodrigues; MEDINA, Gabriel Garcia. *Breves comentários à nova sistemática processual.* São Paulo: RT, 2006. v. 2.

APRIGLIANO, Ricardo de Carvalho. *A apelação e seus efeitos.* 2. ed. São Paulo: Atlas, 2007.

ARAÚJO, Fábio Caldas de. *In*: ALVIM, Angélica Arruda; ASSIS, Araken de; ALVIM, Eduardo Arruda; LEITE, George Salomão (coord.). *Comentários ao Código de Processo Civil.* São Paulo: Saraiva, 2016.

ARAÚJO, José Henrique Mouta. A recorribilidade das interlocutórias no novo CPC. *In*: ALVIM, Teresa Arruda; DIDIER JR., Fredie. *Doutrinas essenciais*: novo processo civil. Processos nos tribunais e meios de impugnação das decisões judiciais. 2018. v. 7.

ARAÚJO, Luciano Vianna. O julgamento antecipado parcial sem ou com resolução do mérito no CPC/2015. *Revista de Processo*, São Paulo, v. 43, n. 286, versão eletrônica, p. RR-2.4., p. RR 9.11, 2018.

ARENHART, Sérgio Cruz; OSNA, Gustavo. *Curso de processo civil coletivo*. 4. ed. São Paulo: RT, 2020.

ARRUDA ALVIM, José Manoel de. *Manual de direito processual civil*. 20. ed. São Paulo: RT, 2021.

ARRUDA ALVIM, José Manoel de. Notas sobre algumas das mutações verificadas com a Lei 10.352/2001. *In:* NERY JR., Nelson; WAMBIER, Teresa Arruda Alvim (coord.). *Aspectos polêmicos e atuais dos recursos e outros meios de impugnação às decisões judiciais*. São Paulo: RT, 2002. v. 6.

ASSIS, Araken de. *Manual dos recursos*. 8. ed. São Paulo: RT, 2017.

ASSIS, Araken de. *Manual dos recursos*. 18. ed. São Paulo: RT, 2018.

ASSIS, Araken de. *Processo civil brasileiro*. 2. ed. São Paulo: RT, 2016. v. II, t. II.

AUBERT, Eduardo Henrik. *A impugnação específica dos fatos no processo civil brasileiro*. 2019. Tese (Doutorado) – Faculdade de Direito, Universidade de São Paulo, São Paulo, 2019. Disponível em: https://www.teses.usp.br/teses/disponiveis/2/2137/tde-07082020-015356/publico/3316522_Tese_Original.pdf. Acesso em: 1º mar. 2024.

BADARÓ, Gustavo Henrique. *Manual dos recursos penais*. 3. ed. São Paulo: RT, 2018.

BARBOSA MOREIRA, José Carlos. Algumas inovações da Lei 9.756/98 em matéria de recursos cíveis. *In*: NERY JR., Nelson; WAMBIER, Teresa Arruda Alvim (coord.). *Aspectos polêmicos e atuais dos recursos e outros meios de impugnação às decisões judiciais*. São Paulo: RT, 1998.

BARBOSA MOREIRA, José Carlos. *Comentários ao Código de Processo Civil*. 11. ed. Rio de Janeiro: Forense, 2003. v. 5.

BARBOSA MOREIRA, José Carlos. *Comentários ao Código de Processo Civil*. 17. ed. Rio de Janeiro: Forense, 2013. v. 5.

BARBOSA MOREIRA, José Carlos. *O novo processo civil brasileiro*. 22. ed. Rio de Janeiro: Forense, 2002.

BARIONI, Rodrigo. *Efeito devolutivo da apelação civil.* São Paulo: RT, 2007.

BARIONI, Rodrigo. Preclusão diferida, o fim do agravo retido e a ampliação do objeto da apelação no novo Código de Processo Civil. *In*: ALVIM, Teresa Arruda; DIDIER JR., Fredie. *Doutrinas essenciais*: novo processo civil. Processos nos tribunais e meios de impugnação das decisões judiciais. 2018. v. 7.

BEDAQUE, José Roberto dos Santos. *Tutela cautelar e tutela antecipada*: tutelas de urgência (tentativa de sistematização). 2. ed. São Paulo: Malheiros, 2001.

BERMUDES, Sérgio. Ação monitória: primeiras impressões sobre a Lei n. 9.079, de 14.7.1995. *In:* BARBOSA MOREIRA, José Carlos (coord.). *Estudos de direito processual em memória de Luiz Machado Guimarães.* Rio de Janeiro: Forense, 1997.

BONDIOLI, Luiz Guilherme Aidar. *Comentários ao Código de Processo Civil.* vol. X. São Paulo: Saraiva, 2016.

BONDIOLI, Luiz Guilherme Aidar. *Comentários ao Código de Processo Civil.* 2. ed. São Paulo: Saraiva, 2017. v. XX.

BUENO, Cassio Scarpinella. *A nova etapa da reforma do Código de Processo Civil.* São Paulo: Saraiva, 2006. v. 2.

BUENO, Cassio Scarpinella. *Comentários ao Código de Processo Civil.* São Paulo: Saraiva, 2018. v. V.

BUENO, Cassio Scarpinella. *Comentários ao Código de Processo Civil.* São Paulo: Saraiva, 2018. v. X.

BUENO, Cassio Scarpinella. *Curso sistematizado de direito processual civil.* 4. ed. São Paulo: Saraiva, 2013. v. 5.

BUENO, Cassio Scarpinella. *Curso sistematizado de direito processual civil.* 8. ed. São Paulo: Saraiva, 2019. v. 2.

BUENO, Cassio Scarpinella. *Curso sistematizado de direito processual civil.* 10. ed. São Paulo: Saraiva, 2021. v. 2.

BUENO, Cassio Scarpinella. *Curso sistematizado de direito processual civil*. 13. ed. São Paulo: Saraiva, 2024. v. 2.

BUENO, Cassio Scarpinella. Efeitos dos recursos. *In:* NERY JR., Nelson; WAMBIER, Teresa Arruda Alvim. *Aspectos polêmicos e atuais dos recursos cíveis*. São Paulo: RT, 2006. v. 10.

BUENO, Cassio Scarpinella. *Manual de direito processual civil*. 2. ed. São Paulo: Saraiva, 2016.

BUENO, Cassio Scarpinella. *Tutela antecipada*. São Paulo: Saraiva, 2004,

BUFULIN, Augusto Passamani; ARAÚJO, Caio Souto. Julgamento conforme o estado do processo no Código de Processo Civil de 2015 – Parte 1: da extinção do processo ao julgamento antecipado parcial do mérito. *Revista de Processo*, v. 47, n. 326, versão eletrônica, 2022.

CALMON DE PASSOS, José Joaquim. *Comentários ao Código de Processo Civil*: arts. 270 a 331. 8. ed. Rio de Janeiro: Forense, 2000.

CÂMARA, Alexandre Freitas. *In*: CABRAL, Antonio do Passo; CRAMER, Ronaldo (coord.). *Comentários ao Novo Código de Processo Civil*. Rio de Janeiro: Forense, 2015.

CÂMARA, Alexandre Freitas. *Juizados especiais cíveis estaduais e federais*: uma abordagem crítica. 5. ed. Rio de Janeiro: Lumen Juris, 2009.

CÂMARA, Alexandre Freitas. *Lições de direito processual civil*. 7. ed. Rio de Janeiro: Lumen Juris, 2003. v. 2.

CÂMARA, Alexandre Freitas. *Lições de direito processual civil*. 17. ed. Rio de Janeiro: Lumen Juris, 2008. v. 1.

CÂMARA, Alexandre Freitas. *Manual de direito processual civil*. São Paulo: Atlas, 2022.

CÂMARA, Alexandre Freitas. *O novo processo civil brasileiro*. São Paulo: Atlas, 2015.

CÂMARA JR., José Maria. O art. 942 do CPC e a ampliação da colegialidade: questões e propostas de interpretação para dissipar dúvidas sobre a aplicação de regras. *In*: NERY JR., Nelson; ALVIM, Teresa Arruda; OLIVEIRA, Pedro Miranda de (org.). *Recursos cíveis e assuntos afins*. São Paulo: RT, 2018.

CAMARGO, Luiz Henrique Volpe. Comentários aos arts. 82 a 97. *In*: WAMBIER, Teresa Arruda Alvim; DIDIER JR., Fredie; TALAMINI, Eduardo; DANTAS, Bruno (coord.). *Breves comentários ao Novo Código de Processo Civil*. São Paulo: RT, 2015.

CARNEIRO, Gusmão. *Da antecipação de tutela*. 6. ed. Rio de Janeiro: Forense, 2006.

CARVALHO, Fabiano. *Comentários ao Código de Processo Civil*. São Paulo: Saraiva, 2022. v. XIX.

CRUZ E TUCCI, José Rogério. *Comentários ao Código de Processo Civil*. 2. ed. São Paulo: RT, 2017. v. VII.

CRUZ E TUCCI, José Rogério *Comentários ao Código de Processo Civil*: artigos 485 ao 535. São Paulo: RT, 2018. v. VIII.

CUNHA, Leonardo Carneiro da. *Comentários ao Código de Processo Civil*. São Paulo: RT, 2016. v. III.

CUNHA, Leonardo Carneiro da. *Comentários ao Código de Processo Civil*. São Paulo: RT, 2017. v. III.

CUNHA, Leonardo Carneiro da. Comentários aos arts. 489 a 496. *In*: WAMBIER, Teresa Arruda Alvim; DIDIER JR., Fredie; TALAMINI, Eduardo; DANTAS, Bruno (coord.). *Breves comentários ao Novo Código de Processo Civil*. São Paulo: RT, 2015.

DIDIER JR., Fredie. Comentários aos arts. 747 a 758. *In*: WAMBIER, Teresa Arruda Alvim; DIDIER JR., Fredie; TALAMINI, Eduardo; DANTAS, Bruno (coord.). *Breves comentários ao Novo Código de Processo Civil*. São Paulo: RT, 2015.

DIDIER JR., Fredie. *Curso de direito processual civil*. 7. ed. Salvador: Juspodivm, 2007. v. 1.

DIDIER JR., Fredie; BRAGA, Paula Sarno; OLIVEIRA, Rafael Alexandria de. *Curso de direito processual civil*. Salvador: Juspodivm, 2007. v. 2.

DIDIER JR., Fredie; BRAGA, Paula Sarno; OLIVEIRA, Rafael Alexandria de. *Curso de direito processual civil*. 12. ed. Salvador: Juspodivm, 2017. v. 2.

DIDIER JR., Fredie; CUNHA, Leonardo Carneiro da. *Curso de direito processual civil*. 13. ed. Salvador: Juspodivm, 2016. v. 3.

DIDIER JR., Fredie; CUNHA, Leonardo Carneiro da. *Curso de direito processual civil.* 19. ed. Salvador: Juspodivm, 2021. v. 3.

DIDIER JR., Fredie; ZANETI JR., Hermes. *Curso de direito processual civil.* 16. ed. Salvador: Juspodivm, 2022. v. 4.

DINAMARCO, Cândido Rangel. *A reforma da reforma.* 2. ed. São Paulo: Malheiros, 2002.

DINAMARCO, Cândido Rangel. *Capítulos de sentença.* São Paulo: Malheiros, 2002.

DINAMARCO, Cândido Rangel. *Instituições de direito processual civil.* São Paulo: Malheiros, 2001. v. III.

DINAMARCO, Cândido Rangel. *Instituições de direito processual civil.* São Paulo: Malheiros, 2003. v. III.

DINAMARCO, Cândido Rangel. *Instituições de direito processual civil.* 3. ed. São Paulo: Malheiros, 2009. v. IV.

DINAMARCO, Cândido Rangel. *Instituições de direito processual civil.* 6. ed. São Paulo: Malheiros, 2009. v. II.

DINAMARCO, Cândido Rangel. *Instituições de direito processual civil.* Salvador: Juspodivm, 2022. v. V.

DINAMARCO, Cândido Rangel. *Nova era do processo civil.* 4. ed. São Paulo: Malheiros, 2013.

ELIAS, Carlos Eduardo Stefen. *Apelação*: os limites objetivos do efeito devolutivo. São Paulo: Atlas, 2010.

FARIA, Cristiano Chaves de; ROSENVALD, Nelson. *Curso de direito civil.* 14. ed. Salvador, Juspodivm, 2022. v. 6.

FERREIRA FILHO, Manoel Caetano. *Código de Processo Civil anotado.* Coordenação José Rogério Cruz e Tucci *et al.* São Paulo/Curitiba: AASP/OAB-PR, 2015.

FERREIRA FILHO, Manoel Caetano. *Comentários ao Código de Processo Civil.* São Paulo: RT, 2001. v. 7.

FERREIRA, Patrício; CASTELO, Juliana Justo Botelho. Súmula nº 568 do STJ: os poderes indeterminados do relator no julgamento monocrático no Superior Tribunal de Justiça. *Revista Magister de Direito Civil e Processual Civil*, ano XVIII, n. 106, p. 127-139, jan./fev. 2022.

FERREIRA, William Santos. *Aspectos polêmicos e práticos da nova reforma processual civil*: comentários e manual de consulta rápida com resumo das principais questões artigo por artigo. Rio de Janeiro: Forense, 2002.

FERREIRA, William Santos. *In*: BUENO, Cassio Scarpinella (coord.). *Comentários ao Código de Processo Civil*. São Paulo: Saraiva, 2017. v. 4.

FIGUEIRA JÚNIOR, Joel Dias. *Manual dos Juizados Especiais Cíveis Estaduais e Federais*. São Paulo: RT, 2006.

FREIRE, Rodrigo da Cunha Lima. Arts. 929 a 937. *In*: WAMBIER, Teresa Arruda Alvim; DIDIER JR., Fredie; TALAMINI, Eduardo; DANTAS, Bruno (coord.). *Breves comentários ao Novo Código de Processo Civil*. São Paulo: RT, 2015.

FUX, Luiz. *Curso de direito processual civil*. 2. ed. Rio de Janeiro: Forense, 2004.

GAJARDONI, Fernando da Fonseca *et al*. *Comentários ao Código de Processo Civil*. 5. ed. Rio de Janeiro: Forense, 2022. v. 1.

GAJARDONI, Fernando da Fonseca; DELLORE, Luiz; ROQUE, Andre Vasconcelos; OLIVEIRA JR., Zulmar Duarte de. *Execução e recursos*: comentários ao CPC de 2015. São Paulo: Método, 2017.

GODINHO, Robson. *Comentários ao Código de Processo Civil*. São Paulo: Saraiva, 2018. v. XIV.

GRANADO, Daniel Willian. *Recurso de apelação no novo Código de Processo Civil*. São Paulo: RT, 2017.

GRECO, Leonardo. *Instituições de direito processual civil*. Rio de Janeiro: Forense, 2015. v. III.

GRECO, Leonardo. *Instituições de direito processual civil*. Rio de Janeiro: Forense, 2016. v. III.

GUEDES, Jefferson Carús. *Comentários ao Código de Processo Civil*, São Paulo: RT, 2017. v. XI.

HARTMANN, Rodolfo Kronemberg. *Curso completo do novo processo civil*. 3. ed. Niterói: Impetus, 2016.

JORGE, Flávio Cheim. *Apelação cível.* São Paulo: RT, 1999.

JORGE, Flávio Cheim. *A terceira etapa da reforma processual civil.* São Paulo: Saraiva, 2006.

JORGE, Flávio Cheim. *Teoria geral dos recursos cíveis.* 3. ed. São Paulo: RT, 2007.

JORGE, Flávio Cheim; DIDIER JR., Fredie. *A nova reforma processual.* 2. ed. São Paulo: Saraiva, 2002.

KOZIZOSKI, Sandro Marcelo; PUGLIESE, William Soares. Considerações sobre a ampliação do quórum no julgamento da apelação. *In*: ALVIM, Teresa Arruda; DIDIER JR., Fredie. *Doutrinas essenciais.* Novo processo civil. 2. ed. São Paulo: RT, 2018. v. II.

LEITE, Clarisse Frechiani Lara. *Prejudicialidade no processo civil.* São Paulo: Saraiva, 2008.

LEMOS, Vinícius Silva. A técnica de julgamento não unânime e as suas implicações procedimentais. *Revista Brasileira de Direito Processual*, Belo Horizonte, ano 26, n. 101, p. 323-342, jan./mar. 2018.

LEMOS, Vinícius Silva. *Recursos e processos nos tribunais.* 6. ed. Salvador: Juspodivm, 2023.

LEONEL, Ricardo de Barros. *Manual de processo coletivo.* 2. ed. São Paulo: RT, 2011.

LOPES JR., Gervásio. *Julgamento direto do mérito na instância recursal.* Salvador: Juspodivm, 2007.

LUCON, Paulo Henrique dos Santos. Seção IV – Do julgamento das ações relativas às prestações de fazer, de não fazer e de entregar coisa: arts. 497 ao 501. *In*: BUENO, Cassio Scarpinella (org.). *Comentários ao Código de Processo Civil.* São Paulo: Saraiva, 2017, v. 2.

MACÊDO, Lucas Buril de. Efeito devolutivo e limites objetivos do juízo recursal: da irrelevância da causa de pedir recursal. *Revista de Processo*, São Paulo, v. 292, p. 215-250, jun. 2019.

MANCUSO, Rodolfo de Camargo. *Ação popular.* 4. ed. São Paulo: RT, 2001.

MANZINI, Paulo Guilherme. *Tutela da evidência*: perfil funcional e atuação do juiz à luz dos direitos fundamentais do processo. São Paulo: Almedina, 2020.

MARCATO, Antonio Carlos. *O processo monitório brasileiro*. São Paulo: Malheiros, 1998.

MARCATO, Antonio Carlos. *Procedimentos especiais*. 16. ed. São Paulo: Atlas, 2016.

MARINONI, Luiz Guilherme. *Antecipação de tutela*. 10. ed. São Paulo: RT, 2008.

MARINONI, Luiz Guilherme; ARENHART, Sérgio Cruz. *Manual do processo de conhecimento*. 4. ed. São Paulo: RT, 2005.

MARINONI, Luiz Guilherme; ARENHART, Sérgio Cruz; MITIDIERO, Daniel. *Novo Código de Processo Civil*. São Paulo: RT, 2016.

MARINONI, Luiz Guilherme; ARENHART, Sérgio Cruz; MITIDIERO, Daniel. *Novo curso de processo civil*. 2. ed. São Paulo: RT, 2016. v. 3.

MARINONI, Luiz Guilherme; ARENHART, Sérgio Cruz; MITIDIERO, Daniel. *Novo curso de processo civil*. São Paulo: RT, 2017. v. 2.

MARINONI, Luiz Guilherme; MITIDIERO, Daniel. *Comentários ao Código de Processo Civil*. São Paulo: RT, 2017. v. XVI.

MEDINA, José Miguel Garcia. *Código de Processo Civil comentado*. 7. ed. São Paulo: RT/Thomson Reuters Brasil, 2021.

MEDINA, José Miguel Garcia. *Código de Processo Civil comentado*. 8. ed. São Paulo: RT, 2022.

MEDINA, José Miguel Garcia. *Novo Código de Processo Civil comentado*. 4. ed. São Paulo: RT, 2016.

MEIRELES, Helly Lopes; WALD, Arnaldo; MENDES, Gilmar Ferreira. *Mandado de segurança e ações constitucionais*. 33. ed. São Paulo: Malheiros, 2010.

MELLO, Rogerio Licastro Torres de. Comentários aos arts. 1.009 a 1.014. *In*: WAMBIER, Teresa Arruda Alvim; DIDIER JR., Fredie; TALAMINI, Eduardo; DANTAS, Bruno (coord.). *Breves comentários ao Novo Código de Processo Civil*. São Paulo: RT, 2015.

MIGLIAVACCA, Carolina Moraes. Amicus curiae *no Código de Processo Civil de 2015*: suas duas funções: Curitiba, Thoth, 2021.

NEGRÃO, Theotônio; GOUVÊA, José Roberto F. *Código de Processo Civil e legislação processual em vigor*. 37. ed. São Paulo: Saraiva, 2005.

NERY JR., Nelson. *Teoria geral dos recursos*. 6. ed. São Paulo: RT, 2004.

NERY JR., Nelson; ABBOUD, Georges. *Direito processual civil*: novo CPC. São Paulo: RT, 2015.

NERY JR., Nelson; NERY, Rosa Maria de Andrade. *Código de Processo Civil comentado*. 10. ed. São Paulo: RT, 2008.

NERY JR., Nelson; NERY, Rosa Maria de Andrade. *Comentários ao Código de Processo Civil*. São Paulo: RT, 2015.

NEVES, Daniel Amorim Assumpção. *Ações constitucionais*. 7. ed. Salvador: Juspodivm, 2023. volume único.

NEVES, Daniel Amorim Assumpção. *Código de Processo Civil comentado*. 8. ed. Salvador: Juspodivm, 2023.

NEVES, Daniel Amorim Assumpção. *Manual de direito processual civil*. 6. ed. São Paulo: Método, 2014.

NEVES, Daniel Amorim Assumpção. *Manual de direito processual civil*. 15. ed. Salvador: Juspodivm, 2023.

NEVES, Daniel Amorim Assumpção. *Teoria geral dos recursos*. Salvador: Juspodivm, 2023.

NEVES, Daniel Amorim Assumpção; OLIVEIRA, Rafael Carvalho Rezende. *Manual de improbidade administrativa*. 10ª ed. Rio de Janeiro: Forense, 2024.

OLIVEIRA, Carlos Alberto Alvaro de. *Do formalismo no processo civil*. São Paulo: Saraiva, 1997.

OLIVEIRA JR., Zulmar Duarte de. *Comentários ao CPC de 2015*. 2. ed. São Paulo: Método, 2018. v. 3.

OLIVEIRA JR., Zulmar Duarte de. *Execução e recursos*: comentários ao CPC de 2015. São Paulo: Método, 2017.

OLIVEIRA JR., Zulmar Duarte de. *Execução e recursos*: comentários ao CPC de 2015. 2. ed. São Paulo: Método, 2018.

OLIVEIRA, Pedro Miranda de. O regime especial do agravo de instrumento contra decisão parcial (com ou sem decisão de mérito). *Revista de Processo*, v. 42, n. 264, versão eletrônica, 2017.

PEIXOTO, Ravi. Comentários aos arts. 374 a 380. *In*: STRECK, Lenio Luiz; NUNES, Dierle; CUNHA, Leonardo Carneiro da (org.). *Comentários ao Código de Processo Civil*. São Paulo: Saraiva, 2016.

PIZZOL, Patricia Miranda. *Tutela coletiva*. São Paulo: RT, 2020.

PONTES DE MIRANDA, Francisco Cavalcanti. *Tratado da ação rescisória*. Campinas: Bookseller, 1998. v. I e II.

PORTO, Sérgio Gilberto; USTÁRROZ, Daniel. *Manual dos recursos cíveis*. Porto Alegre: Livraira do Advogado, 2020.

ROCHA, Fellipe Borring. *Manual dos Juizados Especiais Estaduais*: teoria e prática. 11. ed. São Paulo: Atlas, 2021.

RODOVALHO, Thiago. Comentários aos arts. 350 a 353. *In*: STRECK, Lenio Luiz; NUNES, Dierle; CUNHA, Leonardo Carneiro da (org.). *Comentários ao Código de Processo Civil*. São Paulo: Saraiva, 2016.

RODRIGUES, Marco Antonio. *Manual dos recursos*. São Paulo: Juspodivm, 2023.

ROQUE, Andre Vasconcelos. *Comentários ao CPC de 2015*. 2 ed. São Paulo: Método, 2018. v. 2.

ROSINHA, Martha. *Os efeitos dos recursos*. Porto Alegre: Livraria do Advogado, 2012.

SACCO NETO, Fernando. Comentários aos arts. 599 a 609. *In*: WAMBIER, Teresa Arruda Alvim; DIDIER JR., Fredie; TALAMINI, Eduardo; DANTAS, Bruno (coord.). *Breves comentários ao Novo Código de Processo Civil*. São Paulo: RT, 2015.

SANTOS, Evaristo Aragão. *In*: WAMBIER, Teresa Arruda Alvim; DIDIER JR., Fredie; TALAMINI, Eduardo; DANTAS, Bruno (coord.). *Breves comentários ao Novo Código de Processo Civil*. 2. ed. São Paulo: RT, 2016.

SANTOS, Moacyr Amaral. *Prova judiciária no cível e comercial*. 4. ed. São Paulo: Max Limonad, 1970. v. I.

SANTOS, Welder Queiroz dos. Comentários aos arts. 550 a 553. *In*: CABRAL, Antonio do Passo; CRAMER, Ronaldo (coord.). *Comentários ao Novo Código de Processo Civil*. 2. ed. Rio de Janeiro: Forense, 2016.

SÁ, Renato Montans de. *Manual de direito processual civil*. 6. ed. São Paulo: Saraiva, 2021.

SCHENK, Leonardo Faria. Interdição, disposições comuns à tutela e à curatela, organização e fiscalização das fundações. *In*: CABRAL, Antonio do Passo; CRAMER, Ronaldo (org.). *Comentários ao novo Código de Processo Civil*. 2. ed. Rio de Janeiro: Forense, 2016. v. 1.

SIDOU, José Maria Othon. Habeas corpus, *mandado de segurança, mandado de injunção,* habeas data, *ação popular*: as garantias ativas dos direitos coletivos. Rio de Janeiro: Forense, 2000.

SILVA, Afonso da José. *Ação popular constitucional*: doutrina e processo. São Paulo: Malheiros, 2013.

SILVA, Ovídio A. Baptista da. *Curso de processo civil*. 4. ed. São Paulo: RT, 2000. v. 2.

SILVA, Ricardo Alexandre da; LAMY, Eduardo. *Comentários ao Código de Processo Civil*. São Paulo: RT, 2016. v. IX.

SOUZA, Bernardo Pimentel. *Introdução aos recursos cíveis e à ação rescisória*. 5. ed. São Paulo: Saraiva, 2008.

SOUZA E SILVA, Rinaldo Mouzalas de. Do julgamento das ações relativas às prestações de fazer, de não fazer e de entregar coisa. *In*: WAMBIER, Teresa Arruda Alvim; DIDIER JR., Fredie; TALAMINI, Eduardo; DANTAS, Bruno (coord.). *Breves comentários ao Novo Código de Processo Civil*. São Paulo: RT, 2015. v. 1.

SOUZA E SILVA, Rinaldo Mouzalas de; TERCEIRO NETO, João Otávio; MADRUGA, Eduardo. *Processo civil*: volume único. 8. ed. Salvador: Juspodivm, 2016.

TALAMINI, Eduardo; WLADECK, Felipe Scripes. Comentários aos arts. 926 a 1.072. *In*: BUENO, Cassio Scarpinella (coord.). *Comentários ao Código de Processo Civil*. São Paulo: Saraiva, 2017. v. 4.

THEODORO JR., Humberto. *Curso de direito processual civil*. 50. ed. Rio de Janeiro: Forense, 2009. v. II.

THEODORO JR., Humberto. *Curso de direito processual civil*. 55. ed. Rio de Janeiro: Forense, 2022. v. III.

THEODORO JR., Humberto. *Curso de direito processual civil*. 56. ed. Rio de Janeiro: Forense, 2015. v. I.

THEODORO JR., Humberto. *Curso de direito processual civil.* 56. ed. Rio de Janeiro: Forense, 2022. v. II.

THEODORO JR., Humberto. *Curso de direito processual civil.* 57. ed. Rio de Janeiro: Forense, 2024. v. III.

THEODORO JR., Humberto. *Lei de execução fiscal.* 10. ed. São Paulo: Saraiva, 2007.

THEODORO JR., Humberto. *O processo civil brasileiro no limiar do novo século.* Rio de Janeiro: Forense, 1999.

WAMBIER, Luiz Rodrigues. In: CABRAL, Antonio do Passo; CRAMER, Ronaldo (coord.). Comentários ao Novo Código de Processo Civil. Rio de Janeiro: Forense, 2015.

WAMBIER, Teresa Arruda Alvim; CONCEIÇÃO, Maria Lúcia Lins; RIBEIRO, Leonardo Ferres da Silva; MELLO, Rogério Licastro Torres de. *Primeiros comentários ao novo Código de Processo Civil.* 2. ed. São Paulo: RT, 2016.

YARSHELL, Flávio Luiz; PEREIRA, Guilherme Setoguti J.; RODRIGUES, Viviane Siqueira. *Comentários ao Código de Processo Civil.* São Paulo: RT, 2017. v. V.

ZANETI JR., Hermes. Arts. 926 a 946. *In*: CABRAL, Antonio do Passo; CRAMER, Ronaldo (coord.). *Comentários ao Novo Código de Processo Civil.* Rio de Janeiro: Forense, 2015.

ZAVASCKI, Teori Albino. *Antecipação da tutela.* 7. ed. São Paulo: Saraiva, 2009.

ZAVASCKI, Teori Albino. *Título executivo e liquidação.* 2. ed. São Paulo: RT, 2001.

EDITORA
JusPODIVM
www.editorajuspodivm.com.br

RENOVA
GRAF
www.renovagraf.com.br

JUS4026